TRENTE-DEUX ANS
A TRAVERS L'ISLAM.

(1832-1864.)

Typographie Firmin-Didot. — Mesnil (Eure).

TRENTE-DEUX ANS
A TRAVERS L'ISLAM.

(1832-1864.)

PAR

LÉON ROCHES,

MINISTRE PLÉNIPOTENTIAIRE EN RETRAITE,
ANCIEN SECRÉTAIRE INTIME DE L'ÉMIR ABD-EL-KADER,
ANCIEN INTERPRÈTE EN CHEF DE L'ARMÉE D'AFRIQUE.

TOME SECOND.

MISSION A LA MECQUE.
LE MARÉCHAL BUGEAUD EN AFRIQUE.

PARIS,
LIBRAIRIE DE FIRMIN-DIDOT ET Cⁱᵉ,
IMPRIMEURS DE L'INSTITUT,
RUE JACOB, 56.

1885.

INTRODUCTION.

J'avais remis à mon éditeur le manuscrit de mon second volume, lorsqu'en mettant en ordre ma correspondance, j'ai relu une lettre de mon bien-aimé Rivet (1), datée d'Excideuil, le 2 janvier 1845, d'où j'extrais le paragraphe suivant :

« Vous ignorez sans doute, cher ami, qu'un historien d'un grand mérite, M. Poujoulat, avait prié le maréchal de solliciter pour lui, auprès des ministres, la mission d'écrire l'histoire de l'Algérie *à de certaines conditions;*

---

(1) Alphonse Rivet, capitaine d'artillerie, fut admis à l'état-major du maréchal Bugeaud en 1842. Promu au grade de chef d'escadrons dans les spahis, il resta attaché à la personne du maréchal jusqu'en 1847, époque à laquelle Mgr le duc d'Aumale lui confia la direction des affaires arabes avec le grade de lieutenant-colonel. Après la révolution de 1848, il fut nommé colonel du 8e régiment de hussards. En 1851, il fut élevé au grade de général de brigade, chef d'état-major de la division à Alger. Appelé en Crimée par le maréchal Pellissier qui lui donna le commandement d'une brigade, il fut tué à l'attaque du mamelon Vert le jour de la prise de Malakoff.

De mutuelles sympathies nous avaient tout d'abord attirés l'un vers l'autre. Elles donnèrent naissance à une amitié qui fut pour ainsi dire cimentée par les sentiments d'admiration et de dévouement que nous prodiguions à l'envi à notre chef bien-aimé, le maréchal Bugeaud.

les ministres n'ont point acquiescé à cette demande et ont prescrit au maréchal de charger de cette tâche importante quelques officiers de l'armée d'Afrique.

« Le maréchal a jeté les yeux sur vous et a daigné m'associer, moi pauvre ouvrier, à ce travail pour lequel vous avez déjà tant de matériaux, que vous seul pouvez réunir, car, dans cette histoire, devra figurer la brillante épopée d'Abd-el-Kader.

« Quant à moi, mon bon ami, je me sens le courage de piocher, piocher tout ce qui a été écrit de si lumineux par le maréchal, pour faire un exposé de ce qui a rapport à la partie militaire, et je vous assure que je le ferai de grand cœur. Mais il faut pour cela que vous vous associiez avec un égal plaisir à cette œuvre, car, sans cela, je perdrais tout courage, toute espérance de réussir.

« Je suis expressément chargé, par le maréchal, de vous dire combien il lui serait agréable que nous nous chargeassions de cela. Il est bien entendu que nous travaillerions sous ses yeux, d'après ses conseils et ses inspirations. Voyez-vous tout le beau côté d'un pareil travail ? Non seulement nous seconderions les désirs de notre patron bien-aimé, mais nous associerions notre nom à une œuvre patriotique qui ne serait pas sans gloire..... »

Rivet se mit à l'œuvre et, dès 1847, il me lisait quelques cahiers qui dénotaient chez lui les qualités d'un historien militaire. Quant à moi, ma mission au Maroc m'avait tellement absorbé, que c'est à peine si j'avais esquissé les événements qui avaient précédé et suivi l'apparition du jeune sultan des Arabes.

La révolution de 1848 et la mort de notre maréchal (1849) suspendirent notre travail..... Enfin mon camarade préféré, mon frère par le cœur, le général Rivet tombait glorieusement devant Sébastopol.

Il m'était désormais impossible de reprendre l'œuvre à laquelle le maréchal avait eu la bienveillante pensée de m'associer ; j'avais même perdu complètement souvenance du désir qu'il en avait exprimé, quand, à quarante ans de distance, je me suis décidé à publier mes souvenirs.

Avec la collaboration de Rivet et sous la direction de mon illustre chef, j'aurais pu faire, je crois, l'*histoire* de la conquête de l'Algérie ; livré à mes seules ressources, je me suis borné à raconter simplement quelques épisodes où apparaissent les deux héros de ce grand drame.

TRENTE-DEUX ANS
A TRAVERS L'ISLAM.

LIVRE PREMIER.

KAÏROUAN ET L'ÉGYPTE.

CHAPITRE PREMIER.

ARRIVÉE A TUNIS.

Tunis. — M. de Lagau, consul général. — Je revêts le costume musulman. — Bazars et mosquées. — Zaouia de Tedjini. — Fettoua.

C'en était fait, je me lançais dans de nouvelles aventures, mû par le désir d'en finir avec une existence qui me paraissait intolérable, au double point de vue de ma situation morale et matérielle; aussi ressentais-je de terribles angoisses en songeant que je me séparais pour toujours des êtres qui m'étaient chers, et en envisageant froidement les périls que j'allais encore affronter. De tous ces dangers, celui qui me paraissait le plus redoutable était la possibilité de retomber vivant entre les mains de l'émir qui, malgré son affection pour moi, je persistais à y croire, n'aurait pu me soustraire au fanatisme de ses khalifes et de son entourage.

Le temps de ma traversée d'Alger à Tunis fut donc employé à combiner les mesures que je devais prendre pour n'attirer l'attention ni des Européens, ni surtout des musulmans, sur le but de la mission que j'allais remplir en Tunisie.

En remettant à M. de Lagau, alors consul général et chargé d'affaires de France auprès du bey, la lettre du général Bugeaud, qui m'accréditait auprès de ce diplomate, je lui fis part du projet que j'avais formé de me rendre à Kaïrouan. Il comprit les obstacles que je rencontrerais si mon secret était divulgué et, afin de dérouter les soupçons, il fit répandre le bruit que le gouverneur général de l'Algérie m'avait envoyé à Tunis pour lui donner des renseignements précis et confidentiels sur la situation de la frontière, et que, cette mission remplie, je devais repartir par l'aviso de guerre qui m'avait amené.

Le jour même où ce départ eut lieu, je revêtis le costume musulman, et j'allai m'installer dans une zaouïa fondée par les khouan de Sidi Mohammed Tedjini (1), située dans un des faubourgs de Tunis, dont le mokaddem m'accueillit avec d'autant plus d'empressement et de distinction qu'en plaçant sous ses yeux la lettre du marabout d'Aïn Madhi, je mis dans sa main quelques beaux sultanis d'or. Grâce à ces deux talismans, j'obtins de mon hôte non seulement une large et cordiale hospitalité, mais encore tous les renseignements qui devaient faciliter l'accomplissement de ma mission. Le brave mokaddem me mit, à cet effet, en rapport avec plusieurs cheikhs de la grande tribu des Ouled Ayar qui devaient prochainement se rendre à Kaïrouan.

---

(1) Les beys de Tunis, leur famille et la plus grande partie de leur cour sont affiliés à la congrégation de Tedjini.

Pendant le temps qui s'écoula entre le jour de mon installation dans la zaouïa de Tedjini et mon départ pour la ville fondée par Sidi Eukba, je me condamnai à une sévère réclusion, dans la crainte de faire, dans les bazars populeux de la ville, des rencontres qui auraient pu trahir mon incognito. Or ces rencontres étaient à prévoir, car je savais d'une façon certaine qu'Abd-el-Kader entretenait à Tunis des agents secrets dont la mission était de surexciter le sentiment religieux contre les chrétiens, mission qui, d'après mon mokaddem sur la véracité duquel j'avais lieu de compter, était loin de produire l'effet qu'en attendait l'émir, car ses émissaires n'obtenaient des Tunisiens que des promesses vaines d'intervention et des imprécations contre les infidèles. Je commençai alors à me rendre compte, par moi-même, de la vérité des observations faites bien avant moi par des écrivains autorisés, lesquels ont constaté que le fanatisme musulman, dont le foyer le plus ardent est au Maroc, diminue d'intensité chez les peuples qui occupent la partie septentrionale de l'Afrique, à mesure qu'ils sont plus rapprochés du berceau de l'islam. J'aurai bien souvent encore à revenir sur cette anomalie.

Je me dédommageais des ennuis de ma réclusion en me rendant le soir dans les cafés où des conteurs arabes attiraient de nombreux auditeurs, ou en me mêlant aux tolbas qui allaient dans les mosquées soit pour écouter quelques ulémas (professeurs de science sacrée) qui faisaient des cours de théologie ou expliquaient les œuvres de Sid el Bokhari, le plus illustre commentateur du Coran. En outre du profit que je retirais de ces séances au point de vue de la langue arabe, je trouvais un grand charme à me recueillir sous les nefs sombres des mosquées soutenues par de splendides colonnes enlevées en partie aux temples de la Carthage romaine. — La lueur incertaine des lampes de bronze suspendues aux coupoles ornées d'inscriptions arabes, l'atmosphère imprégnée de parfums brûlant sans cesse dans d'élégantes cassolettes et la voix monotone des tolbas psalmodiant le Coran produisaient des effets indescriptibles et me plongeaientd ans d'interminables rêveries. Je priais, mais je ne me sentais plus réconforté par la prière. C'est que ma prière n'était qu'une vague aspiration vers le Dieu que j'offensais et par mes actes et par mon désir d'une mort qui, je le comprenais, ne pouvait être une mort chrétienne.

J'étais loin de penser alors qu'un jour viendrait où la France me choisirait pour la représenter dans ce pays où je me cachais sous le beurnous des Arabes.

Le 8 du mois d'août 1841, tous mes préparatifs étant terminés, je me mis en route en compagnie des cavaliers des Ouled Ayar qui m'avaient procuré des chevaux pour moi et mon fidèle Isidore que les Arabes prenaient obstinément pour un youldash turc dont il avait, du reste, l'air sérieux et refrogné.

Le 11, nous arrivions à Sousse (1).

Le 13, au coucher du soleil, nous faisions notre entrée dans la ville de Kaïrouan (ancienne Cyrène).

Je fus désagréablement impressionné par l'aspect misérable de cette ville, autrefois capitale florissante de royaumes musulmans, fondée par Sidi Okba, l'un des plus célèbres con-

(1) Ici je dois répéter ce que j'ai dit déjà plusieurs fois dans le cours du premier volume de cet ouvrage, c'est que j'omets la plupart des renseignements et des descriptions qui eussent offert un grand intérêt à l'époque où je parcourais l'Algérie, la Tunisie et l'Égypte, mais qui aujourd'hui seraient une superfétation, de nombreux voyageurs et écrivains ayant parcouru et décrit ces contrées. Parmi ceux-ci je citerai, en première ligne, M. Pélissier, chef d'escadron d'état-major, devenu consul de France à Sousse, puis consul général à Tripoli de Barbarie, homme d'étude et de science dont j'aurai plus d'une fois à entretenir mes lecteurs.

Ancienne mosquée de Kaïrouan.

quérants de l'Afrique septentrionale, en l'an 50 de l'hégyre, et qui était considérée comme la troisième ville sainte de l'islamisme. Mes compagnons me conduisirent immédiatement à la zaouïa de Sidi Mohammed el Tedjini, dont le mokaddem, prévenu de mon arrivée, m'accueillit avec empressement et déférence. Je forçai les cavaliers des Ouled Ayar d'accepter quelques pièces d'étoffe en souvenir des soins et des prévenances dont ils m'avaient entouré durant le voyage et, après un repas relativement somptueux auquel avaient pris part plusieurs personnages arabes qui m'étaient inconnus, je me trouvai seul avec mon hôte et un de ces personnages auquel il avait fait signe de rester.

« Sidi Abd-Allah ben Mahdjoub est un des alliés les plus illustres de la confrérie des Tedjedjna (1), me dit mon hôte en me présentant son convive, c'est lui qui m'a remis la lettre de Sidi Mohammed el Tedjini qui t'accrédite auprès de moi, c'est lui qui doit demander la réunion des ulémas de Kaïrouan pour obtenir d'eux la fettoua, objet de ta venue. Lui et son secrétaire, Sidi Ameur ben Ouali, que je te présenterai plus tard, connaissent seuls ta personnalité. J'ai dit aux ulémas qui doivent rendre la fettoua et auxquels j'ai annoncé ton arrivée que tu étais un des membres de la grande famille des Ouled Sidi el Aâribi dont le chef a été persécuté par l'émir Abd-el-Kader. Tu seras ainsi autorisé à appuyer auprès de chacun d'eux la demande adressée pour l'envoyé de Sidi Mohammed el Tedjini. »

Je compris la sorte d'*appui* que je devais employer auprès des ulémas ; j'étais déjà trop habitué aux coutumes arabes pour m'étonner du moyen de persuasion que m'indiquait mon hôte.

Il fut donc convenu que, dès le lendemain, j'accompa-

(1) Pluriel de *Tedjini*, nom donné aux khouan de cette confrérie.

gnerais Sidi Abd-Allah ben Mahdjoub chez les jurisconsultes dont j'attendais la décision.

Enfin, le 19, jour désigné par Sidi Mohammed el Tedjini (1), les principaux mokaddem de Moulay Taieb résidant en Algérie, les mokaddem de Sidi Eukba, des Oulad Sidi Scheikh, de Bessness (Beni-Ouragh, etc., etc.), qui avaient été convoqués par le marabout d'Aïn Madhi, étaient réunis dans la zaouïa de son délégué à Kaïrouan. Les principaux ulémas de l'université de la grande mosquée avaient été également convoqués. J'étais confondu parmi les khouans de la zaouïa, mais nul des assistants ne prenait autant d'intérêt que moi à ce qui allait se passer.

Le mokaddem de la zaouïa de Tedjini à Kairouan, Sidi Abd-Allah ben Mahdjoub, demanda la parole au président de l'assemblée, muphti de la grande mosquée. Voici le résumé presque littéral de son discours :

« Au nom de Dieu clément et miséricordieux, qu'il soit loué et qu'il répande ses bénédictions sur notre prophète, sur sa famille, ses compagnons et ceux qui suivent la vraie voie. Et d'abord, nous devons adresser le tribut de notre admiration à Sidi el Hadj Abd-el-Kader ben Mahhi-el-Din qui a marché glorieusement dans les voies du Seigneur en combattant les infidèles (que Dieu les maudisse!). Que Dieu nous fasse participer aux grâces qu'il a répandues sur les moudjehedin (guerriers saints). » Emin ! Emin ! exclamèrent tous les assistants.

« Mais la guerre sainte, soutenue avec tant de courage par les musulmans contre les chrétiens qui ont envahi leur pays, guerre qui dure depuis onze ans, a-t-elle amené une situation plus avantageuse pour l'islam ?

« Nos frères d'Algérie peuvent-ils conserver l'espoir de

(1) Voir tome Ier, livre IX, page 448.

chasser les conquérants chrétiens? Et si leurs chefs n'ont pas cet espoir, se conforment-ils aux préceptes de notre sainte religion, en continuant une guerre dont les résultats les plus certains sont la mort, la misère et la ruine des populations placées sous leur direction? »

« C'est au nom de ces malheureuses populations dont ils sont les oukil et les consolateurs, que les mokaddem de nos saintes confréries, témoins de leurs misères, élèvent leurs voix vers les illustres interprètes de nos livres sacrés, afin d'apprendre de leur bouche si la continuation de la guerre est commandée par le Très Haut, ou si, en conservant leur religion, les tribus algériennes peuvent accepter de vivre momentanément sous la domination des chrétiens, qu'elles ont vaillamment combattus et qu'elles n'ont plus l'espoir de vaincre. Telle est la question (souèl), سؤال, pour laquelle les mokaddem Sidi-el-Miloud ben Salem-el-Leghouati et Sidi Iahïa ben Ahmed-el-Bouzidi, délégués par le cheik, couvert de la bénédiction du Très Haut, le seigneur Sidi Mohammed-el-Tedjini, ici présents, demandent une fettoua à Vos Seigneuries. »

Chacun des mokaddem sus-nommés s'approcha successivement des ulémas de l'université de Kaïrouan, et mit sous leurs yeux les *d'hairs* (brevets) délivrés par les grands chefs des diverses confréries, qui les instituaient leurs délégués dans les diverses provinces.

Alors commença une discussion dont j'eus grand'peine à suivre toutes les péripéties. On lut le texte du Coran et de ses divers commentateurs. Je remarquai que la majorité des textes était favorable à la solution que mes amis et moi désirions. La discussion se prolongea fort avant dans la nuit, et l'opposition de trois ou quatre ulémas fanatiques faillit plusieurs fois compromettre les résultats pacifiques vers lesquels tendaient nos efforts. Enfin, le président de l'assemblée, dont les sympathies étaient acquises à ma cause, résuma les débats et termina son allocution par l'exposé des motifs qui militaient en faveur de la soumission temporaire des musulmans aux conquérants (mohedena), trêve permise par le Coran ; puis il désigna le secrétaire chargé de rédiger la fettoua qu'on devait remettre au mokaddem de Tedjini.

Le lendemain, eut lieu la lecture de cet important document, en présence seulement des mokaddem réunis à la zaouïa de Tedjini.

Le voudrais-je qu'il me serait impossible d'en donner une traduction exacte. Je dois me contenter d'en indiquer la contexture et les principales dispositions.

Le soual (la question) était longuement, mais clairement exposée.

Puis venaient les citations des versets du Coran relatifs à la guerre sainte et aux rapports avec les infidèles. Alors se déroulaient interminables les opinions des commentateurs.

Les considérants des ulémas appelés à rendre la fettoua ne tenaient pas une place moins importante.

Puis enfin cet immense document se terminait par la conclusion dont voici le résumé :

« *Quand un peuple musulman, dont le territoire a été envahi par les infidèles, les a combattus aussi longtemps qu'il a conservé l'espoir de les en chasser, et, quand il est certain que la continuation de la guerre ne peut amener que misère, ruine et mort pour les musulmans, sans aucune chance de vaincre les infidèles, ce peuple, tout en conservant l'espoir de secouer leur joug avec l'aide de Dieu, peut accepter de vivre sous leur domination à la condition expresse qu'ils conserveront le libre exercice de leur religion et que leurs femmes et leurs filles seront respectées.* »

La fettoua donnait une satisfaction complète à nos vœux, toutefois les mokaddem tombèrent d'accord sur la nécessité de lui donner une sanction plus formelle et une plus grande authenticité en soumettant l'opinion des ulémas de Kaïrouan à celle d'un ou plusieurs medjelès (1) (assemblée d'ulémas) des grands centres universitaires de l'Orient, le Caire, Bagdad, et Damas.

Cette décision secondait trop bien mes aspirations pour que je n'y donnasse pas ma complète adhésion.

Les deux mokaddem envoyés par Sidi Mohammed Tedjini devaient, cette année même, aller en pèlerinage à la Mecque ; il fut convenu entre eux et moi que nous nous rencontrerions au Caire, dans le courant de novembre, à la zaouïa de Moulay Abd-el-Kader-el-Djilani, pour le mokaddem de laquelle, connu sous le nom de *cheikh-el-Kadiri*, le délégué de Moulay Taieb me remit une lettre de recommandation.

Je dois avouer que les beaux sultanis (pièces d'or valant 10 francs environ), habilement déposés par mes mokaddem et par moi dans les mains des ulémas, ont puissamment appuyé les textes des commentateurs favorables à la paix. Je ne veux point dire que j'ai acheté leur conscience, mais j'ai adouci leur fanatisme.

Le lendemain de cette importante décision, je jugeai prudent de m'éloigner de Kaïrouan où ma présence avait, malgré mes précautions, excité la curiosité des tolbas qui qui abondent dans les nombreuses zaouïa de la ville de Sidi-Okba. Je me rendis à Sousse d'où j'adressai au général Bugeaud un rapport circonstancié sur mes démarches et les résultats déjà obtenus à l'assemblée des ulémas de Kaïrouan. Je terminais mon rapport en prévenant mon chef que, conformément à l'avis des mokaddem gagnés à notre cause, je

---

(1) Medjeles, مجلس, dérivé de Djeles, جلس (il s'est assis).

prenais mes dispositions pour me rendre au Caire et plus loin s'il le fallait.

J'écrivis en même temps à M. de Lagau, consul général de France à Tunis. En lui rendant un compte succinct de ma mission, je le priais : 1° de faire parvenir ma lettre au gouverneur général de l'Algérie ; 2° de m'envoyer l'argent qui m'était nécessaire pour continuer mon voyage (1), et 3° d'accorder à mes deux amis les mokaddem de Tedjini un passage à bord des steamers de l'État que le gouvernement français met chaque année à la disposition des pèlerins du Maroc, de l'Algérie et de Tunis qui se rendent à la Mecque. Cette mesure politique n'a pas peu contribué à développer l'influence française dans les contrées septentrionales de l'Afrique.

Afin de dépister les gens qui pouvaient avoir intérêt à suivre mes traces, je dis au gardien du Fondouq où j'étais descendu que je retournais en Algérie en passant par Tunis. En effet, je pris en plein jour la route de cette ville, mais à la tombée de la nuit, je m'arrêtai près de Kherarba où mon fidèle Isidore installa ma petite tente de voyage au milieu de ruines romaines. Là, nous revêtîmes nos costumes européens et nous entrions, le lendemain, à Sousse où j'allais me présenter à l'agent de France, M. Saccoman, dont l'hospitalité est légendaire parmi les Français qui ont habité la Tunisie, et qui me força d'accepter chez lui la table et le logement jusqu'au départ d'un brick goëlette italien, qui se rendait à Malte, où je devais rencontrer le paquebot faisant le service entre Marseille et Alexandrie.

Nous mîmes à la voile, le 23 août, et le 27 nous entrions dans le port de Malte.

(1) Le gouverneur général, supposant que je n'irais pas au-delà de Kaïrouan, ne m'avait remis que la somme à peu près nécessaire pour subvenir aux frais de cette mission.

CHAPITRE II.

Malte. — Le consul M. de Fabreguettes. — Prosper Mérimée. — Première lettre à mon ami, le capitaine Vergé : Alexandrie, le Caire, les fellah.

En outre de la circulaire de M. le gouverneur général de l'Algérie, je présentai une lettre de M. de Lagau à M. de Fabreguettes, alors consul de France à Malte. Ce diplomate, aussi spirituel qu'aimable, m'accueillit avec une franche cordialité et m'inspira tout d'abord les plus vives sympathies. Le récit des principaux épisodes de mon séjour en Afrique et la perspective des dangers que j'allais affronter de nouveau, me valurent de la part de M. de Fabreguettes les témoignages de l'intérêt le plus affectueux. Il me conduisit dans les meilleurs salons de Malte, où il était accueilli d'une façon tout à fait exceptionnelle, et j'eus le plaisir de me trouver à sa table avec deux voyageurs français, MM. Le Normand et Mérimée, auxquels j'avais été présenté, lors de mon voyage à Paris, en 1840. Un compatriote, qui, en France, serait traité comme une simple connaissance, devient presqu'un ami lorsqu'on le retrouve à l'étranger; aussi s'établit-il bientôt, entre l'illustre écrivain et le jeune interprète à l'esprit aventureux, des relations qui devinrent intimes quand je parlai à M. Mérimée de sa mère chez laquelle m'avait conduit ma tante Champagneux, une de ses meilleures amies.

Cette rencontre de M. Mérimée, était encore une marque de la protection providentielle dont j'avais pu constater déjà maintes fois la bienfaisante intervention; car, ainsi qu'on le lira plus tard, c'est à son cousin germain, M. Fulgence Fresnel, pour lequel il m'avait remis une lettre de chaleureuse recommandation, que je dus d'échapper à une mort affreuse.

Avec quelle rapidité s'écoulèrent les jours que je dus passer à Malte pour y attendre le paquebot anglais qui se rendait à Alexandrie !

Je visitai la Valette et tout l'intérieur de l'île avec MM. Mérimée et Le Normand auxquels je servais d'interprète auprès des habitants, qui sont généralement de race arabe mélangée d'Italiens et de Grecs, et qui parlent un jargon mixte dans lequel on reconnaît les idiomes de ces divers peuples, mais dont le fond est arabe. Les Grecs donnaient le nom de Mélite à cette île à cause, dit-on, de la bonté de son miel; les Arabes l'appellent Malta (1) et donnent à ses habitants le nom méprisant de Mâlti (2).

Tandis que mes savants compagnons recherchaient les vestiges des Phéniciens de Tyr qui avaient fondé un établissement à Malte, 1400 ans environ avant notre ère, je trouvais un grand intérêt à causer avec cette population vaillante et industrieuse qui, la première, a suivi les Français en Algérie et y a exécuté ces travaux modestes mais indispensables auxquels nos premiers colons ne daignaient pas se

(1) De خلط, malata (*genere mixto et impuro oriundus fuit*), originaire d'une race mélangée et impure.

(2) مألطي (*improbus, genere impuro*), méchant, de race impure.

livrer. Quoique très fervent catholique, le peuple maltais a conservé des coutumes et des mœurs qui attestent son origine.

Grâce à mes illustres compagnons et à l'intervention de notre aimable consul, je visitai la ville de la Valette dans les meilleures conditions. Quels grands et beaux souvenirs y a laissés la France représentée par les chevaliers et les grands maîtres de l'ordre de Malte ! A chaque pas, nous trouvions des monuments et des inscriptions qui rappellent les hauts faits de ces héros chrétiens.

Je me souviens surtout d'une journée consacrée à écouter le récit que nous fit un officier anglais très érudit, du siège de Malte par les Turcs en 1565. Placés sur une terrasse de la citadelle qui domine les ports et l'ensemble des fortifications, nous avions sous les yeux les positions occupées par les assiégeants et les assiégés, et là nous suivions les péripéties du grand drame dont le héros, Jean de la Valette, en infligeant un terrible échec à la puissance navale de Soliman II, arrêta les armadas ottomanes dans la Méditerranée, comme un siècle plus tard le grand Sobieski refoula les armées formidables du sultan Mahomet IV qui menaçaient d'envahir l'Europe. Mais, ici encore, je m'abstiens de descriptions qui ne seraient que le pâle reflet de celles qu'ont publiées des historiens autorisés.

Je venais de goûter, auprès de M. de Fabreguettes, le charme de la vie sociale que je fuyais ; aussi éprouvai-je un véritable chagrin en me séparant de ce charmant homme, que je connaissais à peine depuis quinze jours, et qui était devenu mon ami : effet mystérieux de sympathies réciproques dont la source semble découler d'existences antérieures !

M. de Fabreguettes, étant lié avec plusieurs personnages français occupant des positions élevées auprès du pacha d'Égypte, me donna des lettres d'introduction auprès d'eux et me recommanda particulièrement à M. de Rohan-Chabot, notre agent et consul général à Alexandrie.

J'arrivai à Alexandrie le 20 septembre 1841. Je répète pour la dixième fois que je m'abstiens de faire la description de lieux que tant de voyageurs ont parcourus et décrits après moi. Je me borne à transcrire ici des extraits des lettres que j'adressai à mon ami le capitaine Vergé (1) quelques semaines après mon arrivée en Égypte et dans lesquelles je lui faisais part de mes impressions.

Le Caire, 15 octobre 1841.

Mon cher Vergé, vous avez lu les diverses lettres que j'ai adressées à notre illustre patron, et notamment le rapport dans lequel je lui rends compte des importants résultats de ma mission à Kaïrouan. Vous avez jugé sévèrement, j'en ai l'intuition, la détermination que j'ai prise de prolonger la mission que m'a confiée M. le gouverneur général, parce que, en obtenant la fettoua des ulémas de Kaïrouan, le but de cette mission vous semblait atteint. J'aurais dû, suivant votre sévère raison, revenir aussitôt à mon poste, apporter à mon chef le concours de mes aptitudes, etc., etc. Mais, mon cher ami, songez à la situation que les honorables mais malheureuses spéculations de mon pauvre père m'ont faite en Algérie; rappelez-vous les souffrances morales dont vous avez été si souvent le confident, quand je constatais que j'étais encore en butte aux soupçons injurieux de l'opinion publique égarée par l'interprétation malveillante de mes antécédents. Vous comprendrez alors pourquoi j'ai demandé

---

(1) M. Vergé, alors capitaine au 8ᵉ régiment de chasseurs d'Afrique, officier d'ordonnance du général Bugeaud, dont il a été parlé plusieurs fois dans le cours du premier volume de cet ouvrage.

au général Bugeaud la mission qu'il m'a confiée, et pourquoi je veux la prolonger.

J'ai, en outre, l'intime conviction que la fettoua de Kaïrouan, approuvée par les ulémas des grandes universités de l'Orient, produira un effet décuple de celui qu'elle produirait, si elle n'obtenait pas cette sanction.

Et d'ailleurs si je reviens sain et sauf de ma téméraire entreprise, je rapporterai à mon pays une somme de connaissances et une dose d'expérience qui compenseront largement l'argent que j'aurai dépensé et le vide que ma modeste personnalité aura laissé auprès de mon chef. Déridez donc ce front sévère que je vois d'ici, et lisez le récit succinct de ce que j'ai vu depuis ma dernière lettre, au moment où je quittais Malte.

Si j'avais encore cette imagination ardente que vous déploriez lorsqu'en 1837 je vous quittais pour me rendre auprès d'Abd-el-Kader, que de brillantes descriptions je vous ferais des splendides aspects de la terre des Pharaons, si souvent évoquée dans mes rêves de jeunesse ! Mais, hélas ! le positivisme de la vie m'étouffe, et les sombres prévisions de l'avenir absorbent mes facultés. Il me semble que je vois tout en noir. Et pourtant quelles teintes éclatantes dans ces paysages d'Égypte !

Alexandrie nous est apparue le 20 septembre à six heures du matin. Elle semblait émerger de la mer ; ses minarets se détachaient presque sombres sur un ciel éclairé par les rayons obliques et éblouissants du soleil qui se levait derrière la ville. J'avais hâte de pénétrer dans cette cité musulmane que je me figurais belle et immense. Hélas ! je fus désillusionné. Alexandrie (1) contient à peine soixante-dix mille âmes. Elle est bâtie sur un rivage sablonneux et complètement dénué

---

(1) Il ne faut pas oublier que cette lettre est écrite en 1841.

de végétation ; à l'exception de quelques beaux jardins créés sur les bords du canal de Mahmoudia, ses environs sont désespérants de sécheresse et d'aridité. L'intérieur de la ville est loin d'offrir ce cachet de l'Orient qui frappe si agréablement les yeux du voyageur à Tunis. Les maisons des indigènes sont basses et mal construites. Les bazars sont sales et en mauvais état. Le quartier franc est très beau, mais c'est de l'Europe, et n'a par conséquent aucun intérêt pour moi.

Je fus parfaitement accueilli par M. de Rohan-Chabot, notre agent diplomatique en Égypte, ainsi que par tout le personnel du consulat général. Grâce à la puissante intervention du représentant de la France, les autorités locales mirent à ma disposition une dehebïa (1) à dunette, où je m'installai fort commodément avec ma suite composée d'un kaouass (sorte de gendarme) albanais placé auprès de ma personne par le consulat général pour rehausser mon caractère aux yeux des indigènes, d'un cuisinier italien et de trois domestiques nubiens. Mon fidèle Isidore qui, par parenthèse, ne manque jamais de me demander de vos nouvelles, trône au-dessus de ces *bons à rien* (c'est ainsi qu'il les qualifie), dans un majestueux silence. Je suis souvent forcé d'être son interprète, car, vous devez vous en souvenir, il est trop disposé, quand il est en contact avec les indigènes, à remplacer par le bâton la langue arabe dont il persiste à ne pas savoir un traître mot.

Nous quittâmes Alexandrie le 27 septembre. Notre dehebïa, montée par un reïs (capitaine) et par huit beaux nègres du Soudan, fut remorquée par deux chevaux pendant le parcours du canal nommé Khalidj-el-Mahmoudié, alimenté par une branche du Nil. Arrivé à Foum-el-Khelidj (2), petit

---

(1) Nom des barques qui naviguent sur le Nil.
(2) Embouchure du canal.

port où le canal communique avec le Nil, nous entrâmes à la voile dans ce fleuve que les Égyptiens appellent B'har-el-Nil (1) (la mer de l'abondance). Quelle intéressante navigation que celle d'une dehebïa confortable sur le Nil surtout à l'époque de son inondation périodique. Elle était alors à son apogée. Tantôt nous usions de la voile quand le vent était favorable, tantôt notre barque était halée par nos huit nègres qui, sur un signe du reïs, se jetaient dans le fleuve et atteignaient la berge qui sert en même temps de digue et de chemin de halage. Cette manoeuvre, qui exige l'enlèvement de la chemise, seul vêtement de nos marins, doit furieusement choquer les dames anglaises qui, m'a-t-on dit, remontent le Nil en dehebïa. Les reïs ont toujours soin de maintenir leurs barques dans le voisinage des berges du fleuve où le courant est moins rapide. La largeur du Nil, au moment de la plus forte inondation, atteint, dans certains endroits, deux ou trois kilomètres, et, fait incroyable, arrivées à leur plus grande hauteur, les eaux du Nil sont retenues par des digues que les fellah exhaussent au fur et à mesure de sa crue. Notre dehebïa se trouvait ainsi naviguer au-dessus du niveau des champs qui bordent le fleuve à perte de vue. Les deux rives sont parsemées de jolis villages aux huttes blanches en forme de cône entourés de dattiers et d'arbres de toute sorte. Mon cuisinier italien, habitant l'Égypte depuis longues années, calma mon admiration en me disant que ces villages à l'aspect si coquet et si prospère étaient habités par des fellah (2), misérables serfs dont le travail est exploité par des fermiers gé-

---

(1) Nil vient de la racine arabe نَالَ, nêla (*praebuit*), il a donné avec abondance.

(2) فَلَّاح, laboureur, agriculteur, de فَلَحَ, *sulcavit* (il a labouré).

néraux. Ces spéculateurs éhontés, moyennant une somme

Sur le Nil.

une fois versée dans les caisses du pacha, deviennent propriétaires des produits de tels ou tels villages et exercent impunément sur les pauvres cultivateurs des exactions telles que, au bout de l'année, c'est à peine s'ils ont pu se nourrir et acheter une chemise de coton teinte en bleu qui seule cache leur nudité. Ces renseignements sont-ils exacts? Je me réserve de vous édifier plus tard à ce sujet.

A propos des fellah, je dois vous parler de leurs compagnes. Vous ne vous lasseriez pas, comme moi, d'admirer la grâce de ces femmes grandes et sveltes marchant sur les berges du Nil, les unes portant des amphores antiques sur la tête, les autres tirant un enfant par la main. Leurs membres ont un galbe antique. L'attache du cou est admirable, le buste est sculptural; il ferait surtout envie à nos belles courtisanes d'Alger, si fières pourtant de leur beauté, car elles se donnent beaucoup de peine pour soutenir des appas que les femmes de fellah abandonnent à leur propre résistance et qui, sans la moindre exagération, usent leur robe bleue justement dans le centre de leur circonférence. Leurs yeux noirs sont splendides; c'est sans doute par coquetterie qu'elles portent une pièce d'étoffe noire les laissant à découvert et ne cachant que le bas de la figure, seule partie défectueuse de ces belles créatures. Quand j'aurai le bonheur de redevenir votre compagnon de tente (ce jour arrivera-t-il?) je vous donnerai, sur le pays que j'entrevois du haut de la dunette de ma dehebïa, des détails plus précis. Pourquoi n'étiez-vous pas avec moi quand, le troisième jour de notre navigation sur le Nil, j'aperçus à l'horizon deux montagnes coniques dorées par les rayons d'un splendide soleil couchant? C'étaient les pyramides de Gyzeh. Lisez bien, mon cher ami, les pyramides! A gauche étincelaient les boules dorées des trois cents minarets du Caire et les coupoles de ses mosquées et des mausolées de ses khalifa. Le Caire (1)!

(1) Le nom véritable de la ville du Caire est Mass'r, de مصر (urbs

Je fus saisi d'une telle admiration et assailli par de si grands souvenirs que je demeurai longtemps dans une sorte d'extase. Aussi me garderai-je bien d'essayer de vous décrire ce magique tableau, je ne pourrais qu'en amoindrir la splendeur.

Je vous ai dit que la vue d'Alexandrie m'avait causé une vive déception, le Caire en revanche a dépassé mon attente. J'y retrouve bien l'Orient que j'avais rêvé. Vous vous souvenez du charme que nous trouvions à parcourir ensemble les hauts quartiers d'Alger habités uniquement par les musulmans; que serait-ce si vous étiez mon compagnon dans les interminables excursions que je fais à travers cette ville immense, où les gens qui y habitent depuis dix ans se perdent encore dans le dédale de ses rues, de ses marchés et de ses bazars! A chaque pas, on rencontre des merveilles de l'architecture arabe : mosquées, sanctuaires, zaouïa, fontaines. Et quelle diversité de races, de costumes et de langages! Tous les types du monde musulman semblent s'être donné rendez-vous dans les bazars où sont amassés tous les riches produits de l'Orient. (Ici une longue description du Caire et de ses environs.) Mais je m'arrête enfin, car si je voulais vous décrire tout ce que je vois, un volume ne suffirait pas.....

                Adieu.

magna, capitale), auquel les Arabes, suivant leur habitude, ont ajouté l'épithète de l'invincible, القاهرة, El Kahara, dont les Européens ont fait le Caire.

CHAPITRE III.

Le Caire. — Fonctionnaires européens au service du vice-roi. — Général Selves (Soliman pacha). — Audience du vice-roi.

Dès mon arrivée au Caire, je me présentai au consul de France, M. Vattier de Bourville que M. de Rohan-Chabot avait déjà prévenu de mon arrivée et du but de ma mission. Le pèlerinage de la Mecque ne correspondant cette année qu'au 23 janvier 1842, et le départ de la grande caravane d'Égypte ne devant avoir lieu que dans les premiers jours de décembre, je voulais, avant de me mettre en relations avec les ulémas de la grande université de Djemaâ el Ezhar auxquels je devais demander la sanction de la fettoua émanée des ulémas de l'université de Kaïrouan, et avant l'arrivée des deux mokaddem de Tedjini avec lesquels je devais me rencontrer à la zaouïa du cheikh El Kadiri dans le courant de novembre, je voulais, dis-je, consacrer quelques jours à me rendre compte de l'état de civilisation auquel Méhémet Ali avait amené l'Égypte. Je priai donc M. Vattier de Bourville de me présenter aux personnages français que le pacha avait placés à la tête de son armée et de ses écoles. J'eus ainsi l'honneur de faire la connaissance du général Selves (Soliman pacha), organisateur de l'armée égyptienne qui avait puissamment contribué à la victoire de Nezib remportée sur les Turcs par Ibrahim pacha, de Varin bey, général de cavalerie, des ingénieurs Linant bey, Lambert, Thibaudier, de mon compatriote le Grenoblois Clot bey, fondateur des écoles de médecine, etc., etc.

Quelles charmantes soirées que celles du vendredi chez Soliman pacha, dans son délicieux palais, situé dans l'île de Roudha, ou à Djizé, chez Varin bey. Là on rencontrait une pléiade d'hommes distingués par l'esprit et par la science, la plupart au service de Méhémet Ali, et les autres voyageurs tels que les Tamisier, les Combes, les Arago et tant d'autres. Pendant le repas, servi avec le double luxe de la France et de l'Orient, les musiques militaires, composées de simples fellahs, exécutaient des morceaux de nos opéras français, entremêlés de mélodies arabes. Puis on se rendait sur une vaste terrasse au pied de laquelle coulait une des branches du Nil, et d'où l'œil pouvait mesurer les masses énormes des pyramides. L'excellent général Selves, ancien officier de l'empire, m'avait pris en grande affection, d'abord comme enfant de Grenoble, notre ville natale, et ensuite parce que j'étais attaché au général Bugeaud pour lequel il professait la plus vive admiration. Il ne se lassait pas d'écouter les détails que je lui donnais sur nos campagnes d'Afrique, et plus d'une fois je captivai l'attention de ses illustres commensaux en racontant les épisodes de mon séjour auprès d'Abd-el-Kader. Parmi les voyageurs de distinction que je rencontrai au Caire un surtout gagna toutes mes sympathies. Originaire comme moi du Dauphiné, M. le comte Emmanuel de Quinsonas était de ceux qui comprenaient le charme mystérieux de l'Orient. Nos imaginations ardentes s'exhaltaient réciproquement durant nos longues rêveries à deux. Que de beaux projets de voyage formés en humant le kahoua parfumé d'ambre et en fumant le narghilé sous la délicieuse vérandah de la maison qu'il occupait près l'Ezbekià (1) !

(1) Le temps a consolidé les sentiments d'affection nés entre les deux

Je désirais ardemment l'honneur d'être présenté à Méhémet Ali, mais je n'osais pas réclamer une faveur pour l'obtention de laquelle je n'avais aucun titre officiel; aussi fus-je transporté de joie quand le général Selves m'annonça que son souverain l'avait chargé de me présenter à lui.

Cette présentation eut lieu dans un des petits appartements du palais situé dans la citadelle de Mokattam.

Méhémet Ali a un type qui offre le contraste le plus frappant avec celui d'Abd-el-Kader. Son aspect léonin indique que sa volonté s'appuie sur la force matérielle, tandis que la figure ascétique de l'émir est illuminée par la foi, mobile de ses actes et base de sa puissance. Le vice-roi fixa sur moi des yeux qu'il voulut rendre bienveillants, mais dans lesquels on pouvait apercevoir le reflet des sentiments qui inspirèrent le jeune pacha albanais quand il ordonna le massacre des mamelouks. Je soutins ce regard avec une respectueuse assurance. Il s'exprima d'abord en turc et la conversation allait s'engager entre nous par l'intermédiaire d'un drogman arménien, lorsque j'exprimai à S. A. le désir de parler en arabe. Il parut charmé de ma demande et, pendant toute la durée de mon audience, nous pûmes causer sans intermédiaire, malgré les différences notables qui existent entre le langage des indigènes de l'Algérie et celui des Égyptiens (1).

jeunes voyageurs dans des circonstances si poétiques et si exceptionnelles, et Léon Roches a retrouvé à l'hôtel gothique de l'avenue Montaigne, construit sous la direction artistique du comte de Quinsonas, la cordiale hospitalité qu'Omar avait reçue au Salamlik de Hassan effendi *.

(1) La langue arabe dont le prototype est le Coran, prototype invariable (car ce serait un cas d'hérésie de changer un accent ou une virgule au livre dicté par Dieu lui-même), la langue arabe, dis-je, est une ; mais ceux qui la parlent en altèrent généralement la prononciation, et puis cette langue est si riche qu'il existe souvent dix façons d'exprimer

* Nom que portait M. de Quinsonas pendant son séjour en Égypte.

Le vice-roi m'adressa des questions sur l'établissement des Français en Algérie et sur la guerre soutenue par Abd-el-Kader. Mes réponses semblaient vivement l'intéresser.

Il paraissait étonné de la longue résistance qu'opposaient des Arabes mal armés, sans cohésion, aux soldats disciplinés de la France, et il semblait croire qu'avec son armée il serait venu plus facilement à bout de cette résistance. « Altesse, osé-je lui dire, je vous prie de m'excuser si je ne partage pas votre opinion ; elle changerait du reste, si elle connaissait l'Algérie où les Kabiles, intrépides fantassins, ont interdit, depuis des siècles l'accès de leurs montagnes aux divers conquérants de l'Afrique, et où les Arabes, nomades insaisissables, fournissent cent cinquante mille cavaliers qui harcèlent nos armées, sans leur fournir l'occasion de livrer une bataille rangée. Tout autres, seigneur, sont les conditions de votre florissant royaume, où le souverain, maître du Nil, exerce une autorité incontestée sur des populations sédentaires et éminemment agricoles habitant des contrées d'un accès facile. »

Mes observations mettaient mal à l'aise les courtisans de l'entourage du vice-roi auquel on ose rarement faire entendre la vérité ; toutefois, malgré quelques froncements de ses terribles sourcils, Méhémet Ali me témoigna le plaisir qu'il prenait à m'écouter.

---

la même pensée, ou dix mots pour désigner le même objet. De sorte que la langue parlée subit des variations entre un pays ou un autre, mais surtout entre le Gharb (l'Occident) et le Cherk (l'Orient). Des Arabes illettrés du Maroc et de l'Algérie s'entendent *d'abord* difficilement avec les Arabes de Syrie ou d'Égypte. Les Arabes lettrés de tous les pays se comprennent parfaitement. Il y a entre l'écriture du Gharb et l'écriture du Cherk la différence qui existe à peu de chose près entre notre écriture ronde et notre écriture anglaise *.

* Voir au chapitre « La Mecque » une note relative aux soi-disant dialectes arabes.

Son attitude devint tout à fait bienveillante, affectueuse pourrais-je dire, quand je rappelai à sa mémoire sa rencontre à Metlili avec Omar en 1796 (voir la notice sur Omar pacha, 1er volume, livre Ier, chapitre IV), et que je lui fis le récit des cruelles épreuves subies par les fils d'Omar pacha, mes amis, et de la noble attitude de sa veuve Yemma. A mesure que j'avançais dans ma triste narration, je voyais des signes d'émotion se produire sur cette face de lion.

« Tu as agi comme un frère dévoué pourrait le faire avec les fils d'Omar pacha, me dit-il. Eh bien, écris-leur bien vite que Méhémet Ali n'oublie jamais ses amis. Qu'ils viennent et ils trouveront en moi la tendresse du père qu'ils ont perdu. Pourquoi ne sont-ils pas venus aussitôt après la mort d'Omar pacha? (Que Dieu lui fasse miséricorde) ; mais qui peut éviter l'accomplissement des décrets du Très Haut ! »

Le vice-roi, en me congédiant, m'invita à revenir le lendemain, « parce que, me dit-il avec une grande bienveillance, j'ai encore beaucoup de questions à te faire, et je trouve dans tes réponses une franchise et une précision qui me charment. »

Le général Selves, qui était resté seul avec le pacha, me rejoignit bientôt dans une salle d'attente où m'avait conduit un de ses aides de camp, et me félicita chaudement de l'accueil tout à fait exceptionnel que je venais de recevoir de son souverain. Je lui témoignai ma vive reconnaissance, car c'était à sa puissante intervention que je devais attribuer la bienveillance du vice-roi, et je le priai, si ma demande lui paraissait de nature à être soumise à S. A., d'insister auprès d'elle pour que la seconde audience qu'elle voulait bien m'accorder fût tout à fait privée, attendu que j'avais à lui donner des détails confidentiels sur l'émir Abdel-Kader et à réclamer son intervention pour une affaire intéressant de nombreuses populations musulmanes. En face des témoignages de bienveillance que venait de me donner Méhémet Ali, la pensée m'était venue de l'intéresser au succès de ma mission.

Le lendemain, suivant mon désir, le vice-roi me reçut dans un petit kiosque; le général Selves seul assistait à cette audience.

Méhémet Ali m'adressa de nouveau mille questions au sujet de l'émir : quel était son caractère privé, ses moyens d'influence sur les Arabes, ses projets; quelles étaient les résolutions de la France à l'égard de l'Algérie, etc., etc.? Je répondis à toutes ces questions. J'appuyai surtout sur la détermination irrévocablement prise par le gouvernement français d'étendre sa domination sur toute l'Algérie. J'ajoutai que la France, tout en étant prête à la guerre, n'en était pas moins disposée à recourir à des moyens de conciliation, pour amener à elle les populations musulmanes attachées encore à la cause d'Abd-el-Kader; populations, qui bien que ruinées et décimées par une guerre dont l'issue ne pouvait être douteuse, hésitaient à écouter les pacifiques propositions de la France, parce que l'émir, s'appuyant sur certains chapitres du Coran, les menaçait d'une damnation éternelle si elles se soumettaient à la domination des infidèles.

J'expliquai alors au vice-roi la mission que m'avait confiée le gouverneur général de l'Algérie; je lui fis part des résultats que j'avais déjà obtenus à Kaïrouan et, sans lui parler de mon projet d'aller à La Mecque, je lui avouai que ma venue au Caire était motivée par le désir d'obtenir des ulémas de la grande université de Djemâa El Ezhar la confirmation de la fettoua de l'université de Kaïrouan.

« Je sais, dis-je en terminant, que V. A. respecte l'indépendance de la justice dans ses États, mais je sais aussi la juste influence qu'elle peut exercer sur ses magistrats quand il s'agit d'une question d'humanité. L'illustre Méhémet Ali, qui a excité l'admiration de l'Europe en dotant son peuple des bienfaits de la civilisation, ne peut rester insensible au sort misérable des musulmans de l'Algérie égarés par une fausse interprétation de la parole de Dieu. »

Le vice-roi sourit finement à cette péroraison et, sans me donner aucune certitude, il me laissa espérer qu'il ne se désintéresserait pas de la décision que j'allais solliciter du medjelès de El Ezhar.

« Soliman, dit-il en s'adressant au général Selves, dis à ton compatriote que j'apprécie le zèle et l'intelligence qu'il déploie pour le service de son pays et que, le jour où il lui conviendrait de venir habiter l'Égypte, il trouverait auprès de moi un accueil de nature à lui prouver le cas que je fais de sa personne. »

Je me retirai alors ; mon excellent introducteur m'engagea fortement à prendre en considération les offres habilement déguisées de son souverain. La disposition de mon esprit ne me permettait pas alors de tenir compte de propositions qui, en toute autre circonstance, eussent pu m'ouvrir un brillant avenir. J'ai pu d'ailleurs me convaincre que le viceroi n'avait pas peu contribué à l'avis favorable donné par plusieurs ulémas en faveur de la fettoua de Kaïrouan.

Honoré de la faveur du souverain de l'Égypte et mis par le général Selves en excellentes relations avec les Français, chefs des services les plus importants du gouvernement égyptien, toutes les portes m'étaient ouvertes, et je fus émerveillé tout d'abord des résultats obtenus.

Plus tard, grâce aux confidences de ces chefs de service eux-mêmes, je dus revenir sur ces premières appréciations. Voici du reste quelques extraits de lettres que j'adressai alors à mon ami le capitaine Vergé, où le lecteur trouvera le reflet de ces diverses impressions.

CHAPITRE IV.

Deuxième lettre à mon ami le capitaine Vergé : visites aux écoles fondées par le vice-roi, projet de collège arabe à Alger, considérations générales sur le gouvernement du vice-roi et la situation des fellah.

Le Caire, 25 octobre 1841.

Mon cher ami,

Je vous ai raconté, dans une première lettre, mon arrivée à Alexandrie, mon voyage sur le Nil ; j'ai tâché de vous exprimer les sentiments d'admiration qu'a excités en moi la vue de la capitale de l'Égypte, Mass'r el Kahara des Arabes, où apparaissent, à chaque pas, les plus beaux vestiges de l'architecture arabe et où l'on rencontre les types les plus variés des peuples de l'islam.

Dans une seconde lettre, je vous ai rendu compte de l'excellent accueil que m'ont fait le consul et les Français au service du pacha d'Égypte, ainsi que de l'audience que m'a accordée Son Altesse ; je vais essayer aujourd'hui de vous donner une idée de la situation morale et matérielle de l'Égypte.

Posé comme je l'étais, il m'a été facile d'assister aux examens généraux de toutes les écoles du Caire qui ont lieu à la fin de septembre ; j'ai été émerveillé des résultats obtenus avec de simples fellahs qui composent, en grande partie, leur personnel.

Voici l'énumération de ces établissements scolaires :

1° École primaire, tenue par des professeurs arabes (tolbas), où on enseigne à lire et à écrire l'arabe; on y apprend le Coran par cœur.

2° École préparatoire tenue également par des professeurs arabes, pris en partie parmi les ulémas et en partie parmi les musulmans qui ont fait leurs études en France, où on enseigne, toujours en arabe, la syntaxe, la logique, la rhétorique, la géographie, l'arithmétique, les éléments de géométrie et le dessin linéaire.

Au sortir de ces deux établissements, les élèves qui ont été jugés admissibles entrent à l'école des langues, où ils se perfectionnent dans l'arabe et apprennent le turc, le persan et le français.

De là enfin les élèves sont admis, suivant leurs aptitudes, à l'école polytechnique, l'école d'artillerie et l'école de cavalerie.

Tous les ouvrages classiques adoptés en France ont été traduits en arabe et imprimés à Boulak (1) où le pacha a installé à ses frais une superbe imprimerie. Les directeurs de ces diverses écoles sont Français.

Si notre gouvernement avait la bonne idée de fonder un collège arabe à Alger, il trouverait en Égypte des professeurs choisis parmi les sujets les plus distingués de ces écoles qui seraient heureux d'entrer au service de la France. Il serait temps, il me semble, de songer à introduire, dans le pays que nous avons conquis, cette civilisation dont nous sommes les plus zélés propagateurs; on a rêvé de fonder un collège arabe à Paris, mais vous savez comme moi, mon cher Vergé, la répugnance invincible qu'éprouvent les Arabes à envoyer leurs enfants en terre chrétienne, tandis

---

(1) Faubourg du Caire situé sur la rive droite du Nil.

La citadelle du Caire et la mosquée de Méhémet Ali.

que la plupart consentiraient à les faire élever gratuitement dans un collège situé en Algérie et où des musulmans seraient exclusivement chargés de leur instruction religieuse.

Dans tous les pays de l'islam, les ulémas et les tolbas possèdent la confiance du peuple. Or les jeunes musulmans qui auraient complété leurs études dans un collège franco-arabe, seraient bien supérieurs comme instruction aux ulémas et aux tolbas et exerceraient par conséquent une plus grande influence sur leurs coréligionnaires, et cette influence tournerait évidemment à notre profit, puisqu'ils auraient puisé dans notre collège ces idées premières de civilisation incompatibles avec le fanatisme musulman.

En établissant un collège arabe à Paris, nous verrions diminuer le nombre des élèves musulmans, en raison de la répugnance que son éloignement inspirerait à leurs parents. Et puis, en admettant que ces élèves fissent de grands progrès dans nos sciences et notre civilisation, comment pourraient-ils les accréditer parmi leurs compatriotes, s'ils n'avaient pas, en même temps, fait les études classiques arabes qui leur permettraient d'exprimer leurs pensées dans cette langue?

Quant à l'étude de l'arabe, il est évident que le collège fondé à Alger offrirait l'inappréciable avantage d'enseigner facilement la langue arabe aux jeunes Français qui seraient admis dans cet établissement. Les élèves deviendraient les uns pour les autres les meilleurs professeurs de cette langue, et nous trouverions là une riche pépinière d'interprètes habiles et instruits qui font aujourd'hui défaut dans l'armée, dans les diverses administrations de l'Algérie ainsi que dans nos consulats et nos missions diplomatiques en Orient.

Vous et mes camarades, mon bon ami, me donniez le titre

pompeux du premier des interprètes. C'est bien le cas d'appliquer le proverbe. « Dans le royaume des aveugles, les borgnes sont rois. » Ici, en face des jeunes élèves, je ne parle pas de leurs professeurs, j'ai pu mesurer mon ignorance. Aussi me suis-je mis à l'étude avec rage. J'ai deux professeurs arabes et je suis plusieurs cours ; j'espère donc, si jamais je retourne à Alger, y reparaître plus digne de mon titre. Plus tard, j'étudierai le turc et le persan.

Méhémet Ali, me disait-on, se raillait de notre façon de faire la guerre à Abd-el-Kader et prétendait qu'avec dix mille hommes de ses troupes il se chargerait de soumettre l'émir et toutes les tribus de l'Algérie placées sous sa domination. Je crois lors de l'audience qu'il m'a accordée, avoir apporté un changement complet dans ses idées à cet égard. Il y a une vérité que je ne lui ai pourtant pas dite, c'est que les mille khiêla (cavaliers réguliers) que nous a opposés Abd-el-Kader mettraient en complète déroute les dix régiments de cavalerie du pacha d'Égypte dont la valeur est du reste très inférieure à son infanterie.

J'ai assisté, il y a quelques jours, à l'entrée triomphale de Saïd pacha, fils de Méhémet Ali, qui arrivait de Constantinople avec Sélim pacha, aide de camp du sultan, porteur du firman conférant à son père la vice-royauté d'Égypte, héréditaire dans sa famille.

On dit que Méhémet Ali, irrité de se voir abandonné par les puissances européennes et ne comptant plus sur l'appui de la France que le traité de 1840 vient d'éliminer du concert européen, a l'intention de se rallier à la politique rétrograde de la Turquie avec laquelle il entretient aujourd'hui les relations les plus amicales. Est-il sincère ? Ce qu'il y a de certain, c'est que depuis l'arrivée de l'envoyé turc, porteur du firman, il a fait de nombreuses éliminations dans le personnel européen de ses diverses administrations. Il a supprimé plusieurs écoles et réduit son armée à vingt-cinq mille hommes.

Méhémet Ali, d'après ce que me disent quelques personnages français dignes de confiance, a de grandes idées ; il a fondé de superbes établissements sur une vaste échelle, mais il n'aurait pas de persévérance, et abandonnerait ses entreprises au moment où elles pourraient produire de fructueux résultats ; son gouvernement serait oppresseur et spoliateur, et son pouvoir serait éphémère, car la misère la plus profonde règne parmi les cultivateurs fellah, qui sont pourtant en Égypte la source unique de son immense richesse ; les populations seraient lasses de supporter un joug aussi lourd. « Vous avez vu, me disent-ils, que quelques coups de canon tirés à Beyrouth par la flotte anglaise ont donné le signal d'un soulèvement général dans la Syrie d'où Ibrahim pacha a dû se retirer avec l'armée de cent mille hommes qu'il y commandait ; eh bien, si la flotte anglaise eut envoyé un boulet dans la ville d'Alexandrie, l'Égypte en masse se serait soulevée, et c'en était fait de la puissance éphémère de Méhémet Ali. »

Je n'ai pas besoin de vous dire, mon cher ami, de communiquer à notre excellent chef les passages de ma correspondance qui peuvent l'intéresser. Je suis encore trop nouveau en Égypte pour me permettre d'émettre mon opinion sur le plus ou moins de solidité de son gouvernement et sur sa situation politique ; plus tard, peut-être, serai-je mieux à même de porter un jugement, mais, en attendant, il me semble qu'il ne serait pas inutile de porter à la connaissance du gouvernement français les renseignements qui précèdent et qui m'ont été donnés, je le répète, par des hommes compétents et dignes de foi.

Nos agents diplomatiques et les personnages qui viennent visiter l'Égypte voient les choses de haut et à travers le prisme d'une civilisation factice que le pacha et ses agents font habilement briller à leurs yeux ; leurs rapports peuvent donc, malgré leur sincérité, ne pas être le reflet exact de la situation.

Merci des attentions délicates que vous avez pour mon pauvre père, il en est profondément reconnaissant ; et moi donc !

Isidore vous présente ses respects et recommande à Bel-Kheir de bien soigner *notre* Salem. Vous reconnaissez à ce pronom possessif l'habitude qu'a contractée mon fidèle serviteur de considérer comme sien tout ce qui appartient à son maître. Je ne serais pas étonné qu'il dît en lui-même : *notre* ami Vergé. . . . .

De cordiales poignées de main à Garraube, Guilmot et Veuillot ; mes respectueuses amitiés au commandant Eynard..... Adieu.

Je n'ai pas encore présenté à mes lecteurs le personnage qui a le plus facilité l'accomplissement de ma mission et auquel, ainsi que je l'ai fait pressentir dans un précédent chapitre, je devais un jour d'échapper à une mort affreuse, je veux parler de M. Fulgence Fresnel, consul de France à Djedda, résidant momentanément au Caire, cousin germain de M. Mérimée que j'avais rencontré à Malte, et qui m'avait donné pour lui une lettre chaleureuse de recommandation.

Quelle bonne fortune pour moi d'avoir été mis en relations avec cet homme aussi éminent par sa science d'orientaliste, par la variété de ses connaissances et par l'incroyable pénétration de son esprit que par les précieuses qualités de son cœur, et combien je m'estime heureux de lui avoir inspiré tant de sympathie (1). M. Fulgence Fresnel, lors de mon

(1) Avant de consacrer quelques pages à la mémoire de Fulgence Fresnel, je désirais relire quelques-unes de ses nombreuses publications ; je priai donc mon ami, le comte d'Ideville, de rechercher ces précieux documents. Notre savant orientaliste M. Barbier de Meynard, auquel il s'adressa, supposant que j'avais l'intention de faire une biographie de Fresnel, écrivait à M. d'Ideville : «... Je m'empresse de vous transmettre la liste des publications de Fresnel. Je fais des vœux bien sincères pour le succès de l'œuvre méritoire qu'entreprend M. Léon Roches de rendre justice, une justice tardive, à un homme d'un véritable talent et d'une haute valeur, mais, malheureusement peu connu du public... »

Hélas ! je n'ai pas la compétence nécessaire pour me permettre d'apprécier et de

voyage au Caire était âgé de quarante-six ans. Il avait d'abord étudié le chinois sous la direction de M. de Remusat. Puis, ne se sentant pas de sympathies pour la littérature chinoise, il s'adonna à l'étude des langues sémitiques et fut un des élèves les plus distingués de M. Sylvestre de Sacy. En 1826, il se rendit à Rome pour suivre les cours des professeurs maronites attachés à la Propagande. En 1831, il s'établit au Caire et se fit le *telmid* (écolier) du cheikh Mohammed el Tantaoui, célèbre uléma de Djemaâ el Ezhar (grande mosquée et université du Caire). M. Fresnel se livra alors avec passion à l'étude des poètes arabes existant avant l'islamime. Jamais aucun orientaliste n'a réussi comme lui à comprendre cette poésie; c'est qu'il consacra dix années entières à des recherches minutieuses sur les mœurs, les coutumes et le langage des Arabes du Hedjaz et de l'Yémen durant les siècles qui ont précédé l'apostolat de Mohammed. Il était parvenu à s'identifier tellement avec cette ancienne société que, comme l'a dit de lui son ami Jules Mohl, secrétaire de la Société asiatique, « il a reconstruit les temps arabes préislamiques et a fait revivre devant nous les paroles et les passions d'un monde qui est si loin de nous et de nos idées ».

Après ces quinze années d'études consciencieuses dirigées par les professeurs les plus habiles, M. Fresnel publia une traduction d'un poème composé par Chamfara et un commentaire en arabe de l'œuvre de ce poète qui vivait dans les temps antérieurs à l'islamisme et dont les ulémas les plus savants de notre époque n'avaient pu établir le sens.

En 1837, Fresnel fut nommé consul à Djedda. Sa réputation de savant en langue arabe l'y avait précédé. Il fut bientôt entouré de lettrés du Hedjaz et devint l'ami de Sidi Mohammed Elnou Aoûn, grand chérif de la Mecque. C'est alors qu'il publia une série de rapports du plus haut intérêt sur la géographie ancienne et moderne de la péninsule arabique et ses dialectes et surtout sur le Himyarite.

Non seulement M. Fresnel lisait et écrivait l'arabe aussi bien que les plus savants parmi les musulmans, mais il le parlait avec la pureté d'accent des habitants de l'Hedjaz, terre classique de la langue arabe.

Combien je me trouvais ignorant à côté de cet éminent orientaliste! Plus j'étudiais la langue arabe, plus j'en découvrais la richesse et les difficultés. A ce sujet, M. Fresnel me citait les paroles que prononçait M. de Sacy, peu de temps avant sa mort : « J'ai consacré quarante années à l'étude de la langue arabe, disait-il, et il m'en faudrait quarante

faire valoir l'œuvre littéraire de Fresnel, je me contente de donner quelques détails intimes sur la vie privée de l'homme qui m'a honoré de son amitié et à qui je dois la vie, et de lui rendre l'hommage public des sentiments d'admiration et de reconnaissance que je lui ai voués, et dont je n'ai cessé de lui adresser l'expression tant qu'il a vécu.

autres pour la posséder complètement, c'est-à-dire pour lire et comprendre à première vue les poètes et les littérateurs arabes de toutes les époques. » Or M. de Sacy a été sans contredit l'orientaliste le plus éminent qui ait existé, et voici un exemple à l'appui de cette assertion : Un auteur arabe nommé El Hariri a fait un livre, intitulé El Makamât, qui a été commenté par plusieurs savants de l'islamisme. M. Sylvestre de Sacy a publié sur cet ouvrage un nouveau commentaire en arabe tellement remarquable qu'il a été adopté dans les universités les plus célèbres de l'Orient. Les ulémas de la mosquée de El Ezhar adressèrent des félicitations à l'auteur, et lui soumirent quelques difficultés grammaticales qu'ils n'avaient pu résoudre. M. Sylvestre de Sacy leur répondit et, après la lecture de sa lettre, tous les doctes membres de l'illustre université déclarèrent qu'aucun musulman vivant n'était capable de rédiger une lettre semblable à celle du savant français, et comme connaissance profonde de la langue, et comme élégance et pureté de style.

M. Fresnel pratiquait les devoirs de l'hospitalité avec tant de générosité qu'il avait porté de graves atteintes à son patrimoine déjà compromis par des services rendus à des amis qui avaient abusé de sa confiance. Autant il était subtil quand il s'agissait de déchiffrer les textes les plus difficiles, autant il était naïf au point de vue de ses intérêts. Je refusai donc, malgré ses vives instances, de loger sous son toit et de manger à sa table, mais je passais toutes mes soirées chez lui, où se réunissaient les hommes les plus distingués parmi les Européens au service du pacha d'Égypte et parmi les voyageurs. Son salon était tenu avec une parfaite distinction par sa femme, que sa destinée romanesque entourait d'un charme tout particulier. Voici comment Fresnel l'avait épousée :

Lors de son premier séjour à Djedda, il aperçut dans les bazars, où l'on vend les esclaves à l'enchère, une jeune Abyssinienne qui avait à peine dix ans. Elle était admirablement belle. L'expression de tristesse répandue sur sa physionomie attira son attention, et il la fit acheter pour son compte par un musulman de ses amis. L'enfant était malade ; Fresnel la soigna lui-même avec une tendresse à laquelle la pauvre esclave n'était pas habituée. Il l'emmena avec lui en France et la confia aux soins de sa famille. Elle était d'origine chrétienne ; elle fut donc instruite dans la religion de ses pères et baptisée sous le nom de Sarah. Elle reçut, en Suisse, l'éducation la plus soignée et apprit facilement le français et l'italien. Elle parlait déjà la langue galla, l'arabe et un peu le turc. Arrivée à l'âge de quinze ans, il fut question de la marier en Europe. Elle refusa, et dit qu'elle n'épouserait que son père, c'est le nom qu'elle donnait à M. Fresnel. Celui-ci crut de son devoir d'obtempérer à ce désir et vint au devant de sa fiancée jusqu'à Malte, où une de ses sœurs l'avait amenée. C'est là qu'eut lieu la cérémonie nuptiale.

Je ne crois pas avoir vu dans mon existence un type plus splendide que celui de Sarah. C'était une beauté caucasienne avec la patine des bronzes florentins. C'est que dans les veines de la belle Sarah coulait le sang le plus pur de son pays. Deux princes abyssiniens dont le grand chérif de la Mecque avait épousé la sœur, et qui étaient venus au Caire recommandés à M. Fresnel par son illustre ami, avaient causé avec Sarah et obtenu d'elle, sur les circonstances de son enlèvement et de sa captivité, des renseignements tellement précis qu'ils avaient acquis la certitude qu'elle était la fille d'un prince galla. Hélas! cette découverte devait amener de funestes conséquences pour le bonheur de mon ami; car, peu de temps après mon retour en Algérie, j'appris que Sarah, oubliant tout ce qu'elle devait à l'homme noble et généreux qui l'avait arrachée à la captivité, s'était enfuie en Abyssinie avec un compatriote envoyé auprès d'elle par sa famille.

CHAPITRE V.

*Je revêts de nouveau le costume musulman. — Le cheikh el Tounsi. —
Le medjelès de Djémâa el-Ezhar. — La fettoua.*

Cependant le moment était venu de renoncer aux charmes du salon de M. Fresnel et des Européens intéressants que j'y rencontrais; car il fallait me préparer à l'accomplissement de ma mission. Or, personne mieux que M. Fresnel ne pouvait me mettre en rapport avec les personnages musulmans qui devaient en assurer le succès, puisqu'il était en relations intimes avec les ulémas de la grande mosquée El Ezhar (1) et les savants les plus illustres du Caire.

---

(1) Djemâa el Ezhar, جَامِع الأزهار (la mosquée des Fleurs), dont la fondation remonte au dixième siècle de notre ère, a été complétée à des époques postérieures. L'ornementation en est aussi riche que variée. L'ogive des arcades est pointue et tous les angles des coupoles sont garnis de stalactites en plâtre dont le fond est doré. Ses minarets ont une élégance et une légèreté remarquables.

C'est en l'an de l'Hégyre 870 que fut fondée l'université de Djemâa el Ezhar. Plus de dix mille tolba ou télémid (étudiants-écoliers) viennent y suivre les cours des ulémas professant *Le Tohid*, التوحيد (l'unité de Dieu), le *Cherâa*, الشرع (la jurisprudence), *Eulm el Tob*, علم الطب (l'art de guérir), *Eulm le Felek*, علم الفلاي (l'astronomie), *El Nahou*, النحو (la syntaxe), *El Mantak*, المنطق (la logique), etc., etc.

Je revêtis donc de nouveau le costume arabe ; M. Fresnel me présenta à ses amis musulmans. J'aurais pu aisément me faire passer à leurs yeux pour un Arabe de l'Algérie ; mais dans le cas présumable où j'aurais rencontré des gens me connaissant, j'aurais été convaincu de fraude, et mon caractère et ma mission eussent été fatalement compromis. M. Fresnel en leur dévoilant donc mon origine, leur affirma que j'étais converti à l'islamisme et que j'étais chargé par les principaux marabouts de l'Algérie d'obtenir une fettoua qui aidât à mettre fin à la guerre, sans issue favorable possible, qui désolait le pays. A ce titre, je fus parfaitement accueilli par tous ces graves docteurs ; un d'eux surtout, le cheikh Sidi Mohammed ben Omar el Tounsi, m'inspira les plus vives sympathies et me donna spontanément les témoignages les moins équivoques d'intérêt, je pourrais dire d'affection ; ce savant musulman, très connu des orientalistes européens, a composé plusieurs commentaires sur la théologie, et a fait une relation de son voyage au Darfour. Cet ouvrage offre le plus vif intérêt au double point de vue de la géographie et de l'ethnographie.

D'après les conseils de M. Fresnel et de son ami intime M. Perron (1), je laissai entrevoir au cheikh Tounsi que le gouvernement français ne manquerait pas de lui donner, par mon intermédiaire, *des preuves de sa haute satisfaction*, s'il me facilitait, dans la mesure de ses moyens d'action, l'accomplissement de la mission humanitaire dont j'étais chargé. El féhem ifhem, يفهم الفاهم, l'intelligent comprend, disent les Arabes, et je m'aperçus que le cheikh avait compris.

Il me força d'abandonner le caravensérail où je m'étais

---

(1) Orientaliste distingué, directeur de l'École de médecine au Caire, appelé depuis à la direction du collège arabe à Alger.

provisoirement installé, et me logea chez son beau-frère, Sid el Hadj Hassan ben Ibrahim, ancien muphti à Kaïrouan, beau vieillard qui, après avoir successivement perdu tous ses enfants, s'était retiré au Caire avec sa femme descendante du prophète, comme son frère le cheikh Tounsi. Lella Cherifa, c'est son nom, étant presque aussi âgée que son mari, je pouvais la voir, et elle ne tarda pas à me traiter maternellement. Il fut convenu que je contribuerais pour une large part aux dépenses du ménage.

Le cheikh Tounsi me donnait des leçons d'arabe littéral dans la journée, et invitait chaque soir quelques membres de l'université de El Ezhar; je laisse à penser l'intérêt que m'offraient ces séances auxquelles assistaient souvent mes bons amis Fresnel et Perron. C'est durant mon séjour au Caire que je crois avoir fait les progrès les plus marqués dans l'étude de la langue arabe.

Quand les ulémas se retiraient, nous restions seuls, Fresnel, Perron, le cheikh et moi. Nous avons souvent passé des nuits entières à écouter réciproquement les récits de nos voyages et des épisodes de nos existences, et à former des projets. Un entre autres était caressé par Fresnel et approuvé par le docteur Perron.

Pendant son séjour à Djedda, Fresnel avait souvent rêvé l'établissement d'une caravane de pèlerins algériens (1) faisant sa route et son entrée à La Mecque, à la manière des caravanes persane, turque et égyptienne, mais sous la protection du drapeau français. D'un autre côté, il avait appris les efforts faits par les sultans du Borgou pour se mettre en communication directe avec le commerce européen de la Méditerranée, et leur persistance à envoyer des caravanes à Ben Ghazi par une nouvelle route qu'ils cherchaient à

---

(1) Extrait de la notice de J. Mohl sur le savant consul de Djeddah.

travers le Sahara, malgré la perte entière de plusieurs expéditions. Fresnel avait donc conçu l'idée de répondre à ces deux besoins par un moyen unique, par une caravane de pèlerins français allant de l'Algérie, par le désert, à la frontière du Borgou, longeant le Soudan, traversant le Sennar, passant la Mer Rouge à Kocéir et arrivant ainsi à La Mecque, après s'être grossie en route de tous les affluents de pèlerins maugrebins et nègres qui viendraient s'y joindre. Il espérait ainsi montrer la France au centre de l'Islam, comme protectrice de ses sujets musulmans, et ouvrir au commerce français une large voie dans l'Afrique centrale.

Certes ce projet était noble et grandiose; mais la connaissance que le cheikh Tounsi et moi avions des musulmans et de leur fanatisme, nous empêchait de croire à la possibilité de sa réalisation avant l'époque où la soumission complète et réelle de toutes les tribus de l'Algérie, depuis la mer jusqu'aux limites extrêmes du grand désert, permettrait à la France de s'occuper de cette importante question. Et, alors même, quels obstacles ne rencontrerait pas cette œuvre humanitaire et commerciale dans le mauvais vouloir du gouvernement de la Sublime Porte?

Dieu veuille que la France reprenne un jour la situation qu'elle avait en Europe à l'époque où nous discutions ces belles hypothèses; alors seulement elle pourra songer à réaliser le rêve patriotique du savant consul.

Le cheikh Tounsi avait-il réellement foi dans ma conversion à l'islamisme, j'avais lieu d'en douter; car, sans m'exprimer aucun doute à ce sujet, jamais il n'abordait avec moi la question religieuse. Son beau-frère, le muphti, au contraire, persuadé de la sincérité de mes convictions, m'engageait à diriger mes études vers les ouvrages de théologie.

Le cheikh Tounsi ne manquait pas d'apporter la même conviction dans l'esprit des ulémas auxquels il m'avait présenté, et je n'attendais plus que l'arrivée des deux mokaddem de Tedjini pour soumettre la fettoua de Kaïrouan à l'approbation du medjelès suprême de El Ezhar.

Ces deux fidèles serviteurs de mon ancien ami d'Ain-Madhi, *El Miloud ben Salem El Leghouati* et *Ihaia ben Ahmed el Bouzidi* furent ponctuellement exacts au rendez-vous assigné, et les témoignages de joie qu'ils me donnèrent en me rencontrant dans la magnifique cour qui précède la grande mosquée de El Ezhar me firent comprendre le prix qu'ils ajoutaient à mon intervention auprès des ulémas, afin d'obtenir la fettoua si ardemment désirée par leur maître.

Ces braves gens m'annoncèrent que Sidi Mohammed el Tedjini était réinstallé dans sa ville d'Ain-Madhi que toutes les tribus, ses anciennes alliées, l'avaient aidé à reconstruire, et que son autorité temporelle et spirituelle était plus que jamais reconnue dans toute la partie du Sahara située au sud de djebel Eumour. Il n'avait plus à redouter l'hostilité d'Abd-el-Kader, trop occupé, me dirent-ils, par la guerre qu'il soutenait contre les Français. Ils me montrèrent en outre une lettre de Tedjini leur recommandant une parfaite soumission à mes avis. Je les présentai au cheikh El Tounsi et, le lendemain de leur arrivée, les deux mokaddem soumirent au medjelès de El Ezhar réuni à leur requête, la fettoua émanée du medjelès de la grande mosquée de Kaïrouan.

Je n'ai pas besoin d'ajouter que c'est grâce à l'influence et à l'habileté du cheikh Tounsi que la réunion de ce medjelès avait eu lieu. Toujours d'après l'avis de mon habile conseiller, j'avais préalablement fait à ses membres une visite à l'issue de laquelle chacun d'eux avait reçu un cadeau dont la valeur était en raison de son importance. Il ne s'agissait point là, comme je l'ai dit à propos des démarches identiques que j'avais faites à Kaïrouan, d'acheter la conscience de juges prévaricateurs, il fallait simplement adoucir le fanatisme de musulmans appelés à donner un avis conforme aux lois de l'humanité, et partagé d'ailleurs par de savants docteurs interprètes du Coran.

Le 6 novembre, le medjelès était donc réuni dans la partie de la mosquée de El Ezhar, la plus rapprochée du mirhab (1) et du mumber (2).

Cette réunion offrait un aspect imposant, soit par la composition de ses membres, presque tous beaux vieillards à longues barbes blanches dont les physionomies impassibles étaient éclairées par les lueurs vacillantes des lampes suspendues aux ogives; soit par l'immensité de la mosquée dont les voûtes garnies d'arabesques reposent sur des centaines de colonnes aux chapitaux dorés.

Le président, iman de la mosquée, après les invocations à Dieu qui précèdent toute délibération parmi les musulmans, exposa succinctement le motif de la réunion et chargea un des ulémas de donner lecture de la fettoua émanée du medjelès de Kaïrouan.

La délibération commença... Plusieurs ulémas prirent la parole après l'avoir obtenue du président, et un silence absolu régnait pendant qu'ils parlaient. Trente ou quarante volumes furent apportés près de la petite table placée devant le président.

Ils furent feuilletés par quatre ulémas désignés à cet effet et restèrent ouverts à la page où se trouvaient les passages relatifs à la question débattue. Ils passèrent successivement sous les yeux de tous les ulémas. Deux d'entre eux, délégués par le président, s'approchèrent alors de chacun des membres de l'assemblée et écrivirent sous sa dictée le résumé de

---

(1) Niche placée dans le mur de la mosquée opposé à l'entrée. C'est devant cette niche, tournée vers le Kâaba (temple de la Mecque) que se place l'iman (officiant) de la mosquée.

(2) Chaire où monte le khatîb (prédicateur).

son opinion. Cette opération ne dura pas moins d'une grande heure. Le président lut ensuite, à haute voix, le résumé de l'opinion de chacun des membres qui, après la lecture, firent un signe de tête constatant la fidélité de la rédaction. La grande majorité de l'assemblée approuvait les conclusions de la fettoua de Kaïrouan.

Le cheik El Kadiri, auquel j'avais pourtant été recommandé et qui m'avait fait un excellent accueil, refusa d'apposer son approbation et son cachet au bas de la fettoua. Le motif de ce refus lui fait trop d'honneur pour que je le passe sous silence. Il avait entretenu d'excellentes relations avec Sidi Mahhi-el-Din, père d'Abd-el-Kader; il les avait même reçus tous deux lors de leur voyage à la Mecque en 1822, et appartenait comme eux à la confrérie de Sidi Abd-el-Kader el Djilani, de Bagdad, dont il était l'oukil. Il ne pouvait donc se décider à approuver une décision qui était en réalité un blâme infligé à la conduite du fils de son vieil ami défunt.

A la suite de la première fettoua écrite sur un long rouleau de superbe papier épais et glacé, un secrétaire copia la seconde fettoua émanée du medjelès de El Ezhar. Elle fut revêtue de la signature et du cachet de tous les ulémas approuvant la décision, et le précieux document fut remis au mokaddem de Tedjini après que ce dernier eut mis sous les yeux du président les pouvoirs qui l'autorisaient à le recevoir.

Le mokaddem déclara alors devant l'assemblée qu'il se rendait à la Mecque et que là il soumettrait encore les deux fettouas à l'approbation d'un dernier et suprême medjelès composé des ulémas de Médine, de Damas et de Bagdad réunis à la Mecque, à l'époque du pèlerinage.

Entrée en séance après la prière du moghreb (6 heures du soir environ), l'assemblée se sépara à minuit. La séance n'avait été interrompue que pendant le temps nécessaire pour prendre le repas de l'eûcha (soir) préparé par les soins de mon hôte le muphti (et à mes frais bien entendu) dans une des salles de la medderça (école) annexée à la mosquée. Le cheikh Tounsi, auquel revenait une si grande part dans cet heureux résultat, m'affirma que Méhémet Ali n'avait pas été étranger à la décision des ulémas. Quoique musulman, me dit-il, le pacha est désireux de voir terminer la lutte que soutient Abd-el-Kader contre les Français ; *car cette lutte jette aux yeux des fidèles croyants un blâme sanglant à la face de ceux des princes de l'islamisme qui, contrairement aux prescriptions du Coran, entretiennent des relations sincères d'amitié avec des puissances chrétiennes.*

Quel que fût le motif qui eût engagé Méhémet Ali à peser sur la décision des ulémas, je me félicitai de l'heureuse idée que j'avais eue de l'intéresser au succès de ma mission (1).

(1) J'ai su depuis qu'une copie de la fettoua du Caire avait été portée à Sidi Mohammed Tedjini par le mokaddem Ihaïa ben Ahmed el Bouzidi et que ce marabout, ennemi juré de l'émir Abd-el-Kader depuis le siège d'*Aïn Madhi* (voir tome Ier, livre VI), avait donné une grande publicité à cette décision émanée d'une assemblée composée des plus célèbres docteurs de l'islamisme. Le général de Lamoricière en constatait le premier les heureux effets dans sa correspondance avec le gouverneur général (avril 1842).

CHAPITRE VI.

Je me décide à me rendre à la Mecque. — Préparatifs. — Sid-el-Hadj-Hassan, beau-frère du cheikh Tounsi. — Ma lettre au général Bugeaud.

J'étais donc virtuellement engagé à me rendre à la Mecque, puisque le mokaddem de Tedjini avait déclaré devant le medjelès de El Ezhar que son maître désirant donner la plus grande autorité possible à la fettoua des ulémas de Kaïrouan et du Caire, il allait, conformément à ses ordres, se rendre à la Mecque, et là, présenter la fettoua à l'approbation d'un suprême medjelès, composé des ulémas du Cherg (1) et du Moghreb (2), réunis dans la ville sainte, à l'occasion du pèlerinage. Loin de me contrarier cette décision, que j'avais prévue du reste dès mon départ d'Alger, comblait mes vœux.

Le désir de trouver la mort en accomplissant ma mission était-il aussi ardent qu'à l'époque où je l'avais sollicitée ? Je dois avouer que mes idées s'étaient considérablement modifiées depuis mon départ d'Algérie. Si j'étais parfaitement résolu à ne pas retourner dans ce pays où j'avais tant souffert et où j'aurais retrouvé la terrible situation à laquelle je m'étais soustrait, j'entrevoyais pourtant l'avenir sous des couleurs moins sombres. L'accueil si chaleureux, si bienveillant que j'avais reçu à Malte et en Égypte, le contact des hommes distingués que j'y avais fréquentés, avaient exercé une douce influence sur ma nature impressionnable et, sans

---

(1) *Cherg* ou *Cherk*, orient.
(2) *Moghreb* ou *Gharb*, couchant.

avoir aucune idée arrêtée sur mes projets d'avenir, je voyais désormais dans ma mission, bien moins le moyen d'en finir avec la vie qui naguère me semblait un fardeau insupportable, que la perspective d'un voyage exceptionnellement intéressant et l'accomplissement d'une importante mission.

On jugera très sévèrement, j'en suis certain, toutes ces tergiversations, résultat de mon imagination et de mon esprit, je pourrais dire dévoyé ; mais, ainsi que je l'ai dit dans mon avant-propos, puisque je suis résolu à me présenter à mes compatriotes, je veux qu'ils me voient tel que j'ai été et tel que je suis. Mes erreurs même peuvent offrir des leçons profitables à ceux qui me liront.

Il fallait donc m'occuper, sans retard, des préparatifs de mon voyage à la Mecque.

J'avais d'abord songé à m'adjoindre comme un pauvre pèlerin à la grande caravane qui partant du Caire emploie soixante jours pour ce voyage ; mais mes amis me dissuadèrent de donner suite à ce projet, car il ne me permettait d'arriver à la Mecque que deux jours avant les cérémonies du pèlerinage, et dès lors je n'aurais pas le temps de présenter la lettre de M. Fresnel au grand chérif et de visiter les ulémas qui devaient donner l'approbation suprême à la fettoua.

Ce fut encore à mon sage ami, le cheikh Tounsi que j'eus recours en cette circonstance, et je n'eus qu'à me louer, comme on le verra par la suite, d'avoir suivi ses conseils ; il avait surtout le talent d'inventer des combinaisons qui, en même temps, étaient avantageuses à ses intérêts et facilitaient l'accomplissement de ma mission. Ainsi, *par un hasard heureux*, il se trouva que son beau-frère Sid el Hadj Hassan ben Ibrahim, mon hôte, devait de nouveau (1) se

---

(1) Je dis de nouveau, car le mot Hadj qui précédait son nom indiquait qu'il avait déjà accompli le pèlerinage de la Mecque.

rendre en pèlerinage aux villes saintes de l'islamisme avec sa femme et ses esclaves, deux nègres et deux négresses du Darfour. Mon savant professeur me fit facilement comprendre que je ne pouvais pas rencontrer une meilleure occasion, et il rédigea une convention par laquelle son beau-frère s'engageait à m'admettre dans sa petite caravane et à me nourrir, me loger et me blanchir pendant toute la durée de notre voyage à la Mecque et de notre séjour dans cette dernière ville, jusqu'à la fin des cérémonies du pèlerinage, à charge par moi de payer la moitié de la dépense totale nécessitée par le transport, le logement, le blanchissage et la nourriture du muphti, de sa femme, des quatre esclaves et de moi.

C'était payer chèrement les services que pourrait me rendre mon compagnon de voyage ; mais son titre de muphti et de Hadj, et sa connaissance du pays et des cérémonies obligatoires du pèlerinage étaient autant de conditions qui devaient singulièrement faciliter l'accomplissement de ma mission. Je trouvais, en outre, dans sa société et celle de son excellente femme une diversion à mes chagrins et une compensation au vide qu'allait laisser auprès de moi mon brave Isidore que M. Fresnel avait gardé chez lui, lorsque j'étais allé loger chez le muphti, et que j'étais bien décidé à ne pas emmener avec moi.

J'écrivis alors à mon excellent chef le général Bugeaud, gouverneur général de l'Algérie, la lettre dont je donne ici copie :

Le Caire, 10 novembre 1841.

Mon général,

J'ai reçu la bienveillante lettre que vous m'avez adressée et j'ai encaissé le mandat de quatre mille francs qu'elle contenait. Cette somme est arrivée à temps pour m'assurer la bonne volonté des ulémas du Caire qu'à l'exemple de ceux de Kaïrouan, j'ai dû achever de convaincre par les *arguments irrésistibles*. Enfin, j'ai pu accomplir en grande partie la mission que vous avez bien voulu me confier. Le grand medjelès de Djemaâ el Ezhar composé des docteurs les plus vénérés de l'islamisme a donné son approbation à la fettoua du medjelès de Kaïrouan, dont je vous ai transmis la substance dans une lettre datée de Sousse (août 1841).

Cette importante décision dont Sidi Mohammed Tedjini et les mokaddem de Moulay el Taieb auront connaissance avant peut-être que ma lettre ne vous parvienne, car vous connaissez la rapidité extraordinaire des relations des musulmans entre eux, malgré l'absence de poste régulière, cette importante décision, dis-je, qu'ils publieront dans toute l'Algérie, exercera, il n'y a pas à en douter, une grande influence sur les déterminations des tribus algériennes, et vous en constaterez bientôt les bons effets. Je pourrais donc m'en tenir au résultat acquis et retourner auprès de vous, mon général; mais, je dois aujourd'hui vous l'avouer, en réclamant de vous la mission que vous avez bien voulu me confier, j'étais poussé par le double désir de rendre un service à mon pays, et de m'éloigner pour toujours de l'Algérie où ma situation, conséquence de celle si malheureuse et pourtant si imméritée de mon pauvre père, m'était devenue insoutenable. Je vais donc poursuivre jusqu'au bout l'accomplissement de ma mission.

La décision (fettoua) de Kaïrouan sanctionnée par les ulémas du Caire exercera une influence plus grande encore sur l'esprit des populations musulmanes de l'Algérie, si je parviens à la faire revêtir de la sanction du grand chérif de la Mecque et des docteurs des universités de Médine, de Damas et de Bagdad. Tel est le but que je me propose d'atteindre en me rendant à la Mecque.

Je compte, en outre, remplir une mission philanthropique en constatant la façon inhumaine dont on entasse, comme un vil bétail, nos pèlerins algériens sur les bateaux qui les transportent dans les divers ports de la mer Rouge, Suez, Kocéir, Yamboa et Djedda, soit à l'aller soit au retour. Je serai témoin des traitements barbares auxquels ils sont en butte de la part des autorités turques et égyptiennes, et j'espère que des représentations appuyées sur des faits indéniables et adressées par nos agents diplomatiques à la Sublime Porte et au vice-roi, ainsi que des instructions données à nos agents consulaires en Égypte et à Djedda, suffiront pour mettre fin à une situation qui porte atteinte au prestige de la France.

Mon voyage à la Mecque offre de tels dangers que je cours de grandes chances d'y trouver la mort. Dans tous les cas je suis bien résolu à ne plus retourner en Algérie.

Je pars donc, mon général, avec la persuasion que je ne reverrai plus ni mon pays, ni vous, ni mon excellent père que je recommande à cette bienveillance dont vous m'avez déjà donné tant de preuves.

Je vous adresse une dernière prière, c'est de vouloir bien accepter mon beau Salem (le cheval que m'a donné Abd-el-Kader) en souvenir de votre malheureux interprète.

Le consul de France au Caire se charge de renvoyer à Alger mon serviteur Isidore, dont vous connaissez le dévouement et la fidélité. Je pars sans lui faire connaître le but de mon voyage, car il voudrait me suivre, et, si j'y consentais, ce serait non seulement le conduire à une mort certaine, mais créer une nouvelle difficulté à l'accomplissement de ma mission. J'ose également le recommander à votre bienveillante protection.

Adieu encore, mon général.

Veuillez agréer, etc., etc.

CHAPITRE VII.

Préparatifs de mon voyage à la Mecque. — Je laisse Isidore. — Départ du Caire. — Rejoint la caravane des Hassan-ben-Ali à Aadjeroud.

Puisque je tenais à arriver à la Mecque quelque temps avant les cérémonies du pèlerinage, afin de présenter au grand chérif les lettres de recommandation que m'avaient données pour lui les princes abyssiniens, ses beaux-frères et M. Fresnel, et de me mettre en relations avec les ulémas qui devaient donner une nouvelle sanction aux fettoua de Kaïrouan et du Caire, il importait de hâter mon départ et de choisir les moyens d'effectuer notre voyage dans les conditions les plus rapides. Dans ce but nous aurions pu nous rendre à Suez ou à Kocéir, et là nous embarquer pour Djeddah. Mais, outre la répugnance qu'éprouvait mon compagnon de voyage à s'embarquer sur les affreux navires qui font les traversées de la mer Rouge, il tenait à se rendre à Médine où il avait des connaissances.

Plus que mon muphti encore, je désirais visiter la ville où est enterré le prophète de l'islamisme.

Il fut donc convenu avec le cheikh Tounsi et mon compagnon de route qu'au lieu d'attendre le départ de la grande caravane égyptienne qui part solennellement du Caire, le 27 du mois de chouel de chaque année (correspondant cette année 1841 au 14 décembre), et n'arrive à la Mecque que deux jours avant les cérémonies du pèlerinage, nous nous joindrions à la caravane des Oulad-ben-Ali, immense tribu occupant le littoral entre Derna et Alexandrie (ancienne Cyrénaïque), et dont le trajet du fort d'Aadjeroud où nous devions la rejoindre jusqu'à Yamboâ, point le plus rapproché de Médine, s'effectuait en 25 ou 26 jours. Mon muphti se mit donc en rapport avec l'oukil (représentant) des Oulad-ben-Ali, au Caire, lequel se chargea de nous choisir un mekououm. Le mekououm est une sorte d'entrepreneur de pèlerinage qui, moyennant une somme convenue à l'avance, loue aux pèlerins les chameaux nécessaires pour les transporter eux et leurs bagages, et se charge de leur fournir la nourriture et l'eau durant tout le voyage.

Une convention fut passée à cet effet devant le kadhi. Le mekououm s'engagea à nous louer douze chameaux du Caire à Yamboâ et à nous fournir l'eau et la nourriture pendant le trajet moyennant la somme de 380 dollars, 2,000 francs environ, dont je consentais à payer les deux tiers.

Nous devions rejoindre la caravane des Oulad-Ali à Kalaât Aadjeroud, petite forteresse située à 75 kilomètres du Caire environ; c'est une des principales stations des caravanes se rendant à la Mecque.

Je fis mes adieux à mon excellent ami M. Fresnel et à MM. Perron et de Quinsonnas, les seuls Européens auxquels j'eusse confié mon projet de voyage à la Mecque. Je leur recommandai mon brave Isidore auquel j'avais caché le but de mon voyage; on devait lui apprendre la vérité quelques jours seulement après mon départ. En outre d'une somme d'argent plus que suffisante pour payer les frais de son séjour au Caire et son retour en Algérie, je laissais entre les mains d'Isidore tous mes vêtements européens, mes cahiers de notes, mes armes et quelques objets d'une certaine valeur qu'il devait remettre à mon père. Je pris congé de mon illustre professeur le cheikh El Tounsi qui donna à son beau-frère de précieuses lettres de recommandation pour Yamboû, Médine et la Mecque. J'étais moi-même porteur d'une lettre de M. Fresnel pour le grand chérif auquel j'avais été déjà directement recommandé par ses beaux-frères, les jeunes princes abyssiniens que j'avais rencontrés chez mon ami.

Enfin, le 6 novembre 1841, Sid-el-Hadj Hassan, sa femme, ses deux négresses, ses deux nègres, Sid-el-Miloud ben Salem-el-Leghouati, mokaddem de Tedjini (1) avec son serviteur et moi, nous partîmes du Caire avec nos douze chameaux et notre mekououm, bédouin taillé en Hercule, armé jusqu'aux dents, monté lui-même sur un méhari, et escorté de quatre Nubiens chargés de conduire nos chameaux, soit pendant la nuit, soit dans les pas difficiles, nous hisser sur ces incommodes montures et nous en faire descendre. Mon muphti, malgré ses fonctions pacifiques, avait tenu à ce que nous fussions armés ainsi que ses deux nègres dont il avait éprouvé le courage et le dévouement.

En trois étapes nous atteignîmes la forteresse nommée Kalaât Aadjeroud, où nous trouvâmes campée la caravane des Oulad-ben-Ali; elle ne comptait pas moins de quatre cents pèlerins et de mille chameaux. Notre mekououm nous présenta au chef de la caravane, Sid-el-Hadj Miloud, kaïd d'une des importantes fractions de la grande tribu, qui nous accueillit avec une aménité et une distinction parfaites.

Avant d'aller plus loin, je dois prévenir mes lecteurs que la relation de mon voyage à la Mecque sera loin de leur offrir le charme et l'intérêt qu'ils trouveraient dans le récit d'un voyageur animé seulement du désir de voir un pays

---

(1) L'autre mokaddem, Yahia ben Ahmed El-Bouzidi, était parti du Caire le lendemain de l'obtention de la fettoua, dont il avait emporté une copie à son maître Sidi-Mohammed-el-Tedjini.

nouveau, et d'étudier les mœurs et les coutumes de ses habitants. Tel n'était point le but que je me proposais dans le voyage que j'avais entrepris. J'avais sollicité une mission, c'est à la remplir que tendaient tous mes efforts. Elle était l'objet presque unique de mes préoccupations ; aussi n'ai-je pas craint de multiplier je le répète, les détails relatifs aux medjelès, aux ulémas, aux mokaddem et aux *fettoua*. En écrivant le livre que je publie, je ne me suis nullement préoccupé d'un succès littéraire auquel je n'ai pas l'outrecuidance d'aspirer ; mais bien de l'utilité des renseignements qu'il offrira à mes compatriotes, soit dans le présent, soit dans l'avenir.

De sérieuses complications peuvent un jour survenir en Afrique ; un nouveau champion de l'islamisme peut y surgir et menacer notre domination ; on pourra alors consulter avec fruit les moyens qui ont été employés pour combattre moralement et matériellement l'illustre émir, détruire son prestige, et ramener à nous les populations musulmanes qu'il avait fanatisées.

Les moindres détails, en pareilles circonstances, ne sont point à négliger, et ce qui, aujourd'hui, paraît peu digne d'attention, peut être plus tard d'une grande utilité.

C'est donc accidentellement que je consacre quelques pages à la description des contrées et des villes que j'ai traversées, et que, du reste, dans les conditions où je me trouvais, je ne pouvais voir que très superficiellement.

Ce serait, en outre, fastidieux de décrire le parcours et les stations de notre caravane, parcours et stations parfaitement connus aujourd'hui, et n'offrant, en somme, qu'un médiocre intérêt.

Nous quittâmes Aadjeroud le 9 novembre ; la route me parut assez monotone jusqu'au moment où nous pénétrâmes dans la chaîne occidentale de l'Aâkaba, située à 250 kilomètres environ du Caire, et à quelques kilomètres du point le plus septentrional du golfe de la mer Rouge nommé B'har-el-Aâkaba.

Là, je fus frappé par l'aspect terrifiant des rochers abrupts au milieu desquels nous dûmes passer avec les plus grandes difficultés ; cette partie de la chaîne est l'image du chaos.

LIVRE II.

MÉDINE.

CHAPITRE VIII.

Voyage de Kalaât Aadjeroud à Yamboa. — Attaque dirigée contre notre caravane. — Yamboa. — Triste situation des pèlerins algériens.

Nous marchions généralement pendant la nuit et nous nous reposions dans la journée. L'allure de mon chameau me fatiguait tellement que je faisais une partie de la route pédestrement, et comme j'avais des souliers très légers (belgha), espèce de pantoufles, mes pieds étaient ensanglantés lorsque la route était rocailleuse, ce qui arrivait souvent. Quand le terrain était sablonneux, je préférais marcher sans chaussure aussi pendant longtemps ai-je conservé aux talons des cals que je coupais comme une sorte de corne. Après avoir traversé le désert de Tsii et la terrible chaîne de l'Aâkaba, j'éprouvai une sensation inexprimable de bien-être en arrivant, le dixième jour, à M'ghaïr Chaaïb, vallée où des palmiers et des arbres fruitiers de toute sorte formaient de délicieuses oasis. Vers le soir, au moment où nous chargions nos chameaux et où nous nous disposions à nous remettre en route, nous vîmes arriver une troupe de Bédouins, les uns montés sur des chevaux et des chameaux, et les autres à pied, tous armés de fusils, de lances et de javelots.

Pendant que le brave kaïd, chef de la caravane, monté sur un superbe méhari et suivi par une douzaine de ses serviteurs également montés sur des maharis et tous bien armés, s'avançait vers les Bédouins, pour connaître leurs intentions, le muphti, le mokaddem de Tedjini, le mekououm et moi avions hâté le chargement de nos chameaux, et notre caravane s'était mise en route flanquée du côté des assaillants par tous les pèlerins armés que nous avions formés sur deux rangs et qui faisaient fort bonne contenance. Les chefs de la troupe des Bédouins venaient réclamer le droit de passage que notre brave kaïd, encouragé par notre attitude martiale, refusa énergiquement. Pendant plus de trois heures, ces bandits du désert rôdèrent autour de notre caravane, dans l'espoir d'en séparer les défenseurs ; une fois même, les plus audacieux chargèrent furieusement notre flanc droit, tandis que le gros de leur troupe fit mine d'attaquer notre flanc gauche. Sur l'ordre du kaïd El Hadj Miloud, nous fîmes usage de nos armes et, à la clarté des étoiles (nous étions au premier jour de la lune, 16 novembre, premier du mois lunaire de choual 1257), nous pûmes nous apercevoir que nous avions visé juste ; car nous vîmes s'opérer un mouvement de recul dans les deux troupes assaillantes et, à part quelques balles que nous entendîmes siffler et dont trois seulement atteignirent légèrement un conducteur et deux chameaux, nous continuâmes notre marche sans être inquiétés. Nous devions notre salut à notre intrépide kaïd, à l'énergique attitude de mon brave muphti et, il faut bien le dire aussi, aux bonnes dispositions que j'avais prises. Dès ce jour je fus l'objet de la considération et des égards du kaïd Miloud qui exigea que je montasse un de ses meilleurs méhari dont l'allure douce me fatiguait beaucoup moins que celle des chameaux ordinaires.

A partir de notre jolie station de M'ghaïr Chaaïb, nous

trouvâmes encore quelques campements agréables, entre autres à Aioun-el-Kassab et à El Mouilahh, puis nous dûmes faire halte trois ou quatre fois dans des vallées stériles à côté de puits renfermant de l'eau soumâtre et nauséabonde.

Le 2 décembre, dans la matinée, vingt-six jours après notre départ du Caire, nous arrivions à la station nommée *Yamboa-el-Nakhal* (le Yamboa des dattiers) ou Yamboa-el-Berr (le Yamboa du continent) où nous fîmes une halte délicieuse à l'ombre de superbes palmiers.

Là notre caravane se scinda. Une moitié environ, sous les ordres du kaïd El Hadj Miloud, continua sa marche sur la Mecque; l'autre moitié se rendit avec nous à Yamboa-el-Bahr (Yamboa sur mer), où les pèlerins avaient à faire un petit trafic et d'où ils devaient s'embarquer pour se rendre à Djedda. Notre brave kaïd, qui déjà était allé plusieurs fois à la Mecque, nous indiqua le caravansérail où nous pourrions l'y rencontrer et nous nous séparâmes en nous témoignant réciproquement nos sympathies.

Le soir même, nous arrivions à Yamboa.

Notre mekououm, dont nous avions été très satisfaits, nous installa assez commodément dans un caravansérail et se chargea lui-même de nous trouver un nouveau mekououm ainsi que les chameaux nécessaires pour nous conduire à Médine et à la Mecque.

La journée du 3 décembre fut consacrée à ces préparatifs dont mon compagnon voulut bien se charger, et à visiter la ville. Yamboâ est un des ports les plus importants de la mer Rouge. La ville est bâtie sur la partie septentrionale d'une baie assez profonde protégée des vents du sud et de l'ouest par une île située à l'entrée de la baie. Les maisons sont généralement mal construites en pierres blanchâtres d'un aspect misérable. Elles n'ont qu'un rez-de-chaussée et, à part deux ou trois mosquées d'une mesquine architecture et le *palais* (dérision!) du gouverneur turc, il n'y a pas un seul monument. Le mur d'enceinte, au contraire, est en bon état et flanqué de plusieurs tours. Il a été, m'a-t-on dit, construit par les habitants eux-mêmes lors de l'insurrection des Ouahbites (au commencement du dix-neuvième siècle) pour se mettre à l'abri des incursions de ces terribles réformateurs.

Yamboâ est habité par des Arabes de la tribu de Dj'hina. Une partie de la population se compose de marins, une autre de négociants, et l'autre de cultivateurs habitant une partie de l'année les vallées fertiles de la chaîne de montagnes, située à dix ou douze kilomètres au nord-est et qui borde la plaine aride et sablonneuse entourant Yamboâ.

Ce port a de constantes relations avec l'Égypte et ses principaux négociants ont des comptoirs à Kocéir et au Caire.

Le costume des habitants est celui des Bédouins de l'Arabie : pour coiffure, le *keffi*, mouchoir en soie rayée de jaune et de vert avec franges; une âbeia (chemise sans manches) en laine ou en calicot et un kaftan, sorte de robe (en lin, en coton ou en soie, suivant l'aisance de l'individu) serrée à la taille par une ceinture de cuir.

L'eau des puits de la ville est saumâtre; mais hors de la porte appelée Bab-el-Medina se trouvent de grandes citernes où sont conservées les eaux de pluie.

Le muphti rencontra à Yamboâ deux commerçants du Caire de sa connaissance auxquels il me présenta, et qui me donnèrent des renseignements précis sur la façon dont on traitait les pèlerins du Maghreb, soit à Yamboâ, soit à Kocéir, soit à Djedda où ils sont souvent appelés par leur négoce. Ces malheureux étaient rançonnés et maltraités, et ne trouvaient aucun appui auprès des autorités locales. Les Algériens niaient leur origine; mais on les reconnaissait et il n'était sorte de vexations et de mauvais traitements dont ils ne fussent victimes. A leur départ de Kocéir pour Djedda ou pour Yamboâ, ils étaient moins maltraités ; mais lorsque, après le pèlerinage, ils s'embarquaient à Djedda ou à Yamboâ pour gagner un port de l'Égypte, ils étaient rançonnés et entassés comme un vil bétail sur les mauvaises barques qui naviguent dans la mer Rouge. Beaucoup mouraient de faim ou de misère ; quelques-uns même étaient étouffés à bord de ces affreux bateaux. Ils étaient alors jetés à la mer, après avoir été dépouillés par les reïs (capitaines) et leur équipage.

Je pus assister moi-même au débarquement de deux navires chargés de pèlerins. L'un arrivait de Suez et l'autre de Kocéir. L'aspect de ces malheureux était navrant. Ils étaient deux cents sur un bâtiment qui pouvait à peine en contenir cinquante et, pendant vingt jours, ils avaient dû supporter ce supplice, ne mangeant que du biscuit sec et n'obtenant qu'à prix d'argent l'eau nécessaire pour ne pas mourir de soif.

Il y avait là une œuvre d'humanité à accomplir et certes, je ne manquai pas, dès que j'en eus la possibilité, d'attirer l'attention de notre gouvernement sur les barbaries dont nos sujets algériens étaient les victimes.

J'ai la satisfaction d'avoir ainsi contribué à améliorer notablement la situation des pèlerins musulmans placés sous la protection de la France.

CHAPITRE IX.

Voyage de Yamboa à Médine. — Description de Médine. — Mosquée du prophète. — Son tombeau.

Le 4 décembre, tous nos préparatifs étant achevés, nous payâmes notre brave mekououm et nous passâmes devant le kaddi un contrat avec notre nouveau conducteur qui, moyennant la somme de deux cents dollars, onze cents francs environ, s'engagea à nous conduire à Médine, où nous désirions séjourner trois jours, et de là à la Mecque.

Nous couchâmes le soir même à Yamboâ El Nakhal, et, le lendemain, 5 décembre, nous nous adjoignions à la caravane partant chaque semaine de Yamboâ pour Médine; elle se composait de quelques négociants et de cent chameaux environ. Après une marche terriblement longue et fatigante à travers une plaine sablonneuse et caillouteuse bornée au nord par une chaîne de hautes montagnes, nous arrivâmes à *Beder Hanin*, petite ville mal construite, mais entourée de jardins délicieux arrosés par de beaux ruisseaux et plantés d'une grande quantité de dattiers. C'est le lieu des campements des caravanes se rendant à la Mecque.

Beder a été le théâtre d'un des grands épisodes de l'existence du prophète Mohammed, relaté dans le Coran. C'est là que, la deuxième année de l'Hégyre, il livra bataille aux Arabes de Koräich, ses ennemis acharnés, et fut sauvé miraculeusement. Notre mekououm nous montra le rocher que

Vue de Médine.

Dieu, dit-il, interposa entre lui et ses ennemis, ainsi que les vestiges des tombes de ceux de ses compagnons tués à ses côtés durant cette mémorable journée.

Les habitants de *Beder* appartiennent à la tribu bédouine les Béni-Harb. Nous visitâmes une mosquée nommée Djemâa El Ghomêma (mosquée du nuage), construite, dit-on, sur le lieu où Mohammed, fatigué de la chaleur, demanda à Dieu de couvrir le soleil d'un nuage. Nous y trouvâmes des chérifs auxquels nous dûmes payer quelques pièces de monnaie à titre d'offrande. J'étais très satisfait de mon méhari; mon muphti était également bien monté, de sorte que nous laissions prendre les devants à la caravane, que nous rejoignions au campement à une allure plus rapide et moins fatigante. Le temps passé en route n'était point perdu, le muphti, homme très instruit au point de vue musulman, me racontait la vie de Mohammed et me donnait de précieux détails sur les villes de Médine et de la Mecque. Pendant notre voyage du Caire à Yamboâ nous avions rarement causé, car nous voyagions la nuit et nous dormions pendant le jour. Nous étions d'ailleurs souvent préoccupés par la crainte des Bédouins qui attaquent quelquefois les grandes caravanes, bien qu'elles soient escortées par des soldats égyptiens, et qui à plus forte raison pouvaient être tentés de piller la nôtre, gardée seulement par ses conducteurs et ses pèlerins.

La route de Beder à Médine traverse généralement des vallées arrosées et plantées de palmiers et d'arbres de toute espèce, et est, par conséquent, facile, à l'exception du passage de la chaîne de montagnes appelé Teniet-El-Ouast (le col du milieu); ce passage est très difficile et même dangereux.

Le 9 décembre nous arrivions à Oued El Chouhêda (Rivière des martyrs). Notre guide nous montra les tombes des quarante compagnons du prophète tués à ses côtés dans un combat livré aux Arabes idolâtres. Nous dûmes descendre tous de nos chameaux pour aller nous prosterner sur ces tombes. Le muphti y récita le chapitre du Coran qui fait allusion à ce combat.

Le 10, nous traversâmes une nouvelle chaîne de montagnes qui me semblèrent granitiques, et nous campâmes à Oued-Aâkik.

Le 11, dans la journée, nous étions en vue de Médine, située dans un renfoncement au sud d'une grande chaîne de montagnes que notre guide nous dit être la continuation de la chaîne du Liban.

Nous nous arrêtâmes à une station d'où on aperçoit le dôme du tombeau du Prophète, nous fîmes nos grandes ablutions et nous nous prosternâmes trois fois en récitant certains passages du Coran. Dans toutes ces cérémonies je n'avais qu'à imiter mon compagnon le muphti.

Médine se présente sous un aspect attrayant. Elle est entourée de jardins magnifiques où abondent surtout les dattiers. On aperçoit à travers les arbres le haut des tours crénelées flanquant le mur d'enceinte, et les minarets élancés de ses mosquées. La ville est dominée par un château assez bien fortifié. Nous entrâmes dans un de ses faubourgs par la porte nommée *Bab-Aamberïa*, nous traversâmes un pont, puis notre caravane s'établit sur une immense place, nommée El Monakh, qui sépare ce faubourg de Médine. Quant à mes compagnons et à moi, nous entrâmes dans la ville, accompagnés par notre mekououm, en passant par la porte appelée Bab-el-Massri (la porte d'Égypte), splendide spécimen de l'architecture arabe. Notre guide nous conduisit à un caravansérail situé dans le quartier de Leghouat voisin de la grande mosquée. Malgré mes tristes préoccupations, j'étais vivement intéressé par la vue de cette ville célèbre où un ou deux chrétiens seulement avaient pénétré avant moi. Le muphti calmait avec peine ma curiosité et mon admiration. J'avais hâte de voir la grande mosquée et, malgré sa fatigue, le bon vieillard consentit à m'y accompagner. Nous entrâmes dans le temple par une porte majestueuse s'ouvrant sur une colonnade par laquelle on arrive au tombeau du Prophète. La nuit était venue ; les lampes suspendues aux voûtes ogivales répandaient une clarté mystérieuse sur les colonnes peintes, les inscriptions dorées et les magnifiques tapis recouvrant le sol. Le coup d'œil était saisissant. Je ne pus du reste examiner aucun détail. Nous allâmes faire nos génuflexions et nos prières auprès de la grille qui entoure le tombeau. Le muphti resta longtemps en méditation. Quant à moi, je ne me lassais pas d'admirer. Nous nous retirâmes sans examiner le reste de l'édifice et, après un repas préparé par les soins de l'excellente femme du muphti, notre mekououm nous conduisit à un bain maure qui me parut délicieux, quoique bien inférieur au Hammam d'Alger.

Le lendemain, dès que le jour parut, le muphti, le mokaddem et moi, nous nous rendîmes à la grande mosquée nommée El Haram (nom donné également à la Mecque). Pour désigner les deux villes saintes (1), la Mecque et Médine, les musulmans disent El Haramein El Cheriffein (les deux saintes et les deux nobles). On l'appelle également *Messdjed El Nébi* (la mosquée du prophète). Dès que nous arrivâmes à la grande porte de la mosquée, nous dûmes nous adjoindre un mezouar (qui fait visiter), nom des gardiens attitrés chargés de conduire les pèlerins dans la visite des lieux saints, de leur indiquer les prières et les génuflexions qu'ils doivent faire et enfin de leur donner des explications

(1) J'espère que mes lecteurs ne se méprendront pas sur le sens que j'entends donner aux expressions : *saints, martyrs, prophète,* etc., que je me suis vu forcé d'employer pour traduire exactement le degré de respect accordé par les musulmans à tels personnages et à telles localités.

historiques et religieuses. Ces mezouars s'acquittent plus ou moins bien de ces fonctions suivant le rang des visiteurs et surtout suivant le bakchich qu'on leur promet.

Ce sont donc les explications de notre mezouar et celles plus précises et plus intéressantes encore de mon cher compagnon le muphti que je rapporte ici en faisant la description de la mosquée où nous sommes restés plus de six heures consécutives.

Cette mosquée, située à l'extrémité *est* de la ville, forme un grand carré entouré de tous côtés par des colonnades recouvertes; chacun des côtés mesure environ cent cinquante pas. Ces colonnades sont irrégulièrement construites. Au sud, il y a dix rangs de colonnes; trois et quatre sur les autres faces.

C'est sur le côté sud que se trouve le tombeau du prophète. Les colonnes y sont plus belles. Elles doivent mesurer environ 75 centimètres de diamètre. Elles sont en pierres blanchies à la chaux; quelques-unes sont revêtues de peintures assez grossières. Cette partie de la mosquée se nomme El Roudha (le jardin par excellence), parce que les colonnes qui se trouvent dans cet espace sont revêtues de peintures qui représentent des arbres et des fleurs. Ces colonnes soutiennent des dômes blanchis à la chaux; les corniches sont formées par des tuiles vertes. Les murs sont également blanchis à la chaux, à l'exception de ceux de la partie sud qui sont recouverts de plaques de marbre, sur lesquelles sont gravés, en lettres d'or, des versets du Coran d'une admirable écriture.

Une partie de la mosquée est pavée, l'autre est recouverte de sable, comme dans la partie à ciel ouvert qui forme la cour. Les colonnades de la Roudha sont pavées en marbre.

Près du coin sud-est s'élève le fameux tombeau de Mohammed; huit ou dix mètres le séparent des murailles de la mosquée. Dans la partie avoisinant le tombeau, le pavé en marbre est remplacé par de très belles mosaïques. Il est entouré d'une grille en fer finement travaillé sur laquelle courent de belles inscriptions en bronze doré. Cette grille formant un carré irrégulier a environ quatorze mètres sur chacune de ses faces, dans une desquelles sont engagées quelques colonnes qui soutiennent les voûtes de la mosquée. Elle a environ quinze mètres d'élévation. Quelques petites fenêtres sont pratiquées dans la grille à 1^m,20 au-dessus du sol. Dans le côté sud sont pratiquées deux grandes fenêtres dont les montants sont revêtus de plaques d'argent sur lesquelles sont gravées en relief de belles inscriptions arabes. C'est là que les pèlerins récitent les plus longues prières. Ce tombeau est éclairé par de grandes baies ouvertes dans les murs de la mosquée et fermées par des vitraux en couleurs. Quatre portes sont pratiquées dans la grille. Une seule, ouverte, donne passage aux gardiens chargés de la propreté et de l'éclairage.

L'enceinte grillée se nomme *El Hedjera* (abitus), en souvenir de la fuite du prophète. De là vient le mot *hégyre* (ère musulmane).

La construction qui recouvre la tombe du prophète, qu'on ne voit pas, doit avoir à peu près la même hauteur que la grille. Elle est complètement recouverte par une immense tenture en soie brodée de fleurs et d'arabesques, avec de belles inscriptions arabes en relief dorées, et formant une bande au milieu de la tenture. Un passage de trois ou quatre mètres existe entre la tenture et la balustrade. Les grands personnages seuls sont admis à pénétrer dans ce passage ; on peut obtenir cette faveur en donnant un bakchich aux gardiens. Mais personne, nous dit-on, ne peut soulever la tenture, dans laquelle est pratiquée une ouverture qui donne entrée dans l'intérieur du mausolée. Il n'en est pas moins vrai, et nous ne sommes pas certainement les seuls à avoir obtenu cette faveur, que moyennant une somme de vingt dollars (110 francs), habilement distribuée par le muphti, nous obtînmes la permission non seulement d'entrer dans le passage réservé, mais encore de soulever la deuxième tenture, dans un moment où aucun pèlerin ne se trouvait aux grandes fenêtres. Cette infraction dura à peine une minute. Nous eûmes toutefois le temps d'apercevoir trois catafalques couverts de riches étoffes dans une chambre carrée dont le plafond est soutenu par deux piliers. Plusieurs lampes en or éclairaient faiblement les riches étoffes et les murailles qui nous parurent presque noires.

Là, nous dirent les gardiens (dire confirmé par mon muphti qui a lu dans les historiens de Médine la description de la mosquée et du tombeau) se trouvent : la tombe du prophète Mohammed, profondément creusée sous le sol. Son corps est contenu dans un cercueil en cèdre complètement revêtu de lames d'argent. Les deux autres tombes, moins grandes, renferment les corps de *Abou-Beker,* beau-père du prophète et d'*Omar Ebnou el Khattab*, son deuxième khalife. A côté de la tombe de Mohammed est ménagé un espace où se trouve une tombe ouverte et vide. Elle est destinée à recevoir le corps de Jésus, fils de Meriem, que Dieu a enlevé au ciel en corps et en âme. Ainsi que j'ai eu l'occasion de le dire dans le tome Ier, les musulmans n'admettent pas le dogme fondamental de notre religion, le dogme divin de la rédemption. C'est pour eux un article de foi que les Juifs ont crucifié un de leurs coreligionnaires auquel Dieu avait donné une ressemblance exacte avec Notre-Seigneur Jésus (Sidna Aissa) qui, d'après la tradition, est monté vivant au ciel d'où il descendra au jour du jugement dernier, pour convertir tous les habitants de la terre à l'islamisme, séparera les bons des méchants, mourra, et alors il sera enterré dans le sépulcre qui lui est réservé auprès de celui de Mohammed.

Dans l'espace compris entre la grille qui entoure le mausolée du prophète et la tenture qui le recouvre, se trouve la tombe de Fathma, sa fille, mariée à Ali. Le mausolée du prophète était, dit-on, entouré de présents magnifiques offerts par tous les princes de l'islamisme, présents dont la valeur était incalculable ; mais des incendies et les Ouahabites les ont détruits ou pillés. On y conserve encore, nous dit-on, quelques splendides vases en or massif.

CHAPITRE X.

Notice sur les Ouahabites ou Wahabites.

Puisque je viens de prononcer le nom de Ouahabites ou Wahabites, et que j'aurai souvent l'occasion de rencontrer les traces de leurs invasions sur le territoire du Hedjaz, je ne crois pas inutile d'exposer ici, en quelques lignes, l'origine et la doctrine du wahabitisme et de jeter un coup d'œil rapide sur le développement prodigieux de cette secte qui, érigée en puissance temporelle, a menacé la domination des Turcs dans tout le sud de l'empire ottoman, et sur les événements qui ont amené l'abaissement sinon la destruction de cette puissance.

La secte religieuse des Wahabites a pour fondateur le cheik Mohammed ben Abd-el-Ouhab, qui est né dans le Nedjed (Arabie centrale) vers le commencement du dix-huitième siècle. Après avoir étudié dans les universités de Bagdad et de Damas, il revint dans son pays et, se disant inspiré de Dieu, il gagna rapidement à sa doctrine toutes les populations de sa contrée.

Cette doctrine consiste à ramener l'islamisme à la seule croyance d'un Dieu unique. Elle n'admet Mohammed que comme un homme aimé de Dieu et repousse par conséquent le culte dont il est honoré comme prophète. Elle bannit des mosquées tout faste et tout ornement. Elle ordonne la démolition de toutes les koubba (mausolées avec ou sans coupole) érigées sur la tombe des marabouts, dont elle n'admet nullement la canonisation ; elle n'excepte même pas la coupole qui recouvre la tombe de Mohammed. En un mot, elle n'admet aucun intermédiaire entre l'homme et Dieu. Ennemie de toute espèce de luxe, la secte des Ouahabites exige de ses adhérents la simplicité de la nourriture et des vêtements.

Les Derkaoua, dont j'ai relaté les tendances hostiles à Abd-el-Kader (tome Ier, livre troisième, chap. XX), sont des imitateurs des Ouahabites.

Ebnou-Saoud, prince de Drayah, capitale du Nedjed, située à quarante lieues environ du golfe Persique, fut investi par le cheik Mohammed ben Abd-el-Ouhab du titre de souverain temporel, et dès lors les Ouahabites prirent pour devise : « le triomphe de leur foi ou la mort. » De nombreuses tribus arabes, subjuguées par les armes des nouveaux sectaires, se joignirent à eux et Abd-el-Aziz, successeur de Ebnou Saoud, se trouvait déjà à la tête d'une armée de cent mille combattants.

Les Ottomans n'exerçant plus qu'une autorité nominale sur les provinces éloignées de Constantinople, les Ouahabites purent désoler impunément pendant de longues années les provinces limitrophes de la Turquie et de l'Asie.

Vainement les pachas de Bagdad reçurent-ils l'ordre de marcher contre ces rebelles ; leur inaction constata leur impuissance.

Enorgueillis par cette impunité, les Ouahabites jetèrent un regard de convoitise sur les trésors accumulés dans les temples de la Mecque et de Médine.

Un dissentiment étant survenu entre deux membres de la famille des chérifs qui aspiraient à la souveraineté, Ghaleb et Abd-el-Mayn, celui-ci eut recours à l'alliance de Abd-el-Aziz, chef temporel des Ouahabites qui, saisissant cette occasion de satisfaire sa cupidité et celle de ses sectaires, envoya son fils *Saoud*, à la tête de cent mille hommes, pour combattre l'armée de Ghaleb, qui fut mise en complète déroute. Abd-el-Mayn fut rétabli sur le trône de la Mecque, mais à quel prix !

Une quantité de fidèles musulmans, refusant d'adopter la nouvelle doctrine, furent impitoyablement massacrés, et tous les trésors du temple de la Mecque pillés. Ceci se passait en 1803.

Peu d'années après, les Ouahabites envahirent de nouveau la province du Hedjaz, pillèrent la caravane se rendant à la Mecque, s'emparèrent de cette ville ainsi que de Djeddah et de Médine qui avait victorieusement résisté à leurs attaques lors de leur première invasion. D'horribles massacres répandirent la terreur dans tout le territoire des villes saintes. Tous les objets précieux entassés autour du tombeau de Mohammed furent pillés et, à chaque pas, on peut voir encore les traces des dévastations commises par ces cruels réformateurs.

La Sublime Porte, l'Angleterre elle-même s'émurent du développement de cette secte qui, en même temps, menaçait l'empire ottoman et pouvait tarir les sources du commerce britannique dans les mers d'Arabie. L'Angleterre contracta une alliance avec l'iman de Mascate, et le sultan de Constantinople pria, en 1810, Méhémet Ali de l'aider à combattre ces redoutables sectaires. Une première armée conduite par Toussoum bey, fils du pacha d'Égypte, éprouva d'abord quelques défaites et eût été gravement compromise sans la trahison du grand chérif de la Mecque qui abandonna le parti des Ouahabites et entraîna avec lui plusieurs tribus arabes leurs alliées.

Il serait trop long de relater ici les événements de la lutte mémorable que soutinrent, de 1810 jusqu'en 1818, les Ouahabites contre les armées de Méhémet Ali, lutte terminée par la prise de la ville de Drahia, leur capitale, et par la reddition de leur émir Abd-Allah, qui, malgré l'aman qu'on lui avait solennellement accordé, fut envoyé à Constantinople où le sultan lui fit trancher la tête.

Certes, Méhémet Ali eût échoué complètement dans son expédition contre les Ouahabites sans la défection de Ghaleb, grand chérif de la Mecque. Ce prince, redoutant l'ambition et la rigidité religieuse de ses terribles voisins, invoqua inconsidérément l'intervention du souverain d'Égypte, dont la politique astucieuse n'avait pas peu contribué à susciter ses méfiances; mais il ne tarda pas à s'apercevoir de la faute qu'il avait commise en abandonnant ses anciens alliés, et en se plaçant, pour ainsi dire, sous le protectorat de Méhémet Ali. Il voulut alors reprendre son indépendance. C'était trop tard; le pacha d'Égypte avait obtenu le double résultat qu'avait préparé son habile politique : détruire la puissance des Wahabites et établir son autorité sur les villes saintes.

Les tentatives de résistance du malheureux Ghaleb, réfugié dans la citadelle de la Mecque, décidèrent Méhémet Ali à faire disparaître ce dernier obstacle à l'exécution de son plan; sous un prétexte quelconque, il l'attira à une entrevue, le fit prisonnier et l'envoya à Constantinople où il ne tarda pas à mourir.

Depuis cette époque, la puissance temporelle des grands chérifs de la Mecque n'a plus existé que de nom.

Le descendant du prophète portant ce titre, et auquel j'allais bientôt me présenter sous les auspices de notre ami commun le cheikh Fresnel, nous dira lui-même la situation précaire que Ghaleb a préparée à ses successeurs et nous donnera ses appréciations sur les causes qui ont amené la ruine de la puissance des émirs wahabites et qui semblent s'opposer désormais à l'expansion de leur doctrine.

CHAPITRE XI.

Suite de la description de la mosquée du Prophète. — De son tombeau et des tombes des membres de sa famille.

Je reviens à la description du temple : les historiens arabes disent que la mosquée de Médine a été fondée par Mohammed ; c'est pour cela qu'on l'appelle Messdjed-el-Nebi (mosquée du prophète).

Lorsque Mohammed, chassé de la Mecque, arriva à Médine, elle s'appelait alors Yatrib. Dès qu'il se vit au milieu d'amis, il acheta à de pauvres Arabes le terrain où sa chamelle s'était accroupie, et y construisit une petite chapelle dont les murs en pisé soutenaient un toit formé de poutres et de branches de palmier. Le toit lui-même était consolidé par des troncs de cet arbre servant de colonnes. Il avait d'abord indiqué la kabla (orientation) de sa petite mosquée dans la direction de Jérusalem, *bit el kodd's* (la maison de la bénédiction). Ce ne fut que la deuxième année, à partir de l'hégyre, qu'il orienta la kabla des mosquées dans la direction de la kâaba (maison d'Abraham dans le temple de la Mecque).

Omar Ben-el-Khattab, en l'an 17 de l'hégyre, agrandit la mosquée et entoura d'un mur la Hedjera (tombeau de Mohammed).

Le khalife Osman bâtit l'enceinte en pierres de taille.

En 91 de l'hégyre, le khalife Oualid agrandit la mosquée en achetant à la fille et aux femmes du prophète les maisons qu'elles habitaient à l'entour.

En 160 de l'hégyre, elle fut encore agrandie et embellie par le khalife El Mehdi.

En 654, elle fut brûlée par l'éruption d'un volcan.

Reconstruite, en 678, par le sultan d'Égypte Bibar ; complètement brûlée par la foudre, en 880, elle fut enfin reconstruite telle qu'elle est aujourd'hui par Kaid bey, souverain d'Égypte. C'est lui qui fit ériger au-dessus du tombeau du prophète la magnifique coupole dont on aperçoit à de grandes distances la couverture de plomb surmontée d'une énorme boule et d'un croissant qu'on dit être l'un et l'autre en or pur. Les Ouahabites ont tenté de détruire ce dôme, mais des incidents miraculeux les en ont, dit-on, empêchés.

La garde et les soins de propreté de la mosquée sont confiés à des nègres eunuques dont le chef porte le titre de *kisslar-aghassi* et de *cheikh el haram*. Il occupe un rang très élevé et est choisi par le sultan de Constantinople.

Les revenus de la mosquée sont très considérables ; mais ils sont plutôt employés à satisfaire la rapacité des autorités chargées de son entretien qu'à cet entretien lui-même, qui laisse beaucoup à désirer. La mosquée est entourée de *meddersat* (écoles) peu fréquentées.

La visite au tombeau du prophète n'étant pas une des formalités exigées par le Coran pour parfaire le pèlerinage, et le zèle des musulmans ayant considérablement diminué, la ville de Médine est en décadence.

Nous pûmes nous en convaincre en parcourant ses rues. Nous y remarquâmes une grande quantité de maisons en ruine.

Mon pieux muphti voulut visiter les tombeaux de tous les illustres personnages enterrés dans l'intérieur de la ville et dans les environs; je dus l'accompagner. Voici le nom des principaux :

Ibrahim, fils du prophète, mort dans sa jeunesse; Fathma, sa fille; plusieurs de ses femmes et de ses autres filles; sa nourrice. Fathma, mère d'Ali, gendre du prophète. Othman ben Aâffan, un des premiers successeurs du prophète, celui qui a recueilli les feuilles éparses du Coran. Imam Malek Ebnou-Ens, chef de la secte malekites. C'est pour cela que les malekites, c'est-à-dire presque tous les habitants de l'Afrique septentrionale depuis Derna jusqu'au Maroc, considèrent Médine comme un lieu plus sanctifié encore que la Mecque.

Nulle part on ne rencontre autant de mausolées de personnages musulmans saints et illustres. Et pourtant ils sont moins visités que la plupart des koubba de marabouts qui abondent dans toutes les contrées de l'islamisme.

Nous visitâmes, hors de la ville, le djebel Ohodd où est enterré Hamza, oncle du prophète, ainsi que ceux de ses compagnons tués dans la grande bataille que Mohammed livra dans ce lieu aux Arabes de Koreïch. Nous nous rendîmes également à Kobba, village entouré des plus délicieux jardins qu'on puisse voir. Là se trouve une petite mosquée construite, dit la tradition, sur l'emplacement où la chamelle de Mohammed, qui avait été chassé de la Mecque, s'accroupit exténuée de fatigue.

Il serait trop long de faire la description de toutes les cérémonies interminables que doivent accomplir les pèlerins en visitant la mosquée, les tombeaux et les lieux vénérés par les musulmans : je me bornais d'ailleurs à suivre l'exemple de mon compagnon et à me conformer aux prescriptions de mon guide le mezouar. Partout on trouve des quémandeurs; partout il faut donner des bakchich sous la dénomination d'offrandes.

Les parties de la ville qui n'étaient pas en ruine me parurent bien construites ; les maisons ayant toutes un ou deux étages, ne sont ni recrépies, ni blanchies, ce qui donne aux rues un aspect très triste.

Les deux rues principales, nommées Sauk Bab el Massri et l'autre Sauk el B'lat, partent l'une de la porte *El Massri* et l'autre de la porte *El Châmi* et aboutissent à la grande mosquée. Elles sont bordées de boutiques peu achalandées. Dans les faubourgs séparés de la ville par la grande place, appelée *El Monakh*, où nous avions laissé nos chameaux, se trouvent des maisons à un étage occupées, dans la belle saison, par des habitants de Médine. Elles sont entourées de jardins délicieux et copieusement arrosés.

Le muphti rendit visite aux ulémas de l'université, dont les principaux devaient se rendre à Taïf auprès du grand chérif Sidi Mohammed Ebnou Aôun. Ce renseignement confirmait ceux que m'avaient donnés au Caire le cheikh El Kadiri et le cheikh El Tounsi. Il était donc inutile d'entretenir les ulémas de Médine de la fettoua de Kaïrouan dont notre compagnon Sid El Miloud ben Salem el Leghouati, mokaddem de Sidi Mohamed el Tedjini était porteur.

Les trois jours que nous devions passer à Médine, suivant nos conventions avec notre mekououm, étant écoulés, nous fixâmes notre départ. J'aurais désiré voir plus en détail tout ce que je n'avais fait qu'entrevoir pendant ce court espace de temps employé, hélas ! en grande partie en cérémonies religieuses et en prières. En face de ces lieux sanctifiés et de ce berceau de l'islamisme, j'éprouvais de grandes satisfactions de curiosité, mais le sentiment religieux y était d'autant plus étranger que les musulmans que j'y rencontrais témoignaient plus d'indifférence. J'avais été témoin d'une foi bien autrement vive pendant mon séjour auprès d'Abd-el-Kader.

Quelles sensations eussent été les miennes, je le comprenais mieux que jamais, si, au lieu d'être auprès du tombeau de Mohammed, j'avais pu prier au sépulcre de Notre-Seigneur Jésus-Christ! Aussi étais-je bien décidé à aller visiter Jérusalem et les lieux saints qui l'entourent aussitôt après le pèlerinage de la Mecque, si toutefois je n'y trouvais pas la mort.

LIVRE III.

LA MECQUE.

CHAPITRE XII.

Départ de Médine. — Route de Médine à la Mecque. — Irham. — Entrée à la Mecque.

Le mardi 14 décembre 1841 (29 chouel 1257), nous sortîmes de Médine par la porte Bab-el-Massri, par laquelle nous y étions entrés. Notre mekououm s'était adjoint à une caravane de cent chameaux environ, qui se rendait à Djedda. Nous suivîmes pendant quatre jours la même route que celle que nous avions prise pour aller. C'est à la station de Ssafra que nous quittâmes la route de Yamboa à Médine. Ssafra est un assez joli village bâti sur le penchant d'une colline au-dessus d'une vallée fertile : de beaux jardins et beaucoup de dattiers.

Nous nous étions arrêtés avec mon muphti auprès d'un puits, sous de magnifiques palmiers, lorsque nous fûmes tout d'un coup entourés pas une troupe de femmes, presque toutes jeunes et jolies, qui venaient puiser de l'eau. Elles avaient la figure découverte et ne furent nullement intimidées par notre présence. Elles appartenaient, nous dirent-elles, à la tribu des Harb, dont une petite fraction habite Ssafra. Jamais je n'avais entendu parler l'arabe d'une façon aussi pure et aussi douce. Je serais resté longtemps à causer avec ces gracieuses bédouines, si le muphti, dont la dignité était compromise à ses yeux par la présence de jeunes femmes, ne m'avait donné le signal du départ.

Les caravanes, les pèlerins isolés même, voyagent pendant la nuit, fâcheuse habitude pour ceux qui aiment à voir le pays.

Le 18, nous campâmes à Oued-Zozag. De là, nous suivîmes la crête de montagnes assez escarpées.

Le 19, nous nous arrêtâmes à Djebel-Eyoub, près des puits de Mestoura.

Le 20, nous fîmes halte à Rabegh, grande station des caravanes, village situé à 8 ou 10 kilomètres de la mer, dont on sent les émanations salines.

Le lendemain 21, nous arrivâmes à une agréable station nommée Kholeïs; nous admirâmes d'autant plus l'abondance et la limpidité des eaux qui arrosent ces jardins plantés de dattiers, que depuis trois jours nous parcourions un pays aride et que nous venions de traverser un col très difficile, nommé Teniat-el-Kholeïs.

Le 22, nous établîmes nos tentes à Oued-Djemmoum, vallée qui aboutit à celle appelée Oued-Fathma, au milieu de beaux jardins de dattiers et d'arbres fruitiers.

Là, nous revêtîmes le irham, car une journée seule nous séparait de la Mecque. Le muphti, le mokaddem et moi fîmes nos grandes ablutions et récitâmes les prières ordonnées aux pèlerins qui se rendent à la Mecque avec l'intention de faire le pèlerinage. Le irham est le costume que doit prendre le pèlerin quand il approche de la Mecque. Il se compose de deux pièces de calicot de lin ou de laine, de couleur grise ou blanche. Avec l'une il s'entoure les reins, avec l'autre le cou et les épaules, en laissant le bras droit à découvert. Il quitte tout autre vêtement. Les étoffes qui composent le irham sont achetées pour la circonstance et n'ont aucun ornement. La tête est nue; les chaussures laissent le cou-de-pied à découvert. Tant qu'un pèlerin est mohrem (revêtu du irham), il ne se fait pas raser la tête, marche toujours gravement, ne tue aucun être vivant (même certains insectes), et doit s'abstenir de querelles et de tout rapport avec les femmes.

Il me fallut passer une partie de la nuit à écouter la lecture du Coran par le muphti. Je commençais à souffrir du froid dans mon irham, et j'obtins de mon compagnon la permission de m'envelopper jusqu'au jour dans mon burnous. Beaucoup de pèlerins contractent des maladies souvent mortelles, pendant le temps qu'ils portent le irham, soit à cause du froid, soit à cause de la grande chaleur. Du temps des Arabes idolâtres, le pèlerinage avait lieu à l'automne, saison pendant laquelle le irham avait moins d'inconvénients. Mais Mohammed ayant établi l'année lunaire et ayant fixé le pèlerinage au mois de dhi-el-hadja, et l'année lunaire ayant onze jours de moins que l'année solaire, le pèlerinage, dans l'espace de trente-trois ans, arrive successivement à toutes les époques de l'année.

Les vieillards et les malades peuvent se couvrir la tête, en payant une redevance à la mosquée. On peut avoir une ombrelle ou se faire de l'ombre avec son mouchoir.

Le lendemain, 23 décembre (9 de dhi-el-kaada), à l'aurore, il fallut se mettre en prières auxquelles prenait part la femme du muphti, qui avait quitté tous ses ornements et s'était complètement enveloppée dans un immense voile en laine blanche (1). Nous montâmes à chameau, car nous avions

---

(1) Les femmes pèlerines doivent aussi prendre le irham, composé

une longue route à parcourir. A mesure que nous approchions de la Mecque, la vallée devenait plus aride. Arrivés au lieu appelé Mémouniah, nous mîmes pied à terre. Notre mekououm devait se rendre avec nos chameaux, nos serviteurs et nos bagages à un caravansérail situé dans le quartier El-Chamy, situé près de la grande mosquée, et là attendre notre retour. Au bout d'une heure environ, nous aperçûmes la ville, dont la vue nous avait été jusque-là cachée par les montagnes bordant à l'est la vallée par laquelle nous arrivions.

Dès que nous entrâmes dans le quartier Bab-el-Omra, dont la rue conduit à la grande mosquée, nous fûmes entourés par plusieurs individus, nommés *mettouaf* (1), qui, nous voyant revêtus du irham, comprirent que nous avions l'intention de visiter la Caâba, et nous firent pénétrer dans le temple par la porte Bab-el-Selam.

d'un voile recouvrant la figure et d'un grand haïk, bande d'étoffe de laine ou de coton, qui doit les envelopper entièrement, sans même laisser paraître les mains, ni les chevilles du pied.

(1) (Qui fait tourner). Ce sont les guides qui sont chargés d'accompagner les pèlerins et de leur indiquer les cérémonies du pèlerinage. Leur nom vient de la cérémonie *toûaf*, promenade circulaire autour de la Caâba.

CHAPITRE XIII.

Origine du pèlerinage. — La mosquée. — La Caâba. — Bit Allah. — Les monuments situés autour de la Caaba.

C'est le moment opportun, je pense, de mettre sous les yeux du lecteur une notice succincte sur l'origine du pèlerinage de la Mecque.

Le but du pèlerinage est la Caâba, *Domus quadrata,* nom que les Arabes idolâtres donnaient à certaines maisons autour desquelles ils tournaient en invoquant leurs divinités.

D'après la tradition musulmane, Dieu aurait ordonné à Abraham de reconstruire la Caâba, originairement édifiée par Adam et détruite par le déluge. Abraham obéit et fut aidé dans cette œuvre par son fils Ismaël, qui habitait, avec sa mère Agar, le pays de la Mecque. L'ange Gabriel apporta à Abraham la pierre noire, *Hadjer-el-Essoued,* qui lui servit d'échafaudage, car elle remontait, dit la tradition arabe, à mesure que la construction s'élevait au-dessus du sol. Cette pierre, fixée dans un des angles de la Caâba, est touchée et baisée par tous les pèlerins.

Après la mort d'Ismaël, les Arabes Amalécites s'emparèrent de la Caâba et du puits de Zem-Zem, d'où l'eau avait miraculeusement jailli, à la prière d'Agar, au moment où son fils Ismaël allait mourir de soif. C'est bien à la présence de ce puits intarissable que doit être attribuée la fondation de la Mecque, car, nulle autre part dans le pays, on ne trouve de l'eau douce en aussi grande quantité.

Pendant l'espace de deux mille ans (toujours d'après les auteurs arabes), la Caâba fut plusieurs fois détruite par les inondations, puis reconstruite en dernier lieu par un Arabe idolâtre nommé Ameur-ben-Laha, qui y plaça une idole appelée Hobal. Depuis, chaque tribu des Arabes idolâtres voulut avoir sa divinité dans la Caâba. La tribu des Kossaï fut la première qui construisit des maisons autour de la Caâba. Cette agglomération de maisons reçut alors le nom de Becca. Les Beni-Koreich succédèrent aux Kossaï. La Caâba ayant été incendiée vers cette époque, les Koreïchites élevèrent à la même place une construction en bois, sous laquelle ils placèrent la statue de Hobal, grand dieu des païens, et autour de cette statue un grand nombre d'autres idoles. Abd-el-Motalleb-ben-Hicham, grand-père de Mohammed, répara le puits de Zem-Zem. La Caâba fut construite en pierres.

Les Koreïchites avaient édifié autour de la Caâba une petite ville, dont les terrasses des maisons ne devaient pas dépasser la hauteur de la Caâba.

Lorsque Mohammed rentra victorieux dans la ville de ses ancêtres, il détruisit les idoles du temple et abolit l'idolâtrie. Il consacra toutefois l'ancien pèlerinage des Arabes, en déclarant que la visite de la Caâba, *Bit Allah* (la maison de Dieu), était une œuvre pie pour tout musulman ; et Dieu, dans un chapitre du Coran, indiqua les règles qu'on devait suivre pour accomplir le *Heudj* (pèlerinage). Le kalife Omar construisit, le premier, une mosquée autour de la Caâba. Il serait trop long de citer le nom des princes musulmans qui agrandirent et embellirent la mosquée, et qui durent la reconstruire, ainsi que la Caâba elle-même ; car l'une et l'autre

Vue de la mosquée de la Mecque.

furent détruites à différentes époques par les inondations et les incendies.

C'est en l'an 1074 de l'hégire, vers le milieu du dix-septième siècle de notre ère, que la *Caâba*, le puits de Zem-Zem, les pavillons des quatre sectes orthodoxes et les colonnades de la mosquée, ont été reconstruits et réparés tels qu'on les voit aujourd'hui.

Depuis cette époque, les sultans de Constantinople et les vice-rois d'Égypte n'ont eu à réparer que les dégâts commis par les Ouahabites ou Wahabites, au commencement de ce siècle.

La Caâba et les pavillons de diverses formes qui en sont rapprochés sont à peu près au milieu d'une grande place en forme de parrallélogramme ayant environ 180 mètres de long sur 130 mètres de large.

Tout autour de cette cour règne une colonnade de trois et quatre rangs de colonnes supportant des arceaux en ogive surmontés de petites coupoles enduites au dedans de plâtre fouillé et en dehors blanchies à la chaux. Les colonnes ne sont semblables ni par la matière ni par la forme : les unes sont en marbre, d'autres en porphyre, d'autres en granit, le plus grand nombre en pierre. Elles ont une hauteur moyenne de 6 mètres et environ 60 centimètres de diamètre.

Mon mettouaf me dit qu'elles sont au nombre de six cents, et il compta cent cinquante petites coupoles. Ce nombre ne me parut pas exagéré. Aux arceaux sont suspendues des lampes qu'on allume chaque soir.

Le sol des colonnades est pavé avec des dalles inégales et disjointes.

Dix-neuf portes, placées irrégulièrement, donnent accès dans ce temple. Quelques-unes, *Bal-el-Selam* surtout, celle par laquelle le pèlerin doit faire sa première entrée dans le temple, ont l'aspect grandiose des portes des plus belles mosquées du Caire. Autour du temple s'élèvent sept minarets ronds et quadrangulaires, peints de diverses couleurs, et d'où les muezzins appellent à la prière. Nulle part, je n'ai entendu de voix plus belles et d'intonations plus mélodieuses.

Les murailles extérieures, contre lesquelles courent les colonnades, sont ornées de magnifiques inscriptions en lettres dorées ou en relief. Au-dessus des portes également se trouvent des inscriptions en relief sur de grandes plaques de marbre indiquant le nom du prince qui les a construites et la date de leur construction.

Sept chaussées pavées partent des colonnades et aboutissent à la Caâba. Le sol de la mosquée est plus bas que le sol de la ville. On y descend par quatre ou cinq marches.

Ainsi que je l'ai dit, la Caâba n'est pas tout à fait au milieu de la cour. C'est une construction massive ayant environ 12 mètres de long sur 8 de large et 9 mètres d'élévation. Elle repose sur une base en talus de 60 centimètres.

La terrasse est plate.

Une seule porte, située sur la façade nord, donne entrée dans la Caâba. Elle est à 2 mètres environ au-dessus du sol. Cette porte est doublée de lames d'argent avec des ornements en or.

A l'angle nord-est de la Caâba, près de la porte, est engagée dans l'angle du bâtiment la fameuse pierre noire, *Hadjer-el-Essoued*. C'est un ovale irrégulier formé de plusieurs morceaux de même nature qui ont dû être disjoints par l'action du feu et qu'on a réunis dans une espèce de moule en ciment entouré d'un cercle d'argent. L'attouchement des mains ou des lèvres des croyants depuis des siècles a creusé cette pierre, qui dans le principe devait être en saillie.

A l'angle sud-est est une autre pierre que les pèlerins doivent toucher sans la baiser.

Sur le côté ouest de la Caâba est le mizab, gargouille en or massif, dit-on, par laquelle s'écoule la pluie qui tombe sur la terrasse.

Au-dessous est une plaque de marbre entourée de mosaïque. C'est là qu'ont été enterrés Ismaël et sa mère Agar. A l'est et à l'ouest de la Caâba, s'élève, à une hauteur de 1^m 50 environ, un mur semi-circulaire nommé *Hatim*, recouvert de plaques de marbre sur lesquelles sont gravées des inscriptions. L'espace compris entre ce mur et la Caâba se nomme Hadjer et est aussi saint que le sol de la Caâba même.

La Caâba est entièrement recouverte d'une immense enveloppe en soie noire qu'on nomme *kessoua* (vêtement). Ce voile est renouvelé chaque année à l'époque du pèlerinage. Il est fabriqué au Caire, aux frais du sultan de Constantinople. La portion du côté de la porte est brodée en argent, des ouvertures sont ménagées pour la pierre noire et pour l'autre pierre.

L'usage de recouvrir la Caâba d'une tenture remonte aux Arabes idolâtres.

On considère comme un acte de souveraineté le droit de fournir la kessoua de la Caâba. Le 25 de dhi-el-kaâda de chaque année, la vieille tenture est enlevée et le bâtiment reste découvert quinze jours, jusqu'au 10 de dhi-el-hadja, où les pèlerins reviennent de El-Aârafat à Oued-Mouna.

La porte de la Caâba est ouverte trois fois par an : le 20 de ramadhan, le 15 de dhi-el-kaâda et le 10 de moharrem.

Autour de la Caâba règne un pavé en marbre, qui est au-dessous du niveau de la cour; ce pavé, en forme d'ovale, est entouré par des piliers en bronze doré reliés par des chaînes auxquelles sont suspendues des lampes en verre qu'on allume pendant la nuit. Au delà de ces piliers existe un second pavé qui a 5 mètres de largeur, un peu plus élevé que le premier ; et enfin un troisième également un peu plus élevé et qui a 12 mètres environ de largeur.

Il faut donc descendre deux larges degrés pour arriver au sol de la Caâba.

Sur le rond extérieur s'élèvent quatre petits pavillons, appelés *makam* (1), en forme de pagodes indiennes, ouverts de tous côtés et supportés par des pilastres très légers. Là siègent les représentants des quatre sectes orthodoxes :

Le makam Maléki est sur la face sud ;

Le makam Hanéfi sur la face ouest ;

Le makam Hambli sur la face nord, vis-à-vis de la pierre noire ;

Et le makam Cheffâi sur la face est, au-dessus du puits de Zem-Zem.

Les musulmans qui viennent prier auprès de la Caâba se rangent autour et dans la direction du makam de leurs sectes respectives.

Les femmes doivent se placer derrière le makam Hambli. Elles ne font la promenade circulaire autour de la Caâba que la nuit.

Le puits de Zem-Zem est une construction carrée placée au-dessous du makam el-Cheffâi. Les murs sont revêtus de plaques de marbre sur lesquelles sont gravées de belles inscriptions. L'orifice du puits est garni d'une margelle de 1^m,50 de hauteur. Le diamètre est d'environ 3 mètres. On puise l'eau avec des seaux en cuir attachés à de petites chaînes. La chambre où se trouve le puits est constamment remplie de pèlerins ou d'habitants de la ville. L'eau ne diminue jamais, le puits étant alimenté par une source qui arrive par un conduit souterrain. Elle est blanchâtre, un peu tiède, mais douce à boire. A côté de la chambre où se trouve

---

(1) Place d'honneur.

le puits est un bassin en marbre constamment rempli de l'eau du Zem-Zem. Au-dessus de ce bassin s'ouvre une fenêtre aux barreaux de laquelle est suspendu par une chaîne un vase en étain avec lequel les pèlerins peuvent puiser de l'eau sans être obligés d'entrer dans la chambre du puits.

On doit donner l'eau gratuitement, mais tous les serviteurs de la mosquée la vendent.

On boit cette eau comme remède contre tous les maux. On en emporte pour soi et pour les siens, en cas de maladie. Les bouteilles se vendent très cher. On vend également des linceuls qui ont été trempés dans l'eau de Zem-Zem et qui doivent préserver du feu de l'enfer ceux qui en seront enveloppés.

Au nord-est du puits de Zem-Zem sont deux laides constructions, appelées *El-Kobteïn* (les deux coupoles), qui contiennent les jarres, lampes et objets à l'usage de la mosquée. A côté se trouve le marchepied qu'on approche de la porte de la Caâba le jour où on doit l'ouvrir. Il glisse sur de larges roues très basses.

Un peu à l'ouest s'élève un arceau isolé, appelé *Bab-el-Salam* (la porte du Salut). Il a environ 4 mètres de large sur 6 de hauteur.

A côté se trouve le makam Sidna-Ibrahim, pavillon élégant qui recouvre l'endroit où se tenait Abraham lors de la construction de la Caâba.

Enfin, au nord-est de ce pavillon, c'est-à-dire en face de la porte de la Caâba, se trouve le *monbeur*, la chaire de la mosquée, construction élégante en marbre blanc avec ornements gravés et dorés. La chaire est surmontée d'une sorte de clocher pointu octogone et doré.

CHAPITRE XIV.

Suite de la description du temple de la Mecque. — Cérémonies religieuses ordonnées aux pèlerins.

Maintenant le lecteur doit se rendre à peu près compte de la configuration de la mosquée, de la Caâba et des constructions environnantes ; je reviens donc au moment où, guidés par des mettouaf, le muphti, le mokaddem et moi, nous entrâmes dans le temple par la splendide porte Bab-el-Salam.

A la vue de la Caâba, il fallut nous prosterner et réciter certaines prières en même temps que les mettouaf.

Nous approchâmes de la Caâba par une des voies pavées, nous passâmes sous l'arceau isolé appelé *Bab-el-Salam.* Nous nous plaçâmes en face de la pierre noire, nouvelles prières et génuflexions. Nous la touchâmes de la main droite et la baisâmes. Puis nous fîmes sept fois le tour de la Caâba en tournant de droite à gauche, les trois premiers tours avec rapidité en mémoire de la fuite de Mohammed de la Mecque à Médine. A chaque tour, on touche de la main et on baise la pierre noire ; nous appuyâmes nos poitrines contre la muraille de la Caâba dans l'espace compris entre la porte et la pierre noire ; et là, les bras élevés vers le ciel, nous demandâmes hautement pardon de nos péchés. Nous fîmes encore des prostrations et des prières à côté du makam de Sidna-Ibrahim. Enfin, nous entrâmes dans la chambre où se trouve le puits de Zem-Zem, nous fîmes de nouvelles prières, et nous bûmes de l'eau à plusieurs reprises. Là se terminèrent les cérémonies ordonnées dans l'intérieur de la mosquée.

Nous suivîmes nos mettouaf, qui nous firent sortir du temple par la porte de SS'afa, et nous firent agenouiller sur les marches d'une construction composée de trois arceaux réunis au sommet par une architrave, la face tournée vers la mosquée.

Nous allions procéder à la cérémonie du *Saï*. Elle consiste à parcourir une rue longue d'environ 400 mètres, qui se nomme *Oued SS'afa*. Elle aboutit à un tertre appelé *Méroua*. Au sommet est posée une pierre au niveau de laquelle on arrive par des degrés. Le pèlerin est obligé de parcourir rapidement l'espace compris entre *SS'afa* et *Méroua*. Il faut faire sept fois ce parcours en priant à haute voix en commémoration de l'agitation d'Agar, au moment où elle craignait de voir son fils Ismaël périr de soif. Après avoir terminé cette fatigante cérémonie, nos mettouaf nous firent entrer dans des boutiques de barbiers, situées près Méroua, qui nous rasèrent la moitié de la tête en récitant certaines prières. Après cette cérémonie, les pèlerins peuvent revêtir leurs vêtements ordinaires, sauf à reprendre plus tard le irham pour la visite obligatoire à *Omra*. Quoique fatigué, mon cher compagnon, dont j'admirais la verte vieillesse, ainsi que le mokaddem, jugèrent convenable de terminer ce jour même les cérémonies pour l'accomplissement desquelles le irham est indispensable, et nous nous mîmes en marche vers *Omra*, chapelle située à 6 kilomètres environ de la Mecque, sur la route de Médine. C'est là, dit la tradition, que Mohammed allait prier de préférence. Nous allâmes jusqu'à cette chapelle en récitant des prières, nous y restâmes en oraison le temps de nous reposer, et nous revînmes à Méroua en psalmodiant des versets du Coran. Les barbiers achevèrent de nous raser la tête, nous dûmes encore parcourir sept fois l'espace compris entre Méroua et *SS'afa,* nous fîmes sept fois le tour de la Caâba et, enfin, nous rentrâmes à notre caravansérail, exténués de fatigue. Nous avions certainement parcouru plus de 40 kilomètres pendant toute la journée, et nous n'avions mangé que quelques dattes avec des galettes et bu quelques tasses de café.

Nous payâmes généreusement nos guides, qui se chargèrent eux-mêmes de nous trouver un logement convenable, pour la durée de notre séjour à la Mecque.

Le lendemain, vendredi 24 décembre, nous retournâmes à la mosquée, nous fîmes les prières ordinaires et les sept tours de la Caâba, cérémonie qui n'est obligatoire qu'une fois, mais à laquelle sont attachées de grandes *indulgences;* de sorte que les musulmans fervents, et mes compagnons étaient de ce nombre, la répètent chaque jour pendant leur séjour à la Mecque, soit avant, soit après le pèlerinage. Nous allâmes ensuite visiter les logements que nous proposaient nos guides. Nous louâmes le deuxième étage d'une maison dont les murs servaient de clôture à la partie est de la mosquée et dont les fenêtres opposées à l'entrée donnaient sur la cour intérieure de cet édifice. Ces logements sont les plus recherchés, aussi dûmes-nous les louer à raison de un douro et demi par jour (8 francs environ), prix exorbitant en raison de l'appartement. La femme du muphti y installa nos logements respectifs et sa cuisine, et je n'eus qu'à me féliciter de m'être adjoint à cette excellente famille.

Comme tous les vendredis, la salat du *d'hour* (prière d'une heure après midi) a lieu en commun dans la mosquée, et elle est suivie de la *khotba* (prédication).

Pour la prière, tous les pèlerins et autres habitants de la

ville se rangent en rond autour de la Caâba, de manière à ce que tous aient la face tournée vers la maison de Dieu. C'est le seul endroit de la terre où des musulmans, *réunis*, puissent se trouver en face les uns des autres en priant. En effet, tous les musulmans répandus sur la surface du globe doivent en priant s'orienter vers la Caâba; par conséquent, les uns se tournent vers le nord, les autres vers le sud, l'est ou l'ouest, suivant la situation des contrées qu'ils habitent par rapport à la Caâba.

L'*iman* (l'officiant) se place près de la porte de la Caâba.

Ce sont les ulémas de la Meddersa-el-S'limanïa, en général vieillards vénérables, qui ont le privilège de prêcher dans la chaire de la grande mosquée.

Le prédicateur est vêtu d'un grand haïk blanc qui lui recouvre la tête; il tient une longue baguette blanche à la main. Il fait une prière spéciale, nommée *khotba*, pour le sultan de Constantinople, pour le pacha d'Égypte et pour le grand chérif.

Des tapis et des nattes sont étendus pour la prière, soit sur les parties sablées de la cour, soit sur le pavé des colonnades; chaque pèlerin, du reste, peut apporter son tapis ou sa natte.

On dit que la mosquée pourrait contenir quarante mille personnes; je ne crois pas y avoir vu réunis plus dix à douze mille individus.

Le soir, à la clarté des lampes, le spectacle des pèlerins faisant le tour de la Caâba et récitant leurs prières à haute voix disposerait à des idées de piété, si on n'entendait pas les cris et les rires de centaines d'individus, hommes, femmes et enfants, entassés sous les colonnades et se livrant à des jeux et même à des abominations qui excitent le plus profond dégoût. Je ne pouvais en croire mes yeux.

En dehors des heures de la prière, beaucoup de pèlerins

font leur cuisine sous les colonnades qui entourent la cour. Des femmes y vendent du pain et des dattes, et des cafetiers y débitent leur café et des pâtisseries ; les barbiers y exercent leur profession.

Sous les colonnades également, les *tolbas* (musulmans lettrés) font des conférences religieuses, et des maîtres d'école enseignent le Coran à des enfants qui récitent leur leçon en poussant des cris discordants.

D'autres tolbas, assis près de Bab-Abd-el-Salem, écrivent des amulettes qu'on leur paye suivant la longueur des prières.

Une quantité innombrable de pigeons voltigent sans cesse dans la cour de la mosquée. On leur a construit de petits bassins où ils viennent se désaltérer, et des femmes vendent des graines que les pèlerins achètent et donnent aux pigeons comme œuvre pie.

Ce temple est, en même temps, une église, une université, une école, un marché et une place publique.

A neuf heures, la mosquée est évacuée, et il n'y reste que les musulmans les plus fervents qui y passent la nuit en prières, ainsi que la plupart des pauvres pèlerins indiens habitant sous les colonnades pendant tout leur séjour à la Mecque.

Avant de faire la description de la ville, je dois compléter les renseignements que j'ai pu recueillir sur l'administration intérieure et les revenus de la grande mosquée.

Le chef du temple se nomme Neïb-el-Haram (le délégué auprès du lieu saint) ; c'est lui qui est détenteur des clefs de la Caâba.

Le deuxième chef se nomme Agha-el-Toueshia (l'agha des eunuques). C'est un ancien usage de faire garder la Caâba par des esclaves eunuques. La plus grande partie sont des nègres du Soudan qui, tout jeunes, sont opérés et mis sous la direction des anciens eunuques. Ils ont des turbans blancs, sont vêtus de longues robes (*kaftan*) serrées à la taille par une ceinture de cuir; ils portent à la main une longue canne en bois blanc, ils sont au nombre de cinquante, jeunes et vieux. Ils sont chargés de guider les personnages pour les cérémonies autour de la Caâba. Ils jouissent de revenus fixes, et font commerce de prières, d'eau de Zem-Zem, de linceuls, de chapelets, d'amulettes, de débris des tentures de la Caâba et de peintures représentant le temple de la Mecque et les lieux saints qu'on doit y visiter.

Les revenus de la Mecque et Médine sont immenses. Ce sont des donations (*habous*) qui ont été faites depuis des siècles par des habitants de toutes les contrées de l'islamisme; mais les oukils délégués, chargés de retirer les revenus des biens de la Mecque et Médine, les consacrent à d'autres objets, les gaspillent, et une partie seulement arrive à sa destination. La somme envoyée, chaque année, par ces oukils infidèles représente encore un revenu considérable, dont la moindre part est consacrée à l'entretien des lampes et des tapis du temple. Le reste est partagé entre les employés de la mosquée, qui sont innombrables : les khatib (prédicateurs), muezzins, imans, muphti, prieurs, allumeurs, balayeurs, porteurs d'eau, etc.

La mosquée de la Mecque est donc pauvre. Quelques lampes en or seulement se trouvent dans l'intérieur de la Caâba, et c'est le sultan de Constantinople et le vice-roi d'Égypte qui font à leurs frais les réparations indispensables et qui fournissent les jeunes esclaves eunuques.

Là plus que partout ailleurs on peut appliquer la parole attribuée au prophète :

« Tout ce qui tombe entre les mains des Arabes devient ruine. »

Quand on compare la richesse et la splendeur des sanctuaires vénérés du christianisme à ces lieux considérés pourtant comme les plus saints par tout le monde musulman, on se rend compte du désordre qui règne dans toutes les branches des administrations musulmanes; car leur foi, on ne peut pas en douter, est aussi vive que celle des chrétiens; mais c'est la foi sans les œuvres.

CHAPITRE XV.

Visite dans l'intérieur de la Caâba. — Exploitation des pèlerins. — Cérémonies obligatoires du pèlerinage.

Ainsi que je l'ai dit plus haut, la Caâba n'est ouverte que trois fois dans le courant de l'année. Une de ces solennités étant fixée au 15 de dhi-el-kâada, correspondant cette année (1841) au 29 décembre, nous eûmes la chance d'y assister. Mon pieux muphti ne cessait de me féliciter de cette heureuse coïncidence : « Songe, me disait-il, que tu vas participer aux bénédictions abondantes que Dieu répand sur les fidèles croyants qui peuvent pénétrer dans la demeure d'Abraham. »

Le 29 décembre, en effet, au moment où le soleil commençait à dorer le sommet des minarets de la mosquée, les eunuques approchèrent le marchepied de la Caâba et l'agha en ouvrit la porte. A peine était-elle entr'ouverte que les pèlerins, réunis bien avant le *fedjer* (l'aurore) dans la cour de la grande mosquée, s'élancèrent dans l'intérieur du lieu vénéré, malgré les efforts et les coups de bâtons des eunuques. Mes compagnons et moi, d'après le conseil de nos mettouaf, laissâmes passer la foule et, après *trois longues heures* d'attente, nous pûmes entrer, non sans difficulté. Arrivés dans la Caâba, nous devions faire certaines prières accompagnées de génuflexions ; cela nous fut absolument impossible ;

La prière autour de la Caâba.

nous étions tous tellement serrés, que nous avions peine à respirer.

L'intérieur est une simple chambre dont le plafond est soutenu par deux colonnes. Elle n'est éclairée que par la porte. Le plafond et les murs à hauteur d'appui sont tendus de riches étoffes de soie, et ornés de belles inscriptions en argent. Le soubassement est revêtu de plaques de marbre sur lesquelles se détachent, en relief, de superbes inscriptions dorées. Le pavé est en marbre de différentes couleurs. C'est à peine si j'ai pu entrevoir ce que je décris, je n'ai donc pu lire aucune inscription. Un grand nombre de lampes, en or massif (dit-on), d'un très beau travail, sont suspendues au plafond par des chaînes dorées.

On m'avait dit que douze poèmes, composés par des poètes arabes bien antérieurs à l'islamisme, et qu'on appelait *El-Moaallaket* (les suspendus), étaient accrochés au plafond de la Caâba. Je n'ai pu, à mon grand regret, les apercevoir. La visite intérieure de la Caâba vaut des indulgences aux pèlerins qui peuvent la faire, mais elle n'est pas au nombre des rites obligatoires du pèlerinage.

En montant le marchepied gardé par les eunuques, il faut payer, payer en entrant, payer à la sortie, quand l'agha présente à baiser la clef de la porte, payer en descendant le marchepied, payer, toujours payer. C'est pitié de voir comment sont traités les malheureux pèlerins qui ne peuvent pas satisfaire l'avidité des innombrables fonctionnaires attachés à la mosquée.

A midi, la Caâba fut fermée, après avoir été soigneusement balayée et lavée par les eunuques. Beaucoup de pèlerins allaient pieusement se faire arroser par l'eau qui ruisselait de la porte.

A la sortie de la mosquée se trouvent, en grand nombre, des boutiques où se vendent les débris des tentures de la

Caâba très recherchées par les croyants. On y vend également des images représentant les mosquées et les lieux vénérés de la Mecque et de Médine.

Il n'est pas de pèlerin, quelque pauvre qu'il soit, qui n'emporte à sa famille ou à ses amis un souvenir pieux de son pèlerinage.

En parlant de la rapacité des Mecquois attachés au service de la mosquée, j'ai oublié de citer un de leurs moyens d'extorsion, à l'égard des pèlerins, que m'avaient fait remarquer mes compagnons.

« Vois-tu, me disait le muphti, la forme des *koulla* (sortes d'amphores) dans lesquelles les *sakkaï* (1) transportent l'eau de Zem-Zem ? Elles sont pointues par la base, afin qu'elles ne puissent se tenir debout, position dont les pèlerins pourraient profiter pour s'abreuver si les sakkaï, pouvant les poser à terre, cessaient de les tenir entre leurs mains. De cette façon, chaque goutte d'eau n'arrive dans la gorge altérée des Hadjis que moyennant une rémunération donnée au porteur de la koulla. »

Il est certain que les habitants de la Mecque n'ont, en grande partie, d'autres moyens d'existence que l'exploitation des pèlerins.

Il me fallait une grande dose de patience et de dissimulation pour me soumettre à l'observation des prières et des cérémonies interminables auxquelles m'obligeaient mes pieux compagnons, que la moindre résistance de ma part aurait scandalisés, en outre des soupçons qu'elle aurait pu leur inspirer sur la sincérité de ma conversion. Je souffrais moins pourtant de l'obligation d'accomplir des dévotions si contraires à mes croyances, que pendant mon séjour auprès d'Abd-el-Kader; car alors je trompais l'homme que j'aimais,

---

(1) Nom des porteurs d'eau.

et c'était pour une satisfaction personnelle que j'avais feint d'embrasser l'islamisme. La mission, au contraire, que je remplissais en ce moment avait un but patriotique et le rôle que je jouais m'était imposé.

J'avais, hélas! bien d'autres cérémonies en perspective! Voici, en effet, l'énumération des conditions strictement imposées au musulman qui veut consciencieusement mériter le titre de *Hadj*, et gagner les grâces divines qui y sont attachées :

1º Revêtir le irham pendant les trois jours consacrés à la visite à Aârafat, à Ouedi-Mouna et au retour de la Mecque ;

2º Être présent le 9 de dhi-el-heudja, depuis l'Aâsseur jusqu'au Moghreb, au sermon prêché sur la colline d'Aârafat ;

3º Assister à un sermon semblable à Mezdelf, au fedjer (aurore), le 10 de dhi-el-heudja ;

4º Les 10, 11 et 12 du même mois, lancer vingt et une pierres contre les piliers des démons existant dans la vallée de Ouedi-Mouna ;

5º Faire le sacrifice d'une bête vivante, à Ouedi-Mouna ;

Et 6º enfin, au retour de Ouedi-Mouna à la Mecque, visiter encore la Caâba et Omra, en ne cessant de réciter des versets du Coran.

Ils sont plus rares qu'on ne pense les pèlerins qui remplissent scrupuleusement les devoirs qu'impose la loi du pèlerinage. Beaucoup, soit par ignorance, soit par indifférence, se contentent de faire le tour de la Caâba et d'assister au sermon de Aârafat. Que de pèlerins viennent seulement à la Mecque poussés par un sentiment de vanité ou par le désir de faire du commerce ! C'est de la bouche de croyants dont la ferveur était choquée par la tiédeur de leurs coreligionnaires que j'ai recueilli ces renseignements.

CHAPITRE XVI.

J'envoie un message au grand chérif à Taïf. — Bazars de la Mecque. — Lieux vénérés aux environs de la Mecque.

Avant de parcourir la ville et de visiter les lieux vénérés qui se trouvent dans l'intérieur et aux environs de la Mecque, je devais m'occuper de remplir la mission qui m'y avait amené. Le muphti et le mokaddem se rendirent donc à l'université appelée Mederset-el-Slimanïa, pour savoir où et comment je pourrais me rencontrer avec le grand personnage auquel j'avais à remettre les lettres de ses beaux-frères, les princes abyssiniens, et de son ami le cheikh Fresnel. Ils apprirent que le grand chérif se trouvait en ce moment à Taïf. Comme il eût été imprudent de tenter la moindre démarche sans l'avoir préalablement consulté, et qu'il était important, d'un autre côté, d'obtenir une solution avant les grandes cérémonies du pèlerinage, qui devaient avoir lieu le 8 et le 9 dhi-el-heudja (21 et 22 janvier 1842), il fut convenu que j'écrirais au grand chérif *Sidi Mohammed Ebnou Aoun*, pour lui dire que j'étais porteur de lettres importantes qui lui étaient adressées par ses beaux-frères et son ami M. Fresnel, et que j'attendais ses ordres. Un des nègres qui composaient sa garde, et auquel je donnai un superbe *bakchich*, se chargea de remettre ma lettre à son maître et me promit de m'apporter sa réponse. En l'attendant, je consacrai mon temps à parcourir la ville et à visiter les lieux vénérés par les musulmans. J'avais pour guide un des eunuques qui, le premier jour, m'avait fait accomplir les cérémonies de la Caâba et de Omra, et que j'avais largement récompensé. Pour me prouver son zèle et son dévouement, il alla jusqu'à me proposer d'être mon guide en des lieux qui n'étaient rien moins que sanctifiés. Il y avait pour moi une importance trop grande à conserver la dignité de mon caractère et la sévérité de mes mœurs pour que je me laissasse aller à un sentiment de curiosité auquel je n'eusse certes pas résisté en toute autre circonstance.

Voici les notes que j'ai pu recueillir sur l'aspect général de la Mecque :

La Mecque est désignée sous un grand nombre d'appellations ; les trois principales sont :

Om-el-Korats (la mère des villes) ;

El-Mecherafa (l'ennoblie) ;

Bled-el-Eïmen (la ville de la foi).

Elle est située dans une vallée étroite, aride et sablonneuse. La ville et les faubourgs occupent une surface à peu près ovale qui m'a semblé avoir 1 kilomètre 1/2 de long sur une largeur moyenne d'un 1/2 kilomètre.

Les collines qui entourent la ville n'ont guère plus de 150 mètres d'altitude ; elles sont stériles et dénuées d'arbres.

Les maisons sont élevées et bâties en pierres. Elles ont jusqu'à trois étages et, contrairement aux usages musulmans, toutes les fenêtres s'ouvrent sur la rue. Les murs ne sont pas crépis. Les rues sont assez larges. La ville a été évidemment construite pour la commodité et l'agrément (relatifs !) des pèlerins, la seule source de profit pour les habitants.

Je n'y ai vu ni places ni arbres. A part les maisons du grand chérif, la grande mosquée et quelques mederset, il n'existe aucun monument.

Ablutions des pèlerins.

La majeure partie des fenêtres sont garnies de *mocherabia* en bois sculpté et peint, et tendues de nattes très fines laissant passer l'air, mais interdisant l'entrée aux mouches et aux moustiques qui y abondent.

Depuis que le nombre des pèlerins a diminué, beaucoup de maisons tombent en ruines. Les rues ne sont pas pavées, de sorte que la poussière y est aussi désagréable en temps sec, que la boue quand il pleut. On n'y voit aucun vestige de cette élégante architecture arabe qu'on admire au Caire et en Espagne.

A part l'eau de Zem-Zem assez bonne et qui, ainsi que je l'ai dit, arrive dans le puits de ce nom par un canal souterrain, les eaux des autres puits à la Mecque sont saumâtres. Il y existe quelques citernes dans lesquelles on recueille l'eau de la pluie. L'eau la meilleure est celle d'une ou plusieurs sources situées à environ 30 kilomètres de la Mecque; elle y est amenée par un aqueduc, superbe travail tombant en ruines faute de réparations. Les chérifs sont possesseurs des fontaines alimentées par cet aqueduc et en vendent l'eau aux pèlerins, pauvres gens plus exploités encore que ne le sont les baigneurs dans les stations thermales d'Europe.

Trois quartiers de la Mecque ont principalement attiré mon attention :

1° Le quartier de Saffa, où loge le chef des eunuques avec ses cinquante subordonnés qui, à part les plus jeunes, sont tous mariés à des négresses (?). Leurs maisons sont parfaitement tenues. C'est dans ce quartier que logent les pèlerins de distinction. Le grand chérif y possède, près de la grande mosquée, deux palais en assez mauvais état.

C'est à partir de ce soi-disant palais que commence la rue appelée *Messaï* (celle que l'on parcourt quand on accomplit la cérémonie du Saaï). Elle a l'aspect d'un long bazar bordé de boutiques où règne la plus grande animation. Dans cette rue se font les ventes à l'enchère de toutes sortes d'objets, depuis les armes et les étoffes les plus précieuses jusqu'aux objets de la plus minime valeur.

Là sont les boutiques où se vendent les belles copies du Coran, les montres anglaises, les confitures de Constantinople ; à côté sont les restaurants où les pèlerins trouvent du mouton rôti et des espèces de crème, puis des cafés en grand nombre. Dans certains on vend, c'est à n'y pas croire, des liqueurs enivrantes, entre autres de la *bouza*, espèce d'eau-de-vie.

2° Le petit quartier appelé *Souïka*, habité en partie par les riches Indiens. Les rues, bordées de leurs boutiques, y sont propres et arrosées. On y respire une atmosphère de parfums, et quelles riches étoffes ! Quels beaux chapelets en aloès, en sandal, en pastilles de sérail ! Quels beaux cachets gravés sur cornaline !

Les Indiens ont la réputation de ne pas être des musulmans très orthodoxes ; mais, comme ils sont riches, on ferme les yeux sur l'irrégularité de leurs doctrines.

C'est dans ce marché qu'a lieu la vente des esclaves, hommes et femmes.

J'ai vu dans ce marché, voûté et éclairé par de grandes ouvertures pratiquées dans la voûte, des Abyssiniennes admirablement belles, exposées, subir avec une morne résignation les regards et les attouchements de cyniques acheteurs. J'aurais voulu être assez riche pour acheter et rendre libres ces belles et misérables créatures. Les plus jolies se vendent de 800 francs à 1,000 francs.

3° Le quartier de *Chébeïk* et de *Bab-Omar* est composé d'assez belles maisons louées aux pèlerins riches. Il y a des magasins de soieries de Damas et d'Alep.

Toutes les nations de l'islamisme sont représentées à la Mecque pendant les mois précédant et suivant l'époque du pèlerinage, qui, ainsi que je l'ai dit plus haut, parcourt dans un cycle de trente-trois ans tous les mois de l'année.

En examinant les boutiques de la grande rue du Messaï, on voit le Marocain qui vend les belles peaux de chèvres rouges et jaunes (le maroquin le plus estimé). Le Tunisien a apporté les fez, bonnets rouges. Le Turc d'Europe vend des étoffes brodées, de l'ambre, des confitures sèches, des *imêma* (bouts de pipe en ambre) ; le Turc d'Anatolie, des tapis de soie, des châles d'Angora ; le Persan, des cachemires et des mouchoirs de soie ; les Afgans, des châles admirablement brodés ; les Indiens, des armes magnifiques, des étoffes et des produits de toute sorte ; les Arabes de l'Yémen, des objets en cuir et des tuyaux de narghylé ; les nègres du Soudan, de Tombouctou, des paniers nattés (jonc et drap), des cotonnades, etc.

Les mendiants abondent, Indiens surtout. Une des plaies du pèlerinage, ce sont les derviches, sales et arrogants, auxquels les pèlerins aisés sont obligés de faire l'aumône, pour éviter les scènes scandaleuses qu'ils font à ceux qui opposent un refus à leurs insolentes réquisitions. Il en vient de Tombouctou à Samarkand et de Georgie à Bornéo.

Les pèlerins les plus intéressants et, il faut ajouter, les plus utiles sont les nègres du Soudan. Quoique très pauvres, ces braves gens ne mendient jamais, et moyennant une légère rétribution rendent une multitude de petits services auxquels les autres pèlerins les plus misérables ne daigneraient pas s'abaisser.

Dans deux quartiers de la Mecque se trouvent des maisons consacrées à la prostitution. Elles sont en partie occupées par des bédouines des tribus environnantes. Le pèlerinage, d'ailleurs, n'est point interdit aux *femmes libres*, et plusieurs d'entre elles accompagnent les grandes caravanes du Caire et de Syrie, et y étalent un grand luxe.

Je fus peu édifié de la foi des pèlerins. La plupart, je le crois, sont attirés à la Mecque par des mobiles très mondains : les spéculations commerciales, la vanité et la curiosité. Les pèlerins, du reste, dans le monde musulman, ne jouissent pas tous de la considération qui devrait être attachée au titre de Hadj (pèlerin). Voici, à l'appui de cette appréciation, un proverbe que j'ai souvent entendu dans la bouche de musulmans de plusieurs contrées :

Demande. *Ma ahrami min Hadj?*
Réponse. *Hadjein.*

« Qui est plus rusé qu'un pèlerin ? demande-t-on. — C'est celui qui a accompli deux pèlerinages, » répond-on.

Il y a beaucoup d'exceptions, j'ai pu m'en convaincre.

Mon guide eunuque m'a fait successivement visiter les lieux vénérés situés dans la ville. Les principaux sont :

Mouled-el-Nebi, lieu de naissance de Mohammed ; mosquée creusée dans le sol, on y descend par une échelle.

Mouled Settna Fatma, lieu de naissance de Fatma, fille du prophète.

Mouled Ali, lieu de naissance d'Ali, cousin de Mohammed.

Mouled Sidna Abou-Beker, lieu de naissance du beau-père du prophète.

K'bor Settna Khadidja, tombeau de la femme de Mohammed.

K'bor Oumna, tombeau de la mère du prophète.

Dans tous ces sanctuaires, on remarque la trace des dévastations commises par les Wahabites.

Hors la ville, nous avons visité : *El-Djebel-Abou-Kobéïs*, montagne à l'est de la ville, où le khalife Omar allait prier au milieu des idolâtres : c'est, d'après la tradition musulmane, la première montagne créée ;

Makam Cheg el-Kamar, lieu où Mohammed fit descendre la lune du ciel ;

Djebel-Nour, montagne de lumière, où Mohammed s'isolait pour prier et où l'ange Gabriel lui apportait des versets du Coran ;

Djebel-Tsour, montagne où se trouve une caverne dans laquelle se cacha Mohammed lorsqu'il fut chassé de la Mecque et se réfugia à Médine.

Nous visitâmes quelques cimetières assez mal entretenus. Un château bien fortifié, qui domine la ville à l'est, est occupé par une garnison turque. Nous vîmes une maison de plaisance du grand chérif avec des jardins assez verts et de très belles citernes en mauvais état. Notre guide nous indiqua une réunion de huttes et de tentes occupées par des femmes livrées à la prostitution. Nous ne vîmes aux environs de la Mecque qu'une seule petite vallée assez fertile, nommée *Ouad-Aabbêdia*.

CHAPITRE XVII.

Voyage de la Mecque à Taïf. — Présentation au grand chérif. Sidi Mohammed Ebnou Aoun.

Enfin, le 6 janvier 1842, le nègre du grand chérif, dont la longue absence commençait à m'inquiéter, m'apporta la réponse de son maître. « Sidna (1)-el-chérif, me dit-il, sera heureux de te recevoir et t'envoie, à cet effet, un sauf-conduit, ainsi que les chameaux et les serviteurs nécessaires, afin de te transporter toi et tes compagnons à Taïf. »

Ce sauf-conduit était ainsi conçu : « Le porteur du présent écrit, revêtu de notre sceau, est Sid Omar ben Abd-Allah-el-Djezaïri (2) ; il se rend auprès de nous ; qu'il soit respecté. »

Nos préparatifs de départ furent bientôt faits ; malgré le désir qu'avait mon cher muphti de m'accompagner, sa santé et celle de sa femme le forcèrent de rester à la Mecque. C'était à regret que je me séparais de ces excellents époux qui me traitaient comme leur propre fils.

Le 8 janvier, le mokaddem de Tedjini et moi, nous nous mîmes en route, montés sur les excellents *méharis* du grand chérif. Grâce aux allures douces et rapides de ces animaux

---

(1) Notre seigneur.
(2) Nom que m'avait donné M. Fresnel, en me recommandant au grand chérif.

de pure race, nous devions franchir facilement en deux journées les 90 kilomètres qui séparent la Mecque de Taïf.

La route qui y conduit passe par le faubourg de Moâbed, partie nord de la Mecque, puis elle incline à l'est et traverse successivement les vallées de Oued-Mouna et de Aârafat, où ont lieu les dernières cérémonies obligatoires du pèlerinage. Elle longe ensuite l'aqueduc qui conduit les eaux à la Mecque. La contrée que nous parcourûmes est généralement déserte et aride jusqu'à la partie est de la plaine d'Aârafat, où nous nous arrêtâmes quelques instants à une station nommée *Kahouat Aârafat* (café d'Aârafat), ombragée par une grande quantité d'acacias. Là commence l'aqueduc.

Arrivés dans cet endroit, nous changeâmes de montures. Nos *méharis* furent remplacés par des ânes superbes; les chameaux, ne pouvant franchir les passages difficiles de la montagne, prirent une route plus longue, qui contourne le massif que nous allions traverser. Quant à nous, montés sur nos magnifiques baudets, nous pénétrâmes dans la montagne; nous suivîmes une route difficile et rocailleuse qui n'offrait rien de remarquable, et deux heures avant le coucher du soleil, nous arrivions au sommet où s'étend un plateau sur lequel est construit un petit village entouré de jardins, nommé *Ras-el-Kora*. Ce site paraît d'autant plus délicieux qu'il contraste avec l'aridité des contrées environnantes. Je n'oublierai jamais l'impression que fit sur moi le spectacle de cette oasis verdoyante, située au milieu des pointes aiguës de la chaîne granitique du Djebel-Kora, qu'éclairaient les rayons d'un splendide soleil couchant. Nous fûmes parfaitement accueillis par les habitants du village, descendants de l'ancienne tribu des Hoddéïl, célèbre dans les fastes de l'islamisme. La maison où nous logeâmes était grossièrement construite, mais parfaitement propre. Nous y fûmes à l'abri de la température très froide qui règne, à cette hauteur, dans cette saison, et je ne pouvais me lasser d'entendre nos hôtes parler si purement et si poétiquement la belle langue du Hedjaz (1).

Le lendemain, c'était le 1ᵉʳ janvier 1842. En ce jour, où les familles et les amis se réunissent pour échanger des présents et des vœux de bonheur, mon père et ma mère adoptive pleuraient sans doute le fils qu'ils n'espéraient plus revoir, tandis que moi, sans un seul être à qui je pusse ouvrir mon cœur, je poursuivais, au milieu de peuplades fanatiques, une mission aventureuse dont j'entrevoyais la fatale issue. Ce jour-là, ma position n'était ni pire ni meilleure que les jours précédents, mais cette date réveilla tant de souvenirs, et je me sentis tellement accablé sous le poids de ma douleur, que si, dans ce moment, j'en avais eu la possibilité, je me serais soustrait aux menaçantes éventualités de cette mission..... Il n'était plus temps de revenir sur mes décisions. Quelle nuit ! Quel cruel retour vers le passé ! Ah ! de pareilles souffrances morales doivent expier bien des erreurs !

Le lendemain, nous descendîmes de Ras-Kora par une route accidentée et très difficile, qui nous conduisit dans une jolie vallée, très fertile, nommée *Oued-Mohrêm*, arrosée par des puits. Le système d'arrosage est le même que celui que j'ai vu depuis à Tripoli de Barbarie, appelé *ghorghaz*. A côté du puits, on creuse un plan incliné; une vache, attelée à une corde roulant sur une poulie, tire, en descendant ce plan incliné, une outre attachée à la corde; arrivée à la margelle, elle se déverse dans un petit bassin, et lorsque la vache remonte, l'outre par son propre poids redescend au fond du puits, se remplit, et ainsi de suite.

(1) Contrée de l'Arabie, berceau de l'islam.

C'est, nous a-t-on dit, à partir de cette vallée, en se dirigeant vers le sud, que commence la culture du café. Nous traversâmes encore une petite chaîne de montagnes, du sommet de laquelle nous aperçûmes Taïf, petite ville passablement fortifiée, dominée par une sorte de château fort, et située au milieu d'une plaine aride et sablonneuse, entourée de montagnes abruptes et escarpées.

Au sud-ouest, à deux ou trois kilomètres de la ville, s'étendent de beaux jardins parsemés de maisons de plaisance.

Le soleil était couché, quand nous entrâmes dans la ville par une porte surmontée de tours crénelées. Les rues me parurent plus larges que celles des autres villes arabes. Nous descendîmes dans une des *meddersa* (1) attenant à la mosquée appelée *Messdjed-el-Heunoud* (mosquée des Indiens), où des appartements nous avaient été préparés. Nous fûmes accueillis avec distinction par des chérifs attachés à cette mosquée et servis par les nègres qui nous avaient accompagnés de la Mecque à Taïf. Pas une question ne nous fut adressée. On nous servit un excellent repas, après lequel l'iman de la mosquée vint nous réciter les prières du soir et nous faire une longue lecture pieuse.

Le lendemain, continuation du silence de nos hôtes. La dignité musulmane nous commandait la même réserve. Je désirais voir la ville, mais on me laissa comprendre que je ne pouvais faire la moindre promenade avant de recevoir les ordres du grand personnage dont j'étais l'hôte.

La journée me parut terriblement longue. Enfin, nous venions d'achever la prière du *moghreb*, quand un musulman de belle mine fut introduit dans la chambre qui m'était destinée et, après les salutations d'usage, me demanda si

(1) École.

j'étais Sid Omar ben Abd-Allah-el-Djezaïri. Sur ma réponse affirmative, il me donna l'accolade musulmane (baiser sur l'épaule droite) et, après s'être accroupi vis-à-vis de moi, me dit que *son cousin*, son seigneur, Sidi Mohammed Ebnou Aoun, me souhaitait la bienvenue, et m'attendait dans sa maison de plaisance à *Oued-el-Slâma*.

De beaux chevaux, richement caparaçonnés et conduits par des Nubiens, nous menèrent, en vingt minutes à peine, à la résidence du grand chérif. Mon compagnon, le mokaddem de Tedjini, fut conduit dans un pavillon attenant à la demeure principale, moi seul fus introduit dans une salle du rez-de-chaussée richement tapissée d'étoffes de soie brodées d'or.

Quelques instants après, deux nègres ouvrirent une porte dissimulée dans les tentures, et je vis entrer un Arabe, un des types les plus beaux que j'aie rencontrés de la race d'Ismaël. La couleur bistre de sa peau donnait plus d'éclat au regard de ses beaux yeux et à la blancheur de ses dents. Sa barbe, fine et rare, était à peine teintée de blanc. Ses extrémités étaient remarquablement distinguées ; son costume, d'une exquise propreté, était aussi simple qu'élégant. C'était Sidi Mohammed Ebnou Aoun, grand chérif de la Mecque, descendant de la branche des chérifs ennemis de la famille de Ghaleb, le vaincu de Méhémet-Ali. Élevé à ces hautes fonctions par l'influence du vice-roi d'Égypte, il était dévoué à sa politique ; il avait, par conséquent, peu de sympathie pour la domination des Osmanlis.

Il me fit un accueil on ne peut plus gracieux, affectueux même.

Il me dit qu'il avait été prévenu de mon arrivée à la Mecque par des lettres de ses beaux-frères et de son excellent et savant ami, le cheikh *Frinil* (Fresnel), et qu'il m'attendait avec impatience.

Je m'aperçus à sa conversation qu'il avait sur mes antécédents des renseignements précis.

On servit un repas délicat, que partagèrent plusieurs personnages que Sidi Mohammed me présenta comme ses cousins, et auxquels il me présenta moi-même, comme un Algérien recommandé par le cheikh Frinil, qui est connu dans tout le Hedjaz par sa haute science, et aimé pour son affabilité et son empressement à rendre service.

Le grand chérif m'adressa des questions sur la position des Français en Algérie, sur l'émir Abd-el-Kader et sur la situation générale de la politique en Europe; mais il me fut facile de comprendre, par la façon dont il m'adressait ces questions, que je devais être très réservé dans mes réponses.

Il me dit que j'avais besoin de repos, et me fit conduire dans le pavillon que je devais occuper, et où mes compagnons étaient déjà installés.

Le jour suivant, je présentai au grand chérif le mokaddem de Tedjini, chargé de mettre sous ses yeux la *fettoua* de Kaïrouan, revêtue de l'approbation des ulémas du Caire, et de lui demander de mettre le sceau à cette importante décision. Sidi Mohammed adressa plusieurs questions au mokaddem, lui promit de lire attentivement la *fettoua;* « mais, ajouta-t-il, il ne m'appartient nullement d'apposer isolément mon sceau au bas de cette *fettoua*. Je n'ai aucun caractère *cherâai* (judiciaire), mon rôle, en pareille matière, doit se borner à réunir un *medjelès* (assemblée) d'ulémas, et à lui soumettre les décisions des *medjelès* de Kaïrouan et du Caire.— Je le ferai. »

CHAPITRE XVIII.

Audience privée du grand chérif. — Ses confidences.

Le jour même, après la prière du *moghreb* (coucher du soleil), un des cousins du grand chérif vint m'avertir que Ben Aoun me priait de partager son dîner. Je fus introduit dans ses appartements privés du premier étage, et, après le repas qui fut vraiment somptueux, et auquel son cousin seul prit part, il fit un signe, la *mêida* (petite table) fut enlevée, le café servi, et je restai seul en face de mon hôte.

— Dans notre première entrevue, me dit-il, nous n'avons échangé que des phrases susceptibles d'être entendues par toutes les oreilles; en ce moment nous pouvons laisser parler notre cœur, sans aucune crainte ni réticence. Le cheikh *Frinil*, quoique chrétien, est peut-être l'ami dans lequel j'ai le plus de confiance; il t'a recommandé à moi comme un autre lui-même, mes beaux-frères m'ont vanté tes nobles qualités, tu peux dès lors compter sur mon dévouement et ma sincérité. Parle donc avec franchise et explique-moi le but de ta visite.

« Je ne suis pas venu en pèlerinage à la Mecque, lui dis-je, pour remplir uniquement le devoir prescrit à tous les musulmans de visiter *Bit-Allah* (maison de Dieu); je suis en outre chargé, ainsi que je te l'ai dit sommairement à la première audience que tu m'as accordée, d'une double mission : la première, d'obtenir la sanction de la *fettoua* émanée du medjelès de Kaïrouan et approuvée par le medjelès du Caire;

la seconde, de tâcher de mettre un terme aux mauvais traitements dont sont victimes les musulmans algériens qui se rendent en pèlerinage à la Mecque. Cette double mission m'a été donnée par mes amis, les principaux marabouts de l'Algérie ; et, ajoutai-je sur un ton plus confidentiel, tu vois que ma franchise est complète, par le général Bugeaud, gouverneur général, chargé par le roi de France de gouverner les populations musulmanes placées naguère sous la domination injuste et cruelle des Turcs que les armées françaises ont vaincus et chassés par la permission du Très-Haut. Ta Seigneurie connaît la teneur de la *fettoua*. Elle est destinée, si elle reçoit la suprême sanction des ulémas de l'Orient et de l'Occident réunis à la Mecque, à ramener la paix et la tranquillité dans des contrées désolées aujourd'hui par une guerre inutile ; et, à ce sujet, je dois ajouter que les ulémas de Djémâa el Ezhar, en approuvant la *fettoua* de Kaïrouan, ont écouté les sages conseils du vice-roi d'Égypte que j'ai eu l'honneur d'entretenir de l'objet de ma mission. Il n'est secret pour personne, noble chef, que Ta Seigneurie est liée au vice-roi par les liens de la plus étroite amitié, et qu'elle est un des plus zélés défenseurs de la sage politique de Méhémet-Ali. Je suis donc venu à toi avec la persuasion que tu faciliteras ma mission, d'abord parce qu'il s'agit d'une œuvre éminemment humanitaire, et ensuite parce que tu seconderas ainsi les vues de ton illustre ami qui, dans l'intérêt bien entendu de l'islamisme, tient à se maintenir dans les meilleures relations avec la France, son alliée la plus puissante et la plus fidèle. Certes, tes actes ne te sont dictés que par les sentiments désintéressés du devoir et de l'observation de la loi musulmane, mais tout homme, quelque élevée que soit sa position, ne doit-il pas être flatté de l'approbation des princes choisis par Dieu pour gouverner ses créatures, à quelque religion qu'ils appartiennent ?

— Digne *telmid* (élève) de Frinil, dit en souriant finement le grand chérif.

Il avait compris. Mon excellent ami Fresnel, en effet, m'avait recommandé de flatter les tendances du grand chérif à jouer un rôle politique et à attirer sur sa personnalité l'attention de la diplomatie européenne.

Il était inutile d'insister davantage sur une question aussi délicate, puisque j'avais acquis la conviction que mes insinuations avaient été comprises. J'entretins alors mon hôte de la situation déplorable faite aux musulmans algériens dans les ports et sur les bâtiments de la mer Rouge.

Le grand chérif, tout en rejetant loin de lui la responsabilité des mauvais traitements subis par nos pèlerins algériens, me promit d'user de son influence, soit auprès des autorités turques et égyptiennes, soit auprès des reïs (capitaines des navires) naviguant sur la mer Rouge, pour mettre un terme à une situation que réprouvaient également et les lois de l'humanité et la loi religieuse.

Nous abordâmes alors d'autres sujets. La nuit était déjà avancée, qu'il voulait encore écouter la narration des événements dont j'avais été le témoin en Algérie, et surtout pendant mon séjour auprès d'Abd-el-Kader.

« L'heure de la séparation est trop tôt arrivée, me dit le grand chérif, car jamais mes oreilles n'ont été charmées par des récits aussi intéressants que ceux qu'elles entendent de ta bouche que je crois véridique; je vais réfléchir à tout ce que tu m'as dit au sujet des missions que tu as à remplir, et tous mes efforts tendront à te donner complète satisfaction. Pendant le temps qui me sera nécessaire pour arriver à ce but, tu resteras dans ma demeure et, chaque soir, nous veillerons ensemble et échangerons nos pensées. Frinil, comme toujours, m'a dit la vérité. »

Et, au moment où je prenais congé de lui, Sidi Mohammed Ebnou Aoun m'attira vers lui et m'embrassa avec une effusion qui contrastait avec son maintien digne et réservé.

Pendant quatre soirées encore, j'eus la chance de m'entretenir intimement avec cet homme supérieur. Tout en conservant la foi mahométane, le grand chérif savait mettre de côté les sentiments fanatiques et exclusifs qui créent entre les musulmans et les autres peuples des obstacles infranchissables.

Je réunis dans les pages qui suivent les diverses appréciations qu'énonça successivement Sidi Mohammed Ebnou Aoun, au cours des conversations échangées entre nous durant les soirées intéressantes que je passai en tête à tête avec lui, dans son habitation de Taïf.

« Où est le temps, me disait-il à propos du pèlerinage de la Mecque, où la foi des musulmans attirait dans les villes saintes des centaines de mille croyants, arrivant de toutes les parties du monde ? L'indifférence religieuse a gagné successivement l'islamisme, et le nombre des pèlerins a diminué en raison de la défaillance de leur foi. Autrefois, six grandes caravanes arrivaient régulièrement de tous les points cardinaux. Nos ancêtres ont vu des princes souverains se rendre à la Mecque, suivis de populations entières; le dernier des Abbassides, Mostassem-Billah, campa à Aârafat avec cent trente mille chameaux. Le pèlerinage était considéré autrefois comme un acte commandé par Dieu lui-même. Les musulmans s'imposaient comme œuvre pie les fatigues et les privations des longs voyages par terre. Tous restaient purs pendant l'époque du pèlerinage, et la prière et la lecture des *hadith* (1) du prophète étaient leur seule occupation. Aujourd'hui, quarante ou cinquante mille pèlerins, à peine, visitent Bit-Allah (la maison de Dieu). Il n'arrive plus que trois

---

(1) Préceptes du prophète.

caravanes à la Mecque : celle de Syrie, celle d'Égypte et celle de l'Yemen. Encore sont-elles peu nombreuses, cette dernière surtout. La plupart des pèlerins prennent la voie de mer ; presque tous se livrent au commerce et, dans leur cœur, la piété est remplacée par l'esprit de spéculation. Et quelle est leur conduite, hélas ! durant la sainte époque du pèlerinage ! Que Dieu préserve tes yeux du spectacle de leurs honteuses actions !

« Les padischahs de Constantinople, ces commandeurs des croyants, ombres de Dieu sur la terre, ont donné de l'éclat au drapeau de l'islamisme tant qu'ils ont pris le Coran pour règle de leur conduite et qu'ils ont tenu en main le glaive de la guerre sainte ; mais dès qu'ils ont cessé de s'appuyer sur le sentiment religieux, et qu'ils ont introduit, dans les hautes fonctions, des renégats de tous les peuples, dès lors enfin qu'ils ont subi, pour ainsi dire, le protectorat des chrétiens, les bases de l'empire des Osmanlis ont été sapées, et le jour est prochain peut-être où il s'écroulera ; car les mauvais exemples des princes ont perverti leurs sujets. *Tout peuple qui perd la foi marche à la décadence.*

« De fidèles observateurs de notre loi, de sincères croyants existent encore dans le monde musulman, mais la masse tient plus aux biens de la terre qu'aux félicités du ciel. Le nom de Dieu est sans cesse dans leur bouche, et, trop souvent, le démon est dans leur cœur. Et nous-mêmes chérifs, descendants du prophète, que Dieu a placés aux rangs supérieurs dans ce monde, n'avons-nous pas contribué à la déchéance de la foi ? n'avons-nous pas donné l'exemple d'un luxe et d'une avarice qui ont attiré contre nous l'attention des wahabites ? Au lieu de nous conformer aux sages préceptes prêchés d'exemple par ces réformateurs, et de contracter avec eux une alliance qui aurait mis le territoire des villes saintes à l'abri de leurs funestes invasions, nous les avons combattus, et, pour nous venger des défaites qu'ils nous avaient infligées, nous avons invoqué l'intervention des Turcs, ces musulmans, ennemis acharnés des Arabes ! Insensés que nous étions ! Au lieu d'alliés que nous appelions à notre aide, ce sont des tyrans cruels sous le joug desquels nous nous sommes nous-mêmes placés. Aussi, nous chérifs, naguère souverains incontestés des villes saintes, nous, descendants directs du prophète, sommes-nous obligés de courber la tête devant le dernier des pachas, la plupart anciens esclaves chrétiens parvenus au pouvoir par les voies les plus honteuses !

« Ah ! s'il entre dans les desseins de Dieu de rendre à l'islamisme sa gloire et sa puissance, il devra d'abord inspirer aux musulmans la foi et la vertu de nos illustres ancêtres. Retremper cette foi et combattre le luxe et l'avarice, tel était le but avoué des wahabites, mais leur foi n'était pas encore assez pure ; Dieu, qui lisait, au fond de leur cœur, des sentiments d'ambition et des désirs de lucre, n'a pas béni leur œuvre ; d'ailleurs, les musulmans tièdes et amis du bien-être opposaient un obstacle à la mission de ces inflexibles réformateurs.

« Deux hommes se sont également levés pour régénérer les musulmans : Shamil dans l'Est, Abd-el-Kader dans l'Ouest. Quels secours ont-ils trouvés parmi les princes les plus puissants de l'islamisme ? Les peuples eux-mêmes qui avaient porté au pouvoir ces deux champions de la patrie et de la foi ne se sont-ils pas promptement lassés de la lutte, et ne sont-ils pas prêts aujourd'hui à les abandonner ?

« J'avais un instant conçu de belles espérances pour les musulmans, à l'avénement de Méhémet-Ali au trône d'Égypte. Il chassera de Constantinople, me disais-je, ces sultans dégénérés dont la puissance ne repose que sur leur alliance avec les chrétiens ; il réunira en un faisceau les forces éparses des

Arabes fondateurs de l'islamisme, et créera un empire indépendant qui ne sera plus à la merci des puissances chrétiennes... hélas! ces dernières espérances ont été déçues. Je reconnais plus que jamais la vérité du *hadith* (paroles de Mohammed) : *Un gouvernement d'infidèles peut durer, s'il est juste; un gouvernement de vrais croyants, s'il est injuste, doit périr!* »

Tel est le résumé scrupuleusement exact des opinions du grand chérif de la Mecque sur la situation de l'islamisme à l'époque où je le visitai (1842). Il se passe de commentaires.

Malgré le caractère éminemment religieux dont il était investi et la douleur qu'il éprouvait en constatant la décadence de l'islamisme, Sidi Mohammed Ebnou Aoun n'avait pas la foi vive d'Abd-el-Kader. Lui aussi, sans trop se l'avouer peut-être, était plus préoccupé de son bien-être dans ce monde que des félicités de la vie future ; c'était un musulman épicurien, tandis que l'autre était un guerrier ascétique. Si j'eusse rencontré un Sidi Mohammed Ebnou Aoun à la place de l'émir, mes rêves se seraient réalisés; la France aurait trouvé en lui un allié fidèle, et les musulmans de l'Algérie, un prince qui leur aurait assuré paix et prospérité.

Abd-el-Kader, à la place du grand chérif de la Mecque, eût peut-être relevé l'étendard du wahabitisme, et tenu en échec Constantinople.

CHAPITRE XIX.

La fettoua est sanctionnée par le medjelès de Taïf. — Mes adieux au grand chérif. — Aspect général de Taïf.

L'intérêt de nos entretiens intimes n'avait point fait oublier au grand chérif le but de ma mission et, quelles que fussent les sympathies que lui inspirait Abd-el-Kader, il avait prêté une oreille attentive aux renseignements que lui avait donnés le mokaddem de Tedjini, renseignements corroborés par le témoignage des mokaddem de Sidi Eukba, des Ouled Sidi Cheikh et de Moulay Taïb, qui s'étaient rendus à Taïf, conformément aux instructions de mon ancien ami d'Aïn-Madhi, Sidi Mohammed-el-Tedjini.

Prenant en haute considération les maux de toutes sortes qu'attirait et devait de plus en plus attirer sur les malheureuses tribus de l'Algérie la continuation d'une lutte désormais inutile et désespérée, Sidi Mohammed Ebnou Aoun était parvenu à réunir un medjelès composé d'ulémas de Bagdad, de Damas, de Médine et de la Mecque, venus en ce moment à Taïf, pour lui rendre une visite, et sur la plupart desquels il exerçait une grande influence.

La *fettoua* de Kaïrouan, approuvée par les ulémas du Caire, fut donc présentée au medjelès de Taïf par mon compagnon El-Miloud-ben-Salem-el-Leghouati, mokaddem de Tedjini. Une opposition furieuse du cheikh El-S'noussi (1);

(1) J'aurai plus d'une fois encore à constater la dangereuse influence

un des affiliés les plus importants de la secte de Sidi Abd-el-Kader, El-Djilani, donna de sérieuses inquiétudes à mon fidèle Miloud, mais l'approbation des ulémas, adhérents du grand chérif, appuyée sur l'opinion des plus illustres commentateurs du Coran, mit fin à la discussion; et, au bas de la sanction confirmant les deux *fettoua* de Kaïrouan et du Caire, copiée à la suite de ces deux documents, furent apposés les cachets et les signatures de tous les membres du medjelès de Taïf.

L'important rouleau fut remis entre les mains du mokaddem de Tedjini; des copies authentiques furent délivrées aux mokaddem des zaouïa de Sidi Eukba, des Ouled Sidi Cheikh et de Moulay Taïeb à *Bessnes*.

Mon compagnon, l'intelligent et fidèle délégué de Tedjini, dont la conduite, durant cette pénible négociation, avait été aussi habile qu'énergique, se chargea de faire faire, dès notre retour à la Mecque, une nouvelle copie de notre *fettoua*, copie que je devais adresser à M. le général Bugeaud, gouverneur général de l'Algérie, par l'entremise du consulat de France à Djeddah.

Ainsi que l'avait prévu Sidi Mohammed-el-Tedjini, les démarches des mokaddem, malgré leur habileté et leur énergie, n'auraient obtenu aucun résultat sans mon intervention auprès des ulémas et du grand chérif; et mon ami avait agi sagement, en leur enjoignant de se conformer absolument à ma direction. Mais mon intervention elle-même eût été vaine, sans les recommandations tout à fait exceptionnelles de mon excellent ami, M. Fresnel, soit auprès du cheikh Tounsi, au Caire, soit auprès du grand chérif de la Mecque.

de ce cheikh fanatique dont notre consul général à Tripoli de Barbarie, M. Féraud, dénonçait récemment les intrigues et les excitations à la guerre sainte.

C'est grâce à lui, à lui seul, que j'ai pu accomplir ma mission, et c'est grâce également à l'amitié qu'il avait inspirée à Sidi Mohammed Ebnou Aoun que j'échappai à une mort affreuse.

Hélas ! je n'ai jamais eu le bonheur de presser de nouveau Fresnel sur mon cœur, cet ami plus remarquable encore par son exquise bonté que par sa haute intelligence, et il m'a été impossible de lui exprimer de vive voix les sentiments d'admiration et de reconnaissance que je lui conserverai jusqu'à mon dernier soupir !

Cependant, nous venions d'entrer dans le dernier mois du pèlerinage (*dhi-el-heudja*), et je tenais beaucoup à assister à l'arrivée des caravanes de Syrie et d'Égypte, qui devaient faire leur entrée à la Mecque, le 5 de *dhi-el-heudja* (le 18 janvier). Je demandai donc au grand chérif de vouloir bien m'y renvoyer en temps utile. Il m'accorda gracieusement cette demande, tout en me faisant préalablement jurer de revenir auprès de lui à Taïf, aussitôt après les cérémonies du pèlerinage auxquelles il devait lui-même assister.

Il n'était pas nécessaire de me lier par un serment pour me forcer à revenir auprès de l'homme illustre dont l'accueil bienveillant m'avait touché, et dont l'intelligence élevée m'avait séduit. Nous nous séparâmes comme d'anciens amis. Il ne me témoigna aucune appréhension au sujet de mon retour à la Mecque. Quant à moi, lorsque je pris congé de lui, je fus assailli par de terribles pressentiments.

Mon séjour auprès de Sidi Mohammed Ebnou Aoun me paraissait un rêve délicieux. Que de choses j'avais apprises sur l'islamisme en quelques heures, et que de renseignements je pourrais recueillir encore s'il m'était donné de demeurer quelque temps auprès de lui ! Et la langue arabe ! où pourrais-je rencontrer de pareilles conditions réunies comme théorie et comme pratique ! Car plus j'avançais dans l'étude de cette belle langue et plus je constatais mon ignorance (1). Déjà mon imagination s'enflammait à la pensée de devenir un savant orientaliste, aidé surtout que je serais par mon excellent ami M. Fresnel, qui devait incessamment venir reprendre son poste à Djeddah, et pour lequel le grand chérif avait déjà fait préparer une maison de plaisance à Taïf.

Sidi Mohammed Ebnou Aoun, pendant mon séjour auprès de lui, avait mis à ma disposition un magnifique cheval arabe. Et pourtant, je n'en usai qu'une seule fois pour aller visiter Taïf ; je trouvais trop d'intérêt dans la conversation des cousins du grand chérif et des ulémas qui passaient toute la journée dans le pavillon que j'occupais, et eux-mêmes paraissaient trop heureux d'écouter mes récits pour que je songeasse à abréger ces entretiens si intéressants et si instructifs. C'est donc très superficiellement que j'ai visité Taïf et ses environs.

Ainsi que je l'ai dit précédemment, la petite ville de Taïf est située au milieu d'une plaine sablonneuse, resserrée entre des montagnes assez peu élevées qu'on appelle Djebel-Ghazouan, et qui sont les contre-forts d'une grande chaîne de montagnes abruptes dont les dentelures pittoresques se dessinent sur l'horizon. Ses remparts, assez bien entretenus, offrent l'aspect d'un carré irrégulier et donnent entrée dans la ville par trois portes surmontées de tours crénelées. Le château, si on peut donner ce nom à une maison plus grande que les autres, est construit sur un rocher dominant Taïf. On y arrive par une grande place qui sert de marché. Les rues sont assez larges. Les maisons sont généralement en mauvais état, et on voit encore en plus d'un endroit les traces des destructions commises par les wahabites. A part la

---

(1) Voir à la fin du volume II la note relative aux prétendus dialectes de la langue arabe.

mosquée de Sidi-el-Abbas, dont le mausolée est recouvert d'un dôme assez élégant, tous les autres édifices religieux n'offrent aucun intérêt.

De nombreux jardins sont très bien cultivés par les habitants de Taïf; mais ils sont situés au pied des collines et sont par conséquent séparés de la ville par la plaine sablonneuse qui l'entoure.

Les chérifs me firent visiter ces jardins où, parmi des arbres fruitiers de toute sorte, on cultive d'immenses quantités de rosiers dont les fleurs ont une grande renommée. Dans tous on nous offrait des collations. Quel charme m'offraient ces excursions pendant lesquelles mes compagnons avaient pu se convaincre que l'exercice du cheval m'était familier. Mais aussi comment ne pas paraître bon cavalier, quand on monte un animal aussi ardent et aussi bien dressé que celui que le grand chérif avait mis à ma disposition. Je constatai même avec un sentiment d'envie que Mordjan (1) était encore plus beau que mon Salem (2).

(1) *Mordjan* Corail. Les Arabes désignent ainsi la robe *bai doré*.
(2) Nom du cheval que m'avait donné Abd-el-Kader.

CHAPITRE XX.

Retour à la Mecque, 16 janvier 1842. — Arrivée des caravanes. — Procession. — Campement à Aârafat. — Sermon.

Le 15 janvier, le mokaddem et moi, nous quittions Taïf, montés sur nos *méharis*; notre escorte de nègres était doublée et deux chameaux étaient chargés de provisions de bouche de toute sorte. Nous prîmes une route meilleure, mais plus longue que celle qui traverse le joli village du plateau si pittoresque de Djebel-Kora. Nous couchâmes au pied du versant ouest de la chaîne de ces abruptes montagnes, auprès d'une petite agglomération de maisons nommée *Cheddad*, où se trouvent des puits excellents, et, le 16, nous rentrions à la Mecque. Notre voyage à Taïf avait donc employé neuf jours.

Je fus heureux de retrouver mon cher muphti et sa digne compagne, dont l'accueil me donna une nouvelle preuve de l'affection paternelle qu'ils m'avaient vouée. A côté des vicissitudes cruelles de ma vie, Dieu a toujours permis que je trouvasse des cœurs aimants et dévoués dans lesquels je puisais courage et résignation.

Le 4 de *dhi-el-heudja* (17 janvier 1842), plusieurs salves d'artillerie nous annoncèrent l'arrivée de la caravane de Chêm (Syrie). Elle campa dans la plaine située au nord de la Mecque, au lieu nommé Cheikh-Mahmoud.

Le jour suivant, nous allâmes à la rencontre de la caravane

d'Égypte, qui s'établit à son campement habituel, sur le penchant des collines bordant au nord la route de la Mecque à Taïf, à 1 kilomètre à peine de la ville.

Tous les pèlerins composant ces caravanes avaient revêtu le *irham* deux jours avant d'entrer à la Mecque, ainsi que tous ceux arrivés depuis quelque temps dans la ville, et la plupart se réunirent dans la cour de la grande mosquée pour y écouter un sermon (*khotba*) prêché à cette occasion.

Quel aspect extraordinaire que celui de cette foule priant à haute voix, se prosternant et tournant autour de la Caâba ! Et quel aspect plus curieux encore offrait la ville envahie par les milliers de pèlerins représentant toutes les races de l'islamisme !

Et cependant je m'intéressais moins que d'habitude à ces scènes extraordinaires, obsédé que j'étais encore par les pressentiments qui m'avaient assailli, au moment où j'avais pris congé du grand chérif. Cette situation morale fut encore aggravée par la rencontre de deux Algériens arrivés avec la caravane d'Égypte, misérables que j'avais fait condamner à un an de prison pour altérations de titres de propriété, lorsque j'étais interprète assermenté, et que j'avais ensuite retrouvés dans les bataillons réguliers d'Abd-el-Kader. Quand ils vinrent me saluer servilement, je fus saisi d'une sensation pareille à celle qu'on éprouverait en mettant le pied sur un reptile venimeux. Je parvins toutefois à chasser ces pressentiments, et je fus bientôt absorbé par le spectacle indescriptible de cette foule de pèlerins qui encombrait les rues, les boutiques et les mosquées. Il n'existait aucune variété dans leurs costumes, puisque tous, à peu près, étaient revêtus du irham ; mais quelle diversité de langage, de types et de physionomies !

Nous fûmes nous-mêmes obligés de revêtir le irham, car le lendemain tous les pèlerins devaient se rendre en procession à Aârafat (1), où a lieu la cérémonie la plus importante du pèlerinage.

Le 21 janvier, au lever du soleil, les pèlerins de Syrie passèrent en procession à travers la ville accompagnés des soldats turcs qui avaient escorté la caravane, le *mahmel* (2) en tête. Le pacha de Damas et sa brillante escorte arrivaient immédiatement après. Dans le cortège, on distinguait des litières recouvertes de belles étoffes et portées par deux chameaux richement caparaçonnés et ornés de glands et de sonnettes. La foule des habitants qui ne devaient pas se rendre à Aârafat acclamaient les pèlerins à leur passage.

Après les pèlerins de Syrie s'avancèrent les pèlerins de l'Ouest venus par la caravane d'Égypte. Ils étaient également précédés du *mahmel* et de l'émir El Hadj (le prince du pèlerinage), suivi d'un escadron de cavalerie et de quelques centaines de fantassins réguliers. Au milieu de cette immense procession, on apercevait une grande quantité de *chébrié*, en Algérie *aatatiche*, sorte de palanquins, placés sur les chameaux, destinés au transport des femmes.

Tous les pèlerins faisant partie des caravanes de Syrie et d'Égypte, auxquels se joignirent tous ceux qui étaient précédemment arrivés, ainsi qu'une partie de la population de la Mecque et de Djeddah, venue pour la grande cérémonie, formaient une procession interminable. Tous psalmodiaient à haute voix des versets du Coran.

Le muphti et sa femme montèrent dans une *chébrié*, le mokaddem de Tedjini et moi préférâmes aller à pied, sans chaussures et revêtus du irham.

(1) Lieu de la reconnaissance. Sur cette montagne, dit la tradition arabe, Adam et Ève se rencontrèrent après avoir erré cent ans séparés l'un de l'autre.

(2) Chameau sur le dos duquel est installé une sorte de dôme qui recouvre une petite plate-forme où est placé un *Delil-el-Kheïrat* (chemin des vertus), recueil de prières.

La procession s'engagea dans la route que nous avions suivie en nous rendant à Taïf. Suivant la largeur des vallées qu'elle parcourait, elle s'élargissait ou se rétrécissait. Il y régnait, du reste, le même désordre qu'on constate dans toutes les grandes réunions d'Arabes.

La loi prescrit aux pèlerins de s'arrêter dans la vallée de Mouna, village situé à 6 kilomètres à l'ouest de la Mecque, pour y réciter certaines prières et s'agenouiller en certains endroits en commémoration d'une halte qu'y fit Mohammed. Mais le muphti m'avait averti que nous pouvions nous dispenser de ces cérémonies auxquelles nous procéderions à notre retour de Aârafat.

Les misérables boutiques qui bordent la rue du village que nous traversions étaient garnies de victuailles de toutes sortes que les marchands vendaient dix fois leur valeur.

Nos guides nous montrèrent, au nord, une montagne nommée *djebel Tsebir*, au sommet de laquelle, dit la tradition musulmane, Abraham aurait offert à Dieu le sacrifice de son fils Isaac. C'est en commémoration de ce fait qu'il est ordonné aux pèlerins de faire un sacrifice (quadrupèdes ou volatiles quelconques) au retour d'Aârafat, cérémonie qui complète le pèlerinage.

Après une marche assez pénible à travers un défilé appelé *El-Mazoumin*, nous débouchâmes dans la plaine de Aârafat. Là la caravane de Syrie campa au bas de la colline appelée djebel Aârafat, à 2 ou 300 mètres au sud-ouest. La caravane d'Égypte campa à la même distance de cette colline au sud-est.

A quelque distance, dans la direction du sud, les principaux personnages de la Mecque et de Djeddah établirent leurs tentes. Un peu plus loin et vers le sud-est se trouvait le campement des Indiens et des pèlerins mendiants. Plus loin encore et à l'est, celui des Bédouins. L'emplacement de ces divers campements est fixé depuis longues années. Le marché se tient à peu près au centre de la vallée occupée par les pèlerins.

Le soleil était couché quand nous arrivâmes ; la nuit était froide et obscure. Je renonce à décrire le spectacle qu'offrait l'aspect de ces divers campements éclairés par la lueur des feux allumés devant les tentes des grands personnages et des musulmans aisés. La clarté de ces feux permettait de voir, comme des fantômes, des milliers de pèlerins retardataires qui allaient de tente en tente à la recherche de leur campement. Les appels de ces malheureux égarés, les invocations religieuses, les chants joyeux des habitants de la Mecque marquant la mesure en frappant de leurs mains, les cris discordants des cafetiers et des marchands ambulants, tous ces bruits accompagnés par les grognements lugubres de plus de vingt mille chameaux, composaient un concert infernal.

Ce ne fut qu'après trois heures de recherches, que le mokaddem et moi parvînmes à retrouver notre cher muphti et sa petite smala, campés avec les gens de la Mecque. J'étais harassé et je crois ne jamais avoir souffert plus cruellement du froid. Heureusement le muphti me permit de m'envelopper dans un long haïk de laine que notre excellente compagne avait eu l'heureuse précaution d'apporter pour son mari et pour moi.

Le 9 *dhi-el-hadja* 1257 (22 janvier 1842, jour à jamais mémorable pour moi), une salve d'artillerie nous annonça la prière du *fedjer* (de l'aurore). De tous côtés les muezzins des divers campements appelèrent à la prière de leur voix de soprano retentissante, dont nous n'avons aucune idée en Europe ou dans l'Afrique occidentale. C'est à partir du Caire seulement que le chant des muezzins devient une mélodie ravissante.

Quand le jour parut, je vis sous un nouvel aspect les divers campements qui occupaient un espace de 5 à 6 kilomètres du nord au sud, sur une largeur de 2 kilomètres environ. Les tentes formaient des rues à peu près alignées où grouillait une foule compacte. Dans le milieu du campement des grandes caravanes, je voyais des cavaliers fournissant des courses, armés de fusils ou de javelots, tandis que les deux bataillons turcs et égyptiens et quelques escadrons réguliers faisaient l'exercice. Des milliers de chameaux paissaient des arbustes rabougris sur les collines arides qui bordent la vallée.

Je montai avec un guide et mon mokaddem sur le sommet du mont Aârafat, afin de mieux jouir de ce coup d'œil extraordinaire. C'est une colline granitique que les Arabes nomment également *djebel el-Raham* (la montagne de la Miséricorde). Elle s'élève au nord-est de la plaine près des montagnes qui l'entourent, mais dont elle est séparée par une vallée rocheuse. Ses flancs forment talus. Le sommet me parut être à 60 mètres environ au-dessus du niveau de la plaine.

Sur le côté est de la colline, des degrés sont taillés dans le roc. Après les avoir gravis, on arrive sur un petit emplacement appelé *Moudâa-Sidna-Adam* (place de notre seigneur Adam). La tradition musulmane dit que c'est là où l'ange Gabriel a enseigné à Adam le mode de prier Dieu.

Au sommet de ce plateau et à la même hauteur, à 20 mètres à l'est, se trouve une plate-forme où doit se placer le prédicateur. Sur le point culminant de la colline, un pavé, autrefois recouvert d'un dôme, détruit par les wahabites, indique la place où le prophète priait à l'époque du pèlerinage. Tout autour sont étendus des mouchoirs destinés à recueillir les offrandes des pèlerins.

Du haut du mont Aârafat, je voyais, à l'extrémité de la plaine, à l'ouest, les piliers d'Aâlemin, entre lesquels doivent

Campement des pèlerins.

passer les pèlerins au retour des sacrifices ; un peu plus près, au sud, la mosquée de Sidna-Ibrahim ; et, au sud-est, la maison de campagne du grand chérif. De larges réservoirs sont construits au pied du mont Aârafat et servent à arroser ses jardins. Ils sont alimentés par les eaux de l'aqueduc qui va à la Mecque. Autrefois, me disait mon guide, toute la plaine d'Aârafat était arrosée et parfaitement cultivée.

Trois ou quatre mille tentes, appartenant aux pèlerins des deux caravanes de Syrie et d'Égypte couvraient une partie de la plaine. Les autres pèlerins et les bédouins des environs n'avaient pas d'abri. Je ne remarquai aucun ordre dans les campements des deux caravanes. Les tentes formaient généralement des douars (1) séparés, composés sans doute de gens appartenant aux mêmes villes ou aux mêmes tribus. Des chameaux étaient placés au milieu du douar, de façon à être plus facilement gardés ; car, malgré la sainteté des lieux, il faut se garantir des voleurs qui sont nombreux et audacieux. Je crois m'approcher de la vérité en estimant à 60,000 le nombre des pèlerins réunis à Aârafat. Mon guide m'affirmait que les caravanes, y compris celles de l'Yémen, employaient plus de 20,000 chameaux.

Avant l'heure de la prière, tous les pèlerins doivent faire leurs grandes ablutions près des réservoirs remplis par les eaux de l'aqueduc. Ceux qui ont leur tente s'y renferment pour accomplir cette cérémonie. Ceux qui n'en ont point sont forcés de faire leurs ablutions en public. Or, étant de ce nombre, je courais un grand danger, car, ainsi que je l'ai dit au commencement de cet ouvrage, n'ayant fait aucune abjuration solennelle, je n'avais pas été soumis à subir le stigmate de l'islamisme. M'avait-on remarqué ? L'événement dont je fais plus loin le récit me donne lieu de le croire, et

(1) Les Arabes donnent ce nom à l'emplacement circulaire qui est entouré par les tentes.

cependant j'avais pris toutes les précautions possibles, car j'étais saisi d'horreur à la perspective des tortures que m'infligerait une foule fanatique et barbare, si elle me reconnaissait comme chrétien.

Cependant, le canon ayant tonné, le chant des muezzins ayant retenti dans la plaine et sur le mont Aârafat, dont les flancs étaient déjà *recouverts, c'est le mot,* par les pèlerins les plus dévots qui tenaient à se rapprocher du prédicateur, (*khatib*). Ce personnage, monté sur une chamelle blanche richement caparaçonnée, revêtu d'un grand voile blanc, et tenant un long bâton dans la main droite, s'arrêta, immobile, sur la plate forme dont j'ai parlé plus haut. C'est de là que Mohammed haranguait, dit-on, les premiers musulmans.

Tout près et un peu en arrière, se plaça le grand chérif, sur un superbe *m'hari*, entouré d'une nombreuse escorte et de nègres portant ses magnifiques étendards verts, frangés d'or et d'argent, que faisait flotter le vent au-dessus de sa tête et de celle du prédicateur. (C'est ordinairement le kadhi de la Mecque qui est chargé de remplir cette importante fonction.)

Au premier coup de canon, toutes les tentes avaient été levées. Les chameaux, montés et chargés, étaient venus se ranger au pied du mont Aârafat. Les caravanes, précédées de leur *mahmel*, occupaient le premier rang, et derrière elles le pacha de Damas alignait son escorte et ses troupes régulières ; à ses côtés se plaçait l'émir de la caravane du Caire avec ses soldats et ses cavaliers égyptiens, et enfin les pèlerins de l'Yémen occupaient la dernière rangée.

Un muezzin, à la voix retentissante, annonça pour la troisième fois la prière de l'*asser*, et aussitôt le silence le plus complet se fit au milieu de cette foule naguère si bruyante et si désordonnée.

Le prédicateur commença son sermon. Il m'était impossible de comprendre ses paroles, j'entendais toutefois ses invocations à Dieu ; à chacune de ces invocations, il élevait lentement ses bras vers le ciel, et ce geste était imité par les soixante mille assistants qui, dans une acclamation formidable, répétaient : *Labbeika ! Allahoum labbeika !* « Nous sommes à toi, Seigneur, nous sommes à toi ! »

Comment décrire une pareille scène ! Je ne l'essaye même pas, j'en abaisserais la grandeur, j'en atténuerais la majesté.

Pendant le sermon, les pèlerins les plus fervents se pressaient sur les pentes du djebel Aârafat. Les uns sanglotaient, les autres se frappaient la poitrine, quelques-uns se prosternaient, le plus grand nombre restaient en extase.

Et pourtant, si j'admirais cette grande scène, j'étais loin de constater chez la masse de ces pèlerins l'expression de foi que j'avais vue rayonner sur la physionomie des Arabes, lorsqu'à l'occasion des grandes fêtes, Abd-el-Kader venait invoquer Dieu en avant des rangs serrés de plusieurs milliers d'entre eux, s'identifiant avec leur émir-pontife. C'est que peu de musulmans ont la foi qui enflammait Abd-el-Kader et ceux qui le suivaient au *djihad* (guerre sainte), et que, dans le cadre qui entourait alors ces croyants en prière, rien ne venait porter la moindre atteinte à leur recueillement ; tandis que la majesté de la cérémonie du djebel Aârafat, comme toutes celles qui ont lieu à la Mecque, était atténuée par l'attitude anti religieuse d'un grand nombre de pèlerins ou d'habitants de la Mecque qui, réunis dans les cafés installés sur le revers nord de la colline, jouaient, fumaient le tchebouk ou le narghylé, et se livraient à de furieuses disputes. Des cafetiers même et des femmes venaient, pendant la cérémonie, proposer du café et des galettes dans les rangs des pèlerins.

Le grand chérif avait raison : la foi musulmane va s'affaiblissant.

CHAPITRE XXI.

Enlèvement à Aârafat. — Djeddah. — Embarquement sur la mer Rouge.

Le sermon dura jusqu'au coucher du soleil. Au moment où le canon annonça la fin de la cérémonie, il faisait presque nuit, un grand mouvement s'opéra autour de moi; j'entendis des vociférations, parmi lesquelles je distinguai ces mots : *Ha, el Roumi, cheddou el Roumi, el Kafer ben el Kafer*, « Hé! voilà le chrétien, saisissez le chrétien, l'impie fils de l'impie. » Puis, tout à coup, je fus saisi par des mains puissamment fortes et je fus bâillonné et emmailloté de telle sorte que je ne voyais ni n'entendais et pouvais à peine respirer. Je crus ma dernière heure venue et je recommandai mon âme à Dieu. Je me sentis emporter puis placer en travers sur une surface étroite et aussitôt, à des mouvements bien connus, je compris que j'étais sur un *méhari* qui prit immédiatement une allure rapide. Mon ventre était appuyé sur le garrot, mes jambes d'un côté et ma tête de l'autre. J'aurais été asphyxié si la façon dont j'avais été emmailloté ne m'avait aidé à garder une position à peu près horizontale.

Je laisse à deviner au lecteur les pensées qui traversèrent alors mon esprit !

Au bout d'une heure environ, le conducteur qui me maintenait en équilibre fit accroupir sa monture, et un ou deux autres individus me posèrent doucement à terre en me relevant la tête. Il était temps, j'allais étouffer. On m'enleva le bâillon et on me desserra les jambes, mais le maillot entourait encore mes bras et ma tête ; je ne voyais ni n'entendais. Je sentais toutefois aux attouchements de mes conducteurs une sorte de bienveillance qui commença à me rassurer.

On m'installa, à peu près assis, sur une selle anguleuse, et deux bras vigoureux me maintinrent quand le *m'hari* se releva et reprit sa course. Comment mesurer le temps dans une pareille situation ? Ce qu'il y a de certain, c'est que, lorsqu'on me descendit, qu'on m'enleva le maillot qui me serrait et que j'ouvris les yeux, je me trouvai dans une chambre dont la fenêtre étant entr'ouverte, je pus me convaincre qu'il faisait encore nuit. Je m'aperçus alors que mes conducteurs étaient des nègres. Je leur demandai quelques explications. Ils restèrent muets, tout en me donnant des marques non équivoques de respect, apportèrent une collation, composée de dattes, de galettes au beurre et de lait, et se retirèrent après m'avoir servi. Une énorme bougie éclairait la pièce où je me trouvais. Elle était proprement tendue d'étoffes en coton rayé. Le pavé était recouvert de jolies nattes, et un large divan régnait sur un des côtés. J'allai bien vite à la fenêtre, espérant me rendre compte du lieu où je me trouvais, mais le volet venait d'en être fermé extérieurement. Je n'avais qu'à prendre patience. La bête l'emporta sur l'âme, je mangeai avec un appétit féroce tout ce qu'on m'avait apporté, mon pauvre estomac était vide depuis dix-huit heures, et je dormais d'un sommeil profond depuis longtemps sans doute, quand je fus réveillé par l'entrée de deux nègres : l'un portait un bassin et une aiguière, et l'autre un paquet de vêtements parfumés. Même silence des nègres, malgré mes pressantes interrogations. Je n'avais pour tout vêtement que mon irham et le maillot dont je m'étais entouré. Je fis bien vite mes ablutions et ma prière. Il était plus important que jamais de passer pour musulman. Puis je me revêtis d'une chemise en fine toile, d'une *abéïa* en laine blanche, d'un *kaftan* en soie marron et jaune et d'un turban blanc en mousseline brodée de soie paille. J'avais à peine achevé ma toilette que je vis entrer un des chérifs avec lesquels j'avais si agréablement causé durant mon séjour à Taïf. Il m'embrassa cordialement et, après m'avoir complimenté sur ma tournure de chérif Mecquaoui, voici ce qu'il m'apprit :

« Sidi Mohammed Ebnou Aoun, notre illustre chérif, me dit-il, devant assister à la grande cérémonie de Aârafat, se rendit à la Mecque le lendemain de ton départ de Taïf. Le jour même où devait avoir lieu le sermon sur le djebel Aârafat, le kadhi vint le prévenir qu'il avait appris par quelques pèlerins d'Alger qu'un chrétien, déguisé en musulman, était arrivé à la Mecque depuis quelque temps. Ces Algériens le connaissaient parfaitement, affirmaient-ils, pour l'avoir vu à Alger. Ils attestaient que c'était un espion envoyé par le gouvernement français, et ils avaient déjà ameuté un certain nombre de *m'gharba* (gens de l'Ouest) pour s'emparer de sa personne et prouver qu'il n'était pas musulman.

« Le kadhi ajoutait foi à la délation des Algériens et conseillait au grand chérif de prendre les dispositions nécessaires pour s'emparer de l'infidèle, et lui faire payer de sa tête l'audace impie qu'il avait eue de profaner par sa présence les lieux saints de l'islamisme. Sidi Mohammed comprit immédiatement qu'il s'agissait de toi ; et, ayant l'air de partager l'indignation du kadhi, il lui promit de prendre à l'égard de l'espion français, les mesures que commandaient les lois de l'islamisme contre les profanateurs.

« Des instructions secrètes furent aussitôt données à quelques-uns des chérifs qui t'avaient connu à Taïf, et aux nègres qui avaient été chargés de t'amener à la Mecque et de t'y reconduire. Mais comment te découvrir au milieu de la foule des pèlerins ? Nos recherches (car je faisais partie des chérifs chargés de te retrouver) avaient été inutiles, jusqu'à la tombée de la nuit, quand notre attention fut attirée par les cris que poussaient des *m'gharbas*, cris au milieu desquels nous distinguions parfaitement les mots de *roumi*, *kafer* (chrétien, infidèle). Nos nègres s'élancèrent dans cette direction, te reconnurent et t'enlevèrent au moment où les maugrebins se précipitaient sur toi. La foule, attirée par les cris qui nous avaient heureusement signalé ta présence, devint tellement compacte, qu'il fut impossible à tes agresseurs de suivre la trace de nos nègres. Ceux-ci purent arriver sans fâcheuse complication au campement du grand chérif, où les dispositions avaient été prises aussitôt après la relation du kadhi. C'est moi-même qui ai prévenu le grand chérif du résultat de nos recherches, et c'est moi qu'il a chargé de te conduire ici, à Djeddah (1).

« Quand Sidi Mohammed a appris que tu étais sain et sauf entre nos mains, son cœur a été délivré d'une cruelle angoisse ; car, outre l'estime et l'affection que tu lui as inspirées, il te considère comme un dépôt sacré que son ami le cheikh Frinil (Fresnel) a confié à ses soins et à sa garde.

« J'ai l'ordre de te faire partir ce soir même pour Kocéir sur un bâtiment qui appartient au grand chérif, et dont le reïs est un de ses plus fidèles serviteurs. Tu trouveras à Kocéir des caravanes qui se rendent fréquemment à Kenné, et là, tu t'embarqueras sur le Nil. Tu remettras cette lettre au cheikh Frinil. Que Dieu te protège ! »

(1) Ainsi six heures environ avaient suffi à nos *méharis* pour parcourir les 76 kilomètres qui séparent Djeddah de la Mecque : je dis soixante et seize kilomètres.

J'avais désiré la mort, et voilà que je me sentais heureux de vivre, anomalie d'un esprit dévoyé ! Et pourtant l'avenir m'apparaissait sous des couleurs de plus en plus sombres.

J'aurais voulu demander d'autres explications au chérif, j'aurais préféré prendre la route de Damas, où je n'avais aucun risque d'être reconnu, puis, de là, me rendre à Jérusalem ; mais les ordres du grand chérif étaient précis ; sa responsabilité était engagée, et je lui devais trop pour résister à ses moindres désirs.

Dès que la nuit fut venue, je fus conduit, à travers des rues désertes, à une porte qui s'ouvrit à notre approche et nous donna accès sur un quai où nous attendait une embarcation. Mon excellent chérif voulut m'accompagner à bord d'un petit navire (appelé dans le pays *sambouk*), au reïs duquel il me recommanda chaleureusement. Il me remit une bourse remplie de pièces d'or et d'argent, et se sépara de moi avec une émotion qui me toucha.

Quelle reconnaissance ne devais-je pas à ce grand chérif et à ses serviteurs qui, sans s'inquiéter d'approfondir la question de savoir si j'étais chrétien ou musulman, question pourtant qui prime toutes les autres chez les sectateurs de Mohammed, m'avaient arraché aux mains fanatiques de leurs coréligionnaires et m'avaient comblé de soins et de bons procédés !

LIVRE IV.

DE DJEDDAH A ALEXANDRIE.

CHAPITRE XXII.

Lettre de Fresnel. — Départ de Djeddah. — Arrivée à Kocéir. — L'honnête Marocain. — Arrivée à Kenneh.

Arrivé à cet endroit de mon récit, le lecteur s'écriera immanquablement : « Mais comment M. Léon Roches peut-il nous donner tous les détails qui précèdent puisque, enlevé presque nu à la cérémonie d'Aârafat, il a dû perdre tout ce qu'il possédait, ses effets, ses armes et les notes qu'il avait prises durant son voyage ?... »

Pour faire cesser bien vite des doutes qui seraient de nature à faire suspecter ma véracité, j'anticipe sur les événements et j'extrais de la correspondance de mon ami Fulgence Fresnel le passage suivant :

« Le Caire, 22 octobre 1842.

« ... Pour vous excuser de ne m'avoir pas envoyé encore la narration de votre voyage, un des plus intéressants qui aient été entrepris par un Européen, vous prétextez la perte de vos notes. Je dis prétextez, car, avec une mémoire comme la vôtre, on peut bien se passer de notes. Eh bien, désormais, vous n'aurez plus ni prétexte ni excuse à faire valoir, puisque, en même temps que cette lettre, Sid el Hadj Mohammed-el-Mezari (1) que vous m'avez recommandé, vous remettra vos habillements, vos armes, vos livres arabes et tous vos papiers que votre compagnon le muphti Sid el Hadj Hassan, à son retour de la Mecque, a scrupuleusement remis à son beau-frère le cheikh Tounsi, qui me les a apportés tout triomphant.

Vous avez dû obtenir certains charmes par l'intercession de quelque grand marabout maugrebin, car vous avez séduit, je dirais volontiers ensorcelé, tous les musulmans qui vous ont connu au Caire et à la Mecque. Mon ami, le grand chérif Ebnou Aoun, que j'ai chaleureusement remercié de vous avoir arraché à une mort affreuse, m'a répondu qu'il comptait son intervention dans cette circonstance parmi les meilleures actions de sa vie. « Je demande à Dieu, me dit-il à la fin de sa lettre, la grâce de nous rencontrer avec ton ami dans une heure fortunée. »

Je reviens à votre brave compagnon le muphti qui, croyant au bruit répandu que les nègres du grand chérif vous avaient mis à mort, vous avait pleuré en secret, mais s'était bien gardé de laisser soupçonner ses relations avec vous. La maladie de sa femme l'avait forcé de prolonger son séjour à la Mecque, et il y a quelques jours à peine qu'il est arrivé. La joie de ce brave homme a été touchante quand le cheikh Tounsi auquel je n'avais pas manqué de communiquer la lettre que vous m'avez adressée d'Alexandrie, pour m'annoncer votre retour de la Mecque, lui a appris que c'était par ordre du grand chérif que vous aviez été enlevé, que vous étiez sain et sauf et que vous conserviez à lui et à

---

(1) Neveu du général Mustapha ben Ismaël.

Lella Chériffa, sa vieille compagne, la plus vive reconnaissance pour les soins dont ils vous ont entouré.

Quant au cheikh Tounsi, Perron, qui vous écrit en même temps que moi, vous dira l'amitié véritablement étonnante que vous lui avez inspirée.

Mettez-vous donc à l'œuvre ; songez que vous m'avez solennellement promis le récit de votre voyage, et que c'est à cette condition que je vous ai pardonné le crime de lèse-amitié que vous avez commis en traversant le Caire sans venir rassurer celui que vous appelez votre cheikh vénéré, votre sauveur, et qui est tout simplement au nombre de ceux que vous avez séduits. Vous seriez un ingrat, si vous veniez à oublier l'affection que vous conservent vos amis du Caire, etc., etc. »

L'agha El Mezari, porteur de la lettre de mon ami Fresnel, me remit le sandouk (coffre) dans lequel j'avais enfermé mes vêtements, mes armes, mes livres et mes notes et qui avait été rapporté par le muphti. Isidore, bien mieux au courant que moi de ce que je possédais à cette époque, constata qu'il ne manquait pas un seul des objets que j'avais emportés du Caire, lors de mon départ pour la Mecque, et dont ce fidèle serviteur avait soigneusement conservé la liste. Nous trouvâmes en outre dans le coffre les divers souvenirs que j'avais achetés à la Mecque.

J'avais conçu pour le muphti et sa femme une sincère affection et une haute estime, mais ces sentiments furent décuplés, quand je reçus la lettre de Fresnel et que j'ouvris le coffre rapporté par mon excellent compagnon.

Je ne puis résister au désir d'exprimer encore la profonde reconnaissance et le tendre souvenir que je conserve aux nombreux musulmans qui, dans les circonstances les plus graves et les situations les plus difficiles, m'ont donné des marques éclatantes de générosité, de grandeur d'âme et de dévouement désintéressé. Que Dieu leur rende le bien qu'ils m'ont fait !

Mais il est temps de revenir à mon sambouk, qui va sortir du port de Djeddah.

Je m'installai passablement dans un petit réduit que le reïs Mohammed qualifiait du titre pompeux de *camera* (chambre) et, vers minuit, nous mîmes à la voile. Contrairement aux usages des marins musulmans qui naviguent dans la mer Rouge, mon reïs s'éloigna de la côte, sans pourtant la perdre de vue, jusqu'à la hauteur de Yamboa et, là, il se dirigea directement sur Kocéir, où nous arrivâmes le 27 janvier. Nous avions franchi cent soixante-dix lieues en quatre fois 24 heures, navigation remarquable pour un reïs de la mer Rouge.

Kocéir, vu de la mer, offre l'aspect d'une petite ville blanche et coquette. La plage sablonneuse seule sert de port. Les bâtiments sont amarrés à terre et doivent y être lancés et brisés les uns contre les autres à la moindre tempête. Nous débarquâmes sur une jetée en bois. Les rues sont assez propres. Kocéir est un des ports de la mer Rouge où se fait le commerce le plus important. La ville était peu animée, parce que les pèlerins n'étaient pas encore de retour. Je descendis dans un caravansérail, où je fis la connaissance d'un Marocain, qui se présenta à moi comme négociant et qui se rendait, comme moi, à Kenneh. « La route est sûre, me dit-il, et je partirai demain, sans attendre la caravane ; je serais heureux, ajouta-t-il, de mettre à ta disposition un de mes chameaux, et de jouir ainsi de ta noble compagnie jusqu'à Kenneh. » J'acceptai avec empressement et nous partîmes le 28, après le lever du soleil. Nous traversâmes d'abord des dunes de sable, puis un terrain marécageux, nommé Ambadja, et nous campâmes à Bir el Beïdha, puits autour duquel une tribu arabe avait planté ses tentes.

Là nos chameaux burent et les chameliers remplirent les outres d'eau, car nous avions devant nous le désert de Kocéir où, pendant deux longues journées, on ne rencontre que quelques puits d'eau saumâtre.

Mon compagnon et ses serviteurs m'entouraient de soins et de prévenances et, comme les nuits étaient très fraîches, ils me couvraient de tapis et couchaient autour de moi.

Le 29, nous entrâmes dans le désert ; c'est une vallée aride qui s'élargit, puis se resserre entre des rochers à pic d'un aspect lugubre et désolé. Nous campâmes, le soir, à Bir el Sed, puits d'eau saumâtre, situé dans un défilé étroit et difficile.

Le 30, nous suivîmes une route sablonneuse, bordée de montagnes arides ; le 31, nous passâmes près de Bir el Hammamet (le puits des pigeons), dont l'eau est détestable, et enfin nous arrivâmes, le soir, à Bir el B'har, où nos yeux furent agréablement surpris par un petit bois d'acacias. Mon compagnon voulut absolument me faire occuper une petite chambre dans le marabout qui a donné son nom à cette station. J'étais très fatigué ; l'allure lourde de mon chameau m'avait courbaturé, et je fus pris d'un violent accès de fièvre. Mon Marocain, qui se disait un peu médecin, m'aida à me débarrasser de mon kaftan et de ma robe de soie, m'enveloppa dans une immense couverture en laine que le chérif m'avait donnée pour me couvrir à bord, et me fit avaler un breuvage amer qui devait, disait-il, me faire transpirer et me délivrer immédiatement de la fièvre. Mes effets et mes vêtements dans lesquels se trouvait ma bourse furent placés à côté de moi, et je m'endormis d'un sommeil profond. Le lendemain, je fus réveillé par des Arabes qui, fort étonnés de me trouver dans le marabout, me demandèrent d'où je venais et où j'allais.

Je ne comprenais pas leurs questions, tant ma tête était

encore pesante. Je demandai de l'eau pour faire mes ablutions. Je fis la prière du matin et, après ces cérémonies, ce fut à mon tour d'adresser des questions aux Arabes qui m'entouraient. Hélas! il ne me fut bientôt plus permis de me faire illusion; j'avais été indignement trompé par le négociant marocain qui était parti, dans la nuit, avec ses serviteurs et ses chameaux emportant mes effets, mes habillements et ma bourse, que j'avais eu l'imprudence d'ouvrir devant lui et que son regard habile avait jugée bien garnie. C'était un de ces chevaliers d'industrie qui abondent aux époques du pèlerinage, dont on m'avait souvent vanté la ruse et l'adresse, et dont j'avais eu le tort de ne pas me méfier.

Il ne me restait plus que mon turban, ma chemise, mon abeïa (robe en laine fine) et ma grande couverture en laine. Je portais sur la peau, suspendue à mon cou et passant sous mon bras gauche, une grande courroie à laquelle étaient enfilés des sachets cousus des quatre côtés et qui, suivant l'usage arabe, étaient censés renfermer des amulettes. Dans le plus grand de ces sachets était un passeport délivré au consulat de France au Caire, qui établissait ma nationalité, et tous les autres contenaient des pièces d'or, et une médaille de la sainte Vierge que ma tante, Mme Champagneux, m'avait donnée lors de mon voyage à Paris, et dont elle m'avait recommandé de ne jamais me séparer. Mais ce passeport et cet or ne pouvaient m'être d'aucun secours dans la situation où je me trouvais. Le passeport aurait mis fin à l'incognito que je tenais absolument à conserver, et la vue de mon or aurait éveillé des soupçons et des cupidités également dangereux.

Heureusement, la fièvre avait disparu et, à part une lourdeur provenant sans doute du narcotique que m'avait fait boire mon Marocain, je me sentais capable d'atteindre

Kenneh, dont les Arabes m'affirmèrent que je n'étais séparé que par une courte distance.

Apitoyés sur mon sort, ces pauvres Arabes m'emmenèrent sous leurs misérables huttes, où leurs femmes, j'allais dire leurs femelles, me présentèrent des galettes et du lait. Réconforté par ce repas frugal, je me mis en route accompagné par un de mes hôtes qui voulut absolument me conduire jusqu'à Kenneh. Malgré la méfiance qu'éveillait la tromperie dont je venais d'être victime, j'acceptai son offre, et le soir, 2 février 1842, nous arrivâmes sains et saufs dans cette ville.

CHAPITRE XXIII.

Kenneh. — L'uléma du bazar. — Les touristes européens.

Mon Arabe me conduisit à la porte d'un caravansérail, où je demandai l'hospitalité au nom de Dieu, disant que j'avais été dépouillé et appuyant mon dire du témoignage de mon guide. Un coin sous une arcade et un morceau de galette, telle fut l'hospitalité que m'accorda, de mauvaise grâce, le gardien du fondouq

Le lendemain, 3 février, je me rendis dans un des principaux bazars de la ville qui me parut très peuplée et où affluaient une grande variété de races : Égyptiens, Turcs, Albanais, Nubiens, Nègres, Abyssiniens. Je m'approchai d'une boutique dont le maître, vieillard à tête vénérable, était coiffé du turban que ne portent que les ulémas ou les hommes de loi : muphti, kadhi ou *eudouls* (assesseurs du kadhi). Son regard bienveillant m'inspira instantanément de la sympathie ; et, m'approchant de lui, je lui dis :

« Seigneur, je suis mog'harbi, ainsi que tu peux t'en convaincre par mon accent. Je suis fils de grande tente, je lis le livre de Dieu, et je suis victime de la fourberie d'un coréligionnaire. » Je lui racontai alors le vol dont j'avais été victime. « Je ne demande pas l'aumône, ajoutai-je ; je désire vendre mon turban qui est d'étoffe précieuse, mon âbeia et ma couverture de laine, afin de pouvoir m'acheter des vêtements plus en rapport avec ma situation actuelle, une écritoire et des plumes pour gagner ma nourriture jusqu'à mon arrivée au Caire, où je trouverai des compatriotes. Or, si je veux vendre ou acheter moi-même, je serai trompé. Aide-moi de tes conseils, Seigneur ; dans ton regard brillent des sentiments de bienveillance et de charité. »

Mes sympathies ne m'avaient pas trompé. L'excellent vieillard me fit asseoir sur le bord de sa boutique et me fit servir une tasse de café qui calma un peu la faim que je ressentais. Il se chargea de vendre mon turban et ma couverture et de m'acheter les vêtements les plus indispensables. Il me remit, en attendant, quelques petites pièces de monnaie et me dit de revenir à sa boutique au coucher du soleil. Je me dirigeai en toute hâte vers une sorte de restaurant, bouge infect où un Arabe huileux, nu jusqu'à la ceinture, faisait cuire sur la braise des morceaux de mouton enfilés à une brochette en roseau. Ce repas me parut délicieux ; c'est que j'avais cruellement faim !

Au coucher du soleil, j'étais exact au rendez-vous. Mon brave musulman ferma sa boutique et me dit de le suivre. Nous entrâmes dans une maison sans étage où il me reçut dans une petite chambre très propre, mais très simplement tendue de nattes. Là je trouvai mon nouveau vêtement composé d'une chemise en coton, d'une âbeïa, d'un haïk et d'un burnous en laine grossière, d'une bande de laine rouge devant me servir de turban et d'une ceinture en cuir. Mon excellent hôte se retira, pour me laisser revêtir mon nouveau costume, et quand il revint, il me remit quatre-vingts piastres turques (vingt francs environ), plus une écritoire en cuivre avec des plumes taillées. Il avait très bien vendu ma défroque. Il me fit partager un repas que nous servit une belle Abyssinienne, et me donna de précieux conseils sur la façon dont je devais faire mon voyage jusqu'au Caire. Il me fixa le prix du passage à bord d'une dehbia pendant une journée, et m'indiqua la manière d'obtenir l'hospitalité chez les habitants des villages qui bordent le Nil, en leur écrivant des amulettes et en leur donnant des remèdes pour les yeux, les ophtalmies étant très fréquentes parmi ces misérables populations. Cet excellent homme exigea que je vinsse prendre mon repas du soir chez lui pendant le temps que je passerais à Kenneh.

Le lendemain, je me promenai dans la ville qui était très animée. En parcourant les marchés et les bazars, j'eus l'occasion d'écrire des amulettes à des soldats égyptiens qui me donnèrent quelques pièces de cuivre. Mon costume me faisait reconnaître pour un mog'harbi (Arabe de l'Occident), et mon écritoire, passée à ma ceinture, indiquait que c'était mon industrie (1). J'arrivai, sans m'en douter, au quartier où sont, pour ainsi dire, parquées les almées que Méhémet Ali a exilées du Caire. Là je fus appelé de tous côtés par ces pauvres déclassées dont quelques-unes me parurent, du reste, fort belles. Je dus leur écrire des amulettes; je m'aventurai même à leur dire la bonne aventure en examinant leurs mains et en versant devant elles des grains de blé. J'avais moi-même souvent assisté chez les Arabes à ces scènes de petite magie. J'eus un succès d'enthousiasme et, sans les noires pensées qui envahissaient mon esprit, j'aurais pu, à mon gré, faire des études de mœurs complètes sur cette classe de la société musulmane. Ma petite escarcelle s'arrondit des dons de mes belles clientes; je bus d'excellent sherbet (2), et je me retirai comblé de bénédictions par ces malheureuses exilées qui pleuraient leurs délicieux *mocherabié* du Caire et ses brillantes *nebita* (fêtes de nuit). Elles avaient trouvé chez

---

(1) Les Maugrebins ont dans le Levant la réputation d'écrire les talismans qui ont le plus de vertus.

(2) شربات, boissons sucrées et parfumées, d'où dérive sans doute le nom de *sorbet*.

moi des égards et des sentiments de compassion auxquels elles étaient d'autant plus sensibles qu'elles étaient condamnées aux brutalités des agents égyptiens et des soldats turcs et arnautes.

Je prolongeai ma promenade jusqu'aux faubourgs situés à l'extrémité ouest et dont les maisons sont baignées par le Nil au temps de l'inondation. En ce moment, les eaux diminuaient et la ville se trouvait à cinq cents mètres environ des bords du fleuve.

Quoique nous fussions au mois de février, le soleil était ardent; aussi la population aisée se tient-elle dans les bazars abrités par une toiture en bois et sans cesse arrosés. Là on respire une fraîcheur délicieuse. Dans les cafés où je m'installais, j'étais à chaque instant dérangé par des soldats albanais qui portent un arsenal dans leur ceinture et qui affectent le plus insolent mépris pour les Arabes. Or, hélas! je n'étais qu'un Arabe. Qu'on juge de ma rage quand je me sentais bousculé par ces misérables!

Je m'arrêtais avec intérêt devant les fabricants de koullé (gargoulettes ou alkharezas) et de zir (vastes cruches) dont la terre poreuse, d'un gris noir ou rouge, a la propriété de rafraîchir l'eau quand ces vases sont exposés à un courant d'air. Leur procédé de fabrication est tout à fait primitif. La terre des environs est tellement supérieure pour ce genre de poteries, que les koullé et les zir de Kenneh sont expédiés en quantités considérables dans la haute et la basse Égypte.

L'eau du Nil, filtrée dans ces cruches ou amphores, devient limpide comme de l'eau de source, et, rafraîchie dans les gargoulettes, elle est la meilleure boisson qu'on puisse goûter.

ماء النيل ماء الجنة, Ma el Nil Ma el Djenna, l'eau du Nil, c'est l'eau du Paradis, disent les Arabes qui la boivent.

La partie de la ville située sur la rive du Nil est entourée de dattiers, de sycomores et de ricins atteignant de grandes proportions.

Je me rendis sur les bords du fleuve pour arrêter ma place sur une dehebïa dont le patron m'avait été recommandé par mon excellent vieillard du bazar. J'étais en pourparlers avec lui, quand mon attention fut attirée par un groupe d'Européens accompagnés d'une escorte de soldats. Je ne résistai pas au désir de voir des compatriotes peut-être, des chrétiens en tout cas; je me mêlai à la foule qui s'amassait autour d'eux : c'étaient des Allemands et des Italiens qui, d'après ce que je compris, revenaient de la haute Égypte. Aucun d'eux ne parlait arabe. Ils avaient deux ou trois interprètes kophtes : ils désiraient traverser le Nil, afin de visiter de grandes ruines égyptiennes. Ils tombèrent d'accord avec le patron d'une dehebïa, et se mirent en devoir de s'embarquer. Quelles étaient ces ruines égyptiennes, je l'ignorais complètement; je témoignai au marin avec lequel j'étais en marché le désir de traverser le Nil avec ces étrangers, et, moyennant quelques petites monnaies, j'obtins la permission de m'embarquer sur le bateau loué aux voyageurs européens.

CHAPITRE XXIV.

Ruines de Thèbes. — Départ de Kenneh.

Heureusement, pour la satisfaction de ma curiosité, les Italiens étant en majorité, c'est dans leur langue que s'exprimaient tous les touristes. J'appris alors qu'ils venaient de visiter les ruines de Louqsor, de Karnak, de Médinet Abou, en un mot les ruines de Thèbes. Je ne m'étais pas rendu exactement compte de la situation de Kenneh, et j'étais loin de me douter que j'étais si rapproché des ruines de cette ville, dont le nom ramenait ma pensée vers les merveilles de l'antiquité et dont l'histoire avait si profondément frappé mon imagination de collégien. Les ruines de Thèbes ! Malgré mes chagrins et mes préoccupations, le désir de voir ces splendeurs s'empara de moi, et je ne pensai plus qu'aux moyens de satisfaire ce désir.

Pendant que j'écoutais avidement la conversation des voyageurs européens, nous avions traversé le Nil et nous abordions, sur la rive gauche du fleuve, une plaine déserte où nous n'aperçûmes d'abord aucun vestige. Je me mêlai aux marins de la dehebïa qui portaient des effets appartenant aux touristes. Après une marche d'environ une demi-heure, nous vîmes un monument qui apparaissait à peine au-dessus du sol. C'était, disait un Italien, un temple dédié à la Vénus égyptienne. Je n'examinai pas les détails, mais j'admirai les proportions de cet édifice, qui, construit il y a plus de quatre mille ans, était dans un état parfait de conservation. C'était splendide, mais je pensais à Thèbes. Je liai conversation avec un interprète kophte. Je lui dis que j'étais Algérien et que je désirais visiter les grandes ruines d'où arrivaient les voyageurs européens. Il parut d'abord étonné de mes questions, puis il voulut bien me donner les renseignements que je lui demandais, et grâce auxquels je pus prendre passage à bord de la dehebïa qui avait amené les bagages et la suite des touristes à Kenneh. Quant à eux, ils montaient une belle embarcation que Méhémet Ali avait mise à leur disposition pour la durée de leur voyage.

Le patron du bateau sur lequel je m'étais embarqué, profita d'un vent du nord assez violent pour remonter le Nil. Partis le 4 février à 5 heures du soir, nous débarquions le lendemain, dans la matinée, au village de Louqsor dont les huttes sont appuyées contre des ruines gigantesques.

Il me serait impossible de rendre compte aujourd'hui de l'impression que produisit sur moi la vue de pareilles splendeurs. Ces portiques, ces colonnades, ces péristyles, que j'apercevais sur les deux rives du fleuve, m'écrasaient de leur majesté. Et ces bas-reliefs, plus beaux encore que ceux que j'avais admirés en Italie, et qui représentent des combats et des cérémonies de l'époque! Et ces salles immenses dont le plafond était soutenu par des colonnes admirables encore reliées par des architraves sculptées. Et ces colosses majestueux qui sont assis sur les rives du fleuve et qui dominent la plaine!!! Aucun guide ne me donnait d'explications, mais il me semblait que j'admirais mieux. Je me figurais qu'un de ces colosses devait être la statue de Memnon qui, nous disait-on au collège, *rendait des sons harmonieux*, etc., etc.

Je trouvai encore, au milieu de ces ruines, des almées du Caire errant entre des colonnades, dans l'attente sans doute des voyageurs qui arrivent fréquemment dans ces parages. Je

Les pylônes sud.

fus pour elles une proie de mince valeur; c'est elles au contraire qui me donnèrent une hospitalité que je payai avec mes talismans et mes bonnes paroles. Je visitai Medinet-Abou, ruines situées sur la rive gauche. Là je vis un temple plus magnifique encore que ceux que je venais d'admirer à Louqsor. Je ne pouvais m'arracher à la vue des colonnades et des bas-reliefs sur lesquels sont sculptés les fastes de l'histoire des souverains qui ont construit ces merveilleux monuments. Je vis encore d'autres palais à Kourna, village misérable quand on y pénètre, mais d'un aspect agréable à l'extérieur, car il est ombragé par de beaux dattiers et des acacias; je demandai l'hospitalité à de pauvres fellahs qui me l'accordèrent avec empressement; ils me parurent si malheureux que je leur distribuai quelques karch (piastres turques); ils m'apportèrent à profusion des dattes, du lait, des galettes et des œufs. Je fis causer mes hôtes, qui me dépeignirent leur misérable condition : travaillant sans cesse pour que tout le fruit de leur travail devienne la proie des agents fermiers du gouvernement, qui lui achètent les revenus d'un district.

Ne craignant pas d'exciter des soupçons chez ces fellah simples et ignorants, je leur demandai des renseignements sur les ruines. Ils me dirent que dans la chaîne de montagnes qui est à l'ouest et parallèle au cours du Nil (la chaîne Lybique sans doute), dans une vallée étroite nommée *Biban el Moulouk* (les portes des rois), se trouvent de vastes et magnifiques tombeaux. « Les chrétiens, me dirent-ils, y pénètrent avec des torches et, à l'aide de sortilèges, ils ont déjà enlevé une partie des trésors qui y sont enfouis et gardés par des djenns. » Il m'aurait fallu des compagnons et de l'argent pour pénétrer dans ces tombeaux qui m'eussent pourtant offert tant d'intérêt; je dus donc, à mon grand regret, renoncer à satisfaire ma curiosité.

Mes hôtes, en faveur desquels je n'avais pas fait payer mes amulettes, ni mon remède pour les yeux, voulurent eux-mêmes me transporter le lendemain sur la rive droite du Nil où, me disaient-ils, se trouvaient les ruines les plus importantes. Ils me débarquèrent à Karnak. Mes pauvres fellah avaient raison ; je me trouvai là au milieu de ruines devant lesquelles les plus beaux palais et les plus beaux temples que j'avais vus en Europe, paraissaient des jouets d'enfants. C'était, je le répète, écrasant de grandeur et de majesté. Je croyais rêver. J'errai pendant des heures et sans direction au milieu des colonnades. Je comptai, en un endroit, jusqu'à cent cinquante colonnes alignées et des colonnes qui ont plus de vingt mètres d'élévation sur trois de diamètre, et quels chapiteaux ! Je suivis ensuite une autre allée qui conduisait à un immense édifice. Était-ce un temple ? Cette allée est bordée de sphynx en granit noir. De distance en distance, je me trouvais au pied d'immenses arcs de triomphe (1), surmontés de tours, couverts de sculpture. Alors j'aurais désiré un guide intelligent ; j'aurais voulu du moins pouvoir consulter l'histoire des dynasties d'Égypte ! Je me contentai d'admirer.

Voulant jouir de la vue générale de ces ruines gigantesques d'un point élevé, je m'engageai dans un escalier assez bien conservé qui me conduisit au haut d'une tour. Arrivé au sommet, quel coup d'œil magique !

A l'est, je voyais l'horizon, la chaîne des montagnes qui bordent le Nil à une grande distance. Les cimes éclairées par le soleil couchant étaient rose-violet. A l'ouest, la chaîne Lybique, où sont les tombeaux des rois, se détachait presque noire sous les derniers rayons du soleil. Au sud apparaissait, bordé de villages pittoresques, le Nil dont les eaux étaient

---

(1) J'ai su depuis que ces monuments que je prenais pour des arcs de triomphe, étaient des pylônes (portails des temples égyptiens).

dorées par les teintes du couchant. Au nord, enfin, ce même fleuve coulant entre les ruines imposantes de la ville aux cent portes qui devait occuper, sur les deux rives, tout l'espace compris entre Louqsor et Karnak.

J'avais été tellement absorbé par l'admiration, que la journée s'était écoulée sans que j'eusse songé à prendre d'autre nourriture que quelques débris de galettes que j'avais mis dans le capuchon de mon burnous et un *hallèb* de lait de buffle que m'avait trait un berger, moyennant quelques paras.

Ah certes! je n'oublierai jamais cette splendide journée du 7 février 1842!

Je descendis au débarcadère de Karnak, j'achetai quelques galettes et des dattes et je m'embarquai sur une dehebïa qui partait pour Kenneh où nous arrivâmes le lendemain au point du jour. Je retrouvai mon patron avec lequel j'avais été en pourparlers pour mon passage jusqu'à Fouah, port situé à la pointe du Delta, et dont l'importance provient de son voisinage de Tantah, ville où se tiennent des foires considérables. Mon reïs, qui avait des voyageurs et un chargement complet pour cette destination, m'accorda le passage, sans vivres, moyennant une somme qui absorbait à peu près mes petites ressources. Je ne voulais point encore avoir recours à l'or que j'avais dans mes amulettes, et dont la vue seule aurait pu m'attirer de graves embarras, sinon mettre ma vie en danger. Je comptais sur la Providence pour ma nourriture.

Mais, où va-t-il, se sont sans doute demandé mes lecteurs, où va-t-il? Quels sont ses projets?

Hélas! je l'avoue en toute humilité, je n'avais aucun but précis. Depuis ma sortie du collège, ma vie n'était qu'une suite d'aventures. J'étais comparable à un marin qui se serait lancé en pleine mer sur un esquif sans boussole. J'avais demandé à mon chef une mission où je comptais trouver

Le sphinx de Karnak.

la mort, seul moyen, selon moi, d'échapper à une situation qui m'avait paru insoutenable. La mort n'avait pas voulu de moi, et je me retrouvais en face de cette même situation. L'idée de rentrer dans ce monde où m'attendaient les cruelles épreuves auxquelles j'avais tenté de me soustraire, me faisait frémir; je voulais le quitter à jamais, soit en m'expatriant, soit en cherchant un refuge dans un couvent; mais pour ce dernier parti, il fallait la foi catholique; or ma piété n'était qu'un déisme vague et confus.

Au milieu de ces indécisions, ma tante m'apparut comme le phare vers lequel je devais me diriger; cette tendre mère d'adoption était le seul être à qui je voulusse ouvrir mon âme et qui pût compatir à ma situation. Elle seule pouvait me guider. Je pris donc la détermination de me rendre auprès d'elle, et de m'en remettre aveuglément à ses maternelles inspirations.

Cette résolution, une fois arrêtée, je m'étais senti délivré d'affreuses préoccupations, et c'était sous cette heureuse influence que j'avais fait mon excursion aux ruines de Thèbes.

Il s'agissait dès lors de gagner Alexandrie et de m'embarquer pour la France sans me faire connaître.

Je passai encore une journée à Kenneh. J'allai revoir mon vénérable ami du bazar, auquel j'annonçai mon départ. Il m'invita à aller prendre mon dernier repas dans sa maison. Je fis plusieurs talismans, et quelques lettres à des soldats égyptiens qui voulaient donner de leurs nouvelles à leurs familles, de sorte que ma recette regarnit assez bien ma maigre escarcelle. Je renouvelai ma provision de poudre d'antimoine mêlée à de l'acétate de plomb, mon grand remède contre les ophthalmies, et j'allai dîner chez mon eudoul. Cet excellent homme, en appelant sur moi la bénédiction de Dieu (adieu musulman), me remit un *couffin*, petit panier ouvert, rempli de provisions de toute sorte qui suffit bien des jours à ma nourriture.

Je ne saurais dire le regret que j'éprouvai en quittant cet excellent homme qui, sans me connaître et sans espoir de me revoir, m'avait comblé d'attentions tendres et délicates. Ces regrets, je les avais éprouvés, et je les éprouvais plus profonds à mesure que je voyais approcher le moment où je me séparerais pour toujours de ces êtres bienveillants, chrétiens et musulmans, qui, depuis mon arrivée en Égypte et en Arabie, m'avaient donné tant de preuves de sympathie et de dévouement. Je m'attristais à la pensée de ne plus les revoir, et de ne plus pouvoir, de vive voix, leur exprimer ma reconnaissance.

CHAPITRE XXV.

Voyage de Kenneh à Alexandrie. — Procès devant le kadhi. — Arrivée à Alexandrie.

Le 9 février, le reïs Miloud, propriétaire de la dehebïa sur laquelle je m'embarquais, m'installa dans un petit réduit situé à l'avant où j'avais juste la place pour m'étendre, et ouvrit sa grande voile à une brise du sud qui nous fit glisser avec rapidité entre les deux rives du Nil.

Le récit de cette navigation, publié à l'époque où je faisais ce voyage, aurait offert de l'intérêt ; aujourd'hui, les bords du Nil jusqu'à Assouan et même jusqu'à Khartoum ont été parcourus par tant de voyageurs et décrit par des écrivains si distingués, que je crois au moins inutile de me livrer à des descriptions. Notre voyage s'effectua d'une façon fort rapide. Je ne pouvais me lasser d'admirer les jolis villages situés sur les deux rives, dont les huttes surmontées de colombiers apparaissent au milieu des dattiers. Tous les jours, nous nous arrêtions à un de ces villages pour acheter des provisions. Quand on y pénètre, hélas ! ils n'ont plus cet aspect qu'ils présentent de loin. Mais quel intérêt ne m'offrait pas le tableau de la vie intime des fellah ! J'étais toujours parfaitement accueilli par les habitants des villages, par les femmes surtout auxquelles je disais la bonne aventure et écrivais des amulettes. Mon remède pour les yeux m'attirait également beaucoup de clients. Quand je revenais à ma dehebïa, je rapportais toujours plus de provisions qu'il ne m'en fallait pour ma propre consommation, et j'en donnais aux autres passagers qui m'admettaient aussi à partager les leurs. La vie sur le Nil est on ne peut plus variée : les troupeaux de buffles qui paissent sur les rives; les femmes fellah, sveltes et gracieuses, qui courent du village au fleuve et du fleuve au village en portant gracieusement leur *coullé* sur la tête, et en conduisant un enfant par la main, tandis que l'autre est attaché sur leur dos; des tentes de bédouins plantées dans des forêts de dattiers et de mimosas et entourées de leurs troupeaux gardés par de jeunes pâtres presque nus; les chadoufs qui s'élèvent et s'abaissent pour puiser l'eau du Nil : toutes ces scènes pastorales, qui rappellent les mœurs bibliques, offrent au voyageur un charme indéfinissable. Je restais pendant des heures entières en contemplation, bercé par le bruit cadencé des manœuvres de nos marins dont les chansons monotones se mêlaient au cri des nombreux oiseaux qui voltigent à la surface du fleuve.

Nous nous arrêtâmes successivement à Syout, à Monfalou, à Minieh, à Djirgé, à Beni Souaf, etc. Plus je visitais des villages et plus j'acquérais la certitude de la tyrannie exercée par le gouvernement égyptien sur l'intéressante population des fellah. Cette splendide vallée de l'Égypte est si riche, le ciel y est si clément, l'eau du Nil y est si délicieuse, que le fellah y est presque heureux, quoique son travail, qui enrichit les traitants qui l'exploitent et le gouvernement qui l'opprime, lui procure à peine de quoi se nourrir et se vêtir, et quel vêtement! De quelle félicité ne jouirait-il pas, si ceux qui le gouvernent se contentaient de s'approprier *seulement les deux tiers* de ses récoltes!

Je suis certain de ne pas exagérer en comparant l'Égypte, à l'époque où je m'y trouvais (1841 et 1842), à une vaste habitation des Antilles, cultivée par des esclaves dont le propriétaire et les agents sous ses ordres prélèvent tous les revenus et accablent ces malheureux de mauvais traitements.

Quand j'étais au Caire, parfaitement accueilli par le vice-roi et ses hauts fonctionnaires, quand j'admirais son armée, ses manufactures et ses écoles, je pressentais déjà que ces belles apparences cachaient une réalité moins brillante ; mais j'étais loin de me douter de l'état misérable des pauvres fellah.

Le 22 février, notre dehebïa s'amarrait au port de Boulak, en face de cette île de Roudha où j'avais passé de si agréables soirées dans le palais hospitalier du Soliman pacha (général Selve). Mon cœur me portait à me rendre au Caire pour me jeter dans les bras de M. Fresnel, de cet homme excellent qui m'avait sauvé la vie, et à l'intervention duquel je devais d'avoir accompli la mission dont j'étais chargé. Mais je ne voulais, à aucun prix, attirer l'attention sur ma personne. M. Fresnel se fut infailliblement opposé à l'exécution de mon projet de retraite du monde ; il ignorait les causes qui m'en éloignaient, et il eût exigé de moi, ce qui était raisonnable, la publication d'un voyage que deux Européens seulement avaient accompli avant moi : Ali bey et l'Anglais Jean Louis Burckardt. Tout ce que je désirais alors, c'était de rester ignoré. Je résistai donc aux sentiments de gratitude qui m'attiraient vers mon illustre ami, me réservant de lui écrire dès que je serais arrivé à Alexandrie ; car jusque-là il m'était matériellement impossible et de rédiger une lettre pareille et de la faire parvenir à son adresse.

Mon brave reïs Miloud, par suite de circonstances indépendantes de sa volonté, dut s'arrêter à Boulak et transborder son chargement sur la dehebïa d'un autre reïs auquel il me recommanda. Il fut bien convenu avec lui que mon passage était payé jusqu'à Fouah.

Nous arrivâmes à ce village le 27 février. Mon nouveau

reïs, qui m'avait inspiré peu de confiance, justifia mes soupçons en me réclamant le prix de mon passage de Boulak à Fouah. Je refusai ; il me conduisit devant le kadhi. Il exposa les faits d'une façon tout à fait inexacte. Je plaidai ma cause avec véhémence, car j'étais indigné de sa mauvaise foi. Le kadhi qui, à mon costume et à mon langage, m'avait reconnu pour un habitant de l'Algérie, m'imposa silence, me condamna à payer au reïs le prix du passage qu'il me réclamait injustement, et ajouta à haute voix : « Ces mé« créants d'Alger qui vivent sous le joug avilissant des in« fidèles sont par trop insolents ! » — « Les véritables mé« créants sont les juges injustes, » m'écriai-je.

A peine ces paroles étaient-elles prononcées que deux zaptié (agents de police attachés au tribunal) s'élancèrent vers moi, sur l'ordre que venait de leur donner le kadhi de me soumettre à la bastonnade.

Ma première pensée fut de déchirer le sachet qui contenait mon passeport français et de faire appel à l'intervention de l'agent consulaire de France que je savais résider à Fouah ; mais c'était faire un scandale et rompre l'incognito que je tenais à conserver. Je repoussai les deux zaptié avec une telle force qu'ils jugèrent prudent de se tenir à distance, et, d'une voix retentissante, je dis au kadhi : « Si la crainte « de Dieu ne t'empêche pas de commettre des injustices, « redoute au moins les consuls de la nation amie du pacha, « ton maître, qui te ferait pendre pour un cheveu que tu « arracherais à la tête d'un protégé français. »

L'audace de mon langage et de mon attitude, dont j'avais déjà tant de fois reconnu l'efficacité à l'égard des musulmans, produisit sur l'esprit du magistrat lâche et prévaricateur l'effet que j'en attendais. Il me fit signe de sortir du prétoire et ordonna aux zaptié qui s'étaient rapprochés de moi de me laisser libre.

Délivré de la crainte de subir un supplice humiliant, auquel il me semblait que j'aurais préféré la mort, je n'en étais pas moins condamné à payer le reïs, en faveur duquel la sentence du kadhi avait été rendue. Or, en payant la somme réclamée par le reïs, je me trouvais absolument sans ressources pour arriver jusqu'à Alexandrie. Mes talismans et mon remède pour les yeux pouvaient me suffire auprès des fellah simples et hospitaliers ; mais, dans le pays soi-disant civilisé où je me trouvais, ces moyens d'existence étaient inefficaces et, je le répète, ici comme à Kenneh, il eût été dangereux pour ma sûreté personnelle de montrer une seule des pièces d'or que renfermaient mes amulettes.

Au moment où j'allais sortir de la salle ironiquement appelée Makam el Hak, le lieu de la justice, j'avisai deux passagers de la dehebïa qui nous avait conduits de Kenneh à Boulak et qui, là, avaient entendu le brave reïs Miloud me recommander au reïs sur la barque duquel il avait dû transborder ses passagers, et lui dire *que mon passage était payé jusqu'à Fouah.*

Je rentrai avec eux dans le prétoire et je dis au kadhi :

« Seigneur, je te prie d'excuser les paroles inconvenantes
« que j'ai prononcées devant toi, paroles échappées à un
« homme dont tu avais offensé les sentiments religieux en
« appelant mécréants ses compatriotes qui pendant dix ans
« ont combattu les chrétiens que Dieu a rendus maîtres de
« notre pays. Je t'apporte en outre la preuve que les pré-
« tentions de mon adversaire étaient iniques. Il m'eût été
« facile d'appeler de ta sentence au tribunal du consul, mais
« c'est toi qui devras me rendre justice. Écoute le témoi-
« gnage de ces musulmans et rends ta sentence à laquelle,
« je le déclare d'avance, je me soumettrai respectueuse-
« ment. »

Mon langage n'était pas celui des hommes vulgaires dont

je portais le costume, et mon attitude audacieuse contrastait avec les expressions respectueuses que j'employais avec affectation. Le kadhi, se méfiant du crédit dont je semblais me prévaloir auprès des consuls, m'écouta avec une bienveillance apparente, et, après avoir recueilli le témoignage des passagers mes compagnons qui fut accablant pour le reïs, mon adversaire, il le débouta de sa demande, lui adressa les plus vifs reproches et le menaça même de la prison. Mon triomphe était complet. Mais moi aussi je me méfiais et du changement si subit survenu dans les dispositions de mon juge, et des regards furieux de mon adversaire. Aussi, sans perdre de temps, je me dirigeai vers Foum el Khelidj (l'embouchure du canal Mahmoudia), et je pris passage à bord d'une barque qui partait pour Alexandrie, où j'arrivai sans nouveaux incidents, le mardi 1er mars 1842.

CHAPITRE XXVI.

Je rencontre Isidore. — Embarqué sur le brick italien, Gioan-Battista. — Le capitaine Schiaffino. — Arrivée à Civita Vecchia.

Je louai une mauvaise petite chambre dans un fondouq ; car bien que je pusse désormais faire usage de l'or caché dans mes amulettes, je voulais conserver mon incognito pendant le temps qui devrait s'écouler jusqu'au jour où je m'embarquerais pour l'Europe.

Je me rendais au port, afin de me renseigner sur les navires en partance, quand il me sembla voir Isidore. Je crus d'abord être le jouet d'une hallucination, mais non, je reconnaissais parfaitement mon brave serviteur revêtu encore de son costume turc, et rôdant, comme une âme en peine, sur le bord de la mer. Je me rapprochai sans attirer son attention et quand, arrivé au bout de la jetée, il se retourna, j'étais en face de lui et je l'appelais par son nom. Le pauvre garçon s'affaissa sur lui-même et fondit en larmes. J'aurais voulu serrer dans mes bras ce fidèle serviteur, mais nous n'étions pas seuls ; je lui fis comprendre la nécessité de maîtriser son émotion, et je lui dis de me suivre à certaine distance. Moi aussi j'étais profondément ému, mais une dure expérience m'avait appris à dissimuler mes sensations. Comment Isidore se trouvait-il encore en Égypte, après les dispositions que j'avais prises pour son retour à Alger ? Je ne pouvais me l'expliquer et pourtant, malgré mon impatience, il fallut, avant de l'interroger, traverser une partie de la ville toujours suivi par mon pauvre serviteur qui avait peine à marcher. Enfin, nous arrivâmes sur les bords du canal, au milieu de jardins où nous pûmes nous livrer sans témoins à nos épanchements. Jamais mon serviteur n'avait osé m'embrasser de la sorte ; il lui fallut longtemps pour se remettre et m'expliquer sa présence à Alexandrie.

Le pauvre garçon avait été atterré par la nouvelle qu'on lui avait donnée, quelques jours après mon départ, de ma résolution d'aller à la Mecque. Il refusait d'y croire, puis il voulait me suivre. L'excellent M. Fresnel avait tâché de le consoler en lui donnant la certitude de mon retour ; il l'avait entouré des soins les plus bienveillants et avait pris les dispositions nécessaires pour le renvoyer à Alger. Mais il était tombé malade, et on avait dû le mettre à l'hôpital, tenu par de bonnes sœurs de charité. Sorti de l'hôpital, il avait paru consentir à retourner à Alger, et M. Fresnel l'avait envoyé à Alexandrie en le recommandant au consul général de France qui devait pourvoir à son embarquement. Là, Isidore, ayant encore une partie de l'argent que j'avais laissé à sa disposition, refusa de partir, persuadé, disait-il, que son maître reviendrait en Égypte et que son devoir était de l'y attendre. Intuition de ce cœur dévoué !

Je fis connaître à Isidore la résolution que j'avais prise de me rendre auprès de ma tante. Que lui importaient mes projets ? Il avait retrouvé son maître et il le suivrait partout où il lui plairait d'aller.

Pour obtenir passage à bord d'un bâtiment, il était indispensable d'être muni d'un passeport. Isidore avait le sien, mais je ne pouvais me servir de celui qui m'avait été délivré lors de mon départ d'Alger, parce qu'il énonçait mes noms et qualités. J'étais fort embarrassé lorsque, en examinant le passeport d'Isidore, il me vint une de ces idées qui ne peuvent germer que dans une imagination folle comme la mienne.

Aussitôt conçue aussitôt exécutée :

Je quittai ma défroque musulmane, je retirai mon or de mes amulettes, j'achetai un habillement complet de marin, en étoffe grossière ; Isidore remplaça son costume turc par une belle redingote, un pantalon, un gilet et un chapeau à haute forme qui lui donnaient une si drôle de tournure que lorsque je nous vis ainsi affublés, je fus saisi d'un fou rire qui ne laissa pas d'ébranler son calme et son sérieux ordinaires.

Nous nous rendîmes ainsi transformés à la chancellerie du consulat général de France où un commis voulut bien, au lieu de me délivrer un passeport, ajouter sur celui d'Isidore la simple mention « accompagné de son domestique ».

La difficulté était tournée. Isidore Dordelleau était le maître et moi j'étais son serviteur.

Pas un seul navire n'étant en partance pour Marseille, nous dûmes nous adresser au capitaine du brick génois le *Gioan-Battista* qui se rendait dans ce port en touchant à Livourne.

Le capitaine Giovanni Battista Schiaffino, qui le commandait, ne paraissait nullement empressé de nous recevoir à son bord. Isidore ne parlant pas un traître mot d'italien, ce fut moi qui fus chargé de la négociation. Je m'aperçus, dès l'abord, que le capitaine génois avait peu de confiance dans notre solvabilité. Je levai la difficulté en lui offrant de payer d'avance notre passage. Il consentit alors à nous recevoir, mais à la condition que, pour tout logement, nous occuperions la grande chaloupe amarrée sur le pont et que nous nous contenterions de la nourriture de l'équipage. Notre passeport n'étant pas régulier et craignant toujours de rencontrer, à Alexandrie, quelque personne de connaissance, j'acceptai les propositions du capitaine.

J'adressai au général Bugeaud et à mon excellent ami M. Fresnel les lettres dont je joins ici la copie.

A monsieur le général Bugeaud, gouverneur général de l'Algérie.

Alexandrie, 8 mars 1842.

Mon général,

« J'ai rempli jusqu'au bout la mission que vous m'avez confiée. La fettoua de Kaïrouan, après avoir été approuvée par le medjelès du Caire, ainsi que j'ai eu l'honneur de vous le faire connaître par ma lettre en date du 10 novembre 1841, a été définitivement sanctionnée par une assemblée d'ulémas de Bagdad, de Damas, de Médine et du Caire, réunie à cet effet par les soins de Sidi Mohammed Ebnou Aoun, grand chérif de la Mecque.

L'original de cet important document est entre les mains du Mokaddem de Tedjini qui, à l'heure où je vous écris, a dû le remettre à son maître l'illustre marabout d'Aïn Madhi, l'ennemi irréconciliable de l'émir Abd-el-Kader.

L'agent de Tedjini, agent qui, durant nos difficiles négociations, a montré un zèle et une intelligence au-dessus de tout éloge, était chargé de faire faire une copie authentique de la fettoua que je me proposais de vous transmettre; mais je n'ai plus eu la possibilité de le rejoindre; car, le jour où j'assistais aux dernières cérémonies du pèlerinage, j'ai failli être massacré par une foule fanatique qu'avaient ameutée contre moi deux misérables Algériens qui m'avaient reconnu. J'ai été sauvé, je pourrais dire miraculeusement, par quelques serviteurs dévoués du grand chérif de la Mecque. Ils m'ont enlevé et transporté dans une nuit à Djeddah, où j'ai été embarqué sur un sambouk qui m'a débarqué au port de Kocéir. De là, j'ai rejoint le Nil et je viens d'arriver à Alexandrie.

Je vous ai déjà exprimé, mon général, les motifs qui m'ont déterminé à m'éloigner de l'Algérie. Rien n'est changé à la situation à laquelle j'ai voulu me soustraire ; je me sens donc moins que jamais le courage de l'affronter.

La mort n'ayant pas voulu de moi, je me résigne à vivre, mais je veux vivre loin du monde où j'ai déjà subi de si cruelles épreuves. Je viens donc vous prier, mon général, de faire parvenir au ministre de la guerre la démission que je vous transmets de mes fonctions d'interprète principal de l'armée. J'éprouve les plus vifs regrets à me séparer du chef bienveillant qui a daigné m'honorer d'une estime et d'une confiance, dont je conserverai un perpétuel et reconnaissant souvenir.

Je joins ici le détail approximatif des dépenses occasionnées par la mission que je viens de remplir. Elles sont minimes en comparaison des résultats obtenus, résultats dont vous ne tarderez pas, j'en suis certain, à reconnaître l'importance.

Le consul général de France à Alexandrie doit vous transmettre la dernière lettre de crédit de quatre mille francs que vous avez eu l'extrême attention de lui envoyer pour subvenir aux frais de ma mission ; cette mission ayant pris fin, je n'ai pas cru devoir user de ce crédit.

Je me permets encore, mon général, d'attirer votre bienveillance sur mon pauvre père, et je vous prie d'agréer, etc., etc.

P. S. Dès que je serai arrivé en Europe et que je pourrai coordonner mes souvenirs, j'aurai l'honneur de vous adresser un rapport général sur la façon dont j'ai rempli la mission que vous m'avez confiée et sur les péripéties de mon voyage à la Mecque. »

Monsieur Fulgence Fresnel, consul de France, à Djeddah, en résidence au Caire (1).

Alexandrie, 3 mars 1842.

« Que penserez-vous de moi, mon cher, mon admirable ami, quand vous apprendrez que je viens de traverser le Caire, sans aller me jeter dans vos bras et vous dire tout ce qui déborde en mon cœur de reconnaissance et d'affection pour vous, qui m'avez comblé de bontés de toute sorte, pour vous qui avez assuré le succès de ma mission, pour vous enfin à qui je dois la vie. Me jugeant d'après les apparences, vous m'accuserez sans doute d'ingratitude, sentiment ignoble qui me fait horreur. Oh! je vous en supplie, écoutez-moi et plaignez-moi au lieu de me condamner.

Malgré la confiance que vous m'avez inspirée, je ne vous ai point dévoilé les tristesses de mon âme; je ne vous ai point dit que, en sollicitant du gouverneur général de l'Algérie la mission qui m'a amené en Égypte, j'étais mû par le désir d'échapper à une situation qui m'était insupportable, et par l'espoir de perdre la vie en l'accomplissant.

(1) C'est à cette lettre que répondait celle de M. Fresnel, en date du 22 septembre 1842, insérée au commencement du chapitre XXII, livre IV.

Cette mort que je recherchais, je viens d'y échapper grâce à vos puissantes recommandations ; mais cette situation n'a rien perdu de sa gravité. Si j'étais allé à vous, vous auriez sans doute combattu ces dispositions de mon esprit malade, et la tendre affection dont vous m'avez déjà donné tant de preuves aurait tenté de me faire revenir sur mes déterminations ; or moins que jamais je me sens le courage de retourner en Algérie.

Une autre considération m'a encore éloigné de vous, mon bien cher ami : vous m'auriez, avec raison, forcé à publier la narration de mon voyage à la Mecque. Eh bien, l'intérêt même que ne manqueraient pas d'offrir mes récits, est un motif de plus pour moi de renoncer à cette publication, parce que je veux rester ignoré. Grâce à vous, à vous seul, je le répète, la mission dont j'étais chargé a atteint le but que je m'étais proposé, et elle produira des résultats qui dépasseront l'attente de mon chef. J'ai donc rempli les promesses que je lui avais faites et ma conscience, de ce côté, est tranquille.

J'hésite encore à choisir la voie que, désormais, je devrai suivre. Je suis parfaitement décidé à m'éloigner à jamais du monde où j'ai vécu et où j'ai tant souffert. Je ne prendrai toutefois aucune résolution définitive avant d'avoir consulté ma mère adoptive, madame Champagneux, cette digne amie de votre tante madame Mérimée, qui toutes deux ont été si souvent l'objet de nos conversations intimes. Vous serez l'un des premiers à qui je ferai part de ma détermination.

Je vous transmets, ci-joint, quelques pages sur lesquelles j'ai jeté à la hâte le récit succinct de mon voyage. Pardonnez ce griffonnage tracé dans le bouge infect où je demeure, en attendant mon départ pour l'Europe. Ma tête et mon cœur sont également troublés.

Quand vous écrirez à votre illustre ami le grand chérif, ou quand vous le reverrez, dites-lui que jamais je n'oublierai les instants trop courts que j'ai passés auprès de lui; la reconnaissance qu'il m'a inspirée durera autant que la vie dont je lui dois la conservation. Vous lui exprimerez mieux ces sentiments que je ne puis le faire dans la lettre que je vous transmets, et que je vous prie de lui faire parvenir.

Ne m'oubliez pas auprès de notre savant ami le cheikh El Tounsi. Dites-lui que son beau-frère le muphti, Sid el Hadj Hassan, ainsi que sa vénérable sœur, Lella Cheriffa, m'ont constamment entouré des soins les plus délicats et de l'affection la plus dévouée. Ces pauvres amis me croient mort et je ne doute pas de leur affliction. S'ils reviennent au Caire, exprimez-leur toute ma gratitude. J'ai laissé dans l'appartement que nous occupions ensemble à la Mecque et qui pendant notre absence (pour les cérémonies d'Aârafat) était gardé par leurs deux nègres, j'ai laissé, dis-je, des vêtements, des armes, des objets achetés à Médine et à la Mecque, soixante ou quatre-vingts douros (1), et, ce qui est le plus précieux pour moi, toutes les notes que j'ai prises sur mon carnet depuis mon départ d'Alger jusqu'à la veille de notre départ pour Aârafat. Les misérables qui ont ameuté la foule contre moi connaissaient-ils ma demeure? La cohabitation du brave muphti avec *l'espion chrétien profanateur des lieux saints*, ne l'aura-t-elle pas compromis? Notre appartement n'a-t-il pas été saccagé? Mes inquiétudes à cet égard me préoccupent au delà de ce que je puis dire.

Si elles ne sont pas justifiées et si mes chers compagnons reviennent au Caire, j'ai trop appris à connaître l'honnêteté, j'ajouterais la pureté exquise de leurs sentiments, pour ne

---

(1) Pièce espagnole valant 5 fr. 30.

pas être certain qu'ils remettront fidèlement entre les mains du cheikh Tounsi tout ce qui m'a appartenu. J'ai, du reste, exactement payé au muphti ma part des dépenses (deux tiers) que nous ont occasionnées notre voyage et nos séjours depuis le Caire jusqu'à la Mecque.

Rappelez-moi au bon souvenir du docteur Perron que nous aimons et apprécions comme il le mérite.

Présentez mes hommages à madame Fresnel, dont je n'oublierai jamais ni le charme, ni la bienveillance.

Jugez, cher ami, du trouble de mon esprit; j'allais fermer le pli que je vous adresse par le consulat général de France, sans vous dire la joie inexprimable que j'ai ressentie en retrouvant à Alexandrie mon fidèle Mehmed (Isidore) qui, puisant dans son tendre dévouement l'intuition du retour de son maître, a persisté à m'y attendre. Il m'a dit les bontés dont vous l'avez comblé, et il me charge d'être auprès de vous et du docteur Perron l'interprète de sa respectueuse reconnaissance.

Adieu, mon bon ami, mon cheikh, mon sauveur. Pardonnez-moi la divagation de mes idées ; ma pauvre tête est désorganisée, mais mon cœur, qui a conservé toute son ardeur, est plein de vous. Puisse Dieu me permettre de vous serrer encore dans mes bras ! »

Enfin, le 5 mars 1842, Isidore Dordelleau et *son domestique* s'installaient dans la chaloupe du *Saint-Jean-Baptiste*, qu'on avait recouverte d'un prélart pour nous mettre à l'abri du vent et de la pluie. Ce jour même nous mettions à la voile, poussés par un fort vent d'est.

Dans le courant de la troisième journée, le capitaine Schiaffino, qui nous avait observés et fait observer, ne conserva plus de doute sur nos positions sociales respectives. Il ne m'adressa aucune question indiscrète, mais il m'installa dans une cabine à côté de la sienne et me fit manger à sa table. Isidore fut très bien placé dans le rouffle sur le pont, et mangea avec le maître d'équipage.

Notre traversée fut rapide, mais terriblement agitée. Le brick, chargé de blé, avait déjà subi quelques avaries quand, à la sortie du canal qui sépare la Sicile de l'Afrique, à la hauteur de Marsala, nous fûmes assaillis par un vent de sud-ouest qui soufflait en tempête et qui, en 24 heures, nous jeta sur les côtes d'Italie dans les environs de Civita-Vecchia. Ce ne fut pas sans de grandes difficultés que le pauvre *Gioan-Battista,* à moité désemparé, entra dans ce port.

LIVRE V.

ROME.

Avant de livrer à la publicité mon livre « Rome » où je raconte scrupuleusement la brusque transformation opérée en moi et où j'exprime des sentiments de dévotion tellement exaltés qu'ils offrent un contraste, je pourrais dire choquant, avec les récentes tendances de mon esprit en matière de religion, j'ai voulu le soumettre à l'examen et à la critique de deux amis dont l'affection sincère et le jugement impartial méritent également ma confiance.

Le premier, après avoir lu mon manuscrit, m'écrivait : « Ne retranchez rien à vos pages sur Rome. Il faut bénir Dieu de vous les avoir inspirées, car, en ouvrant ainsi votre âme, vous ferez un bien véritable à d'autres âmes. Rien ne vaut pour convaincre et toucher, des accents qu'on ne saurait ni remplacer ni imiter. L'art ici doit s'effacer devant ce qui est plus puissant que lui, devant ce qui a été senti et vécu ; vos pages si sincères, si simples, si vibrantes ont une réelle beauté. Elles sont une œuvre, une grande œuvre dans l'ordre moral.

« Si vous croyez avoir à réparer le passé, il doit l'être et au delà, par la courageuse générosité de vos aveux.

« Vous avez bien tort d'être inquiet sur ce chapitre de Rome, s'il n'est pas le plus curieux de votre livre, il en est le plus émouvant, n'y changez donc rien..... »

Voici maintenant le langage que me tenait mon second ami après avoir écouté la lecture de ce même chapitre :

« ..... Si votre livre ne devait être lu que par de vrais croyants, le récit de votre conversion et de votre séjour à Rome serait parfait ; mais ce livre n'arrivera-t-il pas plutôt entre les mains d'hommes du monde plus ou moins libres penseurs ? Quand ils liront qu'après un pèlerinage à la Mecque vous avez été amené, *par hasard*, à Rome où vous vous êtes subitement converti et où vous avez voulu vous faire missionnaire ; qu'ensuite, sur une parole du pape, vous avez consenti à retourner en Algérie où vous aviez pris la résolution de ne plus reparaître ; puis qu'enfin, après cette première conversion, vous êtes revenu à une vie mondaine et qu'il a fallu une dernière épreuve pour vous amener définitivement à l'observance des pratiques de la religion, que penseront-ils de toutes ces tergiversations ?

« N'admettant pas les effets de la grâce surnaturelle et du repentir, ne seront-ils pas amenés à prendre l'auteur pour un esprit vif, emporté, enthousiaste et peu solide dans ses convictions, ses desseins et ses actes ?

« Ne serait-il pas mieux de supprimer les lettres que vous écriviez à votre tante, dans le paroxysme de votre ferveur, et de remplacer les mots *confession, communion*, par une expression générale, l'*accomplissement des devoirs religieux*, par exemple. Ne vaudrait-il pas mieux également passer sous silence votre projet d'entrer dans l'ordre des Jésuites ? Pourquoi parler des oublis religieux qui ont suivi votre conversion ?

« Saint Paul a eu son chemin de Damas et, devenu apôtre, il a raconté les désordres antérieurs de sa vie, mais il n'a pas dévié.....

« J'en dirai autant de saint Augustin..... »

Si je n'avais poursuivi que le succès de mon livre et si j'avais cédé au désir de me montrer au public meilleur que je ne suis, je n'aurais certes pas hésité à suivre les conseils de mon second ami ; mas il m'a semblé qu'arrivé au déclin de la vie, au moment où je ne puis tarder de comparaître devant le grand juge, je devais songer uniquement à la réparation de mes erreurs et des fautes que j'ai commises. Or, la meilleure manière de les réparer, n'est-ce pas de les avouer courageusement devant ceux que j'ai pu scandaliser ?

Mes lecteurs, quels qu'ils soient, ne tiendront-ils pas compte d'ailleurs de la fougueuse imagination d'un jeune homme lancé, durant la première période de son existence, dans un milieu où auraient pu sombrer des croyances plus solides que les siennes ?

N'ai-je pas été successivement poussé par des circonstances extraordinaires, à prendre des résolutions contradictoires, et cet état maladif de mon âme ne me prédisposait-il pas aux changements subits opérés en moi pendant mon séjour à Rome ?

Quoi qu'il en advienne, je crois ne devoir rien retrancher du récit scrupuleusement vrai, je le répète, des causes qui ont amené ma conversion, et des effets qu'elle a produits.

Si, en agissant ainsi, je donne lieu à des appréciations sévères sur l'instabilité de mon caractère et de mes desseins, on ne pourra du moins, je l'espère, suspecter ma bonne foi. Mes convictions ont toujours été sincères, et celles qui m'animent aujourd'hui et me soutiennent à travers les épreuves les plus cruelles, ces convictions seront désormais inébranlables.

Sous le bénéfice de ces observations, je n'apporte aucune modification à la rédaction primitive de mon chapitre « Rome », repoussant également les suggestions d'un faux amour-propre et les lâchetés du respect humain.

CHAPITRE XXVII.

Voyage de Civita-Vecchia à Rome.

Je devais bientôt reconnaître le doigt de Dieu dans l'événement qui, en dehors de toute prévision, m'avait conduit aux portes de la cité, siège de la chrétienté, à l'époque des fêtes pascales (1).

Dès que j'appris cette coïncidence je ressentis le désir ardent d'aller visiter la ville éternelle et d'assister aux pompes les plus imposantes du catholicisme. Ce désir naissait-il d'un sentiment religieux ou était-il simplement provoqué par les tendances d'un esprit amoureux d'aventures et de contrastes? Visiter la sainte cité, capitale du monde chrétien, en revenant d'un pèlerinage au berceau de l'islamisme!

Mais comment réaliser ce séduisant projet? Mon escarcelle était déplorablement efflanquée, et pour me procurer de l'argent il me fallait écrire en France et attendre la réponse. Or, nous étions au 21 mars. Heureusement Isidore avait conservé soigneusement mes plus belles armes, ma montre et quelques bijoux que je lui avais laissés lors de mon départ pour la Mecque. Je fis part de ma détresse au capitaine Schiaffino et le priai de m'avancer une somme équivalente à la moitié environ de la valeur des objets que je déposerais entre ses mains jusqu'à l'arrivée des fonds que j'allais deman-

(1) Pâques en l'an 1842 tombait le 27 mars.

der en France. Cet excellent homme m'ouvrit immédiatement sa bourse et repoussa énergiquement l'offre que je lui faisais de lui donner un gage. J'obtins à grand'peine de lui faire accepter un simple reçu de la somme qu'il me prêtait et que je devais lui rembourser chez son banquier à Gênes, où il se rendait, laissant à son second le soin de réparer le pauvre *San Giovanni Battista* que la tempête avait singulièrement avarié. Je me séparai avec un véritable chagrin de ce brave capitaine qui, me connaissant à peine depuis vingt jours et n'ayant sur ma personnalité d'autres renseignements que les confidences que je lui avais faites, m'aimait déjà sincèrement et m'accordait une entière confiance.

J'écrivis immédiatement à ma mère adoptive, ma tante Mme Champagneux. Je lui racontai comment j'avais miraculeusement échappé à la mort lors du pèlerinage de la Mecque, comment *le hasard* m'avait conduit à Civita-Vecchia, et lui dis que je me rendais à Rome où je la priais de m'adresser l'argent que je lui demandais. Je lui faisais part, en même temps, de la résolution que j'avais prise de ne plus retourner en Algérie, et enfin je soumettais à son appréciation divers projets contradictoires qui dénotaient l'incohérence de mes idées.

Je m'occupai alors des préparatifs de mon voyage et je demandais au padrone de l'osteria où nous étions descendus des renseignements sur la façon la plus économique de me rendre à Rome, quand je fus abordé par un moine franciscain et un étudiant en droit qui, ayant entendu mes questions, me proposèrent de prendre un vetturino à compte à demi. J'y consentis, mais l'affluence des voyageurs attirés par le désir d'assister aux cérémonies de la semaine sainte avait fait tellement élever les prétentions des voituriers que nous hésitions à conclure un marché. Le franciscain nous suggéra alors la pensée de faire le voyage à pied. Cette proposition répondait si bien à l'exiguité de nos ressources réciproques qu'elle fut accueillie avec enthousiasme, et ayant confié nos bagages au fourgon des messageries, nous nous mîmes allégrement en route (22 mars 1842).

Si j'avais été seul avec le franciscain, jeune Sarde robuste et bien découplé, nous eussions parcouru dans la journée les 65 kilomètres qui séparent Civita-Vecchia de Rome, mais Isidore n'était plus habitué à la marche et le jeune étudiant était frêle et délicat. Nous dûmes coucher à Palo.

Le lendemain, la monotonie de la route qui traverse de vastes solitudes augmenta encore la fatigue de nos deux compagnons et malgré notre aide et nos exhortations ils refusaient d'avancer, lorsque le franciscain, poussa un cri d'allégresse et nous montrant à l'horizon une croix qui étincelait au sommet d'une immense coupole dorée par les rayons obliques du soleil, s'écria : *Ecco San-Pietro* (1). Et il se prosterna et pria.

L'effet de cette apparition fut extraordinaire ; mes pauvres compagnons se relevèrent pleins de courage et se remirent en marche. — Mais, chose singulière ! nous observions que leur énergie diminuait ou augmentait à mesure que, suivant les accidents de la route, apparaissait ou disparaissait le phare magique.

Enfin, après de cruelles fatigues et grâce à l'aide et à la gaîté de notre brave franciscain, nous arrivâmes harassés à Porta Cavalligieri à la tombée de la nuit.

(1) Voilà Saint-Pierre.

CHAPITRE XXVIII.

Arrivée à Rome. — Le *Miserere* dans la chapelle dei Canonici. — Mes impressions en visitant Rome. — Giacomo il Napolitano.

Le passeport, qui ne mentionnait que le nom et le signalement d'Isidore et sur lequel était simplement ajoutée la mention « suivi de son domestique » parut suspect à l'agent de police auquel il fut présenté. Il nous regardait alternativement et malgré la redingote et le chapeau à haute forme d'Isidore et la veste et le bonnet dont j'étais affublé, il paraissait peu disposé à croire à la réalité de la position sociale attribuée à chacun de nous sur ce passeport.

Isidore, dont on connaît le peu d'aptitude à parler les langues étrangères, ne pouvant répondre aux questions, d'ailleurs fort embarrassantes, de l'agent, je pris la parole en pur toscan et avec un accent qui, plus d'une fois, m'a permis de passer pour un Italien, j'énumérai avec tant d'assurance le nom de notre ambassadeur à Rome et de ses secrétaires, je m'apitoyai avec tant d'onction sur la santé de *mon maître*, qui était réellement dans un état déplorable, et, surtout, je glissai avec tant d'adresse un *scudo* dans la main du cerbère, que tous ses doutes et scrupules disparurent. La Porte de Rome nous était ouverte. Mais je me trouvai alors en face d'une nouvelle difficulté. Le franciscain et l'étudiant, redoutant les complications que pouvait amener l'irrégularité de notre passeport et jugeant prudent de se séparer de compagnons de voyage qui paraissaient suspects, avaient disparu. — Or c'est sur eux que je comptais pour nous diriger dans Rome et y trouver un gîte.

J'avoue qu'en ce moment l'égoïsme l'emporta sur la commisération. Au lieu de m'enquérir d'une auberge où mon pauvre Isidore eût trouvé un repos bien nécessaire, je ne songeai qu'à arriver bien vite dans le temple que dominait la coupole dont la vue seule nous avait si vivement impressionnés. Je soutenais, je portais presque mon brave serviteur ; j'avisai une vieille femme qui voulut bien nous servir de guide ; nous arrivâmes ainsi en quelques minutes (1) sur une immense place entourée de colonnades et, en face de nous, nous aperçûmes à travers l'obscurité, qui en doublait les vastes proportions, le péristyle et la coupole de Saint-Pierre.

Nous pénétrâmes dans l'église et, dès cet instant, il me fut impossible de me rendre un compte exact de ce que je voyais et j'éprouvais. Malgré ma vigueur, la fatigue avait excédé mes forces et j'étais en proie à une fièvre ardente. Je me souviens seulement que j'étendis Isidore le long d'un pilier contre lequel je m'appuyai moi-même, en face d'une chapelle qui m'apparaissait aussi vaste qu'une église et d'où sortaient des chants comme jamais je n'en avais entendus.

Il me semblait que j'étais transporté dans des régions éthérées. Oh ! quel rêve délicieux ! Je ne l'ai pas oublié, mais il m'est impossible d'en analyser les sensations.

Je venais d'assister, je l'ai su depuis, à l'office du soir du mercredi saint qui a lieu à la chapelle deï Canonici, dont les chanteurs sont considérés, dans le monde entier, comme les plus habiles interprètes de la musique sacrée.

---

(1) La porte Cavalligieri est la plus rapprochée de l'église de Saint-Pierre.

Un gardien de Saint-Pierre me rappela brutalement à la réalité et nous enjoignit d'avoir à promptement déguerpir, attendu que les portes du temple allaient être fermées. Mais où trouver un refuge à cette heure avancée ? Nous eussions sans doute passé la nuit sous les arcades de Saint-Pierre si je n'étais parvenu à attendrir le féroce gardien qui, moyennant quelques bajocchi, voulut bien nous conduire à une osteria voisine, misérable taudis où nous ne fûmes reçus qu'après avoir déposé notre valise entre les mains du locandiere et lui avoir payé en outre le prix des mets peu ragoûtants qu'il nous servit en rechignant.

Le lendemain il fallait réclamer une carte de séjour à la police, trouver une auberge plus convenable et aller chercher nos bagages aux messageries. J'avisai un agent de police dont la physionomie m'inspira quelques sympathies et j'eus recours aux moyens de persuasion qui s'appellent *bakchiche* en Orient, et *buona mano* en Italie, et qui produisent, à ce qu'il paraît, les mêmes effets dans les deux pays. Notre agent se mit immédiatement à notre service et une heure après, *mon maître* Isidore, moi et nos bagages étions installés dans une osteria située piazza Navone, dont le padrone, Giacomo il Napolitano, consentit à nous loger et à nous nourrir moyennant deux lires (1) par jour. Eh bien, en fermant les yeux sur la couche de graisse qui recouvrait notre table à manger ainsi que le fourneau sur lequel opérait Giacomo, nous pouvions très bien satisfaire notre appétit. Ah ! par exemple, il fallait une rude constitution pour dormir dans le bouge qu'on décorait du titre de *camera*. Mais j'en avais vu bien d'autres !

Le locandiere nous regardait parfois d'un œil curieux et narquois et ne semblait pas croire, non plus que l'agent de

---

(1) La lire vaut un franc.

police, à l'étiquette de notre passeport et de notre costume. Ses soupçons étaient corroborés par l'attitude respectueuse que, malgré mes recommandations, Isidore conservait invariablement vis-à-vis de moi.

J'aurais pu mettre fin à cette situation, en déposant à la chancellerie de l'ambassade de France mon véritable passeport que, lors de mon voyage à la Mecque, j'avais caché, le lecteur s'en souvient, dans un des sachets de mes amulettes. Mais la prudence la plus élémentaire ne me commandait-elle pas de conserver mon incognito jusqu'au jour où je recevrais une réponse de ma tante, réponse qui pouvait se faire attendre, et d'observer jusque-là la plus stricte économie? D'ailleurs, ai-je besoin de le dire, cette situation étrange ne manquait pas d'offrir un certain charme à ma nature aventureuse.

Depuis notre arrivée à Rome, Isidore et moi passions nos journées entières dans Saint-Pierre où avaient lieu les cérémonies de la semaine sainte. Ces cérémonies, je l'avoue à ma honte, m'impressionnèrent beaucoup moins que mon serviteur. La basilique romaine, aux dimensions colossales où pénètre une lumière éclatante à travers des baies immenses, garnies de vitraux blancs, ne m'inspirait pas le sentiment religieux que j'avais ressenti en entrant dans nos belles cathédrales gothiques. Et puis la foule bigarrée qui s'agitait dans les nefs excluait toute idée de recueillement et de piété; elle ne me semblait apporter à ces cérémonies qu'une curiosité profane. Pour elle le pape était un roi sur son trône, entouré des princes de sa cour. Je ne fus véritablement émotionné que lorsque, du haut de la Loggia, le souverain pontife donna la bénédiction *Urbi et Orbi*. — Je crois entendre encore, au milieu du silence profond qui se fit subitement à son apparition, la voix grave de Grégoire XVI suppliant Dieu de répandre les trésors de sa miséricorde sur le monde entier représenté, là, par plus de deux cent mille chrétiens prosternés remplissant l'immensité de la place Saint-Pierre et les rues adjacentes. Quelle tête ne se courberait pas devant cette majesté divine !

Dès le lendemain de Pâques, nous visitâmes les autres églises de Rome, ainsi que les monuments rappelant l'origine et les progrès du christianisme dans la ville des Césars ; je restais presque froid devant ces grands souvenirs. Je me sentais au contraire saisi d'enthousiasme quand je me trouvais en face des vestiges de la Rome païenne. C'est que l'étude de la littérature latine m'avait plus initié à l'histoire du grand peuple qu'aux annales glorieuses de la chrétienté.

Nous visitâmes également les galeries du Vatican, et c'était plaisant de voir *mon pauvre maître*, que je traînais partout, s'appuyant tristement contre un chambranle du Vatican ou un fût de colonne du Forum, tandis que *son domestique* restait en contemplation devant les chefs-d'œuvre de Michel-Ange, de Raphaël, du Dominiquin, etc., ou en face de l'arc de triomphe de Septime Sévère ou des ruines de Jupiter Capitolin.

Enfin, après de longs jours d'attente, je pourrais dire de cruelles angoisses, je reçus la réponse de ma tante bien-aimée. Elle m'envoyait le double de la somme que je lui avais demandée et me transmettait des lettres de recommandation pour M. le vicomte Gaston de Ségur, attaché à l'ambassade de France et pour messieurs les abbés Véron et de la Bouillerie, du diocèse de Paris, résidant alors à Rome. Mon excellente mère adoptive ne songeait même pas à me reprocher le chagrin que lui avait causé mon voyage à la Mecque ; elle était exclusivement au bonheur d'avoir retrouvé le fils qu'elle avait cru perdu pour toujours et, tout en approuvant ma résolution de ne pas retourner en Algérie, elle me disait : « Garde-toi de prendre la moindre détermination au sujet de ton avenir, avant de m'avoir consultée. Ce n'est pas le hasard qui t'a conduit à Rome, mon cher enfant, c'est la main de Dieu. Prie-le de t'éclairer et la grâce pénétrera dans ton âme, etc., etc. »

Je fus touché, au delà de toute expression, par ces témoignages d'indulgence et de tendresse, et j'adressai immédiatement à Dieu de ferventes actions de grâce. Ces prières mentales, pourrais-je dire, étaient encore la seule expression du sentiment religieux qui s'était réveillé en moi, durant mon exil à Tlemsen (1).

Je louai immédiatement un petit appartement chez un avocat, il Dottore Matteucci, sur la piazza Fiammetta ; Isidore y transporta nos bagages et là seulement nous reprîmes chacun le costume de nos positions sociales respectives.

Je voulus, le jour même, aller remercier Giacomo il Napolitano des soins exceptionnels qu'il nous avait donnés. J'arrivai en voiture devant son osteria sur le perron de laquelle il sortit attiré par le bruit insolite d'un équipage pénétrant dans sa rue. Je renonce à décrire la stupéfaction peinte sur la large figure du brave locandiere quand, Isidore m'ayant ouvert la portière, je m'élançai vers lui et serrai sa grasse main avec effusion. — Il se remit bien vite, et lançant son bonnet en l'air : *L'aveva indovinato!* s'écria-t-il, *Vostra Excellenza un servo! Corpo di Baccho, si vedeva abbastanza che era un principe nascosto* (2) ! Notre hôte voulut encore nous régaler d'un *stuffato meraviglioso* et d'un *maccaroni stupendo*. Mais cette fois, Isidore, reprenant ses fonctions, étendit une nappe propre sur la table et nettoya les verres et les couverts d'étain ; je payai généreusement ce dernier repas et nous étions déjà loin que le brave Giacomo

(1) Tome I, chapitre XXIX.
(2) Je l'avais bien deviné. Votre excellence un domestique ! Corps de Bacchus, on voyait assez qu'elle était un prince déguisé !

nous envoyait encore, à grand renfort de gestes, l'expression bruyante de sa reconnaissance.

Ai-je besoin de dire que mon premier soin fut d'envoyer au banquier du capitaine Schiaffino, à Gênes, la somme qu'il m'avait si délicatement prêtée? J'ajoutai à mon envoi un très beau chapelet destiné à sa femme.

Là ne devaient pas se borner les témoignages de ma reconnaissance. Dieu me réservait une occasion de prouver à cet excellent homme qu'il n'avait pas obligé un ingrat.

CHAPITRE XXIX.

Accueil qui m'est fait à Rome par l'élite de la colonie française.

Le lendemain je me rendis chez M. Gaston de Ségur et messieurs les abbés Véron et de la Bouillerie, auxquels j'avais fait parvenir les lettres de recommandation que m'avait transmises ma chère tante.

Ces lettres émanaient de M. le docteur Ferrand (1), homme de science et de foi qui, en raison de l'affection respectueuse qu'il avait vouée à Mme Champagneux, témoignait à son neveu le plus tendre intérêt.

Ses recommandations devaient être très chaleureuses, car M. le vicomte de Ségur et messieurs les abbés Véron et de la Bouillerie m'exprimèrent avec effusion le bonheur qu'ils éprouvaient de me connaître. Je fus tellement touché de cet accueil que je n'hésitai pas à leur parler de mes antécédents avec une entière franchise. Mes sympathies leur furent immédiatement acquises.

M. de Ségur me recevait très souvent dans le petit logement que lui avait réservé au palais Colonna le comte Septime de La Tour Maubourg. Là, je rencontrais à côté de M. de Rayneval, premier secrétaire, tous les jeunes attachés à l'ambassade, MM. de Malaret, de Cambise, d'Astorg, etc., et l'élite des jeunes Français se trouvant alors à Rome, ar-

---

(1) Le docteur *Ferrand*, devenu *l'abbé Ferrand* après la mort d'une épouse bien digne de son amour, a édifié Paris par sa piété et sa charité évangélique. Il était un des plus chers amis de M. de Ségur et fut ordonné prêtre le même jour que son fils aîné.

tistes et voyageurs. M. de Ségur m'avait présenté, entre autres, à Mme de Rohan-Chabot, comtesse de Gontaut Biron, dans le salon de laquelle je trouvais réunie l'élite de la colonie française résidant ou de passage dans la ville éternelle. J'aurai plus tard à revenir sur les témoignages tout particuliers de bienveillance dont m'honora notre sainte compatriote.

Que de contrastes dans ma vie ! me trouver presque subitement transporté du milieu musulman d'où je venais de m'échapper, dans une société offrant, a dit un écrivain catholique, « le charme inexprimable qui émane des cœurs envahis par la charité et des hautes intelligences éclairées par le flambeau du christianisme ».

Mes nouveaux amis se mettaient, à tour de rôle à ma disposition pour me faire visiter Rome qui, peu à peu, m'apparaissait sous un nouvel aspect. Je ne songeais plus à critiquer l'architecture ou les ornements des églises que je visitais, mon esprit était absorbé par le souvenir des grands saints en l'honneur desquels elles avaient été édifiées. Grâce à mes guides surtout, mes idées se modifiaient tellement que la Rome païenne disparaissait à mes yeux; je ne cherchais plus dans ses vestiges, naguère l'objet unique de mon enthousiasme, que les traces touchantes des martyrs chrétiens.

La fréquentation journalière des jeunes hommes composant la société de M. de Ségur et des abbés ne pouvait d'ailleurs manquer d'exercer sur moi une heureuse influence. Quand j'admirais leur piété, leur charité et leurs mœurs si pures je ne pouvais m'empêcher de faire un retour douloureux vers mon passé. Le travail latent qui s'opérait ainsi en moi m'éclairait sur mes fautes, c'est vrai, mais ne m'indiquait pas encore le moyen de les racheter.

CHAPITRE XXX.

Ma conversion. — Extraits des lettres adressées à ma tante Mme Champagneux.

J'arrive à l'événement important de ma vie, à ma conversion.

Bien que quarante années se soient écoulées depuis ce jour à jamais mémorable pour moi, le souvenir en est encore palpitant. Mais je ne saurais exprimer aujourd'hui les sentiments ineffables qui inondèrent alors mon cœur.

J'ai, grâces à Dieu, conservé la foi à travers les vicissitudes de mon existence tourmentée. Ce n'est plus, cependant, cette foi ardente qui m'enflammait alors; cette foi dont les élans et les aspirations enlevaient pour ainsi dire tout mon être vers l'être suprême. — Je me bornerais donc à raconter simplement les circonstances de ma conversion, si ma chère tante, avant de mourir, n'avait eu la pensée de me rendre les lettres que je lui avais adressées durant mon séjour à Rome.

« Je te connais, mon cher enfant, me dit-elle en me les remettant, tu es énergique dans l'accomplissement de tes devoirs, mais faible devant la tentation. Promets-moi quand tu succomberas de retremper ton âme dans la lecture des pages que t'inspirait le Seigneur lorsque tu revins à lui. »

Les fragments que j'ai choisis dans cette correspondance,

pieusement conservée, donneront à mes lecteurs une idée de la révolution profonde qui s'opéra en moi à cette époque, la plus heureuse de ma vie.

Copie d'une lettre adressée par moi à ma tante Eudora Champagneux.

Rome, 25 avril 1842.

« Réjouis-toi, ma mère chérie, réjouis-toi et remercie Dieu qui a enfin exaucé tes prières, ton fils, régénéré par la confession et le repentir de ses fautes, en a reçu l'absolution ! Une joie indéfinissable inonde mon cœur; hier, j'ai reçu la sainte communion ! Hier Jésus, ce Dieu d'amour et de miséricorde, a daigné m'admettre au festin des anges et mon être misérable, souillé par tant de péchés, s'est tout d'un coup transformé. Les splendides lueurs de la foi ont éclairé les ténèbres de mon esprit. Je crois aujourd'hui ce que je niais hier. Dieu t'a rendu ton fils pour ce monde et pour l'autre, oh ! ma mère bien-aimée ! Je me sens abîmé devant tant de grâces, unissons nos âmes et remercions le Seigneur, hosanna ! hosanna !

C'est à toi, à tes ferventes supplications, à l'intercession de la Vierge Marie que je dois ma conversion, j'en suis convaincu. La prière d'un pécheur tel que moi eût-elle pu, seule, arriver jusqu'au trône de Dieu que j'avais si terriblement offensé ! Ah ! tu étais inspirée quand tu me fis jurer de porter toujours la médaille de la Vierge que tu suspendis à mon cou au moment où je me séparai de toi en 1840. Je ne l'ai pas quittée un seul jour et elle était cousue, dans les amulettes que je portais durant mon voyage à la Mecque (1). Ta confiance dans la protection, qu'accorde aux

(1) Le lecteur se souvient que j'avais renfermé cette médaille avec

âmes croyantes la mère de Jésus, n'a pas été trompée. Encore une fois, ma tante bien-aimée, hosanna, hosanna !

Ne me demande pas de t'exprimer les sentiments qui envahissent mon cœur. C'est une langue divine qu'il me faudrait pour te les faire comprendre. Ah ! si tu étais à mes côtés quand je me prosterne devant Dieu ; si tu entendais les sanglots qui s'échappent de ma poitrine ; si tu pouvais lire dans mon âme l'horreur que me cause le souvenir de mon déplorable passé et l'ardent désir que j'ai de le racheter, alors seulement tu pourrais te rendre compte de la transformation de ton fils. Oh ! Providence ! Il y a six mois à peine, je croyais t'adresser de suprêmes adieux. Je cherchais la mort dans les dangers d'une mission que j'avais sollicitée sans songer que cette mort entraînerait mon âme dans une perdition éternelle, et voilà que sa main miséricordieuse me ramène à la vie et me conduit, pour ainsi dire malgré moi, dans la voie du salut. Comment pourrai-je reconnaître tant de témoignages de la protection divine !

Te voilà initiée à ma joie, mère chérie, je vais maintenant satisfaire le désir que tu dois éprouver de connaître les moindres circonstances dans lesquelles s'est produit ce grand événement de ma vie. Tu veux savoir comment la semaine qui vient de s'écouler a vu disparaître l'homme ancien et renaître l'homme nouveau. Tu me disais souvent que malgré l'affection qui unissait nos cœurs nous étions séparés par un abîme. Je le niais alors énergiquement, et c'était vrai pourtant : tu croyais et je ne croyais pas. Aujourd'hui cet abîme est comblé. Qui pourrait nous séparer ? L'espace ? mais la pensée de deux cœurs unis dans la foi ne franchit-elle pas toutes les distances. La prière ne les maintient-elle pas dans une communion constante ? La mort ? mais la mort

de soi-disant amulettes, sachets en cuir dans lesquels je l'avais cachée ainsi que mon passeport et quelques louis d'or.

n'est-elle pas le commencement de la véritable vie où les âmes pures se réunissent pour ne plus se séparer?

Je vais donc te raconter le plus simplement possible le fait, je pourrais dire miraculeux, qui a amené subitement ma conversion.

Je te faisais connaître, dans ma dernière lettre, le travail latent qui avait lieu dans mon esprit, grâces à la fréquentation journalière des amis auxquels m'a recommandé ton admirable docteur Ferrand. L'abbé Véron surtout m'entourait d'une sollicitude si tendre qu'il m'avait inspiré une affection exceptionnelle et que j'avais en lui une entière confiance. D'après ses conseils, je consacrais chaque jour une heure à la visite de Saint-Pierre que j'admirais davantage à mesure que je l'examinais avec plus d'attention; mais je n'avais pas encore pénétré dans la crypte où ont été déposés les reliques de saint Paul et le corps du grand apôtre choisi par Notre Seigneur pour édifier son Église. Le 15 avril 1842 (comment oublier cette date!) j'obtins la permission de la visiter seul et en détail. Après les explications du gardien mis à ma disposition, je m'agenouillai sur ce sol arrosé, il y a dix-huit siècles, par le sang du grand martyr. Je restais plongé dans une profonde méditation lorsque subitement je me sentis en proie à une hallucination qui me fit embrasser d'un seul coup d'œil la splendide épopée du christianisme. Je contemplais Jésus, attaché à la croix, mourant pour racheter les hommes. Je suivais les apôtres propageant sa sainte doctrine. Je voyais les martyrs confesser leur foi au milieu des tortures et, en même temps, se dressait devant moi le spectre de ma vie passée... Mon ingratitude envers le Sauveur m'apparaissait dans toute sa noirceur. J'avais horreur de moi-même. Les sanglots m'étouffaient; il me semblait que j'allais mourir. Enfin je pus pleurer et le torrent de larmes que je répandis prosterné sur le tombeau des saints apôtres me soulagea. Il me fallut toutefois l'aide de mon gardien ébahi pour remonter les degrés de la crypte.

Je ne pouvais encore me rendre un compte exact de ce qui venait de se passer; je sentais toutefois qu'une complète transformation s'opérait en moi. Je n'hésitai pas, je courus chez l'abbé Véron et sans autre préambule : « Je veux me confesser, lui dis-je en éclatant de nouveau en sanglots. » Il pleurait lui aussi, l'excellent abbé, mais ses larmes étaient douces. « Je pressentais depuis plusieurs jours, me dit-il, la démarche que vous faites aujourd'hui auprès de moi; nos amis de Paris nous avaient dévoilé les détresses de votre grand cœur. Que de prières ferventes sont montées au ciel en votre faveur! Depuis que nous avons le bonheur de vous connaître, nous constations chaque jour avec joie les progrès de la grâce dans votre esprit, nous les trouvions trop lents au gré de notre zèle et de notre affection et nous voulions les hâter par nos exhortations; mais notre saint directeur, celui qui seul est digne de vous réconcilier avec Dieu, celui auprès de qui je vais vous conduire, nous arrêtait en nous disant : « Ne devancez pas l'œuvre du Seigneur, elle s'accomplira à son heure. » Ah! lui aussi a prié pour vous et lui aussi vous attend. »

Il me conduisit immédiatement au couvent du Gésu où habite le père Philippe de Villefort, le directeur dont il venait de me parler; le révérend père ne put nous recevoir et nous assigna un rendez-vous pour le lendemain.

La nuit fut cruelle ; je me révoltais à la pensée de dévoiler à un de mes semblables les fautes dont je rougissais. Te le dirai-je, je me sentais ébranlé dans mes résolutions. La transformation que je croyais s'être opérée en moi sur le tombeau des apôtres n'était donc pas réelle? Ah! c'est que l'homme est faible et que l'esprit de révolte surgit incessamment en lui! Mais l'abbé Véron avait prévu ce dernier combat. A peine était-il jour qu'il arrivait chez moi et ne s'arrêtant à aucune de mes objections, m'entraînait au Gésu et me jetait pour ainsi dire dans la chambre du père Villefort qui, me tendant les bras et me serrant avec effusion, me dit : « Oh ! mon enfant, avec quelle impatience je vous attendais, avec quelle joie je vous presse sur mon cœur ! »

Tu te rendras mieux compte de l'effet que produisit sur moi l'accueil de ce ministre de Dieu, quand je t'aurai décrit sa personne : sa tête m'a rappelé celle de saint François de Paul que nous avons vue ensemble chez l'abbé Landmann. Ses traits sont irréguliers. Il est petit et chétif. Mais on se sent pénétré par son regard d'où émane le feu de la charité. Sur son front large rayonne une sublime intelligence. Sa bouche exprime la quintessence de la bonté, on dirait qu'autour de sa personne règne une atmosphère de sainteté. Et quelle onction, quelle persuasion, quelle tendresse dans sa parole !

Devant un autre prêtre eussé-je peut-être opposé quelques résistances, demandé de nouveaux délais... Sous le charme indicible de tant d'indulgence et de charité, toute hésitation disparut... Le pécheur s'agenouilla, courbé sous le poids écrasant de vingt années d'offenses envers Dieu.

Le retour que je faisais vers mon passé m'inspirait une telle horreur que je ne pouvais croire au pardon que me promettait le père de Villefort.

Je passai la journée en oraisons et, le soir, je me relevais du tribunal de la pénitence purifié par l'absolution.

Oh ! que je plains les malheureux qui ne viennent pas chercher un appui et des consolations dans cette confession qu'un sentiment d'amour-propre mal placé leur fait considérer comme une démarche humiliante ; ne doit-on pas au contraire reconnaître un nouveau signe de la miséricorde de Dieu dans l'institution d'un sacrement qui rend obligatoire un acte vers lequel l'homme se sent naturellement porté par le besoin qu'il éprouve de confier ses peines à un ami et de lui demander ses conseils?

J'en étais là de ma lettre, mère chérie, quand l'abbé Véron est entré chez moi avec M. le comte de Montaigu qui part demain pour Paris. Je veux que ce noble jeune homme, dont la nature angélique ressemble à celle de mon bien-aimé abbé Véron, soit le porteur de la bonne nouvelle. Je vais lui remettre cette première partie de mon récit; par le prochain courrier tu recevras la fin. Reçois M. de Montaigu comme tu accueilles les personnes qui te sont sympathiques. Il te parlera de ton fils dans des termes beaucoup trop élogieux. Tous ces jeunes gens si purs, si pieux, tous pénitents du Petit-père (1), se laissent trop aller à l'enthousiasme que leur inspirent mon existence aventureuse et ma conversion.

Adieu, mère chérie, il y a quelques jours je ne croyais pas possible de t'aimer davantage. Eh bien! la foi a fait naître en moi une nouvelle tendresse. »

Rome, 27 avril 1842.

« . . . .
. . . . . Je reprends le récit de ma conversion où je l'avais interrompu pour en remettre la premier partie à M. de Montaigu.

Le père de Villefort désirait me faire approcher de la sainte table le lendemain du jour où j'avais reçu l'absolution. Je dus le supplier de m'accorder un délai que je voulais consacrer à un nouvel examen de conscience et à quelques lectures pieuses. Il m'indiqua les livres que je devais lire. Quelle coïncidence! mère chérie; c'est l'abbé Lacordaire qui

---

(1) Nom affectueux et familier sous lequel la jeunesse catholique française, actuellement à Rome, désigne le père Philippe de Villefort.

t'a arrachée au désespoir en allumant dans ta grande âme le flambeau de la foi, et c'est dans la lecture de ses conférences à Notre-Dame que j'ai fortifié la mienne. La parole du grand apôtre du dix-neuvième siècle, commentée par le père Villefort et par l'abbé Véron, a suppléé à mon ignorance comme chrétien. Ma raison accepte sans effort tout ce qui lui paraissait naguère inacceptable et je crois fermement aux profonds et touchants mystères que la faible raison humaine ne peut comprendre.............. Dieu m'a donné une grande joie le jour même où je me suis réconcilié avec lui. Au nombre des fautes que je me reprochais, la moindre n'était pas d'avoir si souvent scandalisé mon domestique Isidore. Ma première pensée en sortant du tribunal de la pénitence a donc été de lui exprimer le regret que j'éprouvais de lui avoir donné tant de mauvais exemples. Je lui ai dépeint en même temps la paix et la tranquillité que venaient d'amener dans ma conscience l'aveu et le repentir de mes fautes. « Et moi aussi je voudrais me confesser si monsieur me le permettait, » m'a-t-il répondu simplement. J'ai pressé dans mes bras ce fidèle serviteur et je l'ai immédiatement conduit au *Petit-père* auquel j'ai déjà raconté les preuves de dévouement que m'a données mon brave Isidore.

Le père Villefort a été touché de la ferveur de mon domestique ; il l'a confié à un jeune père français du Gésu qui doit le préparer à la communion.

Avant de m'approcher de la sainte table, j'ai voulu faire une nouvelle confession. Je me suis rendu à cet effet dans l'oratoire de mon saint directeur qui, après m'avoir écouté, a levé vers le ciel son beau regard où semblait se refléter la miséricorde divine et a fait descendre l'absolution sur la tête du pécheur dont le cœur était envahi par l'amour de Dieu et le repentir.

Avec quelle tendresse ce bon père me pressait dans ses

bras en s'écriant : « Oh ! mon enfant, que de joies vous causez dans le ciel. »

C'était bien l'image du bon pasteur retrouvant sa brebis égarée.

Le lendemain dimanche 24 avril, l'abbé Véron venait me prendre et me conduisait au Gésu où je croyais recevoir la communion dans une des chapelles de l'église.

De nouvelles grâces, de nouvelles joies m'attendaient. L'excellent père Villefort a voulu que l'abbé Véron consacrât le pain céleste qui devait me redonner la vie; il a assisté lui-même à la messe. Où a-t-elle été célébrée cette messe ? Tu ne pourras le deviner, mère chérie, sur l'autel placé dans une chambre appelée les saints lieux de saint Ignace. C'est là où le grand homme a demeuré et où il est mort. C'est là où saint Philippe de Neri venait chaque jour visiter le fondateur de la compagnie de Jésus. C'est là où ont demeuré saint François Xavier, saint François de Sale, saint François de Borgia; c'est sur cet autel que saint Charles Borromée a célébré sa seconde messe.

M. de Ségur, l'abbé de la Bouillerie et Isidore ont communié avec moi. La foi ardente qui t'anime, mère bien-aimée, t'initiera aux émotions divines qui ont envahi mon âme pendant le sacrifice de la messe et au moment où Jésus s'est donné à moi. Il me semble que je les profanerais si j'essayais de te les exprimer. Puis-je d'ailleurs m'en rendre compte moi-même ? Dès mon entrée dans ces saints lieux n'ai-je pas été plongé dans une extase telle qu'il ne me reste plus qu'un souvenir délicieux mais vague de ces joies indéfinissables. » . . . .

CHAPITRE XXXI.

Mon projet de me consacrer à l'apostolat. — Présentation au P. Roothan, général des Jésuites. — Visite au cardinal Mezzofanti. — Présentation au pape.

Après avoir lu les fragments de lettres que j'adressais à ma tante, on appréciera l'exaltation de mon esprit et on ne sera pas étonné de la résolution soudaine que je pris de renoncer au monde et de me consacrer aux missions évangéliques. La perspective de l'apostolat pouvait seule satisfaire l'ardeur de ma foi et convenir à mes aptitudes.

Je fis part de ma résolution au père de Villefort, qui, sans me décourager, mit devant mes yeux les difficultés de toute nature que j'aurais à vaincre. — L'abbé Véron accueillit mon projet avec enthousiasme et ma tante à qui j'en avais fait part l'approuvait sans restriction. Elle me connaissait mieux que personne, cette mère de mon âme, et elle redoutait les conséquences de ma faiblesse si je rentrais dans le monde. Quelle joie n'était pas la sienne en songeant que son fils d'adoption allait se consacrer au service de Dieu.

Ma résolution étant immuable, je le croyais du moins, je demandai au père Villefort de vouloir bien me présenter au révérend père Roothan, supérieur général de l'ordre des Jésuites. — Il accéda à mon désir et nous pénétrâmes ensemble dans le vaste couvent du Gésu. Avant d'arriver au cabinet du supérieur général, nous traversâmes une longue enfilade de salles spacieuses dont les murailles étaient recouvertes, du haut en bas, d'étagères supportant d'innombrables volumes et des cartons où sont classées les correspondances de tous les membres de la société de Jésus répandus sur la surface du monde entier.

Des pères lisaient et écrivaient silencieusement dans toutes ces salles. J'étais déjà vivement impressionné quand j'arrivai à la dernière où le père Villefort me présenta à un jésuite, assis à une immense table sur laquelle étaient étalés des centaines de lettres ouvertes et des centaines de plis non décachetés. Nous étions devant le révérend père Roothan dépouillant la correspondance, qui chaque jour, lui parvient de toutes les contrées du globe. En nous apercevant il se leva lentement du siège en bois blanc sur lequel il était assis. Sa taille était élevée; on devinait que sa grande maigreur était causée par le travail et les austérités; sa physionomie était impassible; ses traits paraissaient sculptés dans de l'ivoire jauni par le temps; au-dessous de son front admirablement modelé s'ouvraient deux yeux qui semblaient d'abord éteints mais d'où jaillissaient parfois des éclairs. Les grands peintres flamands du seizième siècle n'auraient pu choisir un plus magnifique modèle pour représenter l'ascétisme dans ce qu'il a de plus sublime.

Je demeurai un instant médusé, pour ainsi dire, sous le regard pénétrant de cette grande figure.

Je dominai cette première impression quand d'une voix douce et grave le père Roothan m'adressa en excellent français, une question bienveillante au sujet de mes antécédents et de mon séjour à Rome. Je lui fis un exposé rapide et succinct des principaux événements de mon existence et je lui exprimai en terminant le désir ardent que j'avais de renoncer au monde et d'entrer dans la compagnie de Jésus pour me vouer à l'apostolat.

J'ai conservé dans ma mémoire la réponse presque textuelle de l'illustre supérieur général :

« Noble et salutaire pensée, me dit-il, mais est-elle le signe d'une véritable vocation où ne dois-je voir en elle que la conséquence passagère de votre repentir et de la surexcitation du sentiment religieux à peine réveillé en votre âme ? Mon devoir m'ordonne de mettre votre foi à l'épreuve. — Venez ici chaque jour ; un de nos pères vous énumérera les conditions exigées pour être admis dans notre ordre, il mettra sous vos yeux le tableau fidèle de la vie réservée à un religieux et si, après un temps dont je fixerai la durée en raison de votre piété, vous persistez à abandonner les jouissances du monde pour vous consacrer aux rudes labeurs de l'apostolat, je vous autoriserai à faire votre noviciat dans notre saint ordre !

Il n'y avait rien à objecter à la décision de cet homme dont chaque parole me semblait une sentence irrévocable...

Il désigna le père qui devait m'instruire et dès le lendemain j'allais passer une partie de mes journées au Gésu. — Que d'heures délicieuses s'écoulèrent ainsi au milieu de ces religieux dont le nom était naguère, dans ma bouche, un terme injurieux; de quelle tendresse, de quelle sollicitude ils m'entouraient !

Des plumes autorisées ont magnifiquement décrit Rome. Le charme inexprimable de son séjour, ses monuments païens et chrétiens, ses musées, les vues admirables dont on jouit des palais qui couronnent les collines sur lesquelles elle s'étend, ses environs parsemés des plus beaux vestiges du grand peuple. Je me garde donc bien de reproduire ici les descriptions que je retrouve dans ma correspondance avec ma tante. Je ne parle pas non plus de mes visites aux jeunes artistes de la villa Médicis, parmi lesquels se trouvait mon compatriote l'illustre peintre grenoblois Hébert, ni des nombreux personnages français et étrangers auxquels j'eus l'honneur d'être présenté, souvenirs précieusement conservés. Je me borne à relater les faits qui me sont personnels et qui ont exercé une influence quelconque sur ma destinée. Je ne résiste pourtant pas au désir de raconter une visite au cardinal Mezzofanti, directeur du collège de la propagande, qui parlait, lisait et écrivait quarante-cinq langues. Mes amis ayant entretenu ce prélat de ma présence à Rome et de mes antécédents, le célèbre polyglotte avait exprimé le désir de me voir.

Le cardinal, après m'avoir adressé quelques questions bienveillantes sur mon désir d'entrer dans les ordres m'engagea à lui parler arabe. Poussé par un malin désir de mettre en défaut sa linguistique, j'employai dans la phrase élogieuse que je lui adressai les expressions en usage chez les Arabes de la province de Mascara et j'adoptai les défauts de prononciation qui s'accentuent de plus en plus, chez les populations musulmanes habitants des contrées septentrionales de l'Afrique, à mesure qu'elles s'éloignent du Hedjaz, terre classique de la langue arabe.

« Oh! oh! me dit alors le cardinal Mezzofanti, *en arabe littéral*, vous employez là un langage peu correct, c'est ainsi que s'expriment les tribus des contrées centrales de l'Algérie, vous avez voulu mettre ma science à l'épreuve. »

Je restais confus et saisi d'admiration..... Mon illustre interlocuteur continua à converser avec moi avec l'accent pur du Hedjaz et se tournant vers les personnes présentes à notre entretien : « Jamais, dit-il, je n'ai rencontré un Européen parlant et prononçant la langue de Mohammed comme M. Léon Roches. Je comprends qu'il lui ait été facile de se faire passer pour un Arabe. — Nous l'enverrons convertir les musulmans! »

Mes chers abbés et M. de Ségur me ménageaient un autre honneur, une autre joie.

Grâces à leur intercession, le pape daignait m'accorder une audience.

Le pape ! le successeur de saint Pierre ! le vicaire du Christ ! le roi des rois de la terre ! Moi, hier encore couvert du vêtement de l'islamisme, moi dont les lèvres avaient naguère frôlé la pierre noire de la Caâba, et qui venais de recevoir l'hospitalité du grand scheriff de la Mecque, j'allais paraître devant le souverain pontife de la chrétienté et baiser ses pieds augustes. Ah ! Jésus l'a dit : « Les larmes du repentir effacent toutes les souillures ! »

Il me fut impossible de dormir durant la nuit qui précéda ma présentation au pape. Le lendemain, quand je fus conduit au Vatican j'étais tellement ému que je n'ai pas gardé le moindre souvenir de mon entrée dans le palais. Je suivis automatiquement le révérend père Vaures, un des pénitenciers français du pape. Les abbés Véron et de la Bouillerie étaient à mes côtés. Arrivés dans une vaste salle, nous nous agenouillâmes et j'entrevis à travers le nuage qui obscurcissait ma vue un vieillard vêtu d'une soutane blanche qui s'avançait vers nous. Je me prosternai et tandis que je baisais la croix d'or qui brillait sur sa chaussure, j'entendis une voix grave prononcer sur nos têtes les paroles solennelles de la bénédiction. Sans le secours de mes amis je n'aurais pu me relever. Touché sans doute de mon émotion le pape m'adressa en italien quelques paroles imprégnées d'une telle bienveillance que je repris un peu d'assurance et j'osai le regarder.

Grégoire XVI avait alors soixante-seize ans. Sa taille élevée annonçait encore une grande vigueur, sa physionomie respirait une simplicité enjouée contrastant avec les rides profondes qui sillonnaient ses traits, traces de ses graves préoccupations. Son chapeau de velours pourpre entouré d'une torsade terminée par de gros glands en or, placé sur le devant et un peu de côté sur sa vaste tête, le son de sa voix forte et un peu saccadée donnaient, oserais-je dire, un aspect militaire au caractère sacré empreint sur toute sa personne.

Si je m'étais senti écrasé sous la majesté du pape la bienveillance de Grégoire XVI me rassura.

Le père Vaures nous fit signe de nous relever, et debout devant Sa Sainteté je dus pendant près d'une demi-heure répondre aux questions qu'elle m'adressa au sujet d'Abd-el-Kader, du général Bugeaud et de la situation de la France en Algérie. Chacune de ces questions dénotait chez le souverain pontife une profonde connaissance de l'islamisme et une haute intelligence de la guerre. En me parlant du général Bugeaud le pape me dit entre autres : « Une des plus grandes difficultés qu'a dû surmonter Bugeaud, c'est d'emporter avec ses colonnes mobiles les vivres nécessaires pour prolonger ses excursions, vivres qu'on ne rencontre pas dans ces contrées comme en Europe. »

Et c'était en effet la grande préoccupation de l'illustre capitaine.

Le pape termina l'audience par une allusion encourageante à mon désir de me vouer aux missions apostoliques. A un signe du père Vaures je m'agenouillai et, par une faveur spéciale, le souverain pontife me présenta son anneau à baiser et me donna une nouvelle bénédiction.

Je reçus les chaleureuses félicitations de mes chers abbés. Je ne trouvais pas de termes pour leur exprimer ma reconnaissance. Je me hâtai d'aller verser mes joies intérieures dans le cœur de mon Petit-père bien-aimé, qui m'attendait au Gésu.

Hélas! cet état de béatitude ne devait pas être de longue durée.

CHAPITRE XXXII.

Le général Bugeaud me rappelle en Algérie. — Communication de l'ambassadeur de France. — Décision du pape. — Je quitte Rome.

Aussitôt après ma conversion j'avais écrit au général Bugeaud pour lui confirmer la lettre que je lui avais adressée d'Alexandrie à mon retour de la Mecque et par laquelle je lui avais transmis ma démission. Je lui faisais part de ma résolution d'entrer dans les ordres.

J'avais adressé la même communication à mon père.

Un jour, en rentrant chez moi, après ma visite quotidienne au Gésu, Isidore me remit un pli de l'ambassade de France dans lequel je trouvai deux lettres venant d'Alger et un billet de M. de Ségur me prévenant que S. E. M. de Latour-Maubourg ayant à me faire une importante communication désirait me recevoir le lendemain dans la matinée. J'ouvris en tremblant les lettres d'Alger. L'une était de mon excellent ami le capitaine Vergé, officier d'ordonnance du général Bugeaud. En voici le résumé :

« Notre chef a été vivement affecté à la réception de votre lettre. Il refuse absolument d'accepter votre démission. Il a demandé au ministre de la guerre d'intervenir auprès du ministre des affaires étrangères afin que l'ambassadeur du Roi à Rome prenne les mesures nécessaires pour vous renvoyer en Algérie. Vous êtes militaire et vous pouvez être considéré comme déserteur.

« Le général Bugeaud espère que vous ne le réduirez pas à la triste obligation d'user de moyens de rigueur à votre égard. Il sait les motifs qui vous éloignent d'Alger ; il connaît votre situation et celle de votre père, et il me charge de vous assurer qu'il sera heureux de l'améliorer autant qu'il dépendra de lui. Tout en vous félicitant de votre conversion il ne croit pas que vous possédiez les qualités indispensables à un ecclésiastique. Ce n'est point qu'il doute de votre sincérité, mais il attribue votre désir d'entrer dans les ordres bien plus à l'exaltation de votre imagination qu'à une vocation sérieuse. Et, d'ailleurs, quelle mission plus belle à remplir que celle de servir votre pays et d'apporter le concours des connaissances spéciales que vous avez acquises, à la civilisation des populations musulmanes de l'Algérie. »

L'autre lettre était de mon pauvre père. Désespéré de mon départ et de mon projet, il faisait appel à ma piété filiale. « Tu es mon unique soutien, me disait-il, je ne pourrais croire à la sincérité de ta vocation si le premier acte qu'elle t'inspirait était l'abandon de ton père. »

La lecture de ces lettres, dont je ne donne ici que la substance mais dont les termes exprimaient tant d'affection et tant de douleur me plongea dans un violent chagrin et de cruelles incertitudes. Le père de Villefort seul pouvait m'éclairer sur le parti que j'avais à prendre. Malgré l'heure indue je me rendis au Gésu et je pénétrai dans sa chambre. Il fut effrayé de l'altération de mes traits ; je ne pouvais parler, je lui tendis les deux lettres d'Alger. A mesure qu'il les lisait, je voyais des larmes sillonner ses joues amaigries ; quand il eut achevé cette lecture : « Mettons-nous en prières, me dit-il, et demandons à Dieu de nous inspirer. » Nous restâmes longtemps agenouillés. Il se leva enfin et me serrant dans ses bras :

« On arrive à Dieu par bien des voies différentes, mon cher enfant, pourvu qu'on observe fidèlement ses commandements. Or il nous commande d'honorer nos père et mère et d'obéir à nos supérieurs. Au souverain pontife, notre maître à tous, appartient de prendre une décision à votre égard ; quelle qu'elle soit vous devrez vous y soumettre. »

La douloureuse résignation du père de Villefort ne me laissait pas de doutes sur la décision du pape. Je sentis mon cœur se briser quand je quittai mon saint directeur.

Le lendemain, j'étais introduit dans le cabinet de l'ambassadeur qui me lut en partie les dépêches qu'il venait de recevoir du ministre des affaires étrangères. C'était la paraphrase de la lettre que mon ami Vergé m'avait adressée de la part du général Bugeaud.

« Mon attaché et mon jeune ami, le vicomte Gaston de Ségur m'a mis au courant de votre situation, me dit avec bonté M. le comte de Latour-Maubourg, et je comprends vos aspirations et vos incertitudes. Je n'ai pas besoin de vous dire que je repousse d'avance l'idée d'une coercition quelconque à votre égard, mais il est de mon devoir de vous conseiller d'aller reprendre le poste où vous, mieux que tout autre, pouvez rendre d'éminents services. Je suis autorisé à vous dire que le gouvernement du Roi est animé à votre égard des sentiments les plus bienveillants. Du reste je suis chargé par le ministre d'entretenir Sa Sainteté à votre sujet et, de sa bouche auguste émanera la décision devant laquelle, je n'en doute pas, vous vous inclinerez respectueusement. »

Je ne pouvais plus me faire illusion ; tout conjurait contre le projet dont je caressais la réalisation avec tant d'amour.

Mes chers abbés pleuraient avec moi mes douces espérances déçues, mais ils ne pouvaient que partager l'avis du Petit-père et de l'ambassadeur.

Le 18 mai, M. de Ségur, délégué par l'ambassadeur de France, me conduisit au Vatican dans une voiture de l'ambassade. Nous fûmes introduits dans le cabinet du pape qui, au moment où je m'agenouillais pour baiser sa mule approcha son anneau de mes lèvres : « Eh bien, me dit-il d'un air souriant, nous retournons en Algérie où l'exemple de notre piété et de nos vertus effacera le souvenir des fautes que nous y avons commises et des mauvais exemples que nous y avons donnés. C'est là votre mission, mon fils, elle sera en même temps profitable à vous et à votre pays. Allez, que Dieu vous maintienne dans ses voies, allez, soyez béni. »

Et il me donna sa bénédiction pour moi et pour tous les miens, accompagnée d'indulgences plénières.

Quand je relevai la tête le pape rentrait dans ses appartements. Je ne devais plus le revoir. Je retournai chez moi anéanti.

C'en était donc fait de mes rêves de paix et de tranquillité. J'allais m'éloigner pour toujours de la ville éternelle où Dieu m'avait miraculeusement rappelé à lui. J'allais me séparer de ces guides si sûrs qui m'avaient fait entrer dans les voies du Seigneur, de ces amis tendres et pieux au milieu desquels j'avais conquis cet état de l'âme où les intérêts matériels, les jouissances terrestres, les préoccupations de l'avenir n'attirent plus notre cœur captivé par l'amour de Dieu. J'étais arrivé à Rome affaissé sous le poids de l'infortune et les grâces que j'y avais reçues m'avaient subitement initié à la suprême félicité. Oh ! jamais séparation ne m'était apparue si cruelle ! Et, où devais-je diriger mes pas ? Vers cette terre d'Afrique, théâtre de mes erreurs, où j'avais tant souffert et où m'attendait la situation pénible à laquelle j'avais voulu me soustraire en m'exposant à une mort que je croyais certaine !

Mais j'avais la foi, et, grâces à ce don sublime, aucune pensée de révolte ne trouva accès dans mon esprit. Le vicaire de Jésus-Christ avait parlé, je devais obéir. J'offris à Dieu ma douleur en expiation de mes péchés.

J'allai me réconforter encore auprès de mon Petit-père bien-aimé et de mes chers abbés qui cachaient leur chagrin pour ne pas augmenter le mien. Que d'assurances d'inaltérable affection! que de pieuses recommandations!……

Je pris congé de toutes les personnes qui m'avaient accueilli avec tant de bienveillance et qui m'accompagnaient de leurs vœux.

Je quittai Rome le 25 mai 1842.

O Rome! ton image ne s'effacera jamais de ma mémoire!

Quand je relis les lettres brûlantes de foi que j'adressais à ma tante à l'époque de ma conversion et quand je reporte ma pensée vers cette époque, la plus heureuse, sans contredit, de ma longue existence, je suis en proie au remords des fautes que j'ai commises après avoir été l'objet de tant de grâces. Certes, ma foi n'a pas varié, mais que d'années écoulées dans l'indifférence, cette torpeur de l'âme! Hélas! il a fallu que le Seigneur me frappât dans mes affections les plus chères (1), pour me rappeler définitivement à lui et à l'observance des lois de son Église.

Puisse cet aveu public de mes défaillances et de mon sincère repentir me mériter l'indulgence de ceux que j'ai scandalisés et me rendre digne de la miséricorde divine!

Comme complément à un chapitre où je découvre les sentiments les plus intimes de mon âme, je crois que mes lecteurs ne liront pas sans intérêt la lettre que m'adressait, au sujet de ma conversion, M. M. de L., cet ami de mon enfance qui fut le confident de mes premières impressions, lors de mon arrivée à Alger en 1832 (2).

Je saisis d'ailleurs cette occasion de donner à sa famille, que je considère comme la mienne ce nouveau témoignage

---

(1) En 1873 la fille cadette de M. Léon Roches est morte des suites de couches, à l'âge de vingt-quatre ans.

(2) Ier volume, livre Ier.

de ma tendre amitié et, je pourrais dire de mon admiration pour ce grand homme de bien dont la mort édifiante a été le couronnement d'une existence irréprochable.

Voici sa lettre :

Tain (Drôme), 28 mai 1842.

Cher enfant prodigue, te voilà donc de retour ! Oh ! mon Léon, je te dois bien des joies, mais que ton esprit aventureux m'a causé d'angoisses ! Je t'ai pleuré quand tu es allé auprès d'Abd-el-Kader, je t'ai pleuré encore quand tu m'as annoncé ton départ pour la Mecque ! Et pourtant, je n'ai jamais désespéré, car ma mère, *notre* mère veux-je dire, t'avait placé sous la protection de la vierge Marie. Enfin te voilà revenu, Dieu soit loué !

Que je te raconte bien vite l'effet produit par l'arrivée de ta lettre datée de Rome.

La famille était réunie autour de cette table où tu t'asseyais tout enfant lorsque le facteur a frappé. Tu te rappelles les pressentiments extraordinaires de la mère : « Voilà des nouvelles de Léon, » s'écrie-t-elle. Je m'élance, j'arrache l'énorme pli des mains du facteur, je reconnais ton écriture et je rentre dans la salle à manger tremblant d'émotion et pouvant à peine prononcer ces paroles : « Oui c'est une lettre de Léon. » Mes sœurs, mes nièces m'entourent et veulent que j'ouvre la lettre ; « arrêtez-vous, dit la mère avec la voix brève et sévère que tu connais, Dieu a conservé un enfant à notre famille, avant tout, rendons-lui grâces. » Et tous à genoux nous avons fait une fervente prière. Comment achever le repas ? nous étions trop émus, trop impatients. Nous montons tous dans la chambre de la mère ; elle s'installe dans le grand fauteuil où elle t'a si souvent dorloté quand tu étais petit ; nous nous groupons autour d'elle et c'est *ta sœur* Louise qui est désignée à l'unanimité pour faire la lecture de la lettre du cher Léon l'Africain. Tous savent bien que l'émotion me gagne aussitôt que je te lis. Pourquoi n'as-tu pu assister à cette scène de famille ? Quelles émotions diverses et profondes se lisaient sur toutes les physionomies ! L'étonnement, la crainte, l'admiration, la douleur, la joie... mais aussi, mon chéri, est-il permis d'avoir de pareilles aventures ?

Ah ! tu aurais été bien coupable si tu ne t'étais pas montré reconnaissant envers Dieu de la protection miraculeuse dont il t'a toujours entouré ! Te voilà donc bon chrétien, comme nous l'étions à l'époque de notre première communion, t'en souviens-tu ? Quelle joie pour toute la famille !

Mais, faut-il te l'avouer ? tous, excepté la mère, nous avons éclaté de rire à la pensée que nous aurions pu te voir en soutane.

« Vous avez tort, nous a-t-elle dit sévèrement, de plaisanter au sujet d'une résolution qui était la conséquence inévitable de la réaction qui s'opérait dans l'âme ardente de notre Léon. Il était naturel qu'il cherchât dans les perspectives du martyre de l'apostolat la rémission de ses péchés. Heureusement notre Saint-Père a compris cette nature disposée aux partis extrêmes et lui a indiqué sa véritable mission ; à nous de prier Dieu pour qu'il persévère dans ses voies. »

Tu sais avec quelle respectueuse soumission nous acceptons les observations de la mère ; nous avons donc réprimé notre envie de rire et tu peux être certain que la famille priera chaque jour pour toi.

Nous voulons que tu dises à ton fidèle Isidore que nous l'aimons tendrement pour le dévouement dont il t'a donné tant de preuves, et moi, en particulier, en songeant à nos cavalcades d'enfants, je te charge de caresser de ma part l'encolure de ton beau Salem.

Je ne te donne aucune commission pour ton père, je lui adresse directement mes félicitations.

LIVRE VI.

CAMPAGNES D'AFRIQUE.

RÉCITS ÉPISODIQUES.

1842 à 1844.

CHAPITRE XXXIII.

Départ de Rome. — Arrivée à Alger. — Accueil du gouverneur général, de mon père, de mes camarades et de mes amis musulmans.

L'abbé Véron, comprenant et voulant adoucir le chagrin que j'éprouvais de quitter Rome, me ménageait une douce surprise. Je le trouvai installé dans le vetturino que j'avais loué pour me conduire à Civitta Vecchia, et il m'accompagna jusqu'au paquebot faisant le service entre Naples et Marseille. Là aussi m'était réservé un allégement à ma douleur ; Mme la comtesse de Gontaut-Biron, accompagnée de son fils (1) et de sa charmante belle-fille, rentrait en France et avait pris passage sur le même paquebot. Quel précieux souvenir je conserve de la bienveillance dont m'a honoré cette femme si distinguée, cette grande chrétienne ! Arrivés à Marseille, nous fîmes ensemble le pèlerinage de Notre-Dame

---

(1) Le comte Armand de Gontaut-Biron qui, après nos terribles désastres, a rempli si dignement la difficile mission de représenter la France à Berlin.

de la Garde, et je partis pour Toulon, accompagné de ses vœux et de ses prières. Je fus embarqué sur un bâtiment à vapeur de l'État commandé par le lieutenant de vaisseau Marceau, celui même qui m'avait ramené d'Oran à Alger en 1839. Cet officier, éminemment religieux, avait alors reçu à son bord, avec une sorte de répulsion, l'homme qu'on accusait d'avoir abjuré ; revenu depuis de cette fâcheuse opinion, il m'accueillit avec la plus parfaite distinction. Comme moi, c'était pendant un séjour à Rome que la grâce l'avait touché. Aussi je laisse à penser quelle intimité immédiate naquit de cette coïncidence, et avec quelle rapidité s'écoula le temps de notre traversée.

Le 3 juin 1842, à trois heures du matin, je me promenais sur la dunette avec le commandant Marceau, que l'officier de quart avait prévenu de l'apparition de la terre, quand je vis émerger peu à peu à l'horizon la silhouette des murailles crénelées de l'ancien Alger. Avec quelles appréhensions je revoyais cette terre d'Afrique où j'avais été soumis aux cruelles épreuves qu'une sorte d'intuition m'avait fait prévoir, lorsque, le 12 juillet 1832, je l'apercevais pour la première fois !

Alger que j'avais quitté avec la ferme résolution de ne plus y revenir ! Qu'est donc la volonté de l'homme devant les desseins de Dieu ?

J'allais m'y retrouver en face de la situation à laquelle j'avais voulu me soustraire ; heureusement un grand changement s'était opéré dans tout mon être, et je puisais dans les sentiments religieux dont j'étais animé le courage d'en supporter les pénibles conséquences.

Mais quel accueil allais-je recevoir du général Bugeaud ? Dans quelles dispositions allais-je retrouver les créanciers de mon pauvre père ? Comment ma conversion, si prompte, si extraordinaire, serait-elle considérée par mes camarades ?

Peu de jours après mon arrivée à Alger, j'étais délivré de ces appréhensions.

Le général, animé à mon égard des sentiments de la plus exquise bienveillance, affecta de me parler uniquement des dangers que j'avais courus en remplissant la mission qu'il m'avait confiée, et des heureux résultats qu'elle devait produire. Il se félicitait surtout de revoir auprès de lui l'interprète dont il avait plus d'une fois regretté l'absence.

A part quelques plaisanteries anodines, mes camarades, ne mettant point en doute la sincérité de mes nouvelles convictions, m'accueillirent avec leur cordialité habituelle : deux, surtout, le capitaine Vergé et le lieutenant de Garraube (1), attachés à l'état-major du général Bugeaud, qui venaient d'acquérir de nouveaux droits à mon amitié par la sollicitude et les tendres soins dont ils avaient entouré mon père pendant mon absence. Plus de quarante années se sont écoulées depuis le commencement de nos relations, et le temps et les séparations ont rendu plus solides encore les liens qui nous unissent.

Les créanciers de mon père se déclarèrent prêts à attendre patiemment l'époque où je pourrais les désintéresser.

---

(1) Le lieutenant Edmond Valton de Garraube, fils du général de Garraube, ami et collègue à la chambre du général Bugeaud, fut attaché à l'illustre gouverneur général de l'Algérie en qualité d'officier d'ordonnance (1841). A la suite de plusieurs citations à l'ordre de l'armée, il fut successivement nommé capitaine, chevalier de la Légion d'honneur et chef de bataillon (1845). Fils unique d'une mère qui l'adorait et dont la santé était chancelante, le jeune commandant donna sa démission pour l'entourer de ses soins. Possesseur d'une grande fortune territoriale, il vit aujourd'hui dans le château de Garraube (près Bergerac), construit par le chef de sa famille, le chevalier Valton, noble seigneur anglais attaché à la cause de Henri IV. Chaque année, depuis que la République m'a mis à la retraite (septembre 1870), je vais passer quelques semaines auprès de mon ancien camarade, dont l'aimable et large hospitalité est proverbiale dans le Périgord. Quelles douces heures passées à évoquer nos chers souvenirs d'Afrique !

Et mon père! ai-je besoin de dire la joie dont fut inondé son cœur quand il retrouva le fils qu'il croyait avoir à jamais perdu?

Le bruit de ma mort, répandu par des pèlerins présents à la Mecque, lors de mon enlèvement, avait affligé plusieurs de mes amis musulmans et entre autres Sidi Mohammed. Ce malheureux fils d'Omar pacha qui pleurait toujours l'absence de son frère et de sa mère, la noble Yemna. Je reconfortai mon ami en lui racontant ma visite au vice-roi d'Égypte et en lui rapportant fidèlement les paroles bienveillantes de l'ancien compagnon de son père (1). Lella Aischa et sa belle enfant Aouéonèche ne furent pas les moins heureuses de mon retour et j'éprouvais une vive satisfaction en retrouvant mes anciens amis de Braham Reïs. Ils plaçaient en moi le seul espoir qui leur restait de revoir leurs chers exilés.

J'apportai également quelques consolations à la pauvre Messaouda, la fidèle nourrice de Khadidja, dont je pus assurer l'avenir grâce à la bienveillance de M. le comte Guyot, alors intendant civil.

Une de mes moindres satisfactions, oserai-je l'avouer, ne fut pas celle de retrouver mon superbe cheval (Salem), présent d'Abd-el-Kader, que mon camarade, le capitaine Vergé, avait fait si bien soigner pendant mon absence. Il faut être cavalier pour bien comprendre le sentiment indéfinissable de joie que j'éprouvai en serrant de nouveau entre mes jambes ce noble animal toujours fougueux et docile et auquel se rattachaient de si terribles et si chers souvenirs.

La situation était donc bien meilleure que je ne l'avais pensé. Entouré d'affections solides et honoré des bontés et de la confiance de mon illustre chef, j'entrevoyais, à travers

---

(1) Voir la notice sur Omar pacha, tome Ier, livre Ier, chapitre IV.

un avenir moins sombre, mainte occasion de rendre d'utiles services à mon pays.

C'est alors surtout que je reconnus la haute sagesse de Grégoire XVI qui, ayant compris mes véritables instincts, m'avait détourné d'une voie où me poussait l'exaltation de mon esprit, et m'avait indiqué la mission à laquelle je devais me consacrer. Je pris vis-à-vis de moi-même l'engagement de repousser désormais les suggestions de mon esprit aventureux, et de me borner à accomplir les devoirs que m'imposeraient les fonctions auxquelles je serais appelé.

J'ai tenu cet engagement et j'ai, pendant trente années consécutives, consacré au service de la France, dans les diverses missions qui m'ont été confiées, tout ce qu'il y avait en moi de zèle, d'activité et de dévouement.

L'ère romanesque de mon existence a donc pris fin au moment où je revenais à Alger (juin 1842). J'espère, toutefois, que mes lecteurs ne liront pas sans intérêt le récit des événements qui vont suivre et où j'ai joué un rôle, soit comme interprète militaire attaché au maréchal Bugeaud, soit comme représentant de la France en pays musulmans.

CHAPITRE XXXIV.

Mes relations avec Tedjini. — Organisation de mes émissaires. — Défiances des Arabes. — Lettre à Abd-el-Kader. — Réflexions sur mes récits.

Dès mon arrivée à Alger je me mis donc à l'œuvre avec l'ardeur que j'ai toujours apportée à ce que j'ai entrepris.

Je devais d'abord profiter des heureux résultats qu'avait déjà produits sur l'esprit des musulmans de l'Algérie la publicité donnée à la *fettoua* de Kairouan, du Caire et de la Mecque par les *khouan* (confréries) de Tedjini, de Sidi Eukba, de Moulay Taïeb, et des Oulad Sidi Cheikh, dont les *mokaddem* m'avaient aidé à obtenir cette importante décision.

A cet effet, il était indispensable de me mettre en communication avec ceux des chefs arabes qui, n'étant pas animés de la foi ardente de l'émir, désiraient en secret la fin d'une guerre dont la continuation menaçait leur vie, leur famille et leurs biens. Mais la surveillance exercée par Abdel-Kader et ses agents rendait ces communications très difficiles sinon impossibles; un seul homme, alors (1842), pouvait m'en fournir les moyens : c'était Sidi Mohammed Tedjini, mon ancien ami d'Aïn-Madhi, dont le puissant concours m'avait été déjà si précieux. Je lui expédiai immédiatement le fidèle et intelligent mozabite qui lui avait porté mon premier message (1), et voici un extrait de sa réponse :

---

(1) Voir le tome Ier, livre IX, page 412.

« . . . . Mon cœur était encore en proie à la douleur qui l'avait envahi lorsque notre serviteur Jhaïa ben Ahmed El Bouzidi (1), à son retour de la Mecque, m'annonça l'événement de Aârafat (2); mais l'heure de notre mort est écrite sur le livre de l'Éternel, et la main de l'homme ne peut l'avancer ni la reculer. Grâces soient rendues à Dieu qui t'a conservé et qui n'a pas effacé de ta mémoire le souvenir de l'amitié qui nous lie. Le créateur la bénira cette amitié, tant que nos efforts communs tendront à préserver ses créatures des malheurs qui les menacent.

« Ta saine raison a jugé avantageux à la cause de la paix, que nous soutenons réciproquement, de te mettre en relations avec les chefs des tribus que Sid El Hadj Abd-el-Kader entraîne à la guerre; j'approuve ce projet et j'ai choisi parmi les membres de ma zaouïa huit serviteurs qui, chargés d'entretenir des rapports fréquents avec les divers khouan (3) Algériens, peuvent parcourir tout le pays, des frontières de Tunis à celles du Maroc, sans exciter le moindre soupçon. Chacun d'eux porteur d'un d'hair (4) revêtu de mon cachet devra te remettre une lettre également revêtue de mon sceau qui l'accréditera auprès de toi. Je me rends garant de leur discrétion et de leur fidélité; quant à leur intelligence, l'expérience t'en donnera la preuve. »

Ai-je besoin de dire que je soumettais préalablement mes moindres démarches à l'approbation du général Bugeaud dont la confiance, je pourrais dire illimitée, faisait peser sur

(1) Le brave mokaddem qui m'avait rejoint à Kairouan, puis au Caire, d'où nous nous étions rendus ensemble à la Mecque.
(2) Comme tous les pèlerins présents à mon enlèvement à Aârafat, mon compagnon le mokaddem fut persuadé que j'avais été mis à mort, ainsi que le grand chérif en avait donné l'assurance au kadhi de la Mecque.
(3) Membres des confréries.
(4) Brevet.

moi, simple interprète, une responsabilité redoutable? Cette position exceptionnelle n'aurait pas manqué d'amener de graves conflits entre M. le commandant Daumas, directeur des affaires arabes, et moi, si mon chef, respectueux des règles de la hiérarchie, n'avait prévenu cet officier du rôle qu'il entendait me confier.

Une sincère affection dont nous nous étions donné réciproquement tant de preuves, m'unissait à Daumas et était une garantie de bonne entente entre nous ; aussi, pendant les quatre années durant lesquelles il a été chargé de la direction des affaires arabes, tandis que j'étais l'interprète du maréchal Bugeaud, jamais le moindre dissentiment n'est survenu entre nous. Cette entente nous était commandée et par le désir ardent que nous avions de concourir à la grande œuvre de notre chef et, il faut bien le dire, par la force des choses, car de cette entente dépendait le succès de nos missions respectives.

Les fonctions de Daumas le retenaient presque constamment à Alger, tandis que j'accompagnais le général Bugeaud dans toutes ses campagnes ; mais une correspondance active maintenait une complète unité d'action entre les deux principaux agents de la politique arabe, dirigée de haut par le gouverneur général.

Les serviteurs que Sidi Mohammed Tedjini devait mettre à ma disposition arrivèrent successivement à Alger, et me présentèrent les *d'hairs* et les lettres qui les accréditaient auprès de moi. Ils furent amenés dans une maison tierce, pendant la nuit, et, à l'exception de mon fidèle mozabite, personne ne put ni les connaître ni se douter de nos relations. La moindre indiscrétion eut compromis et leurs personnes et le succès de leurs démarches.

Pendant trois années consécutives, ces émissaires constamment en route, exposés à de cruelles fatigues et à de terribles dangers, ne m'ont jamais donné lieu de suspecter leur bonne foi. Quand je rendais compte au général Bugeaud des missions qu'ils venaient de remplir, il était émerveillé de leur audace et de leur sagacité.

Certes, mon chef m'autorisait à récompenser généreusement leurs services, mais avec l'argent seul je n'aurais pu obtenir de pareilles preuves d'intelligence, de fidélité et de dévouement. Le mobile le plus puissant qui les faisait agir prenait sa source dans leur aveugle soumission aux ordres de leur maître, représentant pour eux l'autorité civile et religieuse.

Ces braves gens se mirent donc en campagne et furent bientôt en mesure de me rapporter l'assurance de l'accueil favorable que plusieurs chefs, mes anciens amis, réservaient aux ouvertures que je les avais chargés de leur faire. Tous, me dirent-ils, avaient été très flattés du souvenir que je leur conservais et n'attendaient que l'établissement définitif des Français dans leur contrée pour venir, eux et leurs tribus, faire acte de soumission au khalifa *du sultan de France.* C'est ainsi que je désignais aux Arabes le gouverneur général de l'Algérie.

Mais, malgré leurs bonnes dispositions et leurs belles promesses, les renseignements de mes émissaires me laissaient entrevoir que, en dehors du sentiment religieux et de la crainte que leur inspirait Abd-el-Kader, un obstacle plus puissant encore arrêtait la soumission des Arabes. Cet obstacle, je ne pouvais en douter, c'était le manque de confiance des tribus dans la durée de notre occupation.

Et, en effet, depuis la conquête d'Alger, nos tergiversations étaient bien de nature à faire naître, dans l'esprit des indigènes, des méfiances que la politique habile de l'émir avait grand soin d'entretenir.

Je résume ici le langage tenu à mes émissaires par les chefs arabes dont ils m'apportaient des messages :

« Quand les Français ont pris Alger, disaient-ils, nous sommes accourus pour les combattre, parce que Dieu nous fait une obligation du *djihad* (guerre sainte). Mais, comme nous ne tardâmes pas à reconnaître que nos efforts étaient impuissants contre les armées de nos conquérants, et qu'ils nous disaient dans leurs proclamations : « *Les Turcs nous ont offensés, nous les avons vaincus et chassés et Dieu nous a mis à leur place; nous vous considérons comme des amis, et si vous vous soumettez, nous vous gouvernerons avec plus de clémence et de justice que vos anciens maîtres et nous respecterons vos familles, vos biens et votre religion,* » nous avions confiance dans la parole du lieutenant du sultan de France et, malgré notre antipathie pour les chrétiens, nous n'étions pas éloignés de lui faire acte de soumission.

« Nous nous attendions à voir vos armées s'établir dans les villes et les forts occupés par les Turcs, et y soutenir par leur présence le pouvoir des chefs que vous auriez choisis parmi nos grandes familles. Au lieu de ces mesures, qui nous eussent inspiré confiance, vous vous êtes renfermés dans les villes de la côte; de là vous avez dirigé contre nous des expéditions meurtrières, sans suite et sans but. Cependant, quelques tribus se soumirent, quelques chefs allèrent à vous, mais vous les avez abandonnés au moment où il fallait les protéger. Dans le premier traité de paix que vous avez conclu avec Abd-el-Kader (1), vous avez livré à son ressentiment les douairs et les smalas qui s'étaient ralliés à vous; puis, ayant compris les désavantages de ce traité avec l'émir, vous avez recommencé une guerre qui n'a pas duré moins de quatre années. Pendant cette guerre, vous avez porté la mort et la ruine dans tout le pays, et vous avez encore obtenu la soumission d'un certain nombre de

---

(1) Traité Desmichels, 1833.

tribus qui ont cru aux promesses que vous leur aviez faites de ne jamais les abandonner, et voilà que vous concluez avec Abd-el-Kader un nouveau traité (1) par lequel vous avez replacé ces mêmes tribus sous son autorité, c'est-à-dire que vous les avez livrées à sa vengeance. Comment voulez-vous, après de pareils exemples, que les Arabes aient confiance en votre parole ? Dernièrement encore n'avez-vous pas envoyé des propositions de paix à Abd-el-Kader par le chrétien *Natale-Manucci* (2) ? Et Abd-el-Kader ne proclame-t-il pas qu'il est sur le point de conclure un nouveau traité avec le sultan de France, et ne menace-t-il pas des punitions les plus terribles tous les musulmans qui se soumettraient aux chrétiens ?

« Si vous voulez obtenir des soumissions réelles et durables, il faut qu'il soit bien évident pour tous que vous avez l'intention formelle de vous établir pour toujours dans notre pays, et que vous êtes désormais décidés à ne conclure aucun arrangement, ni aucun traité qui replaceraient sous l'autorité de l'émir les tribus qui seraient venues à vous. »

Ce document, mis sous les yeux du général Bugeaud, ne laissa aucun doute, dans son esprit clairvoyant, sur la nécessité de convaincre les Arabes de la résolution immuable prise par la France d'étendre sa domination sur toutes les contrées de l'Algérie, plaines, montagnes et désert, après en avoir chassé Abd-el-Kader.

Dans ma correspondance avec les chefs de khouan et mes anciens amis, je les mettais donc en garde contre la politique de l'émir, et je leur déclarais, au nom du gouverneur général, que désormais la France ne consentirait plus jamais à traiter avec lui.

(1) Traité de la Tafna, 1837.
(2) Cet intrigant allié de l'Israélite Ben D'ran, avait été en effet chargé d'une sorte de mission auprès de l'émir, à l'époque de mon voyage à la Mecque.

Le général Bugeaud voulut en outre faire savoir directement à Abd-el-Kader son intention formelle de le combattre à outrance et de n'écouter aucune de ses propositions sous quelque prétexte que ce fût. A cet effet, il m'autorisa à lui écrire et à lui faire parvenir secrètement ma lettre par le plus habile de mes émissaires. Voici la copie de cette lettre :

« A Sid El Hadj Abd-el-Kader ben Mahhi-Ed-Din.

Seigneur, je dois te dire, avant toute chose, que je t'adresse cette lettre confidentielle et personnelle avec la permission de mon illustre chef le général Bugeaud, khalifa du roi des Français dans le royaume d'Alger.

Près de trois années se sont écoulées depuis le jour où, souvenir cruel, je te déclarai que t'ayant trompé en feignant d'être musulman, je préférais mourir plutôt que de combattre mon pays. Ta loi t'imposait alors le devoir de m'envoyer au supplice. Le dévouement affectueux dont je t'avais donné tant de preuves, et le courage de mon aveu calmèrent sans doute ton juste courroux; tu épargnas ma vie. Je n'oublierai jamais cet acte magnanime et chaque fois que, sans enfreindre mes devoirs de serviteur de la France, je pourrai te donner une preuve de ma gratitude, je le ferai avec bonheur.

Je crois que l'occasion se présente aujourd'hui d'éclairer mon ami sur les dangers de sa situation.

Ah ! si tu avais écouté les conseils désintéressés de celui que tu appelais Omar, tu n'aurais pas attiré sur les musulmans que Dieu avait confiés à ta garde, les malheurs d'une guerre que tu soutiens avec la certitude d'être vaincu. Si tu avais observé, sans arrière-pensée, non pas seulement la lettre, mais l'esprit du traité que tu avais conclu avec la France, tu règnerais paisiblement sur des populations que tu avais pour mission de régénérer et de rendre prospères. Mais, regrets inutiles ! (*Elli Fêt mêt* — ce qui est passé est mort).

Aujourd'hui, écouteras-tu celui dont une cruelle expérience t'a prouvé la clairvoyance et la sincérité ?

Renonce, crois-moi, à une lutte inégale et dont le résultat certain est la ruine des populations que tu forces à la soutenir avec toi. Mais, me diras-tu, Dieu m'ordonne de combattre les infidèles, et la mort la plus glorieuse que puisse désirer un vrai croyant, c'est la mort dans le djihad (guerre sainte). Oui, Seigneur, il est écrit dans le Coran que le musulman mourant dans le djihad a droit aux félicités éternelles de la Djenna (paradis) ; mais le djihad, pour être agréable à Dieu, doit être soutenu dans les conditions prévues par la loi. Cette loi, je la connais, puisque, tu dois le savoir, je suis allé moi-même interroger à Kairouan, au Caire et à Taïf les ulémas les plus renommés de l'islamisme. Eh bien, leur souveraine décision peut-elle laisser un doute dans l'esprit d'un homme intelligent ?

« *Quand*, dit la fettoua, *un peuple musulman dont le territoire a été envahi par les infidèles, les a combattus aussi longtemps qu'il a conservé l'espoir de les en chasser, et, quand il est certain que la continuation de la guerre ne peut amener que misère, ruine et mort pour les musulmans, sans aucune chance de vaincre les infidèles, ce peuple, tout en conservant l'espoir de secouer leur joug avec l'aide de Dieu, peut accepter de vivre sous leur domination, à la condition expresse qu'ils conserveront le libre exercice de leur religion et que leurs femmes et leurs filles seront respectées.* »

Je te le demande, Seigneur, peux-tu conserver le moindre espoir de vaincre les armées de la France ? N'as-tu pas vu dans mille rencontres dix soldats français mettre en fuite cent guerriers musulmans, tandis que la loi du djihad ordonne à dix guerriers musulmans d'accepter le combat contre cent chrétiens ! Quelle terrible responsabilité n'assumes-tu pas devant Dieu en attirant sur des populations inoffensives et sur des femmes, des vieillards et des enfants, tous les fléaux de la guerre?

Et, je te le dis en vérité, ne compte plus sur un nouveau traité de paix.

La France est décidée à te chasser du territoire de l'Algérie dont elle veut seule gouverner les habitants. Le khalifa du roi a l'ordre de repousser toutes les propositions que tu lui adresserais, serait-ce même pour l'échange des prisonniers, car on ne traite qu'avec un chef d'État et tu as perdu ce titre à ses yeux le jour où tu as déchiré le traité de la Tafna.

Voilà, Seigneur, la vérité. En dehors de ce qui précède, tout ce que peuvent te dire des intrigants sans foi ni sans mission, est absolument faux, et l'avenir te le prouvera.

Je dois ajouter à cette lettre les paroles textuelles que me charge de te transmettre le général Bugeaud :

« *Dites à Abd-el-Kader que je suis autorisé par le roi de France à lui donner l'aman le jour où il déposera les armes. L'aman de Dieu pour lui, pour sa famille et pour tous ceux de ses compagnons qui voudront le suivre. Nos vaisseaux les transporteront dans un des ports du sultan de Constantinople où le gouvernement mettra chaque année à la disposition de l'ex-émir la somme nécessaire pour lui assurer une existence digne du rang qu'il a occupé.* »

Je connais trop tes sentiments, Seigneur, pour supposer que des considérations personnelles de tranquillité et de fortune puissent influer sur tes décisions; aussi est-ce au nom de l'humanité et de ta gloire dans ce monde et dans l'autre que je te supplie d'écouter ma voix. Songe que le Seigneur et ses créatures te demanderont compte, au grand jour du jugement, du sang que tu auras fait répandre en continuant une lutte condamnée par les plus illustres commentateurs du Coran.

Que Dieu t'éclaire ! »

Bien que mon séjour au Caire et mon voyage à la Mecque m'eussent permis de faire de grands progrès dans l'étude de la langue arabe, j'ai toujours eu recours pendant ma carrière, soit comme interprète soit comme représentant de la France en pays d'islam, à la collaboration d'un musulman lettré, pour la rédaction des lettres importantes que j'avais à adresser à des chefs indigènes. A moi le fonds, à lui la forme. Je les écrivais toutefois de ma main afin de leur donner plus d'authenticité.

En agissant ainsi, j'ai conservé parmi les musulmans la réputation de *aalêm* (savant), que dans mon for intérieur je savais ne pas mériter, mais qui m'a permis d'obtenir de grands résultats. A mesure, en effet, que nous avancions dans l'intérieur du pays, les personnages avec lesquels j'entretenais des correspondances, avaient foi dans l'*aman* que je leur donnais au nom du maréchal, et arrivaient sans crainte dans son camp.

Ce chapitre, en indiquant les moyens d'investigation que j'avais organisés et la part d'influence que j'exerçais sur un grand nombre de personnages arabes, explique la position exceptionnelle que j'occupais auprès du maréchal Bugeaud, position toutefois qui ne m'a jamais fait oublier mon rôle d'interprète.

Comprendre les larges vues de mon illustre chef, les seconder dans la limite de mes fonctions, me pénétrer de sa pensée et l'exprimer dans les termes appropriés au génie et au caractère du peuple qui m'écoutait, tel était le but vers lequel tendaient mes efforts.

Aussi les Arabes dans leur langage pittoresque disaient-ils :

Oul'd Rouche, rouahh oua quèlàm el marichan, le fils de Roches, c'est l'âme et la parole du maréchal.

L'exposé de cette situation était en outre nécessaire, il me semble, afin de justifier l'initiative pour ainsi dire audacieuse que je prenais dans certaines circonstances, fort que j'étais de mon profond dévouement à mon chef, de sa parfaite bienveillance et de la connaissance que j'avais acquise des éléments sur lesquels j'opérais. Je tiens encore à répéter ici, ce que je dis dans le premier volume de cet ouvrage, c'est que je n'ai pas la prétention d'écrire l'histoire des campagnes du maréchal Bugeaud en Afrique, tâche déjà remplie par plus d'un écrivain autorisé, et notamment par le comte d'Ideville, dont l'ouvrage est un superbe monument élevé à la mémoire de l'illustre capitaine et du grand citoyen.

Je me borne à raconter quelques épisodes de cette glorieuse époque où, à côté de la grande personnalité du maréchal, je tâche de mettre en lumière le caractère et les sentiments intimes des Arabes placés sous notre domination. A travers ces récits, entremêlés de lettres, mes lecteurs pourront en outre suivre mes traces et retrouver les personnages plus ou moins importants que je leur ai successivement présentés.

Le cœur de mes chers camarades d'Afrique tressaillera en lisant ces souvenirs des belles années de leur jeunesse militaire; et ceux de mes compatriotes appelés à gouverner des Arabes ou à traiter avec des puissances musulmanes y puiseront, j'espère, quelques utiles renseignements.

CHAPITRE XXXV.

Investiture de Mahhi-ed-Din, khalifa de Sebaou. — Octobre 1842.

Un des khalifa d'Abd-el-Kader, nommé Ben Salem, menaçait les Arabes soumis de l'est de la Mitidja, en excitant contre eux les tribus mi-parties arabes et kabyles qui, à partir de l'oued Isser, occupent les contreforts ouest du grand pâté du Djurdjura. Le général Bugeaud (1), préparant déjà son expédition dans l'Ouarensenis et ne voulant pas laisser derrière lui un ennemi qui, profitant de son absence, pût, à un moment donné, pénétrer dans la Mitidja, marcha de sa personne contre Ben Salem.

Ce khalifa ne nous opposa qu'une faible résistance, mais les tribus dont nous traversâmes le territoire ne cessèrent de harceler les flancs et la queue de notre colonne, sans offrir au général en chef l'occasion de livrer un combat décisif.

Les Beni-Sliman, dont les contingents marchaient avec nous, avaient opéré quelques ghazias sans résultat, et mes émissaires, malgré leur habileté, n'avaient pu entamer aucune relation avec les chefs de ces contrées. Et pourtant nos vivres s'épuisaient, et la saison des pluies était arrivée. La

---

(1) Jusqu'au 6 août 1843, date de son élévation au maréchalat, l'illustre gouverneur général de l'Algérie est désigné par moi sous le titre de général Bugeaud.

situation devenait, sinon périlleuse, du moins fort embarrassante.

Je rendais, un soir, compte à mon chef de l'inutilité de mes démarches, quand un de mes émissaires m'apporta une lettre de la part de Sidi Mohammed ben Mahhi-ed-Din, descendant du célèbre marabout Mahhi-ed-Din, chef religieux et temporel de la grande tribu des Beni-Djaâd, que j'avais connu khalifa de Sebaou, lors de mon séjour auprès d'Abd-el-Kader. Il me faisait demander l'*aman* afin de se rencontrer avec moi.

Le général auquel je racontai la haute position qu'avait occupée Mohammed ben Mahhi-ed-Din dans le gouvernement de l'émir, et l'influence qu'il exerçait sur les tribus habitant la contrée que nous désignons sous le nom de petite Kabylie, le général, dis-je, m'autorisa à lui envoyer la lettre d'*aman* qu'il réclamait et, le lendemain, accompagné seulement de mon ordonnance, j'arrivais au rendez-vous que m'avait indiqué mon ancien ami, à deux kilomètres environ de nos avant-postes. Il était suivi d'une centaine de cavaliers. Dès qu'il m'aperçut, il descendit de cheval, ou plutôt deux serviteurs l'enlevèrent de sa selle et le posèrent sur un tapis. Je mis moi-même pied à terre ; il se souleva avec peine et m'accueillit de façon à me prouver le bon souvenir qu'il avait conservé de nos relations.

Il fallait une énergie vraiment surhumaine pour supporter les souffrances atroces que causaient à Ben Mahhi-ed-Din deux horribles blessures reçues l'année précédente au ravitaillement de Médéah : l'épaule gauche brisée par une balle qu'on n'avait pu extraire et le cou de pied droit fracassé par un éclat d'obus. Nous causâmes de la situation générale de l'Algérie ; je confirmai le contenu des lettres que je lui avais adressées au sujet de l'intention formelle de la France de s'emparer de toute la régence d'Alger, et d'en conserver le gouvernement. Il avait reçu précédemment une copie de la fettoua : « Les décrets de Dieu sont impénétrables, me dit-il enfin, et le premier devoir d'un vrai croyant est de les respecter et de s'y soumettre. Devant la force irrésistible des armées de la France, continuer la lutte serait attirer sur les populations confiées par Dieu à notre direction tous les fléaux de la guerre sans gloire ni profit pour l'islam ; notre devoir est donc d'obtenir la paix de nos vainqueurs à des conditions qui ne nous forcent pas à enfreindre notre sainte loi. Je suis prêt à traiter de ces conditions au nom des tribus qui, de temps immémorial, reconnaissent l'autorité de mes ancêtres. »

Je lui demandai si, sans le secours d'une armée française, il se croyait capable de maintenir la tranquillité dans sa province, et de combattre l'influence du khalifa d'Abd-el-Kader. « Oui, me répondit-il simplement, tu connais mon passé, il te répond de l'avenir. »

Je rentrai au camp, je rendis compte au général Bugeaud des détails de mon entrevue qui confirmèrent la haute opinion que mes rapports lui avaient déjà fait concevoir de Ben Mahhi-ed-Din et, quelques instants après, j'allais remettre entre les mains de ce chef un *d'hair* (brevet), revêtu du sceau du gouverneur général le nommant khalifa de la province de Sebaou, et plaçant sous ses ordres la majeure partie des tribus de la petite Kabylie.

Chez les Arabes les nouvelles se répandent avec une prodigieuse rapidité. La nomination de Sidi Mohammed ben Mahhi-ed-Din fut connue dans la journée, et les *soi-disant* délégués de plusieurs tribus *amenés* par les chefs des Beni Sliman dont les goum marchaient avec nous, se présentèrent à la tente du capitaine d'artillerie Rivet, nouvellement attaché au général Bugeaud en qualité d'officier d'ordonnance. Devenu par la suite mon ami le plus intime, Rivet avait alors des idées politiques complètement opposées aux miennes. Il prétendait écarter du pouvoir les grandes familles dont les membres étaient restés attachés à la cause d'Abd-el-Kader jusqu'au déclin de sa puissance, et confier le commandement des tribus à des Arabes de basse extraction qui nous avaient donné, dès le début de la guerre, des gages de dévouement et de fidélité.

Ces idées reposaient sur un fond d'équité, mais je ne cessais de les combattre, parce que dans les circonstances exceptionnelles où je m'étais trouvé, j'avais pu, mieux que tout autre, acquérir une profonde connaissance des choses et des hommes de l'islam.

Notre illustre chef aimait à nous entendre discuter. Si quelquefois il hésitait, séduit par les arguments spécieux de mes adversaires, son esprit droit et perspicace lui faisait toujours adopter la politique la plus sage.

Mes contradicteurs, et parmi eux je pourrais nommer plus d'un illustre général, semblaient croire qu'il s'opérait, en Algérie, chez les musulmans, une réaction du peuple contre l'aristocratie.

« C'est une profonde erreur, leur disais-je, les liens qui unissent le vassal au seigneur ont encore toute leur force. C'est à la voix de cette aristocratie *djoued* et *m'rabtin* (nobles guerriers et marabouts), que tous les Arabes de l'Algérie se sont soulevés, et ont soutenu contre la France une lutte dont la postérité sera émerveillée. C'est à la suite de cette aristocratie que de nombreuses tribus, vaincues par nos armes, sont déjà venues se ranger sous l'étendard de la France, et c'est à l'appel de cette même aristocratie qu'elles se lèveraient encore en masse contre nous si, après l'avoir mécontentée et délaissée, nous cessions d'être justes, forts et vigilants.

« Ne nous méprenons pas sur la réaction que l'on croit remarquer dans certaines contrées. Les chefs de la plèbe que nous avons avons élevés au pouvoir n'exercent d'autre influence que celle qu'ils puisent dans la force matérielle dont nous les entourons. Qu'elle leur fasse défaut un seul instant, ils seront chassés et nous verrons aussitôt les vassaux se ranger autour de leurs seigneurs féodaux.

« Une révolution s'opèrera, c'est présumable, mais elle sera l'œuvre du temps.

« Étudions, du reste, les faits qui viennent de s'accomplir sous nos yeux. Les tribus qui nous ont opposé la plus énergique résistance sont celles dont Abd-el-Kader s'était attaché les seigneurs. Partout où il avait maltraité l'aristocratie, nous avons trouvé auprès d'elle des dispositions à accepter notre domination, et nous l'avons vue amener les populations à sa suite. »

Mais revenons à notre récit.

Nous avons laissé dans la tente du capitaine Rivet les chefs de la grande tribu des Beni Sliman auxquels s'étaient adjoints quelques autres chefs des Nezlioua, des Oulad el Aaziz et des Harchaoua qui, tous, aspirant au pouvoir, et se souvenant de la façon sévère dont Ben Mahhi-ed-Din, lorsqu'il était khalifa d'Abd-el-Kader, avait réprimé leurs exactions, voyaient avec terreur qu'ils allaient être de nouveau placés sous sa main de fer. Ils savaient que j'étais favorable à l'élévation de Ben Mahhi-ed-Din, c'est pour ce motif que, contrairement à l'usage établi, ils s'étaient adressés à l'officier d'ordonnance du général. Ils lui déclarèrent que le choix de Ben Mahhi-ed-Din allait soulever contre nous toutes les tribus du Sebaou, dont nous obtiendrions au contraire la soumission, si nous consentions à mettre à leur tête des chefs qui leur seraient sympathiques. Ils ajoutaient que la nomination de l'ancien khalifa d'Abd-el-Kader empêcherait non seulement la soumission des tribus encore hostiles, mais pourrait bien amener la défection des Beni Sliman dont le goum marchait avec nous, et dont les bêtes de somme transportaient les vivres de l'armée.

En face de pareilles éventualités, le capitaine Rivet crut devoir faire connaître la démarche et le langage des Beni Sliman au général Bugeaud, auquel il présenta en même temps un officier français de spahis, parlant très bien l'arabe et depuis longtemps initié aux affaires indigènes. L'opinion de cet officier était en parfaite conformité avec les prévisions des chefs arabes.

Le général me manda auprès de lui, me fit part de la démarche des Beni Sliman, que je connaissais déjà, et il me dit :

« En nommant Ben Mahhi-ed-Din khalifa, j'ai cru donner aux populations un chef qu'elles agréeraient et dont l'influence serait capable de maintenir, parmi elles, l'ordre et la tranquillité. Loin de là, il paraît que cette nomination excite le mécontentement des tribus dont je cherche à obtenir la soumission, et menace même d'amener la défection de celles qui marchent avec moi. N'ai-je pas lieu d'hésiter ? Et pourtant, il m'est difficile de revenir sur ma décision, ajouta-t-il, puisque Ben Mahhi-ed-Din a entre les mains sa nomination revêtue de mon sceau ; mais ne pourrait-on pas surseoir à l'exécution de cette mesure, et donner le temps à notre nouveau khalifa de gagner à sa cause les chefs dissidents ? Je serais, dans ce cas, disposé à mettre à sa disposition les sommes nécessaires pour arriver à ce résultat. »

« Avant de prendre une décision à cet égard, mon général, permettez-moi, lui dis-je, d'avoir une nouvelle entrevue avec Ben Mahhi-ed-Din ; et si, après le compte fidèle que je vous en rendrai, vous jugez dans votre sagesse que sa nomination va à l'encontre de vos desseins, je me fais fort d'amener spontanément notre nouveau khalifa à me rendre le *d'hair* revêtu de votre sceau. »

Le soir même, j'expédiai un émissaire à mon ancien ami qui consentit à venir au rendez-vous que je lui donnai sur le penchant d'une colline dominant notre camp.

Le lendemain, de bonne heure, Ben Mahhi-ed-Din et moi nous rencontrions à l'endroit indiqué. Nous étions seuls. J'abordai, sans préambule, le sujet de notre entretien :

« Tu sais, lui dis-je, l'effet produit par la nouvelle de ton élévation au khalifat sur l'esprit des tribus de Sebaou et entre autres des Beni Sliman. Le général Bugeaud, voulant éviter les difficultés que ne manquerait pas de créer à l'exercice de tes fonctions l'opposition hostile de ces chefs, me charge de te dire qu'il met à ta disposition tout l'argent nécessaire pour les rattacher à ton parti, et...

« — Arrête-toi, me dit Ben Mahhi-ed-Din, en m'interrompant, je croyais les Français hommes de courage et de raison, je vois que je me suis trompé. Dis à ton général que mes ancêtres et moi recevons des tributs de nos vassaux et que nous ne leur en payons pas ; dis-lui que nous leur donnons des ordres et ne leur adressons pas des supplications. J'avais accepté ce *d'hair* pour gouverner des hommes ; mais puisque celui qui l'a revêtu de son sceau redoute les aboiements de quelques chiens affamés et me conseille d'assouvir leur faim, tiens, rends-le-lui. » Et, en même temps, il le déchira et m'en remit les morceaux avec un sourire de profond dédain.

« Arrête, lui dis-je à mon tour. Le général ignore la proposition que je viens de te faire ; pardonne-moi cette épreuve à laquelle j'ai voulu te soumettre, certain d'avance que je retrouverais en toi l'homme que j'avais connu. Le général que je vais prévenir de ton arrivée te donnera lui-même l'investiture. »

J'eus peine à persuader à Ben Mahhi-ed-Din que ma proposition n'était qu'une ruse ; j'y parvins pourtant et je le quittai après avoir obtenu de lui la promesse qu'il attendrait mon retour.

Dès qu'il eut entendu le récit exact de mon entrevue, le général Bugeaud me dit ces simples mots: « Partez et ramenez-moi Ben Mahhi-ed-Din. »

Quelques instants après, le nouveau khalifa, supporté par deux de ses cavaliers, entrait dans la tente du général et le saluait avec une dignité respectueuse. La conversation commençait à peine qu'une grande rumeur s'éleva dans le camp, et tous les cavaliers des Beni-Sliman, leurs chefs en tête, s'élancèrent vers la tente du général en poussant des cris de menace et chargeant Ben Mahhi-ed-Din d'imprécations.

Je m'élançai hors de la tente au moment où ces forcenés allaient y pénétrer, je saisis de chaque main deux des chefs qui les précédaient, et je les heurtai l'un contre l'autre avec une telle vigueur que le sang jaillit de leurs faces. Avec leurs corps chancelants je repoussai la foule et, d'une voix retentissante, je leur criai : « Arrêtez-vous! chiens fils de chiens! et écoutez. » L'effet de mon attitude fut, je pourrais dire, magique. Le calme succéda à la fureur, le silence aux vociférations.

« Vous ne voulez pas que Ben Mahhi-ed-Din soit votre khalifa, n'est-ce pas? — Non! non! crièrent-ils tous ensemble, malédiction sur lui!

« Vous avez raison, repris-je, vous ne méritez pas d'être gouvernés par le descendant du marabout Sidi Mahhi-ed-Din aimé et vénéré par vos pères! Vos chefs ont raison de redouter son pouvoir, car il punit inexorablement le vol et l'injustice. Non, vous ne méritez pas le fils de Mahhi-ed-Din.

« Aussi le général Bugeaud, khalifa du sultan de France, vous a choisi un chef digne de vous: c'est un âne, entendez-vous, un âne! et, cet âne, vous serez forcés, matin et soir, de venir le saluer vos fronts courbés vers la terre, et quand il braira vous tremblerez. »

Ma surexcitation, me dirent ensuite mes camarades, était effrayante, et, tandis que ma voix retentissait dans la vallée, mes mains crispées continuaient à secouer violemment les deux malheureux chefs devenus inertes.

Pas un murmure ne rompit le morne silence qui suivit mes paroles. Et l'on vit instantanément quarante ou cinquante Beni-Sliman, naguère les plus forcenés, venir se prosterner devant la tente du gouverneur général, criant : Semahh ! Aman ! Semahh ! Aman (1) ! Quelques-uns y pénétrèrent en rampant et voulurent baiser les pieds de Mahhi-ed-Din, qui les repoussa avec dégoût en s'écriant : « *K'lab q'bal oua, bâad k'lab;* chiens avant ! chiens après ! »

Durant cette scène qui n'avait pas laissé d'émouvoir le général et son entourage, Ben Mahhi-ed-Din, avait conservé un calme méprisant.

Le lendemain, douze tribus amenaient cinquante *guêda* (chevaux de soumission), l'orge et la paille étaient entassés dans le camp, et le frère aîné du khalife Ben Mahhi-ed-Din, Sidi-el-Mahfoudh, emmenait, *sans escorte* à Alger un convoi de 200 blessés ou malades.

Jamais Abd-el-Kader n'a pu depuis rétablir son influence parmi les tribus faisant partie du khalifa de Sidi Mohammed Ben Mahhi-ed-Din, qui est mort sans cesser un seul instant d'être un serviteur éminemment utile et dévoué à la France.

Le général Bugeaud détacha un chirurgien du service médical de l'Algérie auprès de notre brave khalifa, qui fut ainsi guéri de ses terribles blessures.

(1) Pardon ! Aman !

CHAPITRE XXXVI.

Lella Yemna, veuve d'Omar pacha. — Mars 1848.

Mes lecteurs n'ont pas oublié l'affection que j'avais vouée aux fils d'Omar pacha et à leur mère Yemna, cette noble veuve, que l'adversité avait entourée d'une lugubre auréole; ils comprendront dès lors qu'ils fussent pour moi l'objet des plus vives préoccupations. Dès mon retour à Alger, j'avais repris, comme on l'a vu, mes relations intimes avec Sidi Mohammed, fils aîné d'Omar pacha, et sa femme Lellah Aischa. Nos conversations roulaient sans cesse sur le sort des malheureux exilés, et bien souvent leur délicieuse petite fille, Aouéouèche, me disait en m'embrassant : « Ammi Lionne (mon oncle Léon), si tu ne me ramènes pas ma grand'mère Lella Yemna, je ne t'aimerai plus ! »

Ayant appris par mes émissaires que mes pauvres amis avaient été placés sous la surveillance du khalifa de Milianah qui les avait confiés au kaïd des *Bellal,* tribu voisine de *Thaza,* j'avais fait parvenir à Sidi Omar une petite somme d'argent que lui envoyait son frère, et une lettre de moi au commandant de la subdivision de Milianah, mon ami le lieutenant-colonel de Saint-Arnaud, auquel j'avais raconté l'histoire lamentable du fils d'Omar pacha et de sa mère. Je disais à Sidi Omar d'avoir confiance entière dans mes émissaires dont le caractère religieux pourrait favoriser et protéger leur rentrée à Milianah, où les attendait l'accueil le plus bienveillant.

Plusieurs mois s'écoulèrent sans recevoir de réponse, et je commençais à désespérer lorsque je reçus une lettre du colonel Saint-Arnaud m'annonçant l'arrivée à Milianah de la malheureuse famille d'Omar pacha. Le commandant de cette subdivision rendait compte au général Bugeaud d'une ghazia dirigée contre la tribu des Bellal, ghazia qui avait permis à Omar d'échapper à la surveillance du kaïd de cette tribu. Lui, sa mère et sa femme déguisées en hommes, avaient trouvé momentanément un refuge chez des khouan appartenant à la confrérie de mes émissaires, qui leur avaient prêté des chevaux et, dans une nuit, les avaient accompagnés et déposés à la porte de Milianah. Le colonel demandait au gouverneur général de vouloir bien lui donner des instructions au sujet de ces nobles réfugiés, dont l'état inspirait la pitié. Pouvais-je hésiter ? Je suppliai le général, qui connaissait les sentiments affectueux que j'avais voués à l'intéressante famille, de me permettre de porter moi-même ces instructions. Son cœur était trop bon pour me refuser cette douce satisfaction et, après avoir donné la *bechara* (bonne nouvelle) à Sidi Mohammed oul'd Omar pacha, à sa femme et à ma petite amie Aouéouèche, je me rendis à Milianah.

Comment exprimer les émotions de ma première entrevue avec mes pauvres amis ? Lella Yemna, toujours forte tant qu'elle avait dû lutter contre l'adversité et soutenir le courage de son fils, succombait sous l'émotion de la joie. Hélas ! j'avais peine à reconnaître la belle Yemna, et elle-même, qui m'avait toujours vu revêtu du costume arabe, ne pouvait croire qu'elle avait devant elle celui qu'elle appelait oul'di Omar (mon fils Omar).

Elle se remit toutefois, quand je déposai entre ses mains un petit *teusdam* (portefeuille brodé d'or) qui avait appartenu à son mari, et que son fils Mohammed m'avait chargé de lui remettre. Elle ne cessait de baiser cet objet précieux, qu'elle inondait de ses larmes. Pendant ce temps je lui parlais du bonheur qu'elle aurait bientôt de revoir son fils et sa chère petite-fille. Sa figure s'illumina enfin et, levant ses bras et ses beaux yeux vers le ciel, elle se mit en prières. Puis, se tournant vers moi et appuyant sa tête sur mon épaule : « J'ai commencé par remercier Dieu, me dit-elle de cette voix qu'on ne peut entendre sans être ému, parce que à lui d'abord revient l'hommage de nos joies et de nos douleurs. Après lui, oul'di (mon fils), tu as été mon sauveur. A toi je dois les consolations, soutiens de l'infortune ; toi seul as fait luire à mes yeux l'espérance, à toi je devrai de revoir mon fils Mohammed et sa fille. Que Dieu te bénisse ! »

Je n'avais vu qu'elle en entrant dans son appartement, où se trouvait pourtant son fils Omar qui, par respect pour sa mère, s'était tenu à l'écart. A un signe qu'elle lui fit, il s'élança dans mes bras. Nous pûmes mesurer dans cette étreinte et notre affection réciproque et la joie de nous revoir.

L'excellent colonel Saint-Arnaud n'avait pas attendu les ordres du gouverneur général pour secourir l'horrible détresse de l'intéressante famille : une maison convenable avait été mise à sa disposition, et des provisions de toutes sortes lui avaient été apportées par tous les chefs arabes de Djendel, ses anciens amis. Omar fut nommé *hakem* (maire) de la ville, fonctions auxquelles était attribuée une solde à peine suffisante pour subvenir à ses dépenses. Mais le colonel, malgré sa bonne volonté, ne pouvait faire davantage.

C'était à moi qu'il appartenait, plus qu'à tout autre, d'améliorer la situation de mes amis en attirant sur eux la bienveillance du gouvernement.

Aussitôt de retour à Alger, je racontai à mon illustre chef mon entrevue avec Lella Yemna, dont il connaissait déjà l'histoire dramatique. Son cœur si compatissant fut touché par mon récit, et comme, chez cette splendide nature, l'action succédait rapidement à la pensée, il rendit un arrêté qui doublait la solde du hakem de Milianah, et nommait son frère aîné oukil d'un marabout, sorte de bénéfice séculier auquel étaient attachés des émoluments.

Au retour d'une expédition dans le Chélif (commencement de 1843), le général Bugeaud s'arrêta à Milianah. Le colonel Saint-Arnaud lui présenta Sidi Omar, fils d'Omar pacha, qui avait montré une bravoure exceptionnelle dans plusieurs combats assez sérieux. Le général l'accueillit avec sa bienveillance habituelle, lui promit la croix de la Légion d'honneur et lui demanda, *comme une faveur* (ce furent ses propres expressions), la permission d'aller saluer sa mère. Je fus chargé d'aller préparer ma noble amie à cette visite que son fils considéra comme une marque de haute distinction, bien que cette démarche fût une infraction à la loi musulmane.

Quand le général, le colonel Saint-Arnaud, le colonel Eynard et le capitaine Rivet furent introduits dans le modeste appartement où se tenait Lella Yemna, elle se leva et, soutenue par son fils et par moi, elle s'avança tremblante vers l'illustre visiteur. Un long voile blanc cachait sa figure et tombait jusqu'à ses pieds.

« Découvre-toi, mère, lui dit respectueusement Omar; un sultan peut voir la femme d'un sultan. »

D'un geste lent et gracieux, elle écarta son voile, et le général Bugeaud ne put réprimer un mouvement d'admiration en voyant sa figure, belle encore malgré les traces profondes qu'y avaient laissées la douleur et la misère.

Cette femme, couverte d'une simple draperie en laine blanche, avait la majesté d'une reine.

« Je crois que je vais mourir, » me disait-elle, en s'appuyant sur moi.

Elle fut un peu rassurée par l'attitude *respectueuse* du général, — c'est le seul mot qui puisse la caractériser, — et par les paroles si dignes et si touchantes qu'il sut trouver dans son cœur. Je les traduisis littéralement à Lella Yemna, qui osa enfin lever ses grands yeux vers le général. Elle lut dans ses regards une exquise bonté et, lui faisant signe de s'asseoir, elle s'assit elle-même, car ses jambes la soutenaient à peine.

« J'ai été bien malheureuse, lui dit-elle de sa voix grave et douce ; mais Dieu veut sans doute mettre un terme aux cruelles épreuves qu'il m'a infligées, puisqu'il t'a amené jusqu'à moi, toi le khalifa du sultan de France, toi dont le cœur est aussi miséricordieux que le bras est puissant. En toi je place désormais ma confiance.

« Je ne demande rien pour moi, je suis vieille et n'aspire plus qu'au bonheur de rejoindre, dans une vie meilleure, l'époux que je n'ai cessé de pleurer et qui était sultan lui aussi. Mais je t'implore pour mon fils, traite-le comme ton enfant, il n'a que du sang noble dans les veines ; sois tranquille, il sera digne du bien que tu lui feras.

« Chaque jour, je demanderai à Dieu de répandre sur toi et les tiens ses grâces les plus abondantes. »

Le général lui promit d'avoir pour son fils l'affection d'un père et la sollicitude d'un chef, et lui adressa quelques questions sur les douloureux épisodes de sa vie. Elle répondait avec une netteté et une concision remarquables, et sa diction avait une pureté rare chez les femmes arabes de l'Algérie.

Elle fit apporter du café et des confitures et offrit elle-même sa tasse au général.

Au moment du départ, elle lui dit, en me montrant : « Ordonne au fils de mon cœur, à l'ami fidèle dans l'infortune, de te raconter la prédiction qu'il entendit de ma bouche, le jour où il se sépara de moi à Tegdempt, et tu te convaincras que Dieu dévoile parfois l'avenir à ses plus humbles créatures quand elles le prient avec ferveur. »

Je n'avais pas oublié et je n'oublierai jamais cette prédiction. Je la récitai, pour ainsi dire, au général. La voici :
« Crois-en l'expérience que j'ai acquise au milieu des plus
« cruelles vicissitudes de la vie. L'heure d'Abd-el-Kader son-
« nera ! Il me semble lire sur le livre de Dieu que, demain,
« l'émir implorera la protection de ceux qu'il veut combat-
« tre aujourd'hui. Vas en paix, Sidi Omar, toi qui as été un
« frère pour mes fils et un fils pour leur malheureuse mère,
« Vas en paix, Dieu te protégera et nous réunira dans une
« heure fortunée, le calme vient après la tempête, et le Sei-
« gneur est avec les résignés... (1). »

Le général et sa suite se retirèrent profondément impressionnés.

Notre intéressante famille était désormais à l'abri du besoin, mais c'est de l'aisance que je rêvais pour la noble Yemna.

Mes espérances furent réalisées grâce au puissant concours du général Bugeaud. Je rédigeai une notice (2) sur Omar Pacha et sa famille, j'en fis la lecture au général, et il fut convenu que j'amènerais au palais du gouvernement la petite fille d'Yemna, et que cette intéressante enfant remettrait elle-même cette notice à Mgr le duc d'Aumale. Le gouverneur général devait prévenir à l'avance Son Altesse et la prier d'attirer la bienveillance du roi et de la reine sur la veuve d'Omar Pacha.

En effet, le samedi 21 mars 1843 (réception hebdoma-

---

(1) Voir tome Ier, livre VIII, p. 396.
(2) Tome Ier, livre Ier, p. 82 et suivantes.

daire), j'amenai Aouéouèche. L'entrée dans les salons de cette enfant produisit un effet indicible. Sa beauté était encore rehaussée par la richesse de son costume. La pauvre petite, effrayée, se serrait contre moi et me disait : « Ammi Lioune, j'ai peur, emmène-moi, j'ai peur. » Je me hâtai de la conduire à Mme la générale Bugeaud et à ses filles, qui l'accueillirent avec tant de grâce et de bonté que la chère petite fut bientôt rassurée, et le doux regard de ses beaux yeux et le gracieux sourire qui creusait deux fossettes dans ses joues blanches et roses ajoutèrent un nouveau charme à cette délicieuse apparition.

Le duc d'Aumale, à qui elle remit une copie de ma notice, ne pouvait se lasser d'admirer cette belle enfant, dont l'aspect affirmait l'origine princière.

Le général Bugeaud, saisissant toujours l'occasion de mettre son cher interprète en évidence et voulant, d'ailleurs, satisfaire la curiosité qu'inspirait la présence de la petite Mauresque, m'ordonna de lire à haute voix la notice qu'elle venait de remettre au prince.

Le récit des infortunes de la noble Yemna émut tous les assistants.

Le duc d'Aumale, en déposant un baiser sur le front de la gracieuse *Aouéouèche*, promit d'attirer sur son aïeule la bienveillance du roi, son auguste père.

Le jeune prince tint parole, car, un mois après cette intéressante soirée, la petite fille remettait à sa grand'mère, la veuve d'Omar Pacha, une lettre par laquelle le roi daignait lui accorder, sa vie durant, une pension annuelle de six mille francs.

Quelques jours après l'obtention de cette insigne faveur, un nouveau coup vint frapper la pauvre Yemna, dont toute la vie semblait vouée à la douleur. Elle apprenait que son fils aîné Sidi Mohammed était mourant à Alger. Elle arriva bien vite dans cette ville où elle avait vécu en reine, et qu'elle n'avait plus revue depuis la mort de son époux. Dans cet intervalle, Alger avait passé des mains musulmanes dans des mains chrétiennes.

Elle arriva assez à temps pour recueillir le dernier soupir de son fils et lui fermer les yeux. Par une faveur spéciale, le mufti Hanifi lui permit de déposer les restes de Sidi Mohammed dans le tombeau renfermant le corps d'Omar Pacha, et qui se trouve dans le joli marabout de Sidi Abder Rahman, au-dessus du jardin Marengo, à la porte Bab-El-Oued.

La pieuse mère pleura pendant quarante jours sur la tombe de son fils, puis elle retourna à Melianah, emmenant avec elle l'épouse de son fils Lella-Aischa-Bent-Ben-Guêna et sa fille, la charmante *Aouéouèche*, que nous retrouverons bien plus tard, si Dieu me permet d'achever le récit de ma longue existence.

CHAPITRE XXXVII.

Nouvelle de la prise de la smala. — Joie du général Bugeaud. — Mariage d'Ameur ben Ferhat. — Le gouverneur général et le duc d'Aumale donnant un grand exemple de leur respect pour la justice musulmane.

Le 23 mai 1843, nous venions de camper à Oued *Bou-Bara* sur le territoire de la tribu des *S'beiah*, lorsque, au milieu de la nuit, le sergent d'un avant-poste amena à ma tente un Arabe porteur d'un sauf-conduit revêtu de mon cachet : c'était un de mes émissaires. « Oul'd el Rey (1) a pris la smala d'Abd-el-Kader, » me dit-il sans préambule. Je ne pouvais en croire mes oreilles. L'expérience m'ayant toutefois prouvé que parmi mes émissaires, les fidèles serviteurs de Sidi Mohammed Tedjini, aucun n'était capable de me tromper. « Où la smala a-t-elle été prise ? lui demandai-je. — A Tagguin. — Qui te l'a dit ? — Mes yeux. » Et il continua ainsi :

« Je me trouvais dans la tribu des Oulad Châaïb auprès de son chef, ton ancien ami, l'agha Djedid, le plus Djiid des Djouad (2), pour lequel tu m'avais remis une lettre, quand nous apprîmes l'arrivée de la smala, qui cherchait à gagner le Djebel Eumour, afin d'échapper à la poursuite de Bou-

---

(1) Le fils du roi. C'est ainsi que les Arabes désignaient Mgr le duc d'Aumale.

(2) Le plus noble parmi les nobles.

Haraoua (1). Je savais par *Ahmed el Tedjmouti* (2) que *Oul'd el Rey* avait quitté Boghar en se dirigeant sur Goudjilah, et je prévoyais que l'heure de la grande rencontre allait sonner ; mais, malgré les bonnes dispositions de l'agha Djedid, je mis un *izar* (3) impénétrable entre son intelligence et ma pensée, *l'ami d'hier peut être l'ennemi d'aujourd'hui.*

« L'agha, prévoyant comme moi un grand événement, ordonna à son goum de monter à cheval, fit rassembler les troupeaux, plier les tentes et charger les chameaux. Ces préparatifs étaient à peine achevés que nous entendîmes résonner la poudre dans la direction de Rass-el-Oued Emtâa Tagguin et nous vîmes une immense kafla (4) s'enfuir vers le sud laissant derrière elle une longue file de femmes, de vieillards et de troupeaux.

« C'était évidemment la smala d'Abd-el-Kader ; mais qui l'avait dispersée ? Etait-ce Oul'd el Rey ou Bou-Haraoua ou les Oulad Nails, les Larbaâ et les Rahman tous Khoddam dévoués de Sidi Mohammed Tedjini ?

« Les chouâfa (5) de l'agha, chargés par lui de surveiller les mouvements de la smala, mirent bientôt fin à notre incertitude : « Oul'd el Rey s'est emparé de la Deïra (6), du fils de Mahhi-ed-Din (7), dirent-ils à Djedid. — Ces Français sont des *Djenoun* (démons), car des hommes n'auraient jamais eu la pensée d'attaquer cent mille avec mille. »

« Je n'avais plus à dissimuler vis-à-vis de Djedid, qui en-

---

(1) Bou-Haraouha, le père *la Trique*, nom que les Arabes donnaient au général de Lamoricière, qui, à pied ou à cheval, avait toujours sa canne à la main ou suspendue à son poignet.
(2) Un de mes émissaires.
(3) Rideau en laine qui sépare les divers compartiments des tentes arabes.
(4) Caravane.
(5) Éclaireurs.
(6) Deïra ou Smala.
(7) Abd-el-Kader.

voya immédiatement son frère à Ouï'd el Rey en signe de soumission, et je lui demandai de me faciliter les moyens de te porter promptement la B'chara (1). Une de ses juments m'a conduit chez le cheikh El Kharroubi des Oulad Kholif, dont un des chevaux m'a amené chez messeigneurs de Bess-Ness (Ouaransenis), d'où j'arrive. Le soleil ne s'est couché que trois fois depuis la prise de la smala. »

J'écoutais haletant les paroles de mon émissaire, dont le calme contrastait avec l'action dramatique dont il me faisait le récit. Je n'hésitai pas, je pénétrai sous la tente du général et lui annonçai le grand événement. « Est-ce bien vrai ? » me dit-il. Et quand j'eus fait passer dans son esprit la certitude qui était dans le mien, il manda immédiatement ses officiers et les envoya donner la bonne nouvelle à tous les chefs de corps. A peine le jour commençait-il à poindre que tout le camp s'unissait à la joie de son général. Officiers et soldats partageaient aussi son désir d'avoir des détails sur ce grand événement; la journée nous parut donc à tous terriblement longue. Enfin un groupe de cavaliers arabes, venant de l'est, nous fut signalé, et, quelques instants après, le général en chef ouvrait le pli renfermant le rapport de Mgr le duc d'Aumale, et le remettant à Rivet : « Tenez, lui dit-il, lisez cela tout haut et surtout lisez bien. »

Notre excellent chef voulait ainsi calmer l'impatience qu'il lisait dans nos yeux. La lecture de ce magnifique rapport, dans lequel le prince parle de tous excepté de lui, était souvent interrompue par les sonores exclamations du général Bugeaud. « Ah ! le noble enfant ! Ah ! le brave soldat ! Voilà, Messieurs, comment, à la guerre, il faut savoir prendre des décisions promptes et énergiques ! » Et souvent ses yeux s'humectaient de larmes.

(1) B'chara, bonne nouvelle.

C'est que le vieux général aimait tendrement le jeune prince dont le roi lui avait confié l'éducation militaire, et dans lequel il reconnaissait les qualités qui pronostiquent les grands capitaines. Il l'aimait d'autant plus qu'il avait l'intuition d'être aimé de lui. Il existait, en effet, entre ces deux natures, si différentes, de vives sympathies. Le duc d'Aumale oubliait son rang et témoignait un profond respect au maréchal Bugeaud, et lorsque celui-ci lui disait : « mon Prince, » il mettait dans cette expression toute la tendresse d'un père dont le fils est l'orgueil.

Ce fut une fête dans tout le camp. On n'était pas seulement heureux d'un grand succès militaire, on était fier de penser que ce succès venait d'être remporté par le fils du roi qui alors, pour nous, était la personnification de la France.

Il faut lire, dans l'ouvrage si complet et si intéressant de M. le comte d'Ideville, « *Le maréchal Bugeaud,* » le rapport de Mgr le duc d'Aumale, le récit palpitant de l'attaque par le vaillant aide de camp de Yussuf, aujourd'hui le général Fleury, et la lettre de félicitation du général Bugeaud. (Il n'était pas encore maréchal.)

D'après l'ordre de mon chef, je rédigeai un article sur l'origine de la smala, sa constitution et son enlèvement par le duc d'Aumale. Bien qu'on ait souvent raconté la prise de la smala, je trouve toutefois que cet article, publié par un journal d'Alger en juillet 1843, trouve naturellement sa place à la suite du récit où je rends compte de l'effet produit dans notre camp par la nouvelle de ce glorieux épisode de nos guerres d'Afrique.

LA SMALA (1) D'ABD-EL-KADER.

La création de la smala d'Abd-el-Kader semblerait devoir remonter à l'époque où la prise de toutes les villes importantes de l'intérieur

---

(1) *Z'mèlah,* dont nous avons fait *smala; zemoul* ou *m'zèmelin* se disait d'Arabes

par les Français, la destruction de tous les forts et les courses incessantes de nos colonnes, en ne permettant plus à l'émir d'avoir un centre fixe de gouvernement, suggérèrent naturellement l'idée d'une capitale nomade. Cependant la smala existait déjà avant cette époque, mais il est probable que l'immense extension qu'elle avait prise récemment a tenu surtout aux causes que nous venons d'indiquer.

La smala se composait de quatre enceintes circulaires concentriques, groupées autour de la tente de l'émir. La première, qui s'appelait le *douar* (1) du sultan, renfermait sa famille et sa maison, en tout trente ou trente-cinq tentes. Là se trouvaient sa mère, Lella Zohra, ses femmes, sa fille aînée, son fils âgé, de quatre ans, et deux enfants à la mamelle.

Un seul cuisinier, le fidèle *Ben Kada*, était chargé de préparer la nourriture du sultan et de sa famille. Hadj Mustapha Ben Tahmi, beau-frère d'Abd-el-Kader, ex-khalifa de Mascara, et le diplomate Miloud-ben-Arrèche, ex-agha du Chélif, habitaient la première enceinte, qui contenait en tout cinq immenses douars (villages de tentes).

La deuxième enceinte était formée principalement par les douars de Sidi *Mohammed-ben-Allal*, oul'd Sidi Embarek, ex-khalifa de Melianah. Parmi les autres douars se remarquait celui de Sid el Habib oul'd el Mohr, ancien consul de l'émir à Oran durant la paix de la Tafna. A côté de *Ben Allal*, se trouvait le douar de Sidi *Mohammed* oul'd *Sidi el Habchi* (t. Ier, page 126), marabout vénéré de la Metidja, que les Français dépossédèrent impolitiquement de sa Zaouïa, il y a quelques années.

La troisième enceinte était formée de Hachem Cheragua (orientaux) et de Hachem Gheraba (occidentaux). Ces compatriotes d'Abd-el-Kader étaient en grand nombre dans sa smala lorsque celle-ci fut prise, parce que l'émir venait précisément de les enlever, à peu près tous, sous les murs de Mascara, dans la plaine de Gheris, leur antique territoire.

---

de différentes tribus campés dans un endroit quelconque sous la protection d'un marabout ou d'un cheikh vénéré, pour fuir les exactions d'un chef avide ou pour tout autre motif. Les villages formés par ces émigrants s'appelaient *guiat'na*. On a déjà vu (t. Ier, page 141) qu'Abd-el-Kader est né dans un champ d'asile de cette espèce, sur le Ouad-el-Hammam. Les Turcs, qui ne négligeaient aucune des circonstances favorables à l'établissement de leur domination (t. Ier, page 134), avaient compris que ces populations formées d'éléments hétérogènes, devenues étrangères à l'esprit général des Arabes, pouvaient être pour eux d'utiles auxiliaires, et ils avaient placé la plupart de leurs konak, ou étapes militaires, chez des z'moul dont les chefs ne payaient pas d'impôts, mais répondaient de la sûreté des voyageurs isolés et des caravanes dans un rayon déterminé.

(1) Nous avons déjà dit que le douar (qui signifie, en arabe, circonférence) est la réunion de plusieurs tentes placées en rond.

Enfin la quatrième enceinte se composait des tribus nomades des hauts plateaux qui précèdent le désert appelé *Sahhara* (1). Le chef de ces tribus était le cheikh El Kharroubi, qui avait d'abord fait sa soumission aux Français, mais qui, dans l'impossibilité de résister à Abd-el-Kader, avait reconnu de nouveau son autorité et était gardé plutôt comme otage que comme allié. On le traitait avec égard à cause de sa grande importance, dont nous devions, du reste, bientôt profiter.

A côté de lui se trouvait le grand marabout Sidi *Kaddour ben Abd-el-Baki.*

L'émir, bien convaincu qu'il ne *pourrait jamais rien que par l'aristocratie du pays*, avait pris le parti de chercher à s'emparer, par tous les moyens possibles, des chefs les plus influents, dont il craignait le passage dans le camp français. C'est ainsi qu'il a maintenu beaucoup de tribus qui auraient accepté notre domination et qu'il en a repris beaucoup qui nous étaient venues.

Les otages, appartenant aux tribus de l'est, campaient à la droite et en arrière du douar de Miloud-ben-Arrêche, et ceux de l'ouest près du douar de l'agha des Hachem Cheragas. Ceux enfin qui lui étaient amenés sans leurs familles et sans leurs biens étaient placés tout simplement dans le camp de l'infanterie régulière.

L'infortuné Mohammed Bel-Hadj, notre agha des Beni-Ouragh, était au nombre de ces derniers. La veille de la prise de la smala, il devait être étranglé par ordre de l'émir, et l'agha de l'infanterie régulière avait pris sur lui de retarder l'exécution (2).

La smala, qui se composait de 808 douars, contenait une population considérable, dont une partie aurait voulu sans doute chercher un asile ailleurs, pour échapper aux dangers et aux fatigues, marches et contremarches continuelles qui avaient lieu incessamment ; mais, outre que la disposition seule de cet immense campement eût été un terrible obstacle à la fuite, un système d'espionnage habilement organisé achevait de la rendre à peu près impossible. On savait, du reste, quel devait être le résultat d'une tentative malheureuse, car l'émir avait fait crier dans le camp cette proclamation laconique et significative :

« De quiconque cherchera à fuir ma smala, à vous les biens, à moi la tête. »

Tous les parents d'Abd-el-Kader ne se trouvaient pas dans la smala ; ses cousins, les enfants de Oulad-Sidi-Bou-Taleb, s'étaient retirés, eux,

---

(1) Voir t. Ier, page 286.
(2) Dans un des chapitres suivants, nous retrouverons ce fidèle allié de la cause française.

leurs familles et leurs biens, dans les États de l'empereur du Maroc, où ils avaient été assez mal accueillis. Les frères du sultan, Sidi Mohammed Sâaid, Mustapha el Heussin et Sid el Mourtaddi, habitent chez les Beni-Iznassen, tribu kabyle occupant la partie de la frontière marocaine voisine de la Moulouïa. Ils sont placés sous la protection de Mohammed el Bou-Hammidi, que l'émir maintient dans cette situation afin qu'à un moment donné il puisse, avec les cavaliers dont il dispose, faire irruption dans la province d'Oran.

Quant à Abd-el-Kader, il apparaissait rarement à la smala, où il n'a passé guère plus de deux mois, dans l'espace de deux années, occupé qu'il était, sans cesse, à parcourir les tribus à la tête des troupes dont il dispose, afin de tenir ses partisans en haleine, d'encourager les tièdes et de châtier sévèrement ceux qui ont déserté sa cause. Pour avoir sous sa main le plus de forces possible, il ne laissait à la smala qu'environ 400 soldats réguliers, infanterie et artillerie, qui formaient la garde du camp.

Les gens de petit commerce et de métiers qui avaient abandonné les villes récemment occupées par les Français étaient venus s'établir en foule dans la smala, où l'on trouvait des armuriers, des maréchaux, des selliers et même des juifs bijoutiers et tailleurs. Il s'y tenait de nombreux marchés abondamment approvisionnés de denrées apportées par les indigènes des environs ou qu'on allait chercher par caravanes. Les Oulad Sidi Mansour et les Oulad Sidi El Kerch se livraient particulièrement à ce dernier genre d'industrie et allaient acheter dans le Tell les grains qu'ils revendaient avec de gros bénéfices. Les subsistances s'étaient maintenues toutefois à un taux assez raisonnable, quand l'arrivée de la nombreuse population des Hachem doubla et tripla même le prix de toutes les denrées.

Jusqu'à l'ouverture de la campagne de 1843, la position de la smala était assez tolérable; ses déplacements avaient été peu nombreux, exécutés à loisir et motivés seulement par des convenances locales. Mais lorsque les Français se furent établis à Ténès, à Orléansville, à Tiaret, à Téniet-el-Had, à Oued Rouina, au Khemis des Beni-Ouragh et enfin à Boghar, et que de cette troisième ligne, fort avancée vers le sud, rayonnèrent les colonnes qui, toutes, par une habile combinaison du maréchal, dont lui seul avait le secret, convergèrent dans la direction des plaines éloignées où l'émir croyait sa capitale nomade en pleine sécurité, alors commença pour la smala une existence de craintes et de migrations continuelles. La faim, qui n'atteignait guère que les plus pauvres, était le moindre fléau de cette immense agglomération d'individus. Les marches et les contremarches fréquentes et subites rendues nécessaires par les mouvements de nos colonnes étaient fatales pour les êtres faibles. Les vieillards, les femmes enceintes, les enfants, les malades, semaient la route de morts et de mourants, et l'emplacement de chaque bivouac était marqué par un cimetière. Pour soutenir le courage de cette foule désespérée, l'émir et ses lieutenants avaient recours à leur habituelle ressource, les fausses nouvelles. Quand ils voyaient le découragement devenir général, ils se hâtaient de publier que les Français, en guerre avec les Anglais, allaient retirer la majeure partie de leurs troupes ; ou que Moulay Abd-er-Rahman avait lancé sur nous toutes les hordes du Maroc et qu'il s'avançait à la tête d'une puissante armée. Une autre fois, c'était une victoire éclatante, remportée sur les chrétiens par Ben Allal; ou bien c'était le général Mustapha Ben Ismaël qui désertait notre cause. Enfin on affirmait que, las de dépenser des sommes énormes sans aucun résultat, nous demandions la paix, et pour qu'on ne pût douter de nos dispositions pacifiques, le gouverneur général Bugeaud était destitué.

Alors des réjouissances publiques étaient ordonnées à propos de ces avantages imaginaires et achevaient d'abuser la foule ignorante, qui se consolait de ses souffrances actuelles en pensant que le terme n'en était pas éloigné.

Si on a bien compris la nature et la puissance de l'organisation de la smala, on s'expliquera comment elle circulait librement, même sur le territoire des tribus hostiles à l'émir. Dans le système d'isolement et de dissémination où vivent les populations indigènes, surtout au delà du Tell, qui aurait pu s'opposer à la marche de cette énorme masse d'individus qui rappelle les émigrations vandales (voir t. Ier, page 280) traversant l'Afrique septentrionale, depuis les colonnes d'Hercule jusqu'à Carthage, traînant aussi après elles femmes, enfants, tentes et troupeaux?

Abd-el-Kader aurait donc conduit sa smala partout dans le désert jusqu'aux frontières de Tunis, si des causes naturelles ou politiques n'avaient pas circonscrit ses migrations. La nécessité de trouver de l'eau et des pâturages, celle de se tenir à portée du théâtre de la guerre, imposaient des limites aux déplacements ; aussi voit-on que cette ville ambulante, dans ses différentes courses, a oscillé de l'est à l'ouest, entre *el Melah* des Ouled Naïls et *Dahia el Kahla* (lac noir), chez les Hamian ; et du nord au sud entre el *Louha* et Tagguin. Cependant, à l'époque où elle a été enlevée, elle se disposait à gagner le djebel Eumour, à deux petites journées sud de Ouad Tagguin. Malgré les dispositions hostiles des gens de ces montagnes à l'égard de l'émir, dispositions dont ils lui avaient déjà donné des preuves lors du siège d'Aïn-Madhi (1), en pillant les convois, il est probable que la smala aurait passé sans coup férir.

De tous les postes nouveaux, permanents ou provisoires, établis par les Français sur la ligne des hauts plateaux, ceux qui menaçaient le plus la smala étaient Tiaret à l'ouest et Boghar à l'est (2).

Cependant Abd-el-Kader, croyant que la colonne de Mgr le duc d'Aumale était rentrée sur ce dernier point, avait concentré toute son attention sur Tiaret, qu'il observait avec beaucoup de soin, car il savait que le général de Lamoricière y arrivait, et, connaissant le caractère entreprenant et décidé de ce chef, il supposait que c'était surtout de ce côté qu'il y avait des précautions à prendre, d'autant plus que la rareté de l'eau entre Boghar et le lieu qu'occupait la smala, lui paraissait un obstacle au passage d'une expédition française par cette route.

L'événement du 16 mai vint tromper toutes ses prévisions et lui apprit, à ses dépens, que le jeune prince ne le cédait à personne en hardiesse, en habileté et en énergie.

Pendant que l'émir s'abandonnait à cette dangereuse sécurité, Mgr le duc d'Aumale rassemblait à Boghar les munitions de guerre et de bouche ainsi que les moyens de transport nécessaires à l'opération dont le général Bugeaud l'avait chargé. Il apprit par Ameur ben Ferhat, l'agha des Oulad-Aïed que la smala se trouvait dans les environs du petit village de *Goudjilah*, à vingt-cinq lieues à peu près dans le sud de Boghar. Muni de ces renseignements, qui, s'ils n'étaient pas d'une précision rigoureuse, paraissaient donnés avec bonne foi et en connaissance de cause, le prince se mit en marche le 10 mai, emmenant avec lui treize cents baïonnettes des 88e et 64e de ligne et des zouaves; six cents chevaux, tant chasseurs que spahis et gendarmes, et une section d'artillerie de montagne. Un convoi de huit cents chameaux ou mulets emportait un approvisionnement de vingt jours en vivres et orge. Des guides sûrs et habiles conduisirent cette petite armée par une vallée étroite parallèle à celle de Nahr Ouassal (3) jusque sur *Goudjilah*, où on arriva le 14, à la suite d'une marche de nuit. On cerna ce petit village, peuplé de gens de métiers qui avaient des rapports continuels avec la smala, et on sut par eux que celle-ci était à *Oued El Oussakh*, à un peu plus de vingt lieues au sud-ouest. La colonne se remit en route dans la nuit du 14 au 15, et elle fut informée par quelques individus, pris dans les bois, que l'ennemi avait levé son camp, la veille au soir, et se di-

---

(1) Voir tome Ier, livre VI, page 313.
(2) Boghar est à 35 lieues S.-S.-O. d'Alger, un peu à l'ouest du méridien de Coleah.
(3) *Nahr* veut dire fleuve (c'est la source du Chelif).

rigeait sur *Rass Ouad Tagguin* (1) pour gagner de là le Djebel Eumour. Ce brusque mouvement avait été déterminé par une marche du général de Lamoricière, qui se trouvait à quelques lieues dans le sud-ouest.

L'émir, avec une troupe peu nombreuse, observait cette dernière colonne ; mais il était dans la sécurité la plus complète à l'égard de celle de Boghar, qu'il croyait rentrée.

Le prince se décida aussitôt à gagner Aïn Tagguin, où, s'il n'atteignait pas la smala, il pouvait du moins lui couper la retraite de l'est et la rejeter sur le Djebel *Eumour*, du côté où opérait le général de Lamoricière. Pour arriver plus sûrement à ce résultat, il divisa sa colonne en deux parties, l'une essentiellement mobile, composée de la cavalerie, de l'artillerie et des zouaves avec 150 mulets pour porter les sacs et les hommes fatigués, l'autre formée des 2 bataillons d'infanterie et de 50 chevaux, devant escorter le convoi, sous les ordres du lieutenant-colonel Chadeysson.

Les deux colonnes firent une halte de trois heures, puis elles partirent ensemble, dirigées par des guides sûrs qui devaient les conduire à *Rass ouad Tagguin*. Le 16, au point du jour, on prit quelques traînards de la smala. Les faux renseignements qu'ils donnèrent déterminèrent le prince à faire, droit au sud, une reconnaissance de cavalerie qui n'amena aucun résultat. Après cette tentative infructueuse, on reprit la route primitive dans la direction de Tagguin, où était le rendez-vous général.

La moitié de la journée était presque écoulée sans que l'on eût rien aperçu, et déjà on commençait à désespérer de joindre l'ennemi, lorsque l'agha des Oulad Ayed, envoyé afin de reconnaître l'emplacement de l'eau, revint au galop pour avertir le prince que les trois cents douars (environ sept mille tentes) étaient campés à la source même de Tagguin.

Lorsque cet avis parvint, la colonne était à peine à mille mètres de l'ennemi, qui ne s'était pas encore aperçu de notre approche. La situation était critique, car les zouaves et l'artillerie, malgré toute l'énergie qu'ils déployaient dans leur marche, ne pouvaient arriver avant deux heures. Quant aux deux bataillons, ils étaient encore plus en arrière. Il fallait donc avec 550 chevaux attaquer cette masse (dix-huit mille individus environ) peu redoutable en elle-même, mais qui, outre une garde de 500 soldats réguliers, ne comptait pas moins de deux à trois mille hommes armés !

Mgr le duc d'Aumale, sans se faire illusion sur les dangers de l'entre-

(1) La source de Tagguin.

prise, comprit cependant que la retraite était encore plus périlleuse que l'attaque ; il n'hésita donc pas à prendre ses dispositions de combat. Malgré les supplications de nos Arabes auxiliaires et les sages observations des aides de camp du fils du roi, il divisa sa colonne en trois petits corps : à gauche les spahis, à droite les chasseurs, lui au centre avec une réserve, et il ordonna la charge.

La cavalerie, « avec cette impétuosité qui est le trait distinctif de notre caractère national, » arrive à fond de train sur l'immense agglomération ; le vaillant Yussuf, à la tête de ses spahis, attaque le douar d'Abd-el-Kader, culbute son infanterie régulière, bien qu'elle se défende avec l'énergie du désespoir ; l'intrépide Morris, suivi de ses chasseurs, traverse toutes les tentes, malgré une terrible fusillade, et va couper la retraite aux fuyards, que les Hachem défendent courageusement.

Le prince, à la tête de sa réserve, renverse tout ce qui s'oppose à lui dans le centre.

Comment se faire une idée de l'horrible confusion qui régna pendant une heure dans cette foule effarée ? Les guerriers ennemis, n'ayant pas eu le temps de se réunir, étaient réduits à se défendre individuellement ; les cris des femmes, les pleurs des enfants, le bruit des armes de tant de combats séparés, remplissaient l'air d'un horrible fracas.

Les assaillants, trop peu nombreux pour tout prendre, firent une coupure dans cette ville ambulante et chassèrent devant eux la partie qu'ils avaient séparée de la masse. Le reste put s'enfuir.

Les cadavres de 300 guerriers ennemis, 3,000 prisonniers, des drapeaux, des armes, étaient les trophées de notre victoire.

Nous n'avions eu que 9 hommes tués, 12 blessés et 28 chevaux mis hors de combat.

La mère et la femme d'Abd-el-Kader se sauvèrent, escortées par quelques cavaliers audacieux qui avaient profité du désordre général pour les enlever.

Lella Zohra avait, quelques instants avant, imploré la pitié de Yussuf, qui, sans la connaître, l'avait rassurée et avait passé outre.

Tout le monde avait déployé, dans cette lutte inégale, autant de courage que d'intelligence militaire, mais au jeune prince appartient réellement l'honneur de la journée. Ce n'est pourtant pas dans son modeste rapport, où il n'oublie personne excepté lui, qu'il faut chercher la part qu'il a prise à ce fait d'armes dont le récit véridique paraît incroyable ; c'est par le témoignage unanime des combattants d'*Aïn-Tagguin* qu'on a appris l'intrépidité, le sang-froid et la décision qu'il a montrés dans cette difficile conjoncture.

La prise de la smala donna lieu à un fait généralement ignoré en France, quoiqu'il ait eu alors un grand retentissement parmi les Arabes de l'Algérie. Je le cite, car il témoigne du respect que professaient le prince et le maréchal Bugeaud pour le droit des vaincus.

Dans la lettre que le général en chef adressait au duc d'Aumale, après ce brillant succès, il lui disait entre autres : « Il vous appartient, mon Prince, de disposer de vos prisonniers comme vous l'entendrez ; vous connaissez l'importance de chacun, désignez donc ceux que vous croirez prudent d'envoyer en France, et ceux qu'il conviendra de conserver à Alger dans un but politique. »

Afin de classer ces prisonniers suivant leur importance, le duc d'Aumale chargea l'agha de Teniet-el-Had, Ameur ben Ferhat, de les reconnaître. Ce hardi cavalier, chef de la grande tribu des Oulad Ayêd et qui commandait les goum de son aghalic à l'attaque de la smala, avait rendu d'importants service au prince, soit en lui fournissant d'utiles renseignements, soit en combattant vaillamment à ses côtés.

Parmi les prisonniers, Ameur remarqua une délicieuse jeune fille dont la mère était l'unique sauvegarde. Il entoura les deux captives de soins et d'attentions délicates, d'autant mieux accueillis qu'il était jeune et beau. C'étaient la femme et la fille de Sid El-Hadj M'hammed El Kharroubi, premier secrétaire de l'émir, qui, prévoyant les fatales conséquences de la lutte désespérée que soutenait Abd-el-Kader contre la France, avait pris la résolution d'abandonner l'émir.

Avant de s'éloigner de la smala, Sid El Kharroubi avait confié sa femme et sa fille à deux serviteurs dévoués, avec l'ordre de saisir la première occasion pour les ramener à Alger, mais tous deux avaient été tués. Kharroubi avait demandé l'aman au général de Lamoricière, qui l'avait envoyé à Alger, où le gouverneur général l'accueillit avec autant de bienveillance que de distinction.

Ameur ben Ferhat, désireux de régulariser la protection qu'il accordait aux prisonnières, demanda au duc d'Aumale la permission d'épouser la jeune fille. Le prince, après s'être assuré de son consentement et de celui de sa mère, autorisa d'autant plus volontiers cette union qu'il trouva ainsi une nouvelle occasion de récompenser le brave agha. Le mariage fut célébré suivant le rite musulman.

Quand Sid El-Hadj M'hammed El Kharroubi en eut connaissance, il fut non seulement blessé dans son affection paternelle, mais son orgueil se révolta contre la pensée que la fille d'un père appartenant à la plus haute aristocratie religieuse et d'une mère *cheriffa* (descendante du prophète), avait été donnée, sans son consentement, à un Arabe illettré au service des chrétiens.

Suivant la loi musulmane, une fille mineure ne peut se marier sans le consentement de son père, et celui-ci a *toujours* le droit de faire rompre le mariage contracté sans cette formalité. Sid El Kharroubi, fort de son droit, demanda une audience au général Bugeaud. Arrivé devant lui, il lui exposa la situation en termes clairs et concis, et termina par ces paroles :

« Je me suis séparé du chef que j'ai servi fidèlement pendant dix ans, parce que je crois en conscience qu'il s'écarte de la voie du Seigneur en continuant une lutte désespérée. Toi, khalifa du sultan de France, tu as promis à tous les musulmans qui se soumettraient à ta domination de respecter leurs biens, leurs femmes et leur religion. C'est, confiant dans tes promesses que je viens, au nom du droit et de la justice, te demander ma fille, qu'on a mariée sans mon consentement. » Le gouverneur général était courroucé de l'audace d'un homme, hier encore notre ennemi, osant aujourd'hui, grâce à sa tardive soumission, protester contre la décision d'un fils de roi, qui avait usé de tant de modération dans l'application des lois de la guerre.

Il congédia Sid El Kharroubi en des termes qui exprimaient son profond mécontentement.

J'essayai, en particulier, d'amener Sid El Kharroubi à consentir au mariage de sa fille. A tous mes arguments, il opposait invariablement cette réponse :

« On a lésé mes droits, je demande justice. »

Quelques jours étaient à peine écoulés depuis la réclamation de Sid El-Hadj M'hammed El Kharroubi qu'elle était déjà, parmi les Arabes, l'objet de toutes les conversations. La situation me paraissait très grave; car si le gouverneur général restait sourd à la réclamation de l'ancien secrétaire de l'émir, c'était, aux yeux des Arabes, une sorte de déni de justice et, par conséquent, une première atteinte portée à sa grande renommée d'équité, renommée qu'il était si important de conserver dans l'intérêt même de notre domination.

D'un autre côté, faire droit à la demande de Sid El Kharroubi, n'était-ce pas infliger un blâme à Mgr le duc d'Aumale ? Aidé des conseils et du concours de mon cher professeur, Sidi Abd-el-Razak, je parvins, après de longues réflexions, à trouver une combinaison qui me parut de nature à mettre fin à cette délicate situation.

Je n'entrerai pas ici dans le détail des démarches réitérées que je tentai pour la faire agréer, soit auprès de Sid El-Hadj M'hammed El Kharroubi, soit auprès d'Ameur ben Ferhat; je me borne à en indiquer les résultats : il fut convenu que tous deux se présenteraient devant un Medjelès (assemblée de jurisconsultes), présidé par le muphti d'Alger, qu'ils entendraient prononcer la nullité du premier mariage contracté entre Amour et Aïscha (1), et que, séance tenante, Sid El-Hadj M'hammed El Kharroubi donnerait son consentement au second mariage de sa fille avec l'agha.

Ainsi, en principe, les droits du père étaient reconnus et, en fait, le mariage autorisé par le fils du roi était légalement contracté.

Le général Bugeaud voulut bien approuver cette solution. Elle le fut également par Mgr le duc d'Aumale. Son Altesse avait les sentiments trop élevés pour s'arrêter à des considérations personnelles en face d'un intérêt aussi important que celui de constater aux yeux des musulmans notre respect pour la justice.

Je sus, depuis, que des gens malveillants (il y en a partout, hélas!) avaient, à cette occasion, tenté de me desservir dans l'esprit du prince, et que Son Altesse s'était contentée de leur répondre :

« Ils sont rares les subordonnés qui, comme Léon Roches, osent faire connaître la vérité à leurs chefs, au risque même de leur déplaire. »

Je suis heureux et fier de pouvoir dire que, pendant toutes nos campagnes d'Afrique, Mgr le duc d'Aumale n'a laissé échapper aucune occasion de me témoigner estime et bienveillance.

Chaque fois que, depuis cette époque, je suis allé en Algérie, mes Arabes *des glorieux jours* ne manquaient jamais de me rappeler les exemples de justice donnés par le maréchal, et ils ajoutaient : *Ould Et Sultan b'dètsou kabel Heukom El Scheraâ*, « et le fils du roi lui-même a accepté a sentence de la justice. »

---

(1) Nom de la fille de Sid El Kharroubi.

CHAPITRE XXXVIII.

Mort du général Mustapha ben Ismaïl. — Lettre de Châaban Oul'd Sidi El Aaribi. — Notice sur Mustapha ben Ismaïl (27 mai 1848).

Le 27 mai, notre camp était posé à *Sauk El Etnin*, (marché du lundi), chez les Beni-Hidja, sur le penchant d'une colline dominant une vallée couverte de verdoyantes moissons émaillées de ces belles fleurs sauvages qui abondent à cette époque de l'année, et nous étions encore sous l'impression de joie que nous avait causée la nouvelle de la prise de la smala. Rivet était à mes côtés et nous admirions le camp de nos goum (cavaliers arabes auxiliaires) du Chelif pittoresquement étalé sur le versant opposé de la vallée. Il me fit remarquer le silence et la tranquillité qui régnaient parmi nos Arabes ordinairement si *criards* et si turbulents, et comme nous cherchions à pénétrer la cause de cette anomalie, nous vîmes s'approcher, le capuchon baissé et le bas de sa figure recouvert par le haïk, Sidi *Ben Abd Allah Oul'd Sidi El Aaribi*, notre khalifa du Chelif (1). Ces signes de deuil

---

(1) La famille des *oulad Sidi El Aâribi* descend des djoued (nobles) qui ont fait la conquête de l'Afrique septentrionale et parmi ses membres compte un marabout célèbre, *Sidi el Aâribi*, qui fut *canonisé* vers le neuvième siècle de l'hégyre (quatorzième siècle de notre ère).

Cette famille jouissait d'une grande considération auprès du gouvernement turc, dont elle regretta la chute, et vit avec déplaisir surgir la puissance d'Abd-el-Kader.

Aussi son chef, Sidi *Châaban*, fut-il tout d'abord un des alliés de Mustapha ben Ismaïl et alla-t-il un des premiers faire acte de soumis-

nous causèrent de si terribles angoisses nous et nous prîmes à redouter de si grandes catastrophes que j'éprouvai une sorte de soulagement lorsque, me remettant une lettre ouverte, le khalifa me dit d'une voix qu'entrecoupaient des sanglots : « Que la bénédiction soit sur sa tête (1), Mustapha ben Ismaïl est entré dans la miséricorde de Dieu. »

Le maréchal, prévenu de l'arrivée de son khalifa préféré, qui d'ordinaire venait directement à lui, pressentit sans doute quelque fâcheux événement, car, ne pouvant modérer son impatience, il pénétra dans ma tente au moment où j'achevais de lire la lettre que m'avait remise Ben Abd-Allah.

En quelques mots je lui en expliquai le contenu ; sa douleur fut profonde.

La nouvelle de la mort du général Mustapha ben Ismaïl avait été bien vite répandue dans le camp, et, depuis les généraux jusqu'aux sous-lieutenants, tous les officiers étaient

---

sion aux Français quand le général de Perregaux pénétra dans la vallée du Chelif. On sait la versatilité et l'imprudence de notre politique en Algérie à cette époque et les fatales conséquences qu'elle amena : Sidi Châaban tomba entre les mains d'Abd-el-Kader, qui lui fit grâce de la vie, mais le retint en prison, où il mourut du choléra ; toutefois le bruit se répandit qu'il avait été empoisonné.

Pendant mon séjour chez Abd-el-Kader, j'avais reçu l'hospitalité chez les fils de Sidi Châaban, et j'avais inspiré de vives sympathies à l'aîné, Sidi ben Abd-Allah (notre khalifa actuel), qui n'avait pas craint de me dévoiler la haine qu'il nourrissait contre le persécuteur de sa famille. Il était donc certain qu'il saisirait avec empressement l'occasion de se rallier à la France.

Ben Abd-Allah offrait dans sa tournure, dans ses manières et dans la noble franchise de son langage, le type parfait de la distinction. Admirable cavalier, guerrier intrépide, généreux, hospitalier, c'était vraiment un preux chevalier.

Je laisse à penser l'impression favorable qu'il produisit sur le maréchal. Il le nomma khalifa des provinces ouest du Chelif et lui témoignait une affection paternelle, que *Ben Abd-Allah* reconnaissait par un tendre et respectueux dévouement.

(1) Phrase consacrée pour annoncer la mort de quelque parent ou ami.

venus spontanément présenter leurs condoléances au maréchal, dont ils connaissaient l'affection et l'estime pour le vaillant chef des Douairs.

J'avais eu le temps de traduire la lettre adressée au khalifa, le maréchal m'ordonna d'en faire la lecture à haute voix, sur le devant de sa tente, où se pressait une foule de soldats mêlés à leurs officiers.

Voici la traduction fidèle de ce document, dont je conserve précieusement l'original :

« De la part de l'agha Sidi Mohammed Châaban à son frère Sidi-Ben Abd-Allah-Oul'd Sidi El Aaribi, khalifa des provinces du Bas Chelif.

« Dar Sidi El Aaribi, le mercredi 25 rabiaâ el teni, 1259 (25 mai 1843).

« A l'Étoile brillante de la constellation qui entoure la mémoire de notre saint ancêtre, à notre frère qui est ici-bas ce que nous avons de plus précieux et de plus cher, Sidi Ben Abd-Allah, khalifa, que Dieu augmente ta gloire et ton bonheur !

« Après les saluts respectueux et empressés qui conviennent à ton rang élevé, je te fais savoir que j'ai reçu ta lettre vénérée par laquelle tu me donnes la nouvelle de ce qui vient d'arriver à la dêira (smala) de notre ennemi (1). Que Dieu soit loué et glorifié. Sa justice se montre dans ce monde avant d'éclater dans l'autre.

« Hélas ! pourquoi dois-je répondre à cette bonne nouvelle par le récit d'un malheur qui serre le cœur : Mustapha ben Ismaïl a été tué ! que Dieu lui fasse miséricorde.

« Écoute cette fatale histoire :

« Après que Oul'd el Rey eut attaqué la dêira, exploit incroyable ! tué ce qu'il avait tué, pris ce qu'il avait pris, toute

---

(1) Abd-el-Kader.

la tribu des Hachem se sauvait vers l'ouest où elle espérait trouver un abri. Mais Bou-Haraoua (1) et Mustapha ben Ismaïl apprirent le dessein des fugitifs, se mirent à leur poursuite, les atteignirent, et pas un seul ne leur échappa, cavaliers, femmes, enfants, troupeaux et toutes leurs richesses furent ramenés à Tiaret. Là Mustapha ben Ismaïl demanda à Bou-Haraoua la permission de rentrer à Oran avec ses Douairs et ses Smalas. Bou-Haraoua lui accorda cette permission en lui conseillant de prendre la route des Oulad Sidi El Djilani ben Aâmmar, mais il repoussa ce sage conseil et dit : « Je ne prendrai pas d'autre route que celle des Flittas. » Dieu avait marqué son heure, qui peut la retarder ! Il prit donc la route d'El Kantara, et quand il arriva dans le bois de Hammam-el-Cheurfa la poudre retentit de tous côtés. Les Douairs et les Smalas, ces maîtres du fusil, craignent-ils donc la poudre ? Non, mais eux et leurs chevaux chargés de butin ne peuvent combattre. *La peur pénètre dans ces cœurs de lion par la porte de l'avarice*, ils fuient... oui, les Douairs ont fui devant l'ennemi qu'ils avaient toujours méprisé.

« Mustapha ben Ismaïl veut les arrêter, ils n'écoutent plus sa voix. Alors il reste seul et fait face à l'ennemi. Sa balle atteint tout audacieux qui ose paraître. Ses enfants des jours glorieux, les Ahmed oul'd El Kadhi, les Habib ben Cherif, les Mohammed ben Kaddour, les Saddik bou Eulam, les Ben Daoud et tant d'autres fusils renommés, où sont-ils ? Ils sont malgré eux entraînés dans la fuite générale... et l'heure avait sonné... Mustapha ben Ismaïl tombait pour ne plus se relever... Que Dieu lui fasse miséricorde !... que vos joues pâlissent (2), ô Douairs et Smalas... Celui qui

---

(1) Le général de Lamoricière.
(2) Expression employée chez les Arabes pour exprimer le sentiment de la honte.

avait bravé mille fois la mort pour vous sauver la vie, vous avez laissé son corps à l'ennemi ! Il n'y a de force et de puissance qu'en Dieu !

« Voilà ce que nous venons d'apprendre, ô notre frère bien-aimé, et nous avons sous nos tentes plusieurs Douairs témoins de ce terrible événement, qui apparaît comme un rêve inspiré par le démon.

« Les *nedbèt* (1) de nos femmes retentissent dans nos douars. Leurs ongles déchirent leurs joues. Mustapha ben Ismaïl mort dans un jour honteux et mort abandonné ! Les décrets du Très-Haut sont impénétrables ! Qu'il permette que notre fin arrive à l'heure de sa miséricorde. Qu'il te couvre de sa haute protection. »

Après la lecture de ce dramatique récit, chacun se retira morne et silencieux sous sa tente. Cette douleur générale était un juste hommage rendu à la mémoire du plus vaillant et du plus fidèle allié de la France en Algérie.

Bien que des hommes compétents aient souvent, avant moi, parlé des services éminents que nous a rendus l'illustre chef des Douairs, je crois que je serais très répréhensible si, dans un ouvrage que j'intitule « *Trente-deux ans à travers l'Islam*, » je ne consacrais pas quelques pages à cette grande et belle figure musulmane.

Mustapha ben Ismaïl descendait d'une des tribus *M'hall* (2), Arabes d'Orient qui achevèrent, à la fin du septième siècle de notre ère, la conquête de l'Afrique septentrionale. Il appartenait donc aux *djouad* (3). Depuis deux siècles, c'était dans

---

(1) Lamentations que poussent les femmes arabes à l'occasion d'une mort.
(2) Voir tome Ier, page 229.
(3) Noblesse militaire.

sa famille que les Turcs choisissaient les chefs de ces grandes tribus makhzen (1), dont le réseau, dans chaque province, enlaçait toutes les tribus arabes de la Régence.

Lors de la conquête d'Alger, Mustapha ben Ismaïl se rallia au bey tunisien auquel le maréchal Clauzel avait confié le commandement de la province d'Oran, en vertu d'un traité conclu avec le bey de Tunis. Mais ce traité n'ayant pas été ratifié, l'agha des Douairs se retira dans les limites de son territoire, refusant également et d'entrer en relation avec les généraux français et de reconnaître l'autorité d'Abd-el-Kader, qui commençait à lever l'étendard de la guerre sainte.

Dès cette époque, de profonds sentiments de haine animèrent l'un contre l'autre le vieux M'Khazni (2), représentant le gouvernement turc dans toute sa rigidité, et le jeune marabout, champion de la nationalité arabe.

Abd-el-Kader, ayant relevé sa puissance chez les tribus de la province d'Oran par le traité conclu avec le général Desmichels et ayant organisé une petite armée régulière, songea à établir plus solidement son pouvoir sur ces tribus et leur réclama le paiement des impôts.

Mustapha ben Ismaïl saisit cette occasion pour secouer définitivement le joug que voulait lui imposer celui qu'il appelait *ichir*, un enfant ; il attaqua l'armée de l'émir, la mit en complète déroute, et Abd-el-Kader ne dut son salut qu'à son cousin El Miloud Bou-Taleb (3).

Le chef des Douairs fit alors au général Desmichels des propositions qui, si elles eussent été acceptées, eussent changé complètement la face des choses en Algérie. La puissance naissante de l'émir eût été étouffée dans son berceau.

Elles furent rejetées !... De nouveaux encouragements, de

---

(1) Gouvernement.
(2) Fonctionnaire civil ou militaire.
(3) Voir tome I*er*, page 255.

nouveaux secours furent accordés par la France à Abd-el-Kader, et celui-ci, à la tête de toutes ses forces réunies, tomba à l'improviste sur les Douairs et les Smalas.

Pendant toute une journée, Mustapha ben Ismaïl et ses vaillants guerriers soutinrent glorieusement ce combat inégal, et le soir les deux troupes campèrent en face l'une de l'autre.

Mais Mustapha, malade déjà depuis plusieurs jours, était grièvement blessé. L'élite de ses preux était tuée ou hors de combat, et tous les autres, démoralisés, demandaient à accepter les propositions pacifiques d'Abd-el-Kader, qui, disaient-ils, n'aspirait au pouvoir que pour diriger la guerre contre les chrétiens.

Devant de pareilles dispositions, et ne pouvant plus compter sur l'appui de la France, dont le puissant concours favorisait les projets ambitieux de l'émir, le vieux guerrier comprit que continuer la lutte serait exposer ses troupes à une honteuse défaite et il remit son autorité aux mains des chefs disposés à se rallier à Abd-el-Kader. Trop fier pour s'unir à cette démarche, il quitta son camp, la nuit même, malgré ses horribles souffrances et alla s'enfermer dans le mechouar (citadelle) de Tlemsen, où les Coulouglis se défendaient vaillamment contre les partisans du nouveau prince des croyants (1).

Il fallut son courage, son énergie et le prestige de son nom pour se maintenir dans cette citadelle en face de la population hostile des Hadars (2) et en butte aux attaques et aux intrigues des agents d'Abd-el-Kader.

Enfin cette vaillante garnison fut délivrée en 1836 par le maréchal Clauzel. Un témoin oculaire m'a raconté l'impression qu'il éprouva quand Mustapha ben Ismaïl vint au-de-

(1) Émir el Mouminin, titre pris par Abd-el-Kader.
(2) Nom que portent les habitants des villes d'origine arabe, par opposition aux *Coulouglis*.

vant du maréchal. « L'entrevue de ces deux vieux guerriers, me dit-il, tous deux encore aussi vigoureux de corps que d'esprit, tous deux illustres dans leur nation, offrit à l'armée un spectacle qui ne manquait ni de grandeur ni de majesté. »

Mustapha, heureux de se retrouver à la tête de ses vaillants Douairs et Smalas, qui avaient accompagné le maréchal Clauzel sous la conduite de son neveu El Mezari, organisa, le jour même de l'arrivée de la colonne, une expédition contre Abd-el-Kader. Il surprit son camp et mit son armée en déroute. Rentré à Oran, le maréchal chargea le général d'Arlanges d'aller occuper Rachegoun. On se souvient du combat de Sidi Yakoub (1), glorieux pour nos troupes, mais fatal dans ses conséquences, qu'on eût évitées si on eût suivi les sages conseils de Mustapha.

Ai-je besoin de redire les charges brillantes qu'il exécuta à la bataille de la Sikkak (2), où il eut la main fracturée par une balle, et de raconter les mille circonstances où son audace, secondée par un coup d'œil militaire qu'admirait le maréchal Bugeaud, rendit tant de services signalés à la cause française ?

Musulman convaincu et fidèle observateur des rites et des lois de sa religion, Mustapha ben Ismaïl partageait, à l'égard des chrétiens, les antipathies innées chez les sectateurs de Mohammed ; mais il puisait la force de refouler ces sentiments dans le respect qu'il professait pour la foi jurée. « J'appartiens à Dieu et au sultan de France, qui m'aide à écraser mon ennemi et le sien, » me disait-il, dans nos entretiens intimes.

Il me témoignait beaucoup d'estime et d'affection, mais il existait entre nous une cause de constant désaccord. L'ad-

---

(1) Voir tome Ier, page 149.
(2) *Ibid.*

miration que je professais pour Abd-el-Kader l'exaspérait. Aveuglé par sa haine, il ne consentait pas à reconnaître l'élévation des sentiments qui dirigeaient la conduite de l'émir.

Taleb haïli oua Tammâa (lettré ambitieux et cupide), disait-il en accompagnant ces paroles d'un signe dédaigneux dont mes vieux compagnons d'Afrique doivent se souvenir et qui exprimait la haine et le mépris.

Non seulement le général Mustapha agissait en serviteur fidèle et dévoué, mais il se considérait comme garant de la fidélité de ses Douairs et de ses Smalas, et plus d'une fois, malgré les supplications de nos généraux et du général de Lamoricière entre autres, il avait tué de sa main des cavaliers de ses tribus qui avaient déserté chez Abd-el-Kader et qu'on amenait prisonniers devant lui.

Il professait une sorte de respect pour nos simples soldats, qu'il voyait combattre avec tant de courage et supporter joyeusement tant de privations et de fatigues, et il avait inspiré ce sentiment à tous ses Douairs, chefs et simples cavaliers. Aussi allaient-ils au milieu de l'ennemi enlever les soldats blessés qui étaient restés entre ses mains et prenaient-ils en croupe ceux qui ne pouvaient marcher.

Mustapha eût honteusement désarmé ceux de ses cavaliers qui auraient abandonné une troupe française engagée contre des Arabes.

Quel respect nous avions tous pour ce magnifique vieillard à la figure d'aigle, qui, dès que la poudre parlait, avait encore à quatre-vingts ans la vigueur et l'élan de la jeunesse !

Comme il était digne dans ses rapports avec nos généraux et nos autorités !

Et ses intrépides cavaliers ! Quel prestige n'exerçait-il pas sur eux ! Un de ses regards les faisait trembler, un signe

d'approbation était leur plus haute récompense. C'était à qui dans les combats se signalerait sous ses yeux; pas un n'eût hésité à mourir à sa place............
....

Et les Douairs et les Smalas avaient lâchement abandonné leur glorieux chef et un misérable Arabe avait tranché cette belle tête que la mort avait épargnée durant soixante années de combats incessants! C'est que, comme dit Chaaban dans sa lettre, *la peur était entrée dans leur cœur de lion par la porte de l'avarice.* Voici, en effet, les détails que nous recueillîmes plus tard sur ce tragique événement :

Les nombreux fantassins de la grande tribu des Flittas, ayant appris que les Douairs et les Smalas, chargés du butin immense qu'ils avaient fait sur les fugitifs de la smala, devaient passer sur leur territoire, s'étaient postés en embuscade dans les bois de Hammam el Cheurfa.

Presque tous les chefs marchaient en avant; par une circonstance fatale, le général Mustapha se trouvait à l'arrière-garde.

La plus grande partie des cavaliers conduisaient à pied leurs chevaux chargés de butin comme des bêtes de somme.

Quand toute la colonne fut engagée dans le défilé, les fantassins de Flitta dirigèrent un feu meurtrier sur les malheureux Douairs et Smalas, qui furent saisis d'une panique telle, que la plupart coupaient les sangles de leurs selles, s'élançaient sur leurs chevaux à poil, et fuyaient effarés. En vain les chefs qui étaient en tête voulaient-ils les arrêter, ils étaient eux-mêmes entraînés par cette avalanche humaine.

Pendant ce temps, le général Mustapha combattait seul à l'arrière-garde, et tombait le cœur percé d'une balle.

Un misérable Arabe le reconnut, lui coupa la tête et la porta à Abd-el-Kader, qui devant ce lugubre trophée s'écria :

« Mâa Mustapha ben Ismaël Khalass el Aânad. » (Avec le fils d'Ismaïl disparaît l'*âanèd*.)

On ne peut traduire le mot *âanèd* que par cette périphrase : « L'entêtement dans le point d'honneur. »

L'émir fit enterrer la tête de son terrible adversaire avec les cérémonies habituelles des funérailles.

Les Douairs et les Smalas qui avaient fait partie de cette fatale expédition n'osèrent, dit-on, se présenter devant leurs femmes qu'après quarante jours, temps pendant lequel ils ne se firent pas raser la tête, et n'entrèrent ni au bain ni au café.

Le maréchal, dans un ordre du jour à l'armée, rendit en termes émus un magnifique hommage à la mémoire du général Mustapha ben Ismaïl. Grand et inflexible caractère qui ne varia jamais dans sa haine contre Abd-el-Kader et dans la foi qu'il avait jurée à la France.

Le général de Lamoricière stigmatisa la conduite des Douairs et des Smalas, qui ne tardèrent pas, d'ailleurs, à racheter glorieusement cette défaillance.

CHAPITRE XXXIX.

Episode des Beni-Ouragh. — Ouaransenis (juin 1843).

Au mois de décembre 1842, le général Bugeaud avait pénétré dans le grand pâté de l'Ouaransenis, où Abd-el-Kader trouvait un refuge assuré et d'où il s'élançait sur les tribus du Chelif, disposées à nous offrir leur soumission.

Nous avions fait quelques ghazias, livré plusieurs combats à la suite desquels, suivant leur méthode, les Arabes s'étaient dérobés à notre poursuite, et nous étions arrivés, sans obtenir aucune soumission, au cœur de cette vaste citadelle dominée par les pics abrupts et pittoresquement dentelés du mont Ouaransenis, qui, vu de Melianah, offre l'aspect d'une immense cathédrale gothique.

Je savais pourtant, par mes émissaires, que les *Ben m'rabet*, seigneurs religieux des populations de l'Ouaransenis et grands mokkadem de la zaouïa de Moulay-Taïeb (1) à *Bess-Ness*, n'attendaient que l'arrivée des colonnes françaises dans leur pays pour faire acte de soumission et amener avec eux les tribus comptant parmi leurs *khoddam* (serviteurs).

Je ne pouvais douter de leurs sentiments pacifiques, car ils avaient envoyé à Kairouan un délégué de leur zaouïa qui s'était associé aux démarches que je fis alors, avec les

---

(1) J'ai déjà parlé dans le tome Ier, page 441, de l'importante secte religieuse de Moulay-Taïeb, à laquelle sont affiliés nos fidèles Douairs et Smalas, ainsi que la plupart des Coulouglis.

envoyés de Sidi Mohammed Tedjini, afin d'obtenir la fameuse *fettoua.*

Mes émissaires m'avaient également donné l'assurance des bonnes dispositions de *Mohammed bel Hadj,* chef de la grande tribu des *Beni-Ouragh,* que j'avais connu pendant mon séjour chez Abd-el-Kader.

Je me tenais sans cesse à l'avant-garde, en tête des goum, dans l'espoir de voir arriver quelque parlementaire, lorsque, au débouché d'un col, nous nous trouvâmes en face d'une nombreuse émigration qui grouillait dans une vallée sans issue où nous l'avions acculée.

Au moment où le colonel Pélissier, chef d'état-major de l'armée, prenait ses dispositions pour pénétrer dans cette émigration composée d'hommes, de femmes, d'enfants et de troupeaux, un cavalier sans arme s'élança vers moi et me cria : « *Aman! Aman!* Au nom de Dieu et par la bénédiction de Moulay-Taïeb, sur ta tête, Sidi Omar (1), épargne nos femmes et nos enfants! »

C'était mon ancienne connaissance, *Mohammed bel Hadj,* kaïd des Beni-Ouragh.

Je suppliai le colonel Pélissier de surseoir à l'attaque jusqu'à la réception d'un nouvel ordre du gouverneur général, auprès duquel j'allais conduire Mohammed bel Hadj.

Celui-ci, pendant le trajet, me dit que les marabouts de *Bess-Ness,* les *Ben m'rabet,* étaient parfaitement disposés en faveur des Français, ainsi que j'avais dû m'en convaincre par le rapport de mes émissaires, et que lui-même était prêt à faire acte de soumission.

« Mais pourquoi, lui dis-je, avez-vous attendu que vos femmes, vos enfants et vos troupeaux tombassent entre nos mains pour demander l'*aman?*

---

(1) C'est le nom que continuaient à me donner les Arabes.

— Regarde sur les hauteurs, me répondit-il, ne vois-tu pas les khiélas et les goum d'Abd-el-Kader qui, depuis l'arrivée des Français dans l'Ouaransenis, nous chassent devant eux et nous ont ainsi empêchés d'entrer en relations avec vous? »

Il n'avait pas besoin de me faire apercevoir les cavaliers de l'émir, j'avais déjà constaté leurs manœuvres.

Avant de présenter Mohammed bel Hadj au général Bugeaud, j'attirai l'attention de mon chef sur l'importance du kaïd des *Beni-Ouragh*, qui venait à nous et dont le pouvoir s'appuyait sur l'influence des marabouts de *Bess-Ness*, seigneurs religieux des populations de l'Ouaransenis.

Dès son entrée dans la tente, Mohammed bel Hadj gagna les sympathies du général par son attitude digne et respectueuse et par la franchise de son regard. Il lui exposa d'abord la situation dans un langage clair et précis : « J'ai servi Abd-el-Kader avec dévouement, ajouta-t-il : c'était mon seigneur; il n'a pu protéger nos femmes et nos enfants contre ton armée, c'est à moi que revient cette protection, et, pour qu'elle soit efficace, je viens me remettre entre tes mains. L'homme puissant achète le cœur des hommes par la clémence, et le cœur des hommes est le plus précieux des butins. »

Le général Bugeaud, impressionné par la noblesse de ce langage et par la situation des malheureuses tribus arabes menacées en même temps par les Français et par l'émir, donna l'ordre au colonel Pélissier d'arrêter la poursuite. Cet ordre humain ne laissa pas d'exciter de vifs murmures dans la colonne, car il enlevait à nos braves soldats la satisfaction d'opérer une importante rhazia après de terribles fatigues.

Quand Mohammed bel Hadj connut la décision du gouverneur général, il saisit ses mains et les baisa en les mouillant de ses larmes.

« Je vais écrire à mes fils de venir, lui dit-il, et ils resteront en otage entre tes mains jusqu'à ce que les chefs des tribus de l'Ouaransenis reviennent avec moi à ton camp pour faire acte de soumission. »

Le général refusa cette offre, en lui disant : « La parole d'un homme comme toi est le meilleur otage. »

Bien que persuadé de la bonne foi de Mohammed bel Hadj, je tremblais devant la grave responsabilité que j'avais assumée en inspirant à mon général les sentiments de confiance dont il venait de donner une si grande preuve à un Arabe dont je m'étais, pour ainsi dire, porté garant.

Je conservais, en outre, quelques doutes au sujet des dispositions des marabouts de *Bess-Ness*, sur lesquelles comptait Mohammed bel Hadj, pour obtenir la soumission des diverses tribus de l'Ouaransenis.

Je demandai donc à ce chef de me conduire à Bess-Ness, où je désirais avoir un entretien avec les *Ben m'rabet*. Il comprit non point mes soupçons, mais mes préoccupations, et il fut convenu que les marabouts se rendraient, dans la journée, à Karnachin, village situé à quelques kilomètres de notre camp, où j'irais les rejoindre à la faveur de la nuit. A cet effet, Mohammed bel Hadj devait m'envoyer deux cavaliers porteurs de son sceau.

C'est à grand'peine que j'obtins de mon général la permission d'aller à ce rendez-vous. Les cavaliers de Mohammed bel Hadj furent exacts : je m'enveloppai dans un burnous, je fis harnacher mon cheval à l'arabe, et je partis à six heures du soir (il fait nuit de bonne heure en décembre).

Le temps paraît long en pareilles circonstances, et l'on a peine à chasser de sinistres réflexions. Le lieu du rendez-vous me sembla d'autant plus éloigné que la route était horriblement accidentée. Nous arrivâmes enfin à l'entrée d'une Dèchera (1), où mes compagnons échangèrent des mots de passe avec des sentinelles; nous pénétrâmes dans des passages étroits, et j'hésitais à mettre pied à terre à la porte d'un gourbi plus grand que les autres, quand Mohammed bel Hadj me souhaita la bienvenue et m'introduisit auprès des marabouts de *Bess-Ness*, Sidi Ahmed et Sidi Mohammed oulad ben m'rabet.

Je fus touché de l'accueil de ces graves personnages, que je n'avais jamais rencontrés. Chacun d'eux prit une de mes mains dans les siennes, et le plus âgé me dit : « Sidi Mohammed Tedjini nous a parlé de l'amitié qu'il te porte et des services que tu lui as rendus; nous savons par lui et par notre délégué que nous devons à ton intervention à *Kairouan*, au *Caire* et à *Taïf* la fettoua qui permet aux musulmans de l'Algérie d'accepter la domination des Français. Nous avons mis en toi notre confiance, et si, au nom du khalifa du sultan des Français dont *notre serviteur*, Mohammed bel Hadj, nous a vanté la clémence et la générosité, tu nous jures l'*aman* pour nous, nos femmes, nos enfants et nos biens, si tu nous promets que notre religion sera respectée, nous consentirons à nous rendre de nos personnes à son camp, et à y conduire les principaux chefs des tribus que nous comptons parmi les *khoddam* de notre saint vénéré, Moulay-Taïeb. »

Le caractère des marabouts de *Bess-Ness* m'était connu, et je lisais dans leurs regards une telle sincérité qu'il ne m'était plus permis de douter de leur parole. Je leur fis le serment d'*aman* qu'ils me demandaient, et il fut convenu que, le lendemain, à la prière du s'bahh (2) (8 heures du matin environ), ils arriveraient à notre camp, suivis des chefs des tribus conduisant les chevaux de soumission et apportant la Dhyffa.

J'entrais à dix heures dans la tente de mon chef dont je

---

(1) Village couvert en chaume.
(2) Prière supplémentaire.

calmai les vives inquiétudes. Comptant, non seulement sur la parole, mais sur l'exactitude des marabouts de *Bess-Ness*, le général Bugeaud fit prévenir le chef d'état-major que le départ aurait lieu le lendemain à midi, quatre heures lui paraissant plus que suffisantes pour la cérémonie de la soumission.

Il avait hâte d'aller camper à Oued Riou, où il devait trouver des vivres et rallier la colonne de Mgr le duc d'Aumale.

Les ordres furent donnés en conséquence.

Le lendemain, de bonne heure, le colonel Pélissier vint, comme d'habitude, prendre les ordres du général en chef. Il lui rendit compte du mécontentement général qu'avait produit, la veille, dans la colonne, l'ordre de suspendre la ghazia, et, en se retirant, il témoigna hautement des doutes sur la parole et les promesses des chefs avec lesquels j'avais parlementé.

Quoique présent, je gardai le silence, bien persuadé que mes marabouts seraient exacts au rendez-vous.

Cependant il était neuf heures, et aucune troupe arabe n'était signalée aux avant-postes ; dix heures, et rien encore ! Je lisais l'impatience, le mécontentement même sur les traits de mon chef, et, au moment où je lui demandais la permission d'aller moi-même au-devant des marabouts, le colonel Pélissier entra de nouveau et, dans un langage acerbe qui visait clairement le rôle que j'avais joué dans cette circonstance, il m'accusa brutalement d'avoir trempé dans une honteuse mystification ; puis me regardant en face : « En campagne, on fusille les traîtres ! » s'écria-t-il.

Sous le coup de cette offense, je sentis que je devenais fou, je portai la main à mon sabre, j'allais me précipiter sur le colonel, quand Rivet m'enlaça dans ses bras.

Aussitôt le général me donna l'ordre d'aller m'enquérir des motifs qui retardaient l'arrivée des marabouts et des tribus. On me hissa sur mon cheval; j'étais semblable à un homme ivre; je me laissai conduire aux avant-postes par un peloton de spahis commandé à cet effet, et je ne revins à moi que lorsque nous nous trouvâmes en face d'une troupe de cavaliers suivis d'un millier d'Arabes, dont les uns tenaient en main les chevaux de soumission, les autres les mulets destinés aux transports des bagages, et le plus grand nombre portant des gachouches (1) embrochés et d'immenses *métred* (2) de couscoussou.

A peine avais-je présenté les marabouts et Mohammed au général que je m'affaissai sur moi-même et perdis connaissance. Le lendemain, en reprenant mes sens, je me sentis embrassé par un officier qui me répétait : « Pardonnez-moi, mon brave Roches, pardonnez-moi ! » C'était le colonel Pélissier, qui, me dit-on, avait veillé une partie de la nuit sous la tente où je délirais.

Depuis ce jour, je n'ai jamais cessé d'être l'objet de la tendre affection de cet homme à la parole souvent si cruelle et au cœur si bon et si généreux. On s'en convaincra en lisant les lettres de l'illustre vainqueur de Malakoff, que je produirai au cours de cet ouvrage.

Je reviens au récit de la soumission des tribus de l'Ouaransenis.

Un interprète de l'état-major m'avait remplacé lors de la remise des chevaux de soumission, mais ni les marabouts de *Bess-Ness*, ni Mohammed bel Hadj ne voulurent traiter sans moi la question de l'organisation des tribus. On fut obligé de conserver le même campement, et le lendemain, étant complètement rétabli, je pus reprendre mon service et procéder à cette organisation.

---

(1) Moutons entiers rôtis.
(2) Plats en bois dans lesquels on met le couscoussou.

Le gouverneur général avait l'intention de nommer khalifa de l'Ouaransenis le kaïd des Beni-Ouragh, Mohammed bel Hadj, qui ne voulait point accepter une situation revenant droit, selon lui, à Sid Ahmed ben M'rabet, marabout de *Bess-Ness*. Celui-ci, de son côté, refusait obstinément des fonctions incompatibles, disait-il, avec son caractère religieux. « Le grand chef de la confrérie de Moulay Taïeb dont je suis le mokaddem, Sid-el-Hadj El aârbi, demeurant à Ouazzan (Maroc), peut seul, ajouta-t-il, autoriser cette dérogation à notre règle; il connaît les liens d'amitié qui t'unissent à Sidi Mohammed Tedjini, il sait, par moi et par les deux mokaddem que tu as rencontrés à Kaïrouan et au Caire, la part que tu as prise à l'obtention de la fettoua, il sait enfin tous les services que tu rends chaque jour aux musulmans; je suis donc persuadé que si tu lui écris pour lui demander cette exception à notre règle dans l'intérêt même des populations de l'Islam, il accueillera favorablement ta demande. »

Je soumis cette idée à mon chef, qui m'autorisa à écrire à Sid-el-Hadj El-aârbi. Je remis l'original entre les mains de Ben M'rabet et un duplicata fut expédié au grand saint musulman par voie de Tanger. Nous allons connaître, à la fin de ce chapitre, le résultat de cette démarche.

Sid Ahmed ben M'rabet, sans accepter le titre de khalifa, prit l'engagement de mettre au service de notre cause l'influence qu'il exerçait sur les tribus de l'Ouaransenis.

Hélas! nous ne pouvions pas encore donner à cette influence l'appui permanent qui était indispensable pour combattre victorieusement celle d'Abd-el-Kader. A peine, en effet, le gouverneur général était-il rentré à Alger que l'émir apparaissait de nouveau dans la vallée du Chelif, d'où, poursuivi par les colonnes Changarnier, Gentil et Saint-Arnaud, il s'élançait dans l'Ouaransenis, châtiait les tribus qui s'étaient soumises aux Français et emmenait, chargé de fers notre pauvre agha Mohammed bel Hadj. Il n'osa pourtant pas attaquer nos amis les Ben M'rabet, qui s'étaient retranchés à Bess-Ness et à Kernachin et se préparaient à une vigoureuse résistance.

Le général Bugeaud comprit l'importance qu'il y avait à soutenir ces fidèles alliés et à châtier à notre tour les tribus qui n'avaient opposé aucune résistance à l'émir. Aussi, dès qu'il eut rétabli l'autorité de notre agha Ghobrini dans le pâté de montagnes situées entre Melianah et Cherchel, et consolidé nos nouveaux établissements d'Orléansville et de Ténès, pénétra-t-il de nouveau dans l'Ouaransenis, au mois de juin 1843.

Il établit d'abord un dépôt de vivres à Sauk-el-Khemis, sur l'oued Rihou (1). Là nous fûmes immédiatement rejoints par Sid Ahmed Ben M'rabet et par notre brave Mohammed bel Hadj, que le brillant exploit du duc d'Aumale, contre la smala, venait d'arracher à une mort certaine et de rendre à la liberté.

Grâce à l'influence de ces deux chefs et après quelques ghazias habilement dirigées, toutes les populations de l'Ouaransenis demandèrent l'aman au général Bugeaud, qui, toujours disposé au pardon, leur assigna un rendez-vous à Oued Tléta, où se rendirent des députations de toutes les tribus, leurs chefs en tête, amenant les chevaux de soumission.

Le jour même, Sid Ahmed ben M'rabet, qui avait reçu de son chef, Sid-el-Hadj El-aârbi, l'autorisation d'accepter momentanément le titre et les fonctions que voulait lui conférer le général Bugeaud, fut proclamé khalifa de cette contrée et Mohammed bel Hadj fut placé sous ses ordres avec le titre d'agha.

(1) Le poste des Ammi Moussu, que les soldats avaient surnommé *Biscuit-Ville*.

Une note rédigée par M. Beaumier, drogman chancelier de la mission de France à Tanger, et dont je transcris ici la copie, donne sur la confrérie de Moulay Taïeb, sur les tendances de son chef et son intervention dans nos relations avec les marabouts de l'Ouaransenis, des renseignements dont l'importance n'échappera pas certainement à mes lecteurs.

NOTE ÉMANÉE DE M. BEAUMIER, DROGMAN CHANCELIER DE LA MISSION DE FRANCE A TANGER (1845).

Les musulmans prennent pour intermédiaires entre eux et la divinité ceux de leurs marabouts dont la sainteté a éclaté par des miracles et par les meilleures actions. Ils sont affiliés ainsi à plusieurs congrégations dont chacune prend le nom du marabout qui l'a fondée.

Les principaux sont : Sidi-Abd-el-Kader El Djilani, né à Bagdad dans le troisième siècle de l'hégyre. Ce grand personnage, qui occupe un rang supérieur parmi les autres saints musulmans, a voyagé dans toute l'Afrique du nord et à chaque pas, en Égypte, à Tripoli, dans le royaume de Tunis, dans le royaume d'Alger et dans l'empire du Maroc, on trouve des coupoles (koubba) élevées en l'honneur de Sidi-Abd-el-Kader dans les endroits où le marabout de Baghdad avait fait des stations. Ses khoddems (serviteurs) forment sans contredit la corporation la plus importante de l'islamisme.

Sidi Mohammed ben Aïssa, qui vivait vers le sixième siècle et dont les affiliés portent le nom de Aïssaoua ;

Et Muley El-Tehmi, qui vivait au commencement du dixième siècle et qui a fondé la *zaouia* de Ouezzan (ville du Maroc considérée comme ville sainte). Les serviteurs de ce marabout ont pris le nom des Touhemiin.

Muley-el-Tehmi était de la grande famille de *Muley-Driss*, descendant du prophète, qui, dans le deuxième siècle de l'hégire, vint jeter les fondements de la ville de Fez.

Les Touhemiin ne sont autres que les disciples appelés communément « khoddems de *Moulay Taïeb*, » frère de Muley Tehmi, et jouissant de la même réputation de sainteté que lui.

Nous n'avons à nous occuper ici que de la congrégation des Touhemiin, autrement dit *khoddems de Moulay Taïeb*.

Le but de cette congrégation est essentiellement religieux, et il est interdit aux membres de la famille nombreuse de Muley Taïeb d'accepter, sous quelque prétexte que ce soit, un pouvoir temporel. Il est à remarquer que les disciples de ce marabout ne se sont jamais mêlés de politique.

Sid-el-Hadj-el-Arbi, vieillard de quatre-vingt-dix ans, descendant de Muley Taïeb, est aujourd'hui le chef de cette congrégation. C'est l'homme le plus aimé et le plus vénéré de tout le Maroc; il ne s'est jamais appliqué, pendant toute sa vie, qu'à maintenir la paix et l'obéissance dans tout l'empire. Depuis la rupture des traités de la Tafna, il a constamment refusé d'implorer Dieu pour les succès d'Abd-el-Kader. Personne n'ignore que ce vénérable vieillard a changé le nom d'Abd-el-Kader; il ne l'appelle pas, comme les autres, Mahhi-ed-Din, qui signifie en arabe *celui qui fait revivre la religion*, il le nomme Moumhhi-ed-Din (*celui qui détruit la religion*).

Voici un fait bien caractéristique. Au milieu de l'Ouaransenis, dans la tribu des Beni-Ouragh, se trouve une petite ville nommée Zaouiat-Bessness. Le chef de cette ville, Sidi-Ahmed-Ben-Merabet, est un des descendants de Muley Taïeb et il est le khalifa de Sid-el-Hadj-el-Arbi d'Ouezzen. Il est en Algérie le premier représentant de la congrégation de Muley Taïeb.

En 1841, il eut à se plaindre d'Abd-el-Kader, qui n'eut aucun respect pour ses envoyés et ses serviteurs.

En 1842, M. le maréchal Bugeaud conféra au frère cadet de Sid-Ahmed-Ben-Merabet le khalifa de l'Ouaransenis, qui comprenait toutes les tribus qui occupent le grand pâté de montagnes qui est borné au nord par Orléansville, au sud par Tiaret, à l'ouest par les Flittas et à l'est par la province de Méliana. Il fut convenu qu'avant d'accepter définitivement ces fonctions temporelles, Sid-Ahmed-Ben-Merabet demanderait son approbation à Sid-Hadj-El-Arbi. Une lettre fut écrite en duplicata par voie de Tanger et par voie de terre. Deux mois après, Sid-Ahmed-Ben-Merabet reçut la réponse dont copie a été remise à M. le maréchal Bugeaud ; en voici le résumé : « Tu sais la punition que Dieu réserve à ceux des descendants de Muley Taïeb qui acceptent le pouvoir temporel : nous en avons eu deux exemples frappants sous le règne de Muley Soliman. Tu m'es trop cher pour que je t'expose à un pareil malheur, *n'accepte donc que momentanément* le titre que le chef des chrétiens veut te donner pour le bien des musulmans, mais remplis scrupuleusement les promesses que tu lui as faites. Dieu a ses desseins en lui donnant la domination de l'Algérie ; tu dois seconder les desseins de Dieu en ne manquant pas au serment de fidélité que tu lui as prêté. Je ne suis pas étonné des mauvais traitements que s'est permis à votre égard Abd-el-Kader, fils de Mahhi-ed-Din, c'est un de ces fléaux que Dieu envoie sur la terre pour punir les musulmans de leurs fautes. Ses commencements ont été suivant la religion, sa fin sera contre la religion. Continue à combattre cet ennemi des musulmans, qui croit faire la guerre sainte et qui n'arrive à d'autre but que celui de compromettre la vie et les fortunes des insensés qui écoutent ses conseils. Si Dieu fait arriver le jour de la victoire pour les musulmans, ce sera notre maître le sultan du

Maghreb qui, suivant les règles de l'Islamisme, déclarera ouvertement la guerre aux infidèles et les chassera jusque dans leur pays. »

Il est important de remarquer que les Douairs, les Smalas, et tous les Coulouglis, dont la fidélité n'a jamais varié, appartiennent à la congrégation de Muley Taïeb.

Lors des derniers événements, Sid-Ahmed-Ben-Merabet et ses serviteurs sont restés inébranlablement dévoués à la France au milieu des autres tribus, qui toutes avaient fait défection.

Dans le grand soulèvement qui vient de troubler notre conquête, des gens de toutes les congrégations ont été les fauteurs du désordre et de la révolte. La communauté de sectes a pu servir à établir de l'ensemble dans les efforts dirigés contre nous ; mais accuser Sid-El-Hadj-El-Arbi de connivence dans ces événements, c'est prouver une ignorance complète des choses et des hommes du pays.

En racontant, trop longuement peut-être, l'épisode des Beni-Ouragh, j'ai voulu, d'un côté, faire ressortir l'influence qu'exercent, en Algérie, les chefs des confréries religieuses (Khouan), et, de l'autre, mettre en évidence les sentiments d'humanité du général Bugeaud.

Que de fois n'ai-je pas entendu reprocher à mon illustre chef de se laisser tromper par les protestations des Arabes, qui se soumettaient aux Français afin d'éviter d'être ghaziés par eux, et faisaient acte de repentir et de soumission à Abd-el-Kader dès qu'il apparaissait.

Non, le maréchal ne se laissait pas tromper par les protestations des Arabes, mais son grand cœur s'apitoyait devant l'horrible position de ces malheureuses tribus qui, également incapables de résister à nos attaques et à celles d'Abd-el-Kader, cherchaient par une soumission apparente à sauver leur vie et leurs biens. Elles ont compris, elles, l'indulgence de ce grand chef qu'elles voyaient si terrible dans les combats, et si compatissant et si magnanime après la victoire ; et longtemps encore on entendra répéter sous le gourbi du Kabyle et la tente de l'Arabe ces paroles légendaires :

> Bou-chiba (1) Draâou chedid
> Kâlbou Hanin oua
> Raiou rechid.

« Le père la Blancheur a le bras fort, le cœur miséricordieux et le conseil sage ! »

(1) Nom familier que les Arabes donnaient souvent au maréchal, à cause de sa belle chevelure blanche.

CHAPITRE XL.

Lettres à ma mère adoptive. — Le général Bugeaud est nommé maréchal. — Je suis nommé chevalier de la Légion d'honneur. — Visite du khalifa Ali au maréchal. — Protection accordée par le maréchal Bugeaud aux ordres religieux. — Ses lettres au sujet des Jésuites.

Alger, 20 août 1843.

Enfin, mère chérie, j'ai la douce satisfaction de t'annoncer que ton fils est chevalier de la Légion d'honneur. C'est seulement après neuf citations à l'ordre de l'armée, pour faits de guerre et services rendus en campagne, et cinq propositions de la part du général Bugeaud, que j'ai pu obtenir cette faveur. Elle m'est d'autant plus précieuse que j'ai fait plus d'efforts pour la mériter.

Tu ne liras pas sans intérêt la façon dont j'ai appris cette bonne nouvelle.

Le général m'avait donné une mission auprès du khalifa placé par lui à la tête de toutes les tribus de la Mitidja, Sidi Ali, Oul'd Sidi Lekhal, descendant des célèbres marabouts Oulad Sidi Embarek de Coléah (1). Une ghazia, habilement conduite par le khalifa contre une portion de la tribu des Hadjoutes qui s'était refusée à exécuter ses ordres, avait amené les dissidents à résipiscence, sans grande effusion de sang, et nous avions établi notre camp sur les bords pitto-

(1) Voir la notice sur les Oulad Sidi Embarek, note du premier volume, page 444.

resques du lac Halloula, au pied du Medrashem (1), appelé *K'bor er Roumia* (tombeau de la chrétienne), où, disent les Arabes, sont cachés d'immenses trésors défendus par de terribles Djenns (démons).

La tribu nous avait apporté une superbe Dhyfa. Le khalifa et moi, mollement étendus sur des tapis placés en avant de sa tente, nous fumions nos longs chibouks, tandis qu'un chanteur arabe, accompagné par d'habiles *guessâb* (joueurs de flûtes à trois trous), nous récitait l'histoire des aïeux de Sidi-Ali.

Tout à coup, nous entendons le galop précipité d'un cheval et nous voyons apparaître un spahi au burnous rouge qui s'élance à terre et vient respectueusement mettre aux pieds de Sidi-Ali un pli revêtu du large sceau de la Direction arabe. Le khalifa brise le cachet et retire de l'enveloppe une lettre à mon adresse.

Je reconnais la grosse écriture de Daumas, et je lis :

« Victoire ! notre bien-aimé patron est nommé maréchal ! » Sans achever la lettre, que je jette de côté, je pousse une exclamation de joie, et je donne la bonne nouvelle au khalifa, qui se lève et crie d'une voix retentissante : « Que Dieu soit loué ! le sultan de France a élevé notre seigneur le général Bugeaud au grade suprême ; il l'a nommé maréchal. » Et, dans tout notre campement, s'élève successivement et comme une traînée de poudre cette joyeuse exclamation : « Allah iansor el Marichan ! » (Que Dieu donne la victoire au Maréchal !) A ce moment, je me sens tirer par le pan de ma tunique. Je me retourne, et Isidore me dit, la voix tremblante d'émotion : « Oh ! Monsieur, quel bonheur ! vous voilà enfin décoré. — Laissez-moi tranquille, lui dis-je brusquement, il ne s'agit pas de moi. — Mais, si, Monsieur, il s'agit de vous :

---

(1) Mausolée des anciens rois de Numidie.

tenez, lisez la lettre que vous venez de jeter. » Je pris cette lettre, dont je t'envoie la copie (1), et j'avoue que mettant de côté toute étiquette, j'embrassai mon brave domestique et j'annonçai à Sidi-Ali la faveur dont je venais d'être l'objet. Je reçus ses chaleureuses félicitations et celles de tous les chefs du goum.

Le khalifa donna une large B'chara (2) au spahi et expédia immédiatement aux kaïds de la Mitidja l'ordre de se rendre sur-le-champ à Bou-Farik, où ils devraient l'attendre.

A trois heures du matin (nous sommes dans le mois d'août), nous montâmes à cheval, précédés des drapeaux du khalifa et suivis de notre goum. « Je ne dormirai pas avant d'avoir baisé la main de notre père et seigneur le maréchal, me dit Sidi-Ali, et je veux arriver auprès de lui, suivi de tous les kaïds de la Mitidja. »

A mesure que nous traversions le territoire d'une tribu, ses cavaliers se joignaient à notre goum et faisaient la fantasia aux cris de : « Allah iansor el Marichan ! »

Nous arrivâmes à Alger à huit heures du soir. Nous avions parcouru soixante kilomètres.

Je laissai le khalifa et ses cavaliers sur la place du Gou-

---

(1) Copie de la lettre de Daumas :

« Alger, 19 août 1848.

« Mon cher ami,

« Victoire ! notre bien-aimé patron est nommé maréchal. Victoire ! vous êtes nommé chevalier de la Légion d'honneur. Puissiez-vous juger de mon amitié par l'empressement que je mets à vous communiquer ces bonnes nouvelles *pour tous*.

« Votre ami dévoué,
« E. DAUMAS. »

(2) B'charra (bonne nouvelle). Les Arabes appellent B'chara la somme que donne ordinairement celui qui reçoit la bonne nouvelle à celui qui en est le porteur.

vernement et me rendis seul auprès du maréchal. Ah ! mère chérie, il est des moments qu'on croirait ne pas acheter trop cher en les payant de sa vie. Tel fut celui où je me suis senti pressé dans les bras de mon chef qui, au lieu d'écouter mes respectueuses félicitations, me parlait de la joie qu'il éprouvait de m'avoir fait décorer. Oh ! oui, cette étreinte où j'ai senti battre le cœur du grand capitaine m'a paru plus précieuse que toutes les décorations.

Je racontai au maréchal les circonstances au milieu desquelles m'était parvenue la bonne nouvelle, et lui demandai la permission de lui présenter immédiatement Sidi Ali et les kaïds de son aghalic. « Amenez-moi bien vite tous ces braves gens, » me répondit-il. Un moment après, j'introduisais dans la grande salle arabe, annexée à l'ancien palais, le khalifa, descendant des illustres marabouts de Coléah, suivi d'une centaine d'Arabes, dont les costumes amples et pittoresques encadraient les têtes caractéristiques. Le maréchal ne se fit pas attendre et, dès qu'il arriva suivi de son état-major, le cri de *Allah iansor el Marichan!* retentit avec fracas. Sidi Ali vint lui baiser la main.

A un signe que je fis à mes Arabes, un silence profond succéda aux expressions bruyantes de leur joie, et le khalifa, s'adressant au maréchal, lui dit à haute voix : « Le sultan de France est juste ; il t'a élevé au degré le plus rapproché de son trône. Louanges à Dieu ! Il a exaucé nos vœux en te donnant de nouveaux honneurs ! Que Dieu prolonge les jours de notre père bien-aimé le maréchal ! »

Et tous les Arabes répétèrent ensemble ces dernières paroles.

« Et moi aussi, mes enfants, leur dit le maréchal de sa voix pénétrante, je remercie Dieu et mon roi de m'avoir choisi pour gagner à la France le dévouement d'hommes tels que vous, qui, après avoir courageusement combattu, se montrent dignes de la générosité de ceux à qui Dieu a donné la victoire. »

De nouvelles acclamations répondirent à ces paroles, et Sidi Ali demanda au maréchal l'honneur d'adresser ses félicitations à madame la maréchale. Je crois bien avoir encouragé cette demande, car le commandant Fourichon m'avait glissé dans l'oreille que la digne compagne de notre chef désirait, pour elle et son entourage, recevoir l'intéressante visite du khalifa et de son cortège. Un désir de madame la maréchale Bugeaud, si bienveillante à mon égard, était toujours pour moi un ordre agréable à exécuter ; mais, ce jour-là, j'y obtempérai avec d'autant plus d'empressement que mes camarades m'avaient déjà annoncé la présence de madame de Liadières, dont le mari, aide de camp du roi, avait été chargé par Sa Majesté d'apporter le bâton de maréchal au général Bugeaud.

Si tu avais pu être témoin, mère chérie, de l'admiration inspirée à cette élégante Parisienne par l'apparition du khalifa et de son cortège, tu ne me taxerais plus d'exagération, quand je te parle de l'aspect si poétique et en même temps si majestueux de mes chefs arabes.

Notre belle compatriote excita, elle aussi, l'admiration des Arabes. Le khalifa surtout ne pouvait cacher son émotion quand cette admirable créature, type accompli de la beauté orientale chantée par les poètes musulmans, s'approchait de lui, examinait les fines étoffes de son burnous et de son haïk, et lui adressait de gentilles questions sur son genre d'existence et voire même sur son harem.

Je te laisse à penser si notre chef a été aimable avec la gracieuse messagère qui lui a remis elle-même les insignes du maréchalat. Tu as sans doute entendu dire plus d'une fois, par des gens qui ne le connaissaient pas, que le général Bugeaud était un militaire aux allures brusques et peu courtoises.

Eh bien, tu ne peux te faire une idée de son exquise galanterie. J'ai pu saisir quelques-unes des phrases qu'il adressait à madame de Liadières, et je t'assure que c'étaient autant de madrigaux où l'esprit le disputait à la grâce.

Malgré les charmes de cette soirée, j'attendais avec impatience le signal du départ. Deux journées passées à cheval et deux nuits sans dormir me prédisposaient à un sommeil qui fut embelli par d'heureux songes. Je voyais la belle Parisienne marcher légèrement sur les flots de la Méditerranée, un bâton de maréchal dans une main et une croix de la Légion d'honneur dans l'autre. La croix! Il me semble qu'on n'est pas digne de la porter quand on n'éprouve pas une indicible joie en la recevant. Pourquoi, mère chérie, toi la seule dame de mes pensées, n'as-tu pu donner la première accolade au nouveau chevalier?

Adieu.

Alger, 25 août 1843.

Tu te souviens, mère chérie, que notre cher abbé Landmann nous répétait souvent qu'il existait de vives sympathies entre le prêtre et le soldat, soumis qu'ils sont, tous deux, au régime salutaire de la discipline et prêts, tous deux, au dévouement et au sacrifice?

J'ai pu constater moi-même la réalité de ces sympathies, qui, en Algérie, s'affirment d'autant plus qu'ici soldats et prêtres s'avancent, côte à côte, vers un même but, la conquête matérielle et morale d'un peuple.

Il faut voir l'expression de joie ineffable qui distend tout à coup les traits contractés de nos pauvres soldats blessés ou mourants, quand ils voient s'approcher leurs braves aumôniers! Oh! ce serait une action cruelle que commettrait le gouvernement qui négligerait de procurer cette dernière consolation à ces nobles enfants, dont la plupart versent leur sang pour la patrie, sans autre mobile que le sentiment de l'honneur et du devoir.

Le maréchal, je te l'ai déjà dit, naturellement porté à respecter la religion et ses ministres, a compris quel concours précieux pourront lui apporter les ordres religieux dans l'œuvre de la civilisation ; aussi favorise-t-il leur établissement en Algérie, et leur donne-t-il des témoignages constants de sa sollicitude et des marques de sa générosité.

Je sers souvent d'intermédiaire entre le gouverneur général et les supérieurs des Jésuites et des Trappistes, je suis donc mieux que personne à même de constater les services importants que mon chef leur rend chaque jour. Mieux que personne également, je peux me rendre compte de l'excellent effet produit sur l'esprit des populations musulmanes par la charité et la tolérance du clergé et des ordres religieux des deux sexes. Le Coran, du reste, leur rend hommage dans plusieurs passages et entre autres le verset 85, chap. v : *Ceux qui nourrissent la haine la plus violente contre les musulmans sont les juifs et les idolâtres, et ceux qui sont les plus disposés à aimer les musulmans sont les hommes qui se disent chrétiens. C'est parce qu'ils ont des prêtres et des moines et parce qu'ils sont sans orgueil.* Et ailleurs : *Respectez leurs prêtres et leurs moines, qui jeûnent et qui prient et s'adonnent aux bonnes œuvres.*

Crois pourtant, mère chérie, que, malgré ces bonnes dispositions, il serait, pendant longtemps encore, inutile, dangereux même, de se livrer à la propagande parmi les musulmans. Inutile, car, durant mon séjour prolongé dans toutes les parties de l'Afrique, je n'ai connu *qu'un seul adulte* musulman qui ait embrassé sincèrement le catholicisme. Dangereux, car, en essayant de les convertir, nous risquerions de les arracher à l'indifférence religieuse dans laquelle ils vivent pour la plupart et qu'Abd-el-Kader s'efforçait de combattre.

Mais nous pouvons préparer l'ère des conversions chez les Arabes, chez les Kabyles surtout, en installant au milieu d'eux des missionnaires dont la seule propagande consisterait à leur donner l'exemple des vertus chrétiennes, à soigner leurs malades et à leur enseigner notre langue et les éléments des connaissances usuelles.

Tel est d'ailleurs le système adopté par Mgr Pavy, et tout le monde sait les heureux résultats que cet illustre prélat a déjà obtenus.

A l'appui de ce que je viens de te dire au sujet de la protection accordée par le maréchal Bugeaud aux ordres religieux établis en Algérie, je te transmets confidentiellement la copie d'une lettre que j'écrivais dernièrement *sous la dictée de mon chef* à un publiciste éminent :

« Alger, fin juin 1843.

« J'ai été peiné de l'article sur les Jésuites que j'ai lu dans votre numéro du 13 juin...

« Vous savez bien que je ne suis ni jésuite ni bigot, mais je suis humain et j'aime à faire jouir tous mes concitoyens, quels qu'ils soient, de la somme de liberté dont je veux jouir moi-même. Je ne puis vraiment m'expliquer la terreur qu'inspirent les Jésuites à certains membres de nos assemblées. Ils ont pu être dangereux quand ils se mêlaient à la politique des gouvernements et qu'ils dirigeaient la conscience des souverains. Mais aujourd'hui leur influence politique est nulle, et nous pouvons tirer d'eux un grand avantage pour l'éducation de la jeunesse, car, de l'avis de leurs ennemis les plus acharnés, ils sont passés maîtres dans l'art d'enseigner.

« Quant à moi, qui cherche par tous les moyens à mener à bonne fin la mission difficile que mon pays m'a confiée, comment prendrais-je ombrage des Jésuites, qui, jusqu'ici, ont donné de si grandes preuves de charité et de dévouement aux pauvres émigrants qui viennent en Algérie, croyant y trouver une terre promise, et qui n'y rencontrent tout d'abord que déceptions, maladies, et souvent la mort ?

« Les sœurs de charité ont soigné les malades qui ne trouvaient plus de place dans les hôpitaux et se sont chargées des orphelines.

« Les Jésuites ont adopté les orphelins.

« Le P. Brumeau, leur supérieur, a acquis, moyennant 120,000 francs, une vaste maison de campagne (Ben Aknoun) entourée de 150 hectares de terre cultivable, et là il a recueilli plus de cent trente orphelins européens qui, sous la direction de différents professeurs, apprennent les métiers de laboureur, jardinier, charpentier, menuisier, maçon, etc.

« Il sortira de là des hommes utiles à la colonisation, au lieu de vagabonds dangereux qu'ils eussent été.

« Sans doute les Jésuites apprendront à leurs orphelins à aimer Dieu. Est-ce là un si grand mal ? Tous mes soldats, à de rares exceptions près, croient en Dieu, et je vous affirme qu'ils ne s'en battent pas avec moins de courage.

« Je ne puis m'empêcher de sourire quand je lis dans les journaux l'énumération des dangers dont la corporation des Jésuites menace la France. Il faudrait, en vérité, qu'un gouvernement fût bien faible pour redouter quelques prêtres qu'il est, du reste, facile de surveiller...

« Mais au gouvernement du roi, seul, appartient de résoudre cette question.

« Pour moi, gouverneur de l'Algérie, je demande à conserver *mes* Jésuites, parce que, je vous le répète, ils ne me portent nullement ombrage et qu'ils concourent efficacement au succès de ma mission.

« Que ceux qui veulent les chasser nous offrent donc les

moyens de remplacer les soins et la charité *gratuits* de ces terribles fils de Loyola.

« Mais, je les connais, ils déclameront et ne feront rien qu'en grevant le budget colonial, sur lequel ils commenceront par prélever leurs bons traitements, tandis que les Jésuites ne nous ont rien demandé que la tolérance. »

Tu vois, mère chérie, que la question religieuse entre dans les préoccupations du maréchal et qu'il tend à la résoudre d'une façon pratique, comme c'est sa méthode, du reste, en toutes choses, c'est-à-dire en utilisant dans l'intérêt général du pays les forces morales et matérielles dont dispose l'Église. Quelle leçon de tolérance pour nos gouvernants !

Adieu.

CHAPITRE XLI.

Lettres à mon ami M. M. de L. — 11 septembre 1843. Je retrouve Lella Béïa Bent-El-Hakem, que j'avais dû épouser à Tegdempt en 1839. — 15 octobre 1843. Arrivée à Alger du capitaine Schiaffino, qui m'avait ramené d'Alexandrie à Civitta-Vecchia. — 10 décembre 1843. Mort de mon serviteur Isidore. — Don de mon cheval Salem au haras de Bou-Farik.

Lettre adressée à mon ami M. M. de L.

Alger, 11 septembre 1843.

Mon cher ami,

Dans une de tes dernières lettres, tu me reprochais de ne pas m'être assez préoccupé des moyens de retrouver la jeune musulmane que j'avais été forcé d'épouser à Tegdempt, et tu me disais très sévèrement que si l'acte de répudiation passé chez le kadhi d'Oran rompait, aux yeux de la loi de Mohammed, les liens qui m'attachaient à cette femme, je n'en étais pas moins responsable des malheurs que cette union pourrait attirer sur elle et sa famille.

Comme toujours, mon précieux ami, tu juges sainement les questions les plus compliquées en te plaçant simplement au point de vue de l'honnêteté, non point relative, mais absolue.

Oui, tu avais raison : j'avais de grands torts à réparer vis-à-vis de la femme à qui la fatalité m'avait momentanément uni; aussi, depuis mon retour en Algérie, n'avais-je cessé de rechercher ses traces.

La Providence m'a donné une nouvelle preuve de la protection dont elle m'a jusqu'à ce jour entouré; j'ai retrouvé cette jeune femme qui te préoccupe, à si juste titre, et si je ne t'ai pas donné plus tôt cette bonne nouvelle, c'est que j'attendais de pouvoir te rassurer complètement sur son sort. Calme donc ton inquiétude et écoute:

Il y a six mois environ, en entrant dans le cabinet du maréchal Bugeaud, pour lui rendre compte, ainsi que j'en ai chaque jour l'habitude, des nouvelles apportées par mes nombreux émissaires, mon illustre patron me tendit une dépêche par laquelle le général Changarnier annonçait qu'il venait de faire une importante ghazia dans le sud de la province de Tittery et que, parmi les prisonniers, se trouvait une famille dont le chef réclamait la protection de M. Léon Roches. A cette dépêche était jointe la liste nominative de ces prisonniers.

J'ai raconté fidèlement, tu le sais, l'histoire de tout mon passé au chef qui m'honore de sa confiance et de son affection. Il connaissait donc toutes les particularités de mon mariage musulman.

« Savez-vous, mon général, quels sont les gens qui réclament ma protection? lui dis-je avec un air de parfaite satisfaction: c'est ma femme et sa famille!

— Elle est donc bien jolie et vous l'aimez toujours, puisque vous semblez si heureux de la retrouver? me répondit malicieusement mon excellent chef.

— Oh! oui, mon général, je suis bien heureux de retrouver sains et saufs des êtres envers lesquels j'ai à réparer des torts, involontaires, c'est vrai, mais qui n'en pèsent pas moins sur ma conscience, et je compte entièrement sur votre bienveillance pour accomplir cette réparation. »

Ce n'était jamais en vain qu'on faisait appel aux sentiments nobles et généreux du maréchal Bugeaud. Des ordres furent donnés pour que Sidi-Mohammed Oul'd El-Hakem (1) et sa smala fussent amenés à Alger, où une maison du beylic avait été préparée pour les recevoir. Le comte Guyot, directeur de l'Intérieur, fut chargé de subvenir aux besoins de la pauvre famille jusqu'au moment où elle pourrait rentrer en jouissance des immeubles assez considérables qu'elle possédait à Médéah et à Alger, et qui avaient été confisqués par une mesure générale prise à l'égard des musulmans émigrés, confiscation dont un décret du gouverneur général pouvait annuler les effets.

Je t'avoue que, cédant aux inspirations de mon cœur, je serais allé moi-même recevoir et réconforter mes anciens alliés, sans les sages observations de mon excellent professeur arabe, Sidi Abd-el-Razak (2), ami sûr et dévoué dont les conseils et l'expérience m'ont été et me sont d'une si grande utilité dans toutes les questions musulmanes.

« Garde-toi, me dit-il alors, de compromettre de nouveau cette famille par une démarche que t'inspire ton cœur, mais que te déconseille la raison. Si, comme tu me l'as souvent répété, et ce n'est que justice, tu tiens à ce que la femme répudiée par toi se remarie convenablement, aie soin d'abord de l'entourer de considération, et pour cela il faut qu'il soit bien évident pour tous, — or on épiera tes démarches, — qu'aucune relation n'existe et n'existera désormais entre elle et toi. »

Je reconnus la sagesse des conseils de mon cher professeur.

---

(1) Nom patronymique de cette famille dont le chef avait été bey de Médéah. Mon alliance n'ayant porté aucune atteinte à son honneur et à la considération dont elle jouit à juste titre, je n'ai aucun motif de dissimuler aujourd'hui son nom.

(2) Voir le tome Ier, page 26.

Je mandai auprès de moi le frère aîné de Lella Béïa (1), et en présence de Sidi Abd-el-Razac je lui fis la déclaration suivante :

« Des circonstances indépendantes de ma volonté m'ont obligé, dans le temps, à épouser ta sœur, que j'ai répudiée ensuite, par un acte authentique, passé devant le kadhi d'Oran. Quoique libre, elle a refusé de se remarier dans l'espoir, m'a-t-on dit, de redevenir ma femme. Il est de mon devoir de mettre fin à cet espoir, si effectivement elle le conserve encore. Je suis chrétien, elle est musulmane ; je repousse donc toute nouvelle union avec elle. Mais, si un rapprochement est désormais impossible entre nous, je considère plus que jamais comme un devoir sacré de réparer, autant qu'il m'est possible, le tort que j'ai involontairement causé à ta sœur et à ta famille.

« Le maréchal Bugeaud m'a autorisé à te dire que les immeubles appartenant à Mohammed El-Hakem, votre père, et qui avaient été confisqués, vous seront restitués, et que ton frère et toi êtes nommés *chaouchs* de l'agha (2).

« Grâce à ces faveurs, vous retrouverez tous l'aisance des jours heureux, et ta sœur pourra se marier conformément à son rang ; c'est le plus ardent de mes souhaits. »

Sidi Mohammed (le frère aîné) se retira pénétré de reconnaissance, et revint le lendemain me remercier, au nom de toute la famille.

L'envoi en possession des immeubles confisqués demandant de nombreuses formalités, et la nomination d'un mandataire étant indispensable, mon digne professeur voulut bien accepter cette charge et celle de tuteur de *Lella Beïa*.

Quelque temps après, l'intéressante famille était rentrée en possession de ses immeubles, en avait avantageusement

---

(1) Nom de celle qui a été ma femme.
(2) Fonctionnaires attachés à la direction des affaires arabes.

vendu une partie et jouissait enfin d'une aisance qui attira plus d'un prétendant ; mais Sidi *Abd-el-Razak,* soucieux du bonheur de celle à qui s'intéressait son élève bien-aimé, en refusa plusieurs, attirés seulement par la dot de sa pupille. Un fils de bonne famille lui offrit enfin les garanties qu'il désirait et, le 11 mars dernier, le mariage de *Lella Beïa* a été consacré.

Ai-je besoin de te dire avec quelle effusion je remerciai le maréchal de m'avoir généreusement donné les moyens de réparer les conséquences de l'acte de ma vie aventureuse qui m'inspirait les plus vifs regrets (1). Adieu.

Lettre adressée à mon ami M. de L.

15 octobre 1843.

Mon cher ami,

Tu n'as certainement pas oublié l'excellent capitaine génois Schiaffino, qui, à mon retour de la Mecque, me conduisit d'Alexandrie à Civita-Vecchia, et, sans aucune garantie, me prêta la somme sans laquelle il m'eût été impossible de faire le voyage de Rome (2). J'avais, tu t'en souviens, acquitté envers lui ma dette matérielle, pourrais-je dire ; mais j'étais attristé par la pensée que je ne trouverais peut-être jamais l'occasion de lui prouver, comme je l'aurais voulu, la profonde reconnaissance que m'avait inspirée sa noble façon d'agir à mon égard. Cette occasion si désirée vient de se présenter, au moment où je m'y attendais le moins.

(1) Ainsi que je l'ai dit dans une note insérée à la page 397 de mon premier volume, lors d'un voyage que je fis en Algérie, au mois de janvier 1878, je reçus la visite du vieux frère de Lella Beïa, qui eut encore la force de venir m'apporter l'expression touchante de la reconnaissance de toute sa famille. Il m'annonça que sa sœur *Lella Beïa* était l'heureuse grand'mère de plusieurs petits-enfants.

(2) Voir tome II, ch. XXVI.

L'intendant en chef de l'armée d'Afrique, M. Appert, qui dirige l'important service des vivres et des approvisionnements, à la grande satisfaction et du gouvernement et des soldats, problème si difficile à résoudre, est un ancien ami du maréchal, dont il est, sans contredit, un des plus habiles et des plus utiles collaborateurs. Les officiers attachés à la personne du gouverneur général sont d'autant mieux accueillis par ce haut fonctionnaire que son neveu Félix Appert (1), capitaine d'état-major, est un de nos excellents camarades. J'avais été chargé par le maréchal de faire une communication à M. l'intendant général, qui m'avait fait l'honneur de me retenir à déjeuner. Pendant le repas, on lui remit une lettre, sur laquelle il jeta les yeux, et me dit en me la remettant : « Tenez, mon cher Roches, vous qui êtes polyglotte, déchiffrez-moi donc ce charabia. » Quelle ne fut pas ma joie en voyant au bas de cette lettre, écrite en assez mauvais italien, la signature bien connue de mon capitaine Schiaffino!

Dans cette lettre, le capitaine Schiaffino, commandant le brick génois le *San Giovanni Battista*, exposait qu'ayant pris à Livourne un chargement de foin à destination d'Alger, il avait essuyé de gros temps, qu'une partie de ce foin avait été avariée et qu'à son arrivée l'administration avait dressé un procès-verbal qui l'accusait injustement, disait-il, de n'avoir pas rempli toutes les formalités nécessaires afin de couvrir sa responsabilité.

Je traduisis la lettre à M. l'intendant général, et je m'empressai de lui raconter mon voyage à bord du *Saint-Jean-Baptiste*, et les nobles procédés de son capitaine. Sa cause

(1) Félix Appert a été l'aide de camp du maréchal duc de Malakoff pendant son ambassade à Londres, a conquis tous ses grades sur les champs de bataille, a présidé d'une façon remarquable les conseils de guerre appelés à juger les crimes de la Commune, a commandé le 17º corps d'armée à Toulouse; il est aujourd'hui ambassadeur de France en Russie.

était gagnée. M. Appert fit prévenir le capitaine Schiaffino qu'il désirait l'interroger lui-même, et m'indiqua l'heure où je devais me trouver à l'intendance pour lui servir d'interprète.

Le pauvre capitaine, déjà très ému par la pensée de comparaître devant un haut fonctionnaire, le fut bien davantage quand, d'une voix sévère, M. l'intendant lui fit entrevoir les graves conséquences des avaries constatées dans son chargement.

En revoyant cet excellent homme, j'avais envie de lui sauter au cou ; je dus pourtant me contenir et traduire, du ton le plus rogue que je pus prendre, l'admonestation de M. Appert. Il avait été d'abord impossible à Schiaffino de reconnaître, sous mon élégant uniforme d'interprète en chef de l'armée, le passager qu'il avait vu seulement sous le vêtement grossier d'un domestique ; mais j'eus beau contrefaire ma voix, il reconnut les accents qui réveillaient le souvenir de notre traversée, et son émotion fut si vive qu'il demeura stupéfait sans pouvoir énoncer une parole.

Je lus dans le regard bienveillant de M. l'intendant que je pouvais braver les convenances ; je m'élançai vers mon brave capitaine et le serrai dans mes bras, tandis que lui, riant et pleurant, en même temps, répétait : « Ah! Madonna santissima, siete voi, signor Leone (1) ? »

M. Appert me chargea de rassurer le commandant du *Saint-Jean-Baptiste* sur les conséquences du procès-verbal d'avaries dressé par l'administration de la guerre ; je lui promis d'aller le visiter à son bord, et il se retira en me comblant de bénédictions.

J'avais hâte de raconter au maréchal ma rencontre avec le capitaine Schiaffino, dont je lui avais si souvent parlé.

(1) Oh! sainte Madone, est-ce bien vous, monsieur Léon?

« Je veux connaître ce brave homme, me dit-il, et le remercier moi-même du service désintéressé qu'il vous a rendu. Invitez-le de ma part à dîner. » Je hasardai quelques observations au sujet de l'éducation et de la tenue peu soignée de mon capitaine. « N'avez-vous pas encore appris à me connaître? me répondit brusquement le maréchal; ne savez-vous pas que je mets le cœur et le bon sens au-dessus de l'esprit et de la science? Combien de bons paysans du Périgord, en blouses et en sabots, et ne parlant que leur patois, sont venus s'asseoir à ma table ! quel intérêt ne trouvais-je pas dans leur conversation, et que d'avis utiles ils me donnaient, tandis que de beaux messieurs, irréprochablement vêtus, et croyant m'éblouir par l'exposition éloquente de leurs théories, m'assourdissaient de leur creux verbiage. Sachez-le une fois pour toutes, mon cher Roches, je me préoccupe du fond et non de la forme. »

Ce ne fut pas sans une vive émotion que je montai à bord du *San Giovanni Battista,* où je fus accueilli avec des transports de joie par le capitaine, le second et l'équipage. Je m'étais fait précéder par Isidore; ce fidèle serviteur, *mon ancien maître,* ne pouvait manquer à cette fête. Minuit sonnait que le cher capitaine et moi n'avions pas fini d'évoquer nos souvenirs.

Je me gardai bien de lui communiquer l'invitation du maréchal; il aurait, sans aucun doute, décliné cet honneur. Je me contentai de lui dire qu'il dînerait avec moi et quelques amis.

Le lendemain, j'allai le prendre à son bord. Il se revêtit de ses plus beaux vêtements, dont la coupe rappelait celle du siècle dernier; mais vêtements et linge étaient d'une propreté exquise. Je renonce à décrire son étonnement quand, sous prétexte de le conduire chez moi, je pénétrai dans le palais du gouverneur général, délicieuse habitation d'un ancien dey d'Alger. Je fus obligé alors de lui avouer que nous étions chez le maréchal, qui m'avait donné l'ordre de le lui amener. Le pauvre homme voulait s'en aller; il n'était plus temps. Je le fis entrer dans le cabinet où se tenaient les officiers attachés au gouverneur général. Tous étaient prévenus, et, sachant la reconnaissance que je gardais au brave capitaine génois, l'accueillirent comme un ancien ami.

Schiaffino parle très mal le français, mais son langage imagé exprime ses pensées toujours justes d'une façon très originale.

Un peu rassuré par l'accueil de mes amis, le capitaine ne fut pas trop décontenancé quand je le présentai au maréchal, dont les manières rondes et affables l'eurent bientôt mis à l'aise. La présentation à Mme la maréchale et à ses filles fut pour lui une nouvelle source d'émotion bientôt dissipée par leurs grâces et leur amabilité.

Enfin, on se mit à table : le maréchal le prit à sa gauche, et Schiaffino trouva l'occasion de faire à son hôte illustre quelques réponses qui le charmèrent.

Tu comprends combien je jouissais des succès de mon capitaine, et quels nouveaux sentiments de reconnaissance faisaient naître en moi les témoignages d'estime et de bienveillance que mon patron bien-aimé donnait publiquement à l'homme qui n'avait d'autre titre à ses yeux que d'avoir obligé son cher interprète.

C'est par de semblables actes de bonté, accomplis avec une délicieuse simplicité, que le maréchal inspire un si profond dévouement à ceux qui l'entourent. Aussi, avec quel entrain et quelle joie nous donnerions tous notre vie pour conserver la sienne !

Je te laisse à penser si mon père a été heureux de connaître Schiaffino. Il a voulu qu'il fût notre commensal pendant tout son séjour à Alger.

Si Dieu exauce les vœux que le capitaine et l'équipage du *San Giovanni Battista* lui ont adressés en ma faveur, au moment où il ouvrait ses voiles et où je descendais de son bord, ton ami jouira du bonheur que tu lui désires.

Adieu.

Lettre adressée à mon ami M. de L.

Alger, 10 décembre 1843.

Mon cher ami,

Je t'écris sous une impression bien douloureuse ; mon Isidore, dans un accès de fièvre chaude, s'est tiré un coup de pistolet au cœur et est mort instantanément. J'étais absent, et ne suis arrivé à Alger que le lendemain du jour où ce drame a eu lieu. J'ai trouvé mon pauvre père dans la consternation. Ai-je besoin de te dire mon chagrin ? Perdre ainsi ce brave et fidèle serviteur qui m'a donné tant de preuves d'affection et de dévouement ! J'aimais à penser qu'il vieillirait auprès de moi, qu'il me verrait époux et père, et que mes enfants s'uniraient à moi pour l'entourer de soins et de tendresse !

Le bon prêtre qui était le directeur d'Isidore depuis notre retour de Rome n'a pas eu besoin de l'assurance du docteur pour être persuadé qu'il était complètement inconscient lorsqu'il s'est tué, et il a réclamé la triste consolation d'entourer de la pompe religieuse les obsèques de son cher pénitent.

Tous mes camarades aimaient Isidore, qu'ils appelaient le fidèle *Mehmed*, en souvenir de son séjour avec moi chez Abd-el-Kader. Le maréchal lui-même lui témoignait une bienveillance toute particulière ; aussi a-t-il voulu que ses domestiques et ses ordonnances assistassent à ses funérailles. En outre de mes camarades, plusieurs officiers qui connaissaient l'histoire d'Isidore m'ont suivi derrière le cercueil de mon bien-aimé serviteur, type touchant de dévouement et de fidélité.

Grâce au maréchal, j'ai obtenu la concession du terrain où repose la dépouille d'Isidore ; j'y placerai une pierre bien modeste sur laquelle je ferai simplement graver son nom, et bien souvent j'irai prier sur la tombe de l'être qui m'a aimé et servi avec tant de désintéressement.

Toi, qui prends ta part de toutes mes joies et de toutes mes douleurs, tu le pleureras avec moi.

La mort d'Isidore met un terme à mes indécisions au sujet de mon cheval Salem. Ce bel animal a reçu, il y a trois mois environ, une balle qui a éraflé la couronne du sabot à sa jambe gauche, et cette blessure, légère en apparence, a occasionné une seime (1) que le vétérinaire déclare inguérissable. J'avais donc obtenu du maréchal la faveur d'*offrir* ce superbe étalon au haras de Bou-Farik. Mais mon pauvre Isidore ne pouvait consentir à se séparer de *son* cheval, qu'il soignait depuis le jour où Abd-el-Kader me l'avait donné à Tedjemout, décembre 1838 (2). J'avais compris ce sentiment d'affection pour ce noble animal, que je partageais moi-même, et j'avais différé l'envoi de Salem à Bou-Farik. Mais, aujourd'hui, qui l'entourerait des soins, je pourrais dire tendres, que lui prodiguait Isidore ? Je vais donc aussi me séparer de ce vieux serviteur.

Je lui donne du moins une belle retraite, et personne ne le montera après moi. Tu dois reconnaître là l'égoïsme jaloux du cavalier (3).

Adieu.

(1) *Seime*, fente du sabot.
(2) Tome Ier, page 382.
(3) Salem a donné pendant trois ans de magnifiques produits. Il est mort d'un coup de sang. Tous ceux qui ont vu ce noble animal ne peuvent oublier sa beauté et sa vigueur. Je puis dire que c'est un cheval légendaire en Afrique.

LIVRE VII.

CAMPAGNES D'AFRIQUE.

RÉCITS ÉPISODIQUES.

1843.

CHAPITRE XLII.

Courses dans la Mitidja avec MM. de Beaumont et de Corcelles. Avril 1844. — Langage des chefs arabes. — Opinion du khalifa Sidi Ali sur notre domination.

De nombreux voyageurs, français et étrangers, venaient visiter l'Algérie et la plupart étaient recommandés au maréchal Bugeaud. Tous recevaient un accueil bienveillant; mais ceux d'entre eux qui, par leur position et leurs capacités, pouvaient exercer une influence sur l'opinion publique et réfuter maintes idées fausses ayant cours en France sur la situation de l'Algérie, ceux-là, dis-je, étaient, de la part du gouverneur général, l'objet d'égards et d'attentions exceptionnels. Les archives des diverses administrations leur étaient ouvertes, et des fonctionnaires militaires et civils étaient mis à leur disposition afin de guider et faciliter leurs recherches.

En ma qualité d'interprète en chef de l'armée, initié à la politique arabe, le maréchal me désignait plus souvent que mes camarades pour remplir de pareilles missions.

Aussi voulut-il bien jeter les yeux sur moi quand ses

deux collègues de la chambre des députés, MM. de Corcelles et de Beaumont, lui témoignèrent le désir de faire une course dans l'intérieur du pays.

Ces honorables représentants, justement renommés d'ailleurs, n'avaient pas sur les affaires indigènes des idées parfaitement justes ; ils se faisaient illusion au sujet des dispositions des Arabes à l'égard des conquérants.

Je pensai que la meilleure manière d'amener les collègues du maréchal à une plus juste appréciation de l'état de la société arabe, de son administration et de ses aspirations, c'était de laisser librement exprimer devant eux l'opinion des chefs indigènes dont nous parcourions le territoire, et qui nous donnaient l'hospitalité.

Grâce à la confiance que j'avais su leur inspirer et à la façon dont je les interrogeais, la plupart de ces chefs me dévoilaient leurs secrètes pensées. Un surtout, le khalifa Sidi Ali Oul'd Sidi Lekhal, Oul'd Sidi Embarek (1), ayant accepté sans arrière-pensée la domination française, avait une liberté et une franchise de langage en raison même de la sincérité de son dévouement.

C'est donc dans la bouche de Sidi Ali que je mets le résumé des réponses faites par tous les chefs arabes aux questions que leur adressèrent successivement MM. de Corcelles et de Beaumont.

Je lui laisse la parole :

« Vous croyez qu'avant l'arrivée des Français en Afrique, nous subissions avec peine le joug des Turcs, maîtres injustes et rapaces, et vous pensez que nous devons remercier Dieu d'en être délivrés et d'être aujourd'hui gouvernés par des maîtres justes et cléments. Sachez que si nous nous soumettons aux décrets du Très-Haut, qui, donnant la victoire à qui

---

(1) Cité dans le chapitre III.

il lui convient, vous a rendus maîtres de notre pays, nous n'en haïssons pas moins votre domination parce que vous êtes chrétiens.

« Les Turcs étaient parfois injustes et cruels, mais ils *étaient musulmans*. Le padisha, leur souverain comme le nôtre, est pour nous *le khalife de Dieu sur la terre*.

« Leur gouvernement avait une organisation simple dont nous connaissions parfaitement tous les rouages, et qui ne *subissait aucune variation*. Habitant les villes, ils ne se mêlaient jamais à nous, nous laissaient libres sur nos territoires respectifs et nous gouvernaient par l'intermédiaire de nos m'rabtin (1) et de nos djoued (2). Le pouvoir passait successivement dans les mains des chefs de deux ou trois grandes familles, qui, en devenant nos aghas et nos kaïds, étaient obligés de payer au gouvernement turc *Hak El Burnous* (3). Nous leur remboursions au décuple, il est vrai, les frais que leur occasionnait cette investiture, mais nous trouvions toujours auprès d'eux secours et protection, et leurs tentes hospitalières étaient nuit et jour ouvertes à tous les membres de la tribu, grands et petits. Nous nous identifiions avec ces familles dont les chefs nous commandaient depuis des siècles ; nous étions fiers de leur luxe et de leur générosité, et nous trouvions tout naturel d'en fournir les éléments.

« Et d'ailleurs Dieu bénissait nos champs et nos troupeaux !

« Vous nous dites que votre gouvernement est juste et clément.

« Mais conquérir un pays qui ne vous appartient pas, est-ce de la justice ? Et la ruine et la mort que vos armées traînent après elles au milieu de populations qui ne vous ont jamais offensés, est-ce de la clémence ?

(1) Aristocratie religieuse.
(2) Aristocratie guerrière.
(3) Le droit d'investiture, mot à mot *prix du burnous*.

« Vous nous aviez solennellement promis de respecter nos propriétés et nos usages, et voilà que déjà votre gouvernement dispose du territoire de nos tribus en faveur d'agriculteurs français, territoire dont nos ancêtres jouissaient de temps immémorial. Pouvons-nous, du reste, nous méprendre sur vos intentions? Vos journaux ne disent-ils pas hautement que vous voulez donner aux chrétiens les terres occupées aujourd'hui par les musulmans?

« Et, en attendant, vous songez à mêler sur le même territoire des Français et des Arabes, et vous nous affirmez que, dans cette cohabitation, nous serons incomparablement plus heureux que nous ne l'étions dans l'état *voisin* de la barbarie, dites-vous, où nous vivions avant l'arrivée des Français.

« Eh bien, cet état de barbarie que vous ignorez, sans doute, je vais vous le faire connaître (1) :

« Notre tribu est une grande famille qui porte le nom de son père et de son fondateur. Elle se divise en plusieurs douars (2).

« Chaque douar est commandé par un cheikh (3).

« La réunion de tous les cheikh des douars forme la djemaâ (4) : c'est le conseil des anciens de la tribu.

« Les ordres du chef du gouvernement sont communiqués par l'agha aux kaïds et par le kaïd à la djemaâ, qui en assure l'exécution. Toute affaire concernant la tribu est discutée dans cette assemblée. Ses décisions sont toujours respectées par les parties intéressées. Elle juge de l'opportunité de telle ou telle alliance politique. Lorsqu'un membre important de la tribu veut épouser la fille d'un personnage ap-

---

(1) L'organisation de la tribu, exposée par Sid Ali, avait été en grande partie respectée par le maréchal Bugeaud.
(2) *Douar* signifie en arabe « circonférence, » parce que les tentes d'un douar forment un rond.
(3) *Senis* (vieux).
(4) *Djemaâ*, assemblée.

partenant à une autre tribu, la djemaâ en fait la demande.

« C'est parmi les anciens du conseil que se conservent les traditions de la tribu et les titres de propriété de son territoire. En outre de cette propriété collective, chacun de nous possède ou peut posséder une ou plusieurs parcelles de terre ou tout autre immeuble lui provenant par héritage ou par achat, et les droits de chacun ainsi que les limites des terres sont constatés par des actes authentiques délivrés par le kadhi.

« La réunion de plusieurs kadhis ou ulémas constitue un medjelès (1), auprès duquel les parties en appellent des jugements prononcés par un seul kadhi.

« Chaque douar entretient, à ses frais, un taleb (lettré) chargé de réciter les prières qui se font en commun, et d'enseigner à lire, à écrire, et d'apprendre le Coran à tous les enfants.

« Au temps des labours, les chefs de tente, possédant des bœufs et des semences, font labourer, ensemencer et sarcler leurs terres par des khammess (2).

« Une famille a-t-elle perdu son chef ou ce chef lui-même est-il dans la gêne, les habitants du douar se réunissent à un jour indiqué par la djemaâ, et labourent et ensemencent, sur le terrain communal, la quantité de terre dont le produit est jugé nécessaire aux besoins de la famille nécessiteuse, qui n'a plus qu'à opérer la récolte. Tous les travaux de moisson, de transport des gerbes et de dépiquage se font en commun. Les troupeaux paissent tous sur les terrains communaux et sont gardés par des bergers payés par le douar.

(1) *Medjelès* signifie, en arabe, endroit où l'on siège, sorte de cour d'appel.
(2) Les khammès de « khoms » (cinquième) sont des métayers qui, n'ayant ni terres, ni bétail, ni semences, exécutent les travaux de labour, semailles, dépiquage, etc., et prélèvent le cinquième net de la récolte.

« L'impôt frappé par le chef de l'État est réparti par la djemâa entre les membres du douar, en raison de la fortune de chacun.

« Nous ne sommes véritablement assujettis au travail que pendant deux mois d'hiver pour le labour et les semailles, et un mois d'été pour la récolte.

« Pendant les neuf autres mois, nous montons à cheval, parcourons les marchés, afin d'y échanger nos produits, et allons visiter nos amis. Nous nous livrons au moins une fois par semaine à notre passion pour la chasse. Peu de journées s'écoulent sans que nous assistions aux *eurs* (1) que nous nous donnons réciproquement, à l'occasion des naissances, des circoncisions et des mariages. C'est dans ces fêtes que nos plus habiles cavaliers *jouent la poudre* et tâchent de se faire remarquer par leur adresse à manier leurs coursiers et leurs armes.

« Les travaux domestiques sont abandonnés à nos femmes et à nos esclaves, que nous traitons comme des enfants de la tente. Nous tenons toutefois à surveiller nous-mêmes les soins à donner à nos chevaux, ces compagnons inséparables de notre existence.

« Notre nourriture se compose du grain que la terre nous produit avec abondance, que Dieu soit loué! de la chair de nos troupeaux, que surveillent facilement nos bergers, et du lait de nos vaches et de nos brebis. Nos moutons, nos chameaux et nos chèvres nous fournissent les toisons qui, tissées par nos femmes, deviennent l'étoffe de nos vêtements, de nos tentes, de nos couvertures et de nos tapis.

« Avec le montant de la vente du surplus de nos grains et de nos troupeaux, nous achetons nos armes, nos munitions et les objets de luxe, soieries, draps, cotonnades, sucre, café, etc., que ne produit pas notre pays.

---

(1) Fêtes.

« Telle est l'existence que nous menons de père en fils depuis Sidna Ibrahim (1). Elle répond à nos goûts, à nos instincts, à notre race, à notre religion enfin. Nous n'en désirons pas d'autre. « Le bonheur, notre savant Lokman (2) l'a dit, réside dans la modération des désirs. »

« Pourrions-nous, je vous le demande, accepter la cohabitation avec les Français, qui, étant les maîtres, voudront nous soumettre à leurs coutumes et à leurs usages ? Non, il serait plus facile de mêler l'eau avec le feu (3).

« Croyez-vous donc que nous ignorions l'histoire de nos glorieux ancêtres, conquérants de Bled-El-Endeleus (4), qui, pendant sept cents ans qu'ils ont occupé ce vaste royaume, n'ont pu faire accepter leur domination aux chrétiens qu'ils avaient vaincus et qu'ils gouvernaient avec tolérance et justice ? Dès que ceux-ci entrevoyaient l'espoir de chasser les musulmans de leur pays, ne levaient-ils pas contre eux l'étendard de la révolte ?

« Comment alors pouvez-vous croire que des musulmans acceptent avec joie la domination des chrétiens ?

« Détrompez-vous donc. Des sentiments de haine, soit patents, soit dissimulés, existeront toujours entre les sectateurs des deux religions, comme entre les peuples conquis et les peuples conquérants.

« Moi-même, qui suis aujourd'hui un des plus fidèles serviteurs de la France, je me suis soumis à vous parce que j'ai la

---

(1) Le patriarche Abraham.
(2) Philosophe arabe.
(3) Au sujet de l'antipathie qui existe entre les musulmans et les chrétiens, un Arabe disait un jour au général Daumas : « Si on faisait bouillir dans la même marmite un chrétien et un musulman, le bouillon de chacun se séparerait. »
(4) C'est ainsi que les Arabes désignent l'Espagne, pays des Andalous, et c'est ainsi également que plusieurs historiens arabes appellent les *Vandales*.

conviction qu'en continuant à vous combattre, je m'exposais ainsi que ma famille à la ruine, à la mort, sans aucun espoir de vous chasser du pays que vous m'avez pris.

« Les Arabes ne comprennent qu'une chose, c'est qu'ils sont les plus faibles et que vous êtes les plus forts.

« Ne nous prodiguez donc pas des promesses que vous serez amenés à ne pas tenir et ne cherchez pas à nous faire apprécier les bienfaits d'une civilisation que nous repoussons, puisque vous nous apprenez vous-mêmes que ce mot signifie absorption des musulmans par les chrétiens.

« Croyez-moi, restez forts et toujours forts, car le jour où les Arabes découvriraient que vous êtes faibles, ce jour-là ils oublieraient et votre clémence, et votre justice, et tous vos bons procédés, et, ne se souvenant que de vos deux titres, *chrétiens* et *conquérants*, ils vous jetteraient dans la mer qui vous a apportés. »

Tous ceux de mes lecteurs qui connaissent les musulmans et qui ont appris, *art difficile*, à deviner leurs secrètes pensées, reconnaîtront dans le langage que j'ai mis dans la bouche du fidèle khalifa Sidi Ali Oul'd Sidi Embarek la reproduction absolument exacte des opinions et des sentiments de la masse des Arabes de l'Algérie à l'égard des Français.

Il est juste, toutefois, de le reconnaître, certaines tribus nous ont donné des preuves admirables de leur dévouement et de leur fidélité; de nombreux Arabes ont combattu glorieusement à nos côtés, et de nobles individualités musulmanes ont rendu d'éminents services à notre cause, mais ce sont des exceptions.

En rentrant à Alger, MM. de Corcelles et de Beaumont ne cachèrent point au maréchal les profondes modifications apportées dans leurs idées par ce qu'ils avaient vu et entendu, durant notre excursion en pays arabe.

Je remis également à mes illustres compagnons de voyage

la traduction d'une lettre que les Hachem Gheris (tribu dont faisait partie Abd-el-Kader) avaient adressée au maréchal lors de l'expédition de Mascara. (Voir la note N° I, à la fin du volume.) Aussi, lorsque, de retour à Paris, ils entendaient nos philanthropes conseiller de remplacer, en Algérie, le gouvernement militaire par le gouvernement civil et l'action de la force par l'emploi des moyens de douceur et de persuasion, ils défendaient éloquemment, à la tribune et dans les salons, le système du maréchal Bugeaud, qu'on peut exprimer en peu de mots : « Justice et clémence appuyées sur la force. »

CHAPITRE XLIII.

Lettre d'un chef arabe à M. Léon Roches 1872, faisant suite au chapitre de Beaumont et de Corcelles.

On a pu se rendre un compte exact, en lisant le chapitre précédent, des sentiments intimes et de l'opinion vraie des musulmans à l'égard des chrétiens en général, et des Arabes de l'Algérie à l'égard des Français en particulier, à l'époque où j'avais l'honneur d'accompagner dans la Métidja MM. de Beaumont et de Corcelles, députés et amis du maréchal Bugeaud (1843).

Quoique je commette un anachronisme en citant ici une lettre que m'adressa, en 1872, un de ces mêmes chefs indigènes que nous visitâmes alors, je n'hésite pas à la transcrire, car elle donne, en quelque sorte, la mesure des progrès faits par notre domination dans l'esprit des indigènes durant cette période de vingt-neuf ans.

Quelques mots pour expliquer la cause de cette communication.

Diverses accusations avaient été lancées de la tribune de l'Assemblée nationale contre les populations musulmanes de l'Algérie. Il me parut équitable de porter ces accusations à la connaissance des accusés et de leur donner la facilité de se défendre.

Je traduisis les discours accusateurs ; je les transmis à mon ancien ami et j'adressai cent exemplaires de sa réponse, également traduite par moi, aux membres les plus éminents de l'Assemblée.

Voici cette lettre :

« *Louanges à Dieu unique.*

« A l'ami des premiers et des derniers jours, de l'heure malheureuse comme de l'heure fortunée.
« A celui qui est absent de notre pays, mais dont les actes sont présents à notre mémoire.

« *Au Sid Lioune fils de Roches.*

« Que Dieu prolonge tes jours pour le bien de tous. Amen.

« J'ai reçu ta lettre, émanation de ta chère personne.
« Je vais répondre à son contenu, ainsi que tu me le demandes, article par article.
« Suivant quelques orateurs de l'Assemblée, la France serait en droit de se méfier du dévouement et de la fidélité des musulmans habitants de l'Algérie, surtout depuis la dernière insurrection.
« Je pourrais retracer ici avec des détails plus nombreux et plus frappants les causes déplorables du dernier soulèvement des tribus arabes et kabyles, causes qui ont été exposées éloquemment dans le sein même de l'Assemblée, mais loin de moi la pensée de soutenir que ceux qui ont pris part à l'insurrection étaient dans leur droit. Non, je tiens à prouver qu'ils étaient coupables, car, loin d'autoriser la révolte des musulmans de l'Algérie contre la France, notre religion leur commande l'obéissance et la soumission. Les commentateurs du Coran les plus vénérés de l'Islam sont précis à cet égard.
« Ils ont posé des principes, fondés sur la parole même de Dieu, qui doivent servir de règle aux musulmans dans leurs

rapports avec les chrétiens, et je pourrais remplir un volume des citations de leurs textes.

« Je me bornerai à en résumer le sens général :

« Les musulmans doivent exécuter scrupuleusement les
« conditions des traités conclus entre eux et les chrétiens. »

« Le meurtre d'un chrétien, si ce n'est dans une bataille
« ou dans un combat singulier, est aussi condamnable que le
« meurtre d'un musulman. »

« Un peuple musulman doit résister autant que possible
« à la domination d'un peuple chrétien ; mais quand il est cer-
« tain que la résistance ne peut plus amener que la ruine et
« une effusion de sang inutile, le peuple musulman doit se
« soumettre à la domination du peuple chrétien et le servir
« fidèlement. »

« La trahison, dans ce cas, envers le gouvernement chré-
« tien, est aussi condamnable qu'elle le serait envers un gou-
« vernement musulman. »

« La révolte des musulmans ne deviendrait un devoir que
« si le peuple dominateur, chrétien ou idolâtre, voulait les
« forcer à renier leur religion ou à ne plus en observer les
« préceptes. Dans ce cas, ils devraient mourir plutôt que
« se soumettre. »

« Telles sont les règles établies, je le répète, par les docteurs les plus vénérés de l'islamisme, et quand elles sont transgressées, c'est que des musulmans, ambitieux et mécontents, profitant de l'ignorance du peuple arabe, le surexcitent par la prédication de textes religieux apocryphes et le poussent à la révolte (1), qu'ils décorent du titre de guerre sainte (2).

« Punissez donc les coupables, mais ne concluez pas de leurs fautes que tous les musulmans sont traîtres et que leur religion leur commande la trahison.

(1) Nifak.
(2) Djihad.

« Un des honorables orateurs a mis dans la bouche de l'illustre et magnanime Sidi-El-Hadj-Abd-el-Kader un langage qui convenait au fils bien-aimé de Si Mahhi-el-Din, alors qu'il aspirait à la mission de régénérer l'islamisme (Que Dieu nous fasse participer aux grâces répandues sur cette sainte famille !) (1).

« La foi ardente du jeune émir lui cachait alors les obstacles insurmontables devant lesquels devaient échouer ses nobles projets ! Qu'on interroge aujourd'hui l'homme éprouvé par l'expérience et éclairé par les lumières de la science, qu'on l'interroge, dis-je, comme il m'a été permis de le faire moi-même, et on ne recueillera sur ses lèvres bénies que l'énonciation des préceptes dont j'ai résumé plus haut le sens invariable.

« Un membre de l'Assemblée a avancé que les Arabes attendent chaque jour l'occasion de chasser les Français de l'Algérie.

« C'est nous croire, vraiment, dépourvus de sens, et admettre que nous ignorons les notions les plus élémentaires de la politique et de l'histoire des peuples.

« Comment, malgré les luttes redoutables qu'il avait à soutenir contre toute la chrétienté, malgré les guerres intestines qui le déchiraient, l'Islam a maintenu sa domination en Espagne pendant près de huit siècles, et nous nous leurrerions de l'espoir que la France abandonnerait l'Algérie, le lendemain de sa conquête, et quand elle vient de nous prouver pour la centième fois que, malgré les désastres qu'elle a subis, elle peut toujours opposer des bataillons invincibles à tous nos guerriers réunis !

« Certes, Dieu est tout-puissant et il lui est facile de ren-

---

(1) Dans une de ses proclamations, l'émir avait dit entre autres :
« Il ne peut exister de paix entre les croyants et les infidèles tant que ceux-ci fouleront le sol des musulmans. »

verser les trônes les plus solides, comme d'abattre l'orgueil des peuples les plus formidables, mais l'histoire sacrée et l'histoire profane nous enseignent que les décrets impénétrables du Très-Haut sont soumis, par sa justice, à des règles aussi immuables que celles qui dirigent la marche des astres !

« Ah ! si nous avions la possibilité de vous chasser de notre pays par nos propres forces, certes nous n'y manquerions pas, car, tu le sais bien, la haine du chrétien existera toujours au fond du cœur de la masse des musulmans ; mais si vous abandonniez l'Algérie, c'est que vous en seriez évincés par des puissances européennes : or, chrétiens pour chrétiens, nous préférons vous garder, car, de tous les conquérants, celui dont la domination est la moins dure, ce sont les Français, nous le savons.

« Voilà la vérité.

« Le même orateur a accusé les chefs arabes de n'avoir pris aucune part à la guerre contre l'Allemagne, et de ce fait il a conclu que, chez les musulmans, le peuple vaut mieux que la noblesse.

« Dieu est trop juste pour ne pas répartir également les dons de sa miséricorde sur toutes ses créatures, et devant Lui, peuple et noblesse, pauvres et riches sont égaux.

« Mais les défauts de l'homme sont d'autant plus remarqués que la position qu'il occupe est plus élevée et qu'elle suscite plus d'envieux !

« Je crois que, dans cette circonstance, les chefs arabes ont agi avec discernement ; ils ont pensé que leur présence serait plus utile à la France dans le pays où ils exercent leurs commandements que sur un champ de bataille où leur personnalité n'exercerait aucune influence.

« Vous admirez avec raison l'élan courageux de nos enfants qui sont allés partager les dangers de vos braves soldats et mourir glorieusement avec eux. Dieu me préserve de diminuer le mérite de leur détermination, mais il ne faut pas l'attribuer seulement à leur dévouement à la France. Les Arabes de notre époque, quoique fils dégénérés des djouêds (1) qui, il y a douze cents ans, conquirent l'Afrique et l'Espagne, ont conservé pourtant, de leur noble héritage, l'amour des combats et l'esprit d'aventure. Ils ont d'autant plus facilement cédé à ces penchants qu'ils accompagnaient vos soldats, considérés par eux comme des frères, car, chez les Arabes, la fraternité de la poudre égale la fraternité du sang. Et puis enfin, te l'avouerai-je confidentiellement, la perspective de tuer du chrétien sans trahir son serment de fidélité n'est-elle pas un puissant attrait pour un fils de l'Islam?

« A propos des chefs arabes, quelles réflexions puis-je faire qui n'existent pas déjà dans ton esprit?

« Je comprends que certains hommes compétents, parmi vous, repoussent l'idée de confier encore de grands commandements aux descendants des nobles familles arabes dépositaires, depuis des siècles, d'un pouvoir incontesté.

« Je comprends également que, devant la régularité apportée en France dans la perception des impôts, vous voyiez avec peine les exactions commises par nos chefs à l'égard de leurs administrés.

« Mais parce qu'un ami ne vous est plus utile, devez-vous oublier les services qu'il vous a rendus et l'abandonner?

« N'est-ce pas avec ces chefs que vous avez d'abord traité de la soumission des tribus qui formaient leur clientèle?

« N'ont-ils pas pris part à la longue lutte que vous avez soutenue contre Abd-el-Kader?

« N'ont-ils pas organisé et gouverné le pays alors que vous ne pouviez le faire vous-mêmes?

(1) De sang pur (noble).

« Et s'ils commettent des exactions à l'égard de leurs administrés, leurs tentes ne sont-elles pas constamment ouvertes aux hôtes de Dieu ? et la solde que vous leur donnez représente-t-elle la dixième partie des dépenses que leur imposent l'hospitalité et les aumônes ?

« Toutefois, je le répète, des hommes honorables et compétents peuvent différer d'opinion sur l'utilité ou l'inconvénient de confier de grands commandements aux familles nobles de l'Algérie, mais nul homme juste et raisonnable ne comprendrait que la France ne tînt pas compte des grands services rendus par les divers chefs de ces familles.

« Témoin de cette marque d'oubli, le peuple, qui aime ses seigneurs plus que les Français ne le pensent, ne manquerait pas d'en conserver un pénible souvenir.

« Toi, qui connais les musulmans et notre pays mieux que nous-mêmes, dis donc à ceux qui vous gouvernent de ne pas détruire sitôt l'œuvre du grand chef qui a vaincu Abd-el-Kader, qui avait su si bien se faire craindre et se faire aimer qu'aujourd'hui encore son nom est vénéré par tous les musulmans du royaume d'Alger, ce maréchal Bugeaud qu'ils appelaient Bou-El-Nassr et Bou-El-Saâd (« le Père de la victoire » et « le Père du bonheur »).

« Dieu me préserve d'avoir l'audace de répondre à la question que tu me fais : « Quel gouvernement préfèrent les Ara« bes ? le gouvernement militaire ou le gouvernement civil ? »

« C'est le maître de la tente qui doit choisir le serviteur auquel il en confie la garde, et c'est le capitaine qui doit diriger son vaisseau. Tout ce que je puis te dire à ce sujet, et tu le sais mieux que moi, c'est que là où vous n'aurez pas d'insurrection soudaine à redouter, là où vous aurez un grand nombre de chrétiens cultivant la terre, conservez des agents civils.

« Mais là où n'habiteraient que des musulmans, Arabes ou

Kabyles, là où une insurrection serait possible, n'ayez que des militaires qui seront en même temps guerriers, administrateurs et magistrats. Nous les avons vus à l'œuvre et, la part étant faite aux défauts inhérents à l'humanité, nous les avons jugés capables et dignes de nous gouverner.

« Que les parties du pays administrées par les fonctionnaires civils et celles gouvernées par les militaires soient nettement délimitées et entièrement distinctes, afin que tous ceux qui iront s'y établir, musulmans ou chrétiens, sachent, préalablement, quels y sont leurs droits et leurs obligations.

« Et, à propos d'administration, je crois devoir attirer ton attention sur les kadhis, qui, tu le sais comme nous, occupent dans la société musulmane la position sinon la plus élevée, du moins la plus importante, puisqu'ils sont tenus de connaître notre loi et d'en assurer la juste application.

« Nous nous sommes souvent demandé pourquoi le gouvernement français, en choisissant et en nommant lui-même les kadhis, consentait à assumer ainsi la responsabilité des injustices et des prévarications qu'ils commettent chaque jour, à la honte de l'islamisme?

« Pourquoi ne laissez-vous pas élire ces magistrats par les tribus elles-mêmes, qui seraient alors seules responsables du choix qu'elles auraient fait?

« Votre kadhi, à vous, c'est le tribunal composé de juges intègres appliquant la loi française; nous avons appris à les respecter.

« Les musulmans qui ne seront pas satisfaits de leurs kadhis, dans les questions civiles, sauront bien s'adresser à votre tribunal.

« Quant aux questions religieuses, dans lesquelles sont compris le mariage et le divorce, pourquoi vous en mêler, même indirectement? Je vous dirai, à ce sujet, que nous avons été grandement surpris de voir que vous vous préoccupez de notre culte bien plus que vous ne semblez vous occuper du vôtre.

« Il est bien entendu que, dans le cas où vous renonceriez à choisir vous-mêmes les kadhis, les actes rédigés par leurs soins n'en seraient pas moins soumis à votre contrôle.

« Un autre orateur, *un de nos amis sans doute*, aurait avancé qu'il n'existe pas d'antagonisme entre le peuple arabe et les colons européens.

« Hélas ! affirmer un fait semblable, c'est voir la situation avec l'œil du désir, mais non avec l'œil de la réalité.

« Oui, il y a et il y aura toujours antagonisme ; oui, il y a et il y aura toujours des conflits entre les Arabes et les Français juxtaposés sur la terre d'Afrique. Et cette situation ne provient pas seulement de l'antipathie du musulman pour le chrétien, de la diversité des races ou de la différence de religion, elle est la conséquence logique, inévitable, des sentiments de haine que nourrit tout peuple conquis à l'égard du peuple conquérant.

« A ces causes permanentes d'antagonisme et de conflits inhérents à une situation créée par les événements viennent se joindre des mesures administratives qui portent atteinte aux intérêts matériels des Arabes.

« Ainsi, depuis des siècles nous avons ou *possession* ou *jouissance* de la *totalité* du territoire de la régence d'Alger. Lorsque vous en avez fait la conquête, vous nous avez promis de respecter nos biens. Plus tard, vous avez pris possession des terres du Beylik (terres domaniales), c'était votre droit, et vous y avez établi des colons européens. Le nombre de ceux-ci ayant augmenté, vous les avez successivement installés sur les territoires dont nous avions la jouissance. Quand nous exprimions aux chefs des bureaux arabes les craintes que nous inspirait l'arrivée de nouveaux colons, ces officiers, qui étaient nos frères d'armes, tranquillisaient nos esprits en nous affirmant que les colons ne pénétreraient pas plus avant dans le pays et que nous ne serions jamais dépossédés des terres cultivées par nos pères. Leur affection pour nous les engageait sans doute à nous tromper, ou peut-être se trompaient-ils eux-mêmes ; ce n'est point une accusation que je formule contre eux, c'est un fait que je constate.

« Tant est-il que, chaque jour, de nouvelles atteintes étaient portées à nos droits de jouissance et de possession, et chaque jour pourtant on nous renouvelait l'assurance qu'on entendait les respecter.

« Comment la méfiance ne serait-elle pas née dans l'esprit des Arabes en face du contraste qu'ils constataient entre vos actes et vos promesses ?

« Quelles terreurs ne devait pas leur inspirer l'avenir quand ils étaient témoins de l'instabilité de vos décisions et du changement incessant de vos fonctionnaires, dont le langage et la conduite variaient en raison du système en faveur!

« Eh bien, je crois qu'une grande nation, comme la France, ne doit pas donner lieu à ce qu'on puisse même la soupçonner de vouloir arriver au but par des voies détournées.

« Il y a, ici-bas, des obstacles inévitables que le plus fort doit aborder avec franchise et fermeté, et des situations fatales que le plus faible doit subir avec dignité et résignation.

« Vous êtes les plus forts, et je dois à la vérité d'ajouter, les plus justes et les plus généreux ; dites-nous donc franchement :

« Il nous faut la terre nécessaire pour y établir nos cul-
« tivateurs, afin de justifier et d'utiliser notre conquête. Nous
« prendrons d'abord celle qui nous appartient comme successeurs
« seurs des Turcs, qui la possédaient, et celle que les lois de la
« guerre nous ont autorisés à confisquer. Puis, au fur et à me-
« sure de l'arrivée de nouveaux cultivateurs français, nous vous
« achèterons les terres dont nous vous avons reconnu et dont

« nous vous reconnaissons définitivement la possession. Ceux
« d'entre vous qui désireront rester voisins de nos colons de-
« vront se soumettre aux obligations qui leur seront imposées
« et respecter les mêmes lois et les mêmes usages. »

« Alors nous saurons à quoi nous en tenir et, comme la *terre de Dieu est large,* nous prendrons telle détermination que nous jugerons convenable. En tout cas, nous n'aurions pas le droit de nous plaindre, car vous auriez usé avec sincérité et avec justice de votre droit de conquérants.

« Répète donc aux membres de ton gouvernement la sentence que j'ai entendue sortir mainte fois de ta bouche et que tu nous disais tenir toi-même du vénéré Mustapha Ben Ismael, chef des Douairs et Smalas :

« Le sabre du sultan doit être toujours tiré du four-
« reau !

« Sa main doit être sans cesse ouverte !

« Et sa parole, une fois sortie de sa bouche, ne doit plus y
« rentrer (1) ! »

« Ce vieux guerrier, grand conducteur d'hommes, n'avait-il pas raison de donner pour bases au trône des sultans électifs d'Alger, la force, la générosité et le respect de la foi jurée ?

« Que Dieu te tienne en sa sainte garde et permette que nous nous rencontrions dans une heure fortunée...

« *Signé :* ALI. »

Le langage si modéré et en même temps si précis de mon vieil ami me dispense, il me semble, de plus amples commentaires au sujet de l'administration des indigènes en Algérie.

En tout cas, je tiens à répéter qu'en comparant les réflexions contenues dans cette lettre aux opinions émises par le khalifa

---

(1) El Sif el Medjboud.
El iid el Memdoud.
El kelma min ghair Mordoud.

Ould Sidi Lekhal devant MM. de Beaumont et de Corcelles, si on constate que nos chefs arabes apprécient mieux qu'autrefois notre situation et la leur, ils s'accordent encore à affirmer qu'admettre l'assimilation des musulmans de l'Algérie aux Français, c'est *regarder les choses avec l'œil du désir et non avec l'œil de la réalité.*

LIVRE VIII.

CAMPAGNES D'AFRIQUE.

RÉCITS ÉPISODIQUES.

1844.

CHAPITRE XLIV.

Lettres à mon cousin le commandant X., attaché au ministère de la guerre. — Janvier 1844. Au sujet des cruautés reprochées à l'armée d'Afrique. — Mars 1844. Opinions du maréchal sur la guerre d'Afrique.

20 janvier 1844.

Mon cher cousin,

Tu es disposé, je le vois avec un profond chagrin, à partager l'opinion émise par certains publicistes, à savoir que l'armée d'Afrique et ses chefs se livrent, vis-à-vis des Arabes, à des actes qui offensent toutes les lois de l'humanité. Mais je voudrais bien savoir si la guerre n'est pas elle-même contraire aux lois de l'humanité? Comment, quand, en Europe, vous assiégez une ville, quand vos bombes et vos boulets y écrasent des vieillards, des femmes et des enfants, et quand vous rejetez dans ses murs les malheureux qui essayent d'échapper à la famine à laquelle vous voulez les réduire, vous venez nous reprocher, comme des actes de barbarie, les ghazias que nous dirigeons contre les Arabes!

Eh ! parbleu, s'ils avaient des armées disciplinées, nous les combattrions ; s'ils avaient des villes, nous les assiégerions ; mais ils fuient devant nous, se bornant à assassiner nos soldats isolés.

Comment voulez-vous donc que nous terminions cette guerre (que vous nous accusez vous-mêmes de rendre interminable), si nous ne cherchons pas à atteindre cet ennemi, insaisissable, dans sa famille et dans ses troupeaux ?

Vraiment, mon cher ami, quand nous lisons de pareilles insanités, nous sommes tentés de croire que nos chers compatriotes ont perdu les plus élémentaires notions du bon sens, ou sont animés à notre égard de passions qui les aveuglent.

Tu parles d'inhumanité ! Si tu pouvais être témoin d'une ghazia, tu changerais de langage. Juges-en plutôt. Nos soldats tuent uniquement les Arabes qui font usage de leurs armes ; ils se contentent d'entourer et de chasser devant eux les hommes inoffensifs, les femmes, les enfants et les troupeaux, qu'ils sont même souvent obligés de défendre contre nos *goum* (1), beaucoup moins humains que nous à l'égard de leurs compatriotes. Tu verrais avec quels égards nos braves soldats conduisent ces malheureux, et avec quelle sollicitude surtout ils s'occupent des enfants ! Combien en avons-nous vus prendre dans leurs bras ces pauvres petits êtres affolés de terreur et parvenir à les calmer, comme aurait pu le faire a mère la plus tendre !

Quand le triste convoi d'une ghazia arrive à notre campement, le maréchal lui-même veille à ce que femmes et enfants soient installés sous des tentes requises à cet effet. Des factionnaires empêchent qu'aucun homme ne s'en approche, à l'exception des docteurs chargés de les visiter et de désigner les malades. En outre des vivres, on met à leur dis-

(1) Cavaliers arabes auxiliaires.

position, pour les petits enfants, les chèvres ou vaches laitières choisies dans les troupeaux ghaziés.

Ces troupeaux eux-mêmes sont l'objet de la préoccupation du maréchal. On reconnaît bien l'agriculteur dans la tendresse qu'il porte au bétail !

Ah ! je t'assure que les jours de ghazia, ses officiers et surtout son interprète sont soumis à de rudes corvées ! mais comment nous plaindre, quand lui-même nous donne l'exemple ? Nous ne pouvons prendre ni repos ni nourriture avant que tous nos prisonniers, hommes, femmes et enfants, soient installés et aient reçu leurs vivres, et avant que les troupeaux ne soient parqués *après avoir bu*. Oui, mon cher ami, nous devons nous assurer qu'ils *ont bu*, et ne va pas te figurer qu'il nous suffise de transmettre l'ordre que le maréchal nous a donné.

Dès son arrivée en Afrique, il nous a inculqué à cet égard des leçons que nous nous gardons bien d'oublier. « Un tel, disait-il à l'un des officiers de son état-major, avez-vous transmis l'ordre que je vous ai donné ? — Oui, monsieur le maréchal. — L'avez-vous vu exécuter ? — Non, monsieur le maréchal. — Eh bien, c'est comme si vous ne l'aviez pas transmis. Comment un général peut-il compter sur le résultat de telle ou telle manœuvre, de telle ou telle détermination, s'il n'est pas certain de l'exécution de ses ordres ? Que de batailles perdues par suite de l'oubli de cette règle ! »

Je t'en supplie, mon cher ami, ne crois plus aux récits de certains journaux et aux tirades de certains philanthropes s'apitoyant sur le sort des Arabes victimes des cruautés de notre maréchal et de son armée. Certes, et je te l'ai dit maintes fois, ces Arabes sont souvent dignes de pitié, exposés qu'ils sont, en même temps, à nos attaques et à celles d'Abd-el-Kader. C'est pourtant dans leur bouche que je trouve la plus complète réfutation des accusations portées contre l'armée d'Afrique. Que de fois m'ont-ils dit :

« Nous trouvons auprès des chrétiens générosité et clémence, tandis que nos frères les musulmans nous ruinent et nous écrasent sans pitié. »

Tu plaiderais mieux encore la cause des barbares, si tu venais un peu te *déciviliser* au milieu d'eux; tu n'aurais pas à le regretter.

Adieu.

13 mars 1844.

Mon cher cousin,

Tu me remercies des renseignements que je t'ai donnés sur les progrès que fait notre domination en Algérie, grâce aux talents militaires et à l'habile politique du maréchal Bugeaud ; tu sembles craindre toutefois que cette guerre d'Afrique ne soit une mauvaise école pour l'armée. « Guerre d'escarmouches, me dis-tu, où nos soldats s'habituent à combattre un ennemi qui ne leur oppose jamais une résistance sérieuse, et où nos généraux oublieront les règles de la grande tactique, dans l'impossibilité où ils sont d'en faire l'application. »

Je n'ai pas la prétention de traiter une question militaire avec toi, brillant chef de bataillon, appelé sans doute à devenir une des gloires de notre armée, mais il m'est facile de répondre aux craintes que tu m'exprimes, en te citant, à cet égard, l'opinion que j'ai souvent entendu émettre à mon illustre chef le maréchal Bugeaud.

« Ne croyez pas, dit-il souvent aux généraux et aux officiers supérieurs qu'il se plaît à réunir autour de lui chaque fois qu'il en trouve l'occasion, ne croyez pas que vous appreniez ici l'art de la guerre, de la grande guerre qu'on doit faire quand on a devant soi des armées solides et disciplinées.

Certes, vous éprouveriez de terribles désillusions, si vous vouliez employer vis-à-vis d'une de ces armées la tactique que vous avez adoptée vis-à-vis des Arabes. Mais quelle excellente école préparatoire pour nous tous, chefs et soldats, que ces campagnes d'Afrique ! Le général y étudie *pratiquement* toutes les importantes questions relatives au bien-être de ses soldats : approvisionnements, moyens de transport, etc., etc.; il apprend à les conduire et à user d'eux sans excéder leurs forces, à poser son camp, à se garder, etc., etc. Les officiers et les soldats s'aguerrissent par des combats incessants, s'accoutument à la faim, à la soif, à la marche, sous toutes les températures, et aux privations de toute sorte sans se laisser démoraliser. *Le difficile à la guerre n'est pas tant de savoir mourir que de savoir vivre.* Les officiers, souvent engagés avec leurs bataillons et leurs compagnies dans des actions isolées, prennent l'habitude du commandement et de la responsabilité. Je le répète, Messieurs, nous ne sommes ici qu'à l'école primaire, mais si nous savons profiter des leçons que nous y recevons, nous deviendrons certainement les meilleurs élèves des écoles secondaires. »

Tu le vois, le maréchal, aussi bien que les sommités militaires dont tu m'exprimes l'opinion, comprend que nos généraux africains ne doivent pas négliger d'apprendre l'art de la grande guerre.

Et, puisque je suis sur ce chapitre, je crois t'intéresser en te donnant quelques détails sur la façon dont notre général en chef dirige ce qu'il appelle *son école primaire.*

Il ne se passe pas de jour qu'il ne fasse quelque conférence tantôt sur la façon d'enlever une position, d'opérer une retraite, de tromper son ennemi, de s'éclairer, de garder son camp, etc. J'ai pu même remarquer que certains de ses auditeurs, parmi les plus élevés en grade, paraissent las d'entendre le maréchal ressasser les mêmes leçons et les mêmes conseils, et pourtant je suis souvent témoin de fautes commises par *ces mêmes auditeurs,* fautes qu'ils eussent évitées, s'ils avaient mieux écouté les conseils du grand capitaine.

Il ne se borne pas à des conférences. Suis-le quelques instants avec moi :

Avant le départ de sa base d'opérations, il a de longues conférences avec l'intendant général, pendant lesquelles il examine toutes les questions relatives aux approvisionnements, qu'il calcule suivant l'importance de l'expédition qu'il va entreprendre. Jamais dans ses prévisions il n'oublie de faire la part de l'imprévu. Aussi Mustapha Ben Ismaël disait de lui : « Quand il va chasser le chacal, il s'arme comme s'il devait rencontrer le lion. » A son premier campement, il vérifie lui-même les munitions de l'artillerie ainsi que la quantité et la qualité des vivres ; il examine les moyens de transport et le troupeau qui suit l'armée, et que nous appelons *viande sur pied.*

Chaque soir, je dois, au moyen de mes guides et de mes informations, lui soumettre l'itinéraire que la colonne doit suivre le lendemain, la description de la route, du lieu de la grande halte et de l'emplacement du campement. Je dois lui donner, en outre, des renseignements minutieux sur l'eau, le bois et les grains qu'on peut y rencontrer. Et quelles bourrades m'attire la moindre erreur, quand cette erreur peut prolonger de quelques minutes seulement la fatigue de ses soldats ! Lui, si bon en toute circonstance, est implacable quand il s'agit d'une atteinte portée à leur bien-être.

C'est le chef d'état-major qui place ordinairement le camp ; mais le maréchal se réserve souvent cette opération ; et à ce propos, un petit mot pour rire : je l'ai vu plus d'une fois interrompre ses ordres et s'écrier : « François (1), apporte-moi mon fusil. » Il avait aperçu la remise d'une compagnie de

---

(1) Nom de son valet de chambre.

perdrix. L'instinct du chasseur l'emportait, il allait, faisait coup double et venait reprendre ses instructions à la parole même où il les avait interrompues, au grand ébahissement des nouveaux arrivés de France, et à la joie de ses soldats et de nous tous qui sommes habitués aux ravissantes excentricités de cette nature prime-sautière.

Il tient lui-même à indiquer les positions que doivent occuper les grand'gardes, qui, placées d'abord de jour, sont changées dès que la nuit est venue, seul moyen efficace d'éviter les surprises. Eh bien, très souvent, ces précautions ayant été négligées, notre camp a été réveillé par une brusque attaque des Arabes.

Dans une de ces surprises de nuit, plus sérieuse que les autres, le maréchal, qui, contre son habitude, s'était déshabillé pour se coucher dans son petit lit de camp, fut réveillé par une vive fusillade ; il ne prend que le temps d'enfiler ses bottes et, *en chemise*, coiffé de son bonnet de coton, il s'élance vers la partie du camp attaquée, rétablit l'ordre légèrement troublé par la panique de quelques soldats à moitié endormis, de sa voix de stentor fait cesser le feu, et veut marcher en tête du bataillon qu'il a organisé pour fondre à la baïonnette sur les assaillants.

Nous eûmes toutes les peines du monde à l'arrêter. Quelques minutes après, notre bataillon revenait avec des armes et des prisonniers.

C'est depuis ce jour-là, ou plutôt cette nuit-là, que les soldats, en souvenir du *casque à mèche*, chantent sur l'air de la marche des zouaves : « As-tu vu la casquette ? »

Quand il faut enlever une position dont un bataillon s'emparerait facilement à la condition de sacrifier la vie de quelques hommes, le maréchal a recours, autant que possible, à des manœuvres qui effrayent l'ennemi, et la position est occupée sans coup férir.

Lors de ses premières expéditions, il n'était alors que général, les Arabes, suivant leur habitude, fuyaient devant nous, mais s'acharnaient contre notre arrière-garde, où se livraient alors des combats meurtriers. Ayant remarqué que nos soldats, mus par un sentiment exagéré de bravoure, ne s'abritaient jamais et servaient, pour ainsi dire, de cible à l'ennemi toujours embusqué, ayant en outre constaté que nous faisions une dépense excessive de munitions, et que le bruit de la fusillade surexcitait les Arabes, le général Bugeaud avait donné les ordres les plus sévères pour que les soldats cherchassent à s'abriter et fussent plus avares de leurs cartouches. Un beau jour, agacé d'entendre encore à l'arrière-garde une terrible fusillade, il s'y rend sans prévenir personne de ses intentions. Il descend de cheval et, au milieu du sifflement des balles, il va aux soldats déployés en tirailleurs, les force à se cacher derrière des arbres ou des accidents de terrain et désigne à leurs coups les Arabes les plus rapprochés. Quelques balles bien dirigées atteignent les plus audacieux, le feu se ralentit et, au bout de peu d'instants, l'ennemi, redoutant une embuscade, cesse complètement la poursuite.

« Animal, disait le général à un de nos braves pioupious, je me f... de ta peau, mais je veux la conserver ; car, si tu meurs ici, je ne peux pas te remplacer. Crois ton vieux chef, qui n'a jamais eu peur, mon garçon : le plus malin à la guerre, c'est celui qui tue sans se faire tuer. »

Je te laisse à penser quelles étaient nos angoisses pendant cette leçon.

Depuis ce jour, les ordres du général ayant été exécutés, les Arabes se hasardèrent rarement à attaquer notre arrière-garde.

« Les petites causes produisent les grands effets, » nous répète-t-il souvent. Un chef d'armée doit descendre aux détails les plus minutieux ; car la vigilance du général en chef assure la vigilance de ses lieutenants et de tous ses officiers. »

Et il prêche d'exemple ; il va visiter le dos des chevaux et des mulets, passe l'inspection des ceintures de flanelle, s'assure par lui-même de la qualité des vivres distribués aux soldats, et goûte souvent leur gamelle.

Ces inspections ont lieu inopinément et à des intervalles si fréquents que plus d'une fois nous remarquons la contrariété qu'elles causent à certains chefs; mais les soldats, comprenant qu'ils sont l'objet des préoccupations incessantes du maréchal, lui ont voué une reconnaissance qui brille dans leurs yeux quand ils le regardent, et qu'exprime leur intonation quand ils disent : *le père Bugeaud*.

Calme donc tes inquiétudes, mon beau Roumi (1). L'armée d'Afrique, si elle est appelée à prendre part à une guerre en Europe, prouvera qu'elle a été à bonne école ; viens donc t'en convaincre toi-même, en demandant à ton ministre le commandement d'un de nos glorieux bataillons.

Adieu.

(1) Les Arabes appellent un chrétien « Roumi. » A l'exception des musulmans instruits, ils ignorent le sens de cette appellation. Roum, qui dérive évidemment de Rome, était la dénomination sous laquelle Mohammed désignait les Grecs de Constantinople. Ainsi on a retrouvé une lettre du prophète musulman à l'empereur Héraclius, qui commence ainsi : « Ila Herak'l Aadhim Er Roum. » (A Héraclius grand des Grecs).

Mes camarades et moi appelions, en plaisantant, *Roumis*, les officiers arrivés nouvellement de France.

CHAPITRE XLV.

Sidi Mohammed-el-Tedjini. — Son attitude vis-à-vis du général Marey-Monge. — Le maréchal comprend ses susceptibilités.

J'ai dit, dans mes précédents récits, le concours utile que j'avais trouvé auprès du grand Marabout d'Aïn-Madhi, Sidi Mohammed-el-Tedjini, et les services importants qu'il avait rendus à la France en réunissant l'assemblée de Kaïrouan, en secondant par ses mokaddem les démarches que j'avais faites au Caire et à Taïf pour obtenir la fettoua, et enfin en mettant à ma disposition les émissaires intelligents et fidèles à l'aide desquels j'avais établi des relations avec les personnages les plus influents de l'Algérie ; on comprendra donc le désir ardent que j'éprouvais de donner à mon ancien ami une preuve de ma reconnaissance personnelle et de celle du gouvernement français. L'occasion désirée ne tarda pas à se présenter.

Notre domination, dont les progrès avaient été relativement lents dans les parties du territoire où Abd-el-Kader, malgré les revers que nous lui avions infligés, maintenait encore son autorité, avait été acceptée, au contraire, avec rapidité dans la province de Tittery, où nous comptions des chefs arabes dévoués, et dans le sud, où Sidi Mohammed-el-Tedjini, ennemi irréconciliable de l'émir, lui opposait victorieusement sa grande influence religieuse.

Le général commandant la province de Tittery avait donc soumis au gouverneur général un projet d'organisation qu'il avait approuvé, et *Ahmed ben Salem* de Leghouat avait été nommé khalifa de la partie du désert où se trouve *Aïn Madhi*. La position indépendante du chef religieux qui, à l'aide des populations sahariennes, avait reconstruit la ville qu'il avait si glorieusement défendue contre toutes les forces réunies d'Abd-el-Kader, cette position, dis-je, n'avait pas laissé d'exciter des jalousies parmi quelques grands marabouts du désert et, à force d'intrigues, ils étaient parvenus à desservir Sidi Mohammed Tedjini dans l'esprit du général Marey-Monge, en le représentant comme un ennemi de la France ; et, à l'appui de l'accusation qu'ils portaient contre lui, ces intrigants affirmaient qu'il refuserait d'ouvrir les portes de sa ville à une armée française qui viendrait pour en prendre possession. Or, telle était la résolution prise par mon ancien ami, et dont il me donnait connaissance par la lettre dont je transcris ici un extrait :

« Mars, 1844.

« A Lioun fils de Roches. »

Après les compliments et les saluts d'usage : « L'amitié qui nous unit a été consacrée par des actes tellement significatifs qu'il est inutile de nous faire réciproquement de nouvelles protestations. Je viens aujourd'hui faire appel à cette amitié, en invoquant le saint nom du Dieu des deux mondes, pour que l'ami éloigne de l'ami le malheur et la honte qui le menacent. Qui mieux que toi connaît ma position vis-à-vis de Dieu et vis-à-vis des frères qui appartiennent à la confrérie de mon saint aïeul? Le siège de cette confrérie est la ville d'Aïn Madhi, que mon père a victorieusement défendue contre les Turcs. J'ai moi-même repoussé les attaques d'Abd-el-Kader, et tu sais comment et pourquoi je lui ai livré ses remparts. Dieu s'est chargé de ma vengeance, car il erre de tribu en tribu sans trouver un abri, tandis que j'ai réédifié la ville de mes ancêtres, plus forte et plus prospère que par le passé.

« Depuis l'injuste agression du fils de Mahhi-Ed-Din, j'ai été son ennemi le plus redoutable dans le Sahara ; j'ai, de concert avec toi, obtenu la fettoua, qui permet aux musulmans de vivre sous la domination des Français, dont je me suis montré l'allié le plus fidèle ; je t'ai mis toi-même en relations avec les Khouans (1) de *Moulay-Taïeb*, de *Sidi Cheikh* et de *Sidi Eukba*, et voilà que, aujourd'hui, un général français veut pénétrer dans ma ville à la tête de son armée, c'est-à-dire enlever à la *zaouïa* (2) de mes ancêtres le prestige dont elle jouit dans le Tell et le Sahara. Mais, en permettant un acte qui sera considéré par tous les Arabes comme un acte d'hostilité, le khalifa du sultan de France ne détruirait-il pas l'influence que j'exerce à son profit ? Voudrait-il me traiter comme m'a traité mon ennemi et le sien, le fils de Mahhi-Ed-Din (3) ?

« Toi seul, mon ami fidèle, toi qui connais le fond de mon cœur, toi seul peux mettre sous les yeux de ton chef la situation dans toute sa vérité.

« Je suis prêt à acquitter l'impôt dû au gouvernement. J'enverrai au général les principaux personnages d'Aïn Madhi donner l'exemple de soumission à la France ; mais, s'il persistait dans le projet qu'il a manifesté de pénétrer avec son armée dans ma ville, je te le dis à toi qui sais que le fils de mon père conforme ses actes à ses paroles, je saurais m'ensevelir sous ses ruines, etc., etc. »

(1) Nom des individus affiliés à un ordre religieux.
(2) Chapelle, université, siège d'une confrérie.
(3) Abd-el-Kader.

La fierté de l'attitude et du langage de Sidi Mohammed el Tedjini me parut de nature à exciter les justes susceptibilités du maréchal Bugeaud. Je crus donc prudent d'attirer d'abord son attention sur la situation exceptionnelle de mon ancien ami, sur les services importants qu'il nous avait déjà rendus et qu'il pourrait nous rendre plus tard, je me hasardai enfin à mettre la lettre de Tedjini sous ses yeux.

« Ce langage et ces résolutions émanent d'une âme bien trempée; me dit simplement le maréchal, Tedjini est un homme; je reconnais là le défenseur d'Aïn Madhi que vous m'avez dépeint. Eh bien, qu'il admette dans ses murs un délégué du général Marey, suivi d'une escorte d'une trentaine de cavaliers, et je donnerai l'ordre à mon lieutenant de renoncer au projet qu'il m'avait soumis de faire entrer son corps expéditionnaire dans la ville du marabout. »

Je connaissais l'esprit défiant de Tedjini, et je redoutais surtout les conséquences de malentendus faciles à se produire dans des circonstances aussi délicates; je demandai donc au gouverneur général de me permettre de me rendre moi-même à Aïn Madhi, afin de régler les conditions de son acte de soumission et de l'entrée du détachement français dans sa ville.

Le maréchal accéda à ma demande, et je me rendis immédiatement à Boghar, où était campée la colonne du général Marey, dont j'avais été le secrétaire lors de mon engagement dans les spahis en 1836 (1), et qui depuis n'avait cessé de m'honorer de sa bienveillante affection.

L'excellent général parut d'abord contrarié en recevant communication du message dont j'étais chargé auprès de lui; mais, après quelques explications, il envisagea la question à son véritable point de vue et se rallia, sans arrière-pensée, à

---

(1) Voir tome Ier, page 58.

la décision du gouverneur général. Je prenais déjà mes dispositions pour me rendre à Aïn Madhi, quand une lettre du maréchal me rappela à Alger (1). Il fallut donc renoncer au projet si séduisant d'aller embrasser l'ami qui m'avait sauvé la vie, de revoir la ville dont j'avais dirigé le siège et d'aller encore pleurer sur la tombe où reposait la dépouille mortelle de ma pauvre Khadidja (2).

J'avais, du reste, auprès du général Marey un camarade sur lequel je pouvais compter pour accomplir la mission qui m'était d'abord réservée : c'était son chef d'état-major, le commandant Durrieu, chargé en même temps de la direction des affaires arabes. Je lui remis pour Tedjini une lettre, dans laquelle je lui faisais connaître la décision bienveillante que j'avais obtenue du maréchal, et la condition qu'il lui imposait de recevoir dans ses murs un officier supérieur français à la tête d'un détachement. J'expliquais à mon fidèle ami les circonstances qui m'avaient empêché de me rendre moi-même auprès de lui, et je le priais de me répondre immédiatement. Peu de jours après, je recevais la réponse de Tedjini, qui m'exprimait sa reconnaissance, acceptait la condition imposée par le maréchal et me chargeait de donner au khalifa du sultan de France l'assurance de son dévouement et de sa fidélité. Après en avoir obtenu la permission du maréchal, j'envoyai la réponse de Tedjini au commandant Durrieu, avec prière de la communiquer au général Marey.

Mon camarade nous racontera lui-même, dans le chapitre suivant, son intéressante visite à Aïn Madhi et le bon souvenir qu'on m'y conservait.

(1) On lira dans le chapitre suivant le motif de ce rappel.
(2) Voir le premier volume, page 860.

CHAPITRE XLVI.

Campagne avec le colonel Eynard. — Organisation des tribus des hauts plateaux. — Lettre de Durrieu donnant des détails sur Aïn Madhi et Tedjini.

La direction donnée par le maréchal aux opérations militaires combinées, dans les trois provinces d'Alger, d'Oran et de Constantine, l'habile concours de ses lieutenants, leur activité infatigable, et le courage et le dévouement de la belle armée d'Afrique, avaient amené, à la fin de l'année 1843, la soumission de la majeure partie des tribus de l'Algérie.

Un dernier coup venait d'être porté à l'émir dans la province d'Oran. Son khalifa, *Sidi Mohammed Ben Allal oul'd Sidi Embarek* (1), venait de mourir glorieusement à la fin

---

(1) Le 11 novembre 1843, Mohammed ben Allal (*), ancien khalifa de Melianah, à la tête d'une petite armée composée de nombreux contingents, de plusieurs escadrons de Khièlas et d'un gros bataillon d'infanterie régulière, fut surpris par le général Tempoure sur l'oued Kacheba. Il opposa d'abord une vigoureuse résistance à l'attaque furieuse de la cavalerie française, et ce ne fut qu'après avoir vu tomber presque tous ses braves réguliers sous le sabre de nos chasseurs d'Afrique qu'il chercha son salut personnel dans la fuite; mais il fut poursuivi par le capitaine Cassaignolles et trois officiers; sur le point d'être atteint, il se retourne, tue le brigadier Labossay d'un coup de fusil, abat le cheval du capitaine Cassaignolles d'un premier coup de pistolet, et d'un second blesse le maréchal des logis Sicot, puis tombe frappé en pleine poitrine par la balle du brigadier Gérard.

(*) Voir note II, à la fin du volume, la lettre écrite par Ben Allal aux membres de sa famille faits prisonniers à la prise de la smala. Le chrétien le plus pieux ne pourrait pas s'exprimer autrement dans une position semblable.

d'un combat où son bataillon d'infanterie régulière et ses Khiêlas (1) avaient été pris ou tués. Abd-el-Kader, privé du plus actif et du plus brave de ses lieutenants ainsi que des fantassins et cavaliers réguliers qu'il commandait, avait abandonné le Tell, relégué les débris de sa smala dans la région des Chott, et s'était retiré avec le reste de ses partisans chez les tribus marocaines voisines de notre frontière.

On disait hautement que, en face de la soumission de toutes les tribus à la France, Abd-el-Kader ne tenterait plus rien de sérieux désormais contre notre domination en Algérie.

Telle était la croyance générale; mais, en relisant mon journal, je vois que je ne partageais pas cette confiance dans l'avenir; je connaissais trop bien Abd-el-Kader, sa foi, son courage et son indomptable fermeté, je savais trop le prestige qu'il exerçait encore sur les populations musulmanes, pour croire que sa disparition momentanée indiquât de sa part le désir de cesser la lutte.

Le maréchal, malgré ses beaux succès et les grands résultats obtenus, se gardait bien d'ailleurs de se départir de sa vigilance. Ayant appris que Ben Salem, l'ancien khalifa d'Abd-el-Kader dans le Sebaou, montrait toujours son drapeau dans les montagnes de la petite Kabylie, et voulant rendre libres les communications entre Alger et cette contrée

---

Ben Allal était borgne, il fut facilement reconnu. Un spahi lui coupa la tête, qui fut apportée au maréchal. Je fus chargé de constater l'identité de celui qui m'avait desservi auprès d'Abed-el-Kader et qui avait été l'ennemi acharné de la famille d'Omar pacha (*).

Il était mort en héros. Le maréchal fit inhumer sa dépouille mortelle dans le tombeau de ses ancêtres, à Coléah, et les honneurs militaires lui furent solennellement rendus.

(1) Cavaliers réguliers que l'armée d'Afrique appelait les cavaliers rouges, à cause de leur uniforme écarlate.

(*) Voir tome 1er, pages 157 et 266.

si fertile en produits de toute sorte, le maréchal résolut de marcher contre Ben Salem et alla prendre lui-même le commandement d'une division de sept mille combattants qu'il avait réunis à l'Isser.

D'un autre côté, nous commencions à étendre notre influence dans le Sahara, grâce à une ligne d'avant-postes que nous avions établis à Boghar, Teniet-el-Had, Tiaret, Saaida et Sebaou, à côté des ruines de villes ou de camps fortifiés construits par les Romains sur les hauts plateaux dont les immenses pâturages s'inclinant vers le désert sont arrosés par des sources abondantes.

Placés ainsi entre le Tell et le Sahara, dans la partie la plus saine de l'Algérie, nos postes maintenaient et maintiennent encore en respect les tribus habitant les deux régions.

Mais de graves querelles survenues entre les grandes tribus nomades voisines des hauts plateaux menaçaient de troubler la tranquillité de ces belles contrées.

Le maréchal, au courant des excellentes relations que j'entretenais avec les chefs du Sahara et se rendant compte du parti que je pouvais tirer vis-à-vis d'eux de l'amitié que me témoignait Sidi Mohammed Tedjini, voulut m'adjoindre à son premier aide de camp, le colonel Eynard, auquel il confia le commandement d'une colonne expéditionnaire, avec ordre d'aller rayonner dans les cercles de Teniet-el-Had, de Tiaret et de Sâaida. Il *nous* chargea d'organiser les tribus de cette région de façon à éviter le retour de pareils différends. Je dis *nous*, car il fut bien spécifié, dans mon ordre de service, que je n'étais point attaché au colonel Eynard comme simple interprète, mais comme chargé de la direction des affaires arabes.

Certes, j'étais très flatté de la nouvelle preuve de confiance que me donnait le maréchal, mais j'éprouvais un vif chagrin à m'éloigner de mon chef bien-aimé, au moment où il entreprenait une campagne dans un pays difficile, et où il devait livrer plus d'un combat, tandis que j'allais faire de la politique. Tels furent les divers motifs qui déterminèrent le maréchal à me rappeler à Alger, au moment où j'allais me rendre de Boghar à Aïn Madhi.

Nous employâmes un mois entier à rétablir la paix entre ces grandes tribus, que divisaient des questions de prérogatives et de territoires. Enfin, nous remplîmes, à la satisfaction du maréchal, la mission importante qu'il nous avait confiée, et l'organisation que nous donnâmes aux tribus turbulentes des hauts plateaux et du Sahara amena les plus heureux résultats.

J'eus pendant cette campagne de grandes satisfactions personnelles, satisfactions de cœur et d'amour-propre. Sur une simple lettre écrite par moi, tous les chefs dissidents, hostiles même, venaient à notre camp, sans aucune appréhension, et nous donnaient des gages de soumission. Quant à ceux que j'avais connus durant le siège d'Aïn-Madhi et pendant mon séjour à Tegdempt, ils témoignaient d'une façon vraiment touchante l'affection qu'ils m'avaient conservée. Le grand chef des Lerbâa, avec lequel j'avais fait des chasses si intéressantes (1), et Djedid, et Kharroubi et tant d'autres, vinrent m'apporter des dates, des gazelles, des seloughi (lévriers), des faucons, etc., et quelles belles Dhyfas dans leurs immenses tentes surmontées de plumes d'autruche! Quelles fantasias! J'eus, par l'agha des Lerbâa, des nouvelles de mes belles hôtesses arabes (2). La mère et la fille avaient épousé deux grands chefs des Oulad Châaib. Une des visites les plus agréables fut celle de Ben Nacer (3),

(1) Tome Ier, page 344.
(2) Tome Ier, page 350.
(3) Ben Nacer, fils de Ahmed ben Salem, notre khalifa. C'est sans contredit le plus beau type arabe que j'aie vu; un seul peut lui être comparé, c'est Bou-Lakhrass ben Guêna, notre khalifa du Ziban.

neveu de Iahia ben Salem, le chef manchot qui m'avait fait visiter Aïn Madhi (1); il était porteur de lettres du commandant Durrieu et de Sidi Mohammed Tedjini.

Mon ancien ami me renouvelait l'expression de sa vive reconnaissance et m'envoyait par Ben Nacer des dates et des confitures faites dans son harem. Il se louait de la conduite généreuse du général Marey à son égard, et me disait que je n'aurais pu choisir auprès de lui d'intermédiaire plus habile et plus sympathique que le commandant Durrieu.

Je copie ici la lettre que cet excellent camarade m'adressait après son entrée à Aïn Madhi.

« El Beg sous K'ssar el Haïran, — 28 mai 1844.

« Mon cher Roches,

« J'ai reçu par un courrier de Sidi Mohammed Tedjini la lettre que vous m'avez envoyée de *Teniet el Had;* j'espère qu'il sera aussi fidèle à vous rapporter ma réponse qu'il l'a été à m'apporter votre missive. Et d'abord que je vous remercie, en mon nom et au nom du colonel Saint-Arnaud et de toute la colonne, des détails intéressants que vous nous avez donnés sur la brillante affaire du 12, où le maréchal a infligé une si terrible leçon aux Kabyles des pentes nord du Djurdjura. Je viens ensuite avec bonheur vous tranquilliser au sujet de votre ami d'Aïn Madhi. Vos lettres ont fait merveille, et je constate avec un orgueil national que votre souvenir est encore vivant chez tous les habitants de cette ville et des k'ssours environnants, Tedjmout, Leghouat, etc., etc.

« Ainsi que l'avait ordonné le général Marey, c'est à Tedjmout que, le 21 de ce mois, le khalifa Ahmed ben Salem est venu, à la tête de tous les chefs de tribus et de k'ssours con-

(1) Tome Ier, page 300.

fiés à sa nouvelle autorité, amenant les chevaux de soumission et apportant la somme d'argent imposée à chaque tribu et à chaque oasis.

« Le cheval de soumission offert par Sidi Mohammed el Tedjini, et présenté par les deux représentants de sa ville, a été accepté, son caractère religieux le dispensant de remplir lui-même cette formalité. Le général, ne voulant pas être généreux à demi, l'a exempté lui et les siens de toute contribution en argent. Il fut ensuite convenu que sa ville serait ouverte à une députation française.

« En effet, un escadron d'élite, composé de trente officiers pris dans chacun des corps de notre colonne expéditionnaire, et placé sous le commandement de notre cher colonel Saint-Arnaud, le tout confié à mon *ciceronage*, se présentait le 22 mai à la porte d'Aïn-Madhi, ayant pour escorte douze chasseurs d'Afrique. Le khalifa Ben Salem, et cent cavaliers montés sur des juments de pure race et coiffés du grand m'dhall (1) garni de plumes d'autruche, nous attendaient le fusil haut. Les deux premiers khoddam (2) du chérif Sidi Mohammed Tedjini, *Raïan* et *Ben Djellab*, ayant à leur suite une partie de la population, nous souhaitèrent la bienvenue au nom de leur maître et nous introduisirent dans la ville, dont les nouvelles murailles nous ont tous étonnés par leur force et la bonne disposition du plan, qui diffère très peu d'ailleurs de celui qui accompagne le récit émouvant que vous avez rédigé des épisodes du siège mémorable d'Aïn Madhi.

« La ville est restée livrée à notre curiosité et à notre avidité pendant trois heures. Les crayons des topographes et des paysagistes ont fait leur jeu. Quant à moi, j'avais hâte de percer le mystère qui enveloppe la personne du chérif,

---

(1) *M'dhall* veut dire, qui donne de l'ombre, nom donné aux immenses chapeaux de paille portés par les Arabes durant la saison chaude.

(2) Serviteurs.

et, grâce à votre lettre, véritable talisman, j'ai pu franchir toutes les portes qui mènent au sanctuaire du descendant du prophète, et je me suis trouvé en face de votre ami, dont les premières paroles vous concernaient. J'ai parfaitement reconnu le type que vous nous aviez décrit. Il m'a accueilli avec une bienveillance enveloppée, pourrais-je dire, de la dignité inhérente à son caractère religieux.

« Il m'a dit que, comme chef d'Aïn Madhi, il était disposé à obéir aux ordres du khalifa du sultan de France et qu'il emploierait son influence à maintenir la paix et la tranquillité dans le pays, mais que cette influence était purement religieuse, et qu'il était toujours décidé à rester personnellement étranger aux questions politiques.

« Il a vivement regretté que vous n'ayez pu mettre à exécution le projet que vous aviez formé de venir lui demander l'hospitalité, et nous nous sommes séparés dans les meilleurs termes. Et moi aussi, mon cher Roches, je regrette votre absence, pour des motifs personnels et généraux. Nos affaires vont bien, mais avec vous elles auraient bien mieux marché.

« Tous les chefs de Leghouat m'ont demandé de vos nouvelles avec le plus vif intérêt. Les chefs des Lerbâa et Din du Djebel Eumour comptent aller vous saluer à Tiaret. (Suivent de longs détails sur l'organisation qu'il conviendrait de donner aux tribus du Sahara et des hauts plateaux.)

« Présentez mes respects au colonel Eynard et faites mes amitiés à Pissis, d'Allonville, Marguenat. Dupin a pris des vues d'Aïn Madhi et de Tedjmont qui feront le bonheur d'Appert, auquel je serre affectueusement la main.

« Recevez, etc. »

Le plaisir que j'éprouvai à revoir Ben Nacer et à recevoir l'expression du souvenir affectueux de mes amis d'Aïn Madhi fut troublé par la nouvelle de la mort de mon brave compagnon *Sid Iahia ben Ahmed El Bouzidi*, le Mokaddem que je n'avais pas revu depuis la terrible journée d'*Aârafat* (1), et qui durant sa maladie, me disait Ben Nacer, ne cessait de demander à Dieu la grâce de me revoir avant de mourir. Je ne pus m'empêcher de donner quelques larmes à ce fidèle serviteur de Tedjini, dont j'avais reçu si souvent des preuves de dévouement et d'intelligence.

Cette mort me rappelle celle du fils de Sidi Mohammed el Tedjini, que j'appris à mon retour de la Mecque et dont j'ai oublié de parler à mes lecteurs. Ce charmant enfant n'avait pu supporter les émotions du siège et du temps passé en otage loin de sa grand'mère (2), et il avait succombé à une lente consomption.

Sidi Mohammed Tedjini a si souvent donné à la France des preuves éclatantes et de sa grande influence religieuse et de son inébranlable fidélité, que je n'ai pas craint de m'appesantir sur le rôle important qu'il a joué dans les événements dont je fais le récit.

Ses descendants ont religieusement suivi la voie qu'il leur avait tracée, et, pendant tout mon séjour en Afrique, à Tanger, à Tripoli et à Tunis, je recevais souvent la visite d'un des khoddam de Tedjini, qui m'apportait de petits présents avec l'assurance des sentiments affectueux que me conservaient les enfants de mon ancien ami.

(1) Voir mon voyage à la Mecque, tome II, page 145.
(2) Celle qui avait chargé son petit-fils de me remettre le chapelet qui me sauva la vie. — Voir tome Ier, page 334.

CHAPITRE XLVII.

Lettre du capitaine Rivet sur la campagne de la Kabylie. — Rencontre du chaouch de Tlemcen. — Lettre du maréchal. — Je quitte le colonel Eynard. — J'arrive au camp du maréchal.

Nous avions régulièrement des courriers du maréchal, qui avait chassé Ben Salem du Sebaou et livré plusieurs combats glorieux à de nombreux contingents kabyles. Il s'occupait d'organiser le pays. Mon bon ami, le capitaine Rivet, m'annonçait ainsi les résultats de cette campagne :

« Bordj el Menaïl, 21 mai 1844.

« Pends-toi, Crillon ! Oui, mon cher Roches, pendant que vous faites de la politique, de la bonne, nous en sommes certains, nous nous sommes battus, et vous n'étiez pas là !

« Avec ses habiles manœuvres que vous connaissez, notre maréchal a remporté sur tous les contingents de la petite Kabylie, arrivés de vingt lieues à la ronde, deux éclatants succès, le 12 (1) et le 17. Notre division, composée de sept mille combattants, a délogé et mis en déroute plus de vingt mille Kabyles occupant des positions que la nature semblait rendre inexpugnables. Nos pertes (150 hommes mis hors de combat) sont minimes en tenant compte de la difficulté des lieux et du nombre de nos ennemis. Ils ont eu plus de 300 tués et un

(1) « Vous avez dû recevoir la lettre dans laquelle je vous parlais de la première affaire. » (C'est la lettre que j'avais communiquée à Durrieu.)

nombre considérable de blessés. Je n'ai rien regretté, dans ces jours de belles et grandes émotions, que de ne pas vous avoir à mes côtés, mon cher ami, mon frère d'armes.

« Les Kabyles ont été tellement terrifiés que leurs chefs, conduits par le fils du fameux Ben Zâamoum, sont venus demander l'aman et traiter des conditions de leur soumission. (Ici de longs détails sur l'organisation de la petite Kabylie.)

« Je suis heureux de vous dire que Sidi Mohammed ben Mahhi ed Din (1), *votre* khalifa de Sebaou (je dis votre, car c'est bien vous qui l'avez fait khalifa), a pris une large part à ces succès, soit par le concours que son goum a apporté à notre cavalerie, soit par l'influence qu'il a exercée sur la soumission des chefs.

« Nous étions encore au milieu de grandes difficultés, quand une dépêche très pressée du général de Bar nous a appris la menace d'intervention marocaine. Le maréchal n'a pas sourcillé et a résolu de finir ce qu'il avait si bien commencé.

« Ce serait une question assez singulière à vous adresser que de vous demander ce que vous pensez de cette intervention. Y croyez-vous? Entre la demande et la réponse, il pourrait se révéler bien des choses. Quant à moi, cher ami, bien que les nouvelles du général de Lamoricière soient très alarmantes, je ne crois pas à la guerre.

« *J'ai une autre conviction, c'est qu'en cas d'intervention décidée, il y aura dans les environs de la frontière, si on laisse à notre maréchal le temps d'arriver, une grande bataille qui cimentera à tout jamais la grande œuvre d'Afrique* (2).

« Daumas, qui dans cette campagne tient la place que vous occupez auprès de notre maréchal, dirige sa politique avec l'habileté que vous lui connaissez.

« Adieu, etc. »

(1) Voir tome II, chapitre XXXV.
(2) Quel pressentiment !

Nous recevions également des dépêches du général de Lamoricière, très préoccupé des troubles survenus sur la frontière du Maroc, où Abd-el-Kader, traqué de toutes parts, s'était retiré.

Parmi les cavaliers porteurs de la correspondance du général Lamoricière, je reconnus un des chaouchs de Bou-Hammidi, qui, lors de mon exil à Tlemsen, avait fait partie du goum envoyé à ma poursuite sur la route d'Oran, et avait traité brutalement mon fidèle Isidore. Il avait même affecté une insolente joie lorsque, amené devant le khalifa, son maître, il crut que j'allais être supplicié. Chaque fois que ce misérable en avait trouvé l'occasion, il m'avait témoigné une hostilité qui m'avait frappé.

Je ne l'avais pas revu depuis près de sept ans, mais je ne pouvais oublier cette figure antipathique. Je m'aperçus que lui-même me reconnaissait. Nous restâmes toutefois l'un et l'autre impassibles.

Je mis le colonel Eynard et son état-major au courant de la situation, et il fut convenu que la reconnaissance entre le courrier et moi aurait lieu le soir même dans ma tente.

Quand Miloud (c'était son nom) entra, je lui fis signe de s'asseoir. Mon nègre Bel-Kheir lui présenta une tasse de café et une pipe. Il but l'une et huma l'autre sans la moindre émotion. Il répondit avec une grande lucidité à toutes les questions que je lui adressai.

« Je vois à ton langage, lui dis-je, que tu es un homme d'expérience et de bon jugement. Je veux te demander un conseil ; écoute. Dans une heure malheureuse de sa vie, un homme de noble condition s'est trouvé en face d'un autre homme de basse naissance qui, abusant du pouvoir dont il jouissait alors, l'a indignement traité. Les circonstances ont amené ce lâche à la merci de l'homme injustement offensé. Dis-moi, que ferais-tu à la place de ce dernier ? » Et, en parlant ainsi, je fixais sur lui un regard qui, me dirent ensuite mes camarades, n'avait rien de bienveillant. Lui, alors, sans se déconcerter, me répondit : « Un simple cavalier comme moi, ne vivant que de l'éperon et du fusil, se vengerait, mais un homme de grande tente, comme toi, lui pardonnerait. » Et il continua à fumer tranquillement son chibouk.

Cette scène avait vivement intéressé notre état-major, à qui le lieutenant Margueritte traduisait la conversation engagée entre l'ancien chaouch de Bou Hammidi et moi. Nous étions tous en admiration devant un tel sang-froid et un tel à-propos chez un simple m'khazni (1), et le colonel Eynard, s'associant à la vengeance du *fils de grande tente*, lui donna une somme décuple de celle qui lui revenait comme courrier.

La mission confiée à notre colonne nous avait amenés à Sâaïda, où nous reçûmes la confirmation des événements de la frontière du Maroc, dont le général de Lamoricière nous avait donné connaissance.

Attaché au colonel Eynard, non comme interprète, je le répète, mais comme représentant de la politique arabe de notre chef, j'agissais à son égard bien plus en ami qu'en subordonné. Je lisais toute la correspondance sans exception. J'appris, en rentrant d'une visite chez un chef de tribu, qu'un courrier du maréchal était parvenu au colonel. Je me précipitai vers sa tente ; il était absent. Ainsi que c'était mon habitude, j'ouvris son portefeuille et je lus les dépêches arrivées le matin. Le maréchal confirmait les détails contenus dans la lettre de Rivet et ajoutait : « Bien que les soumissions des Flisset et B'har, des Beni-Raten, des Amraoua, etc., ne me paraissent pas très solides, je ne me montre pas trop difficile, car je viens de recevoir du général de Lamoricière des nouvelles d'une telle gravité que je me décide à me rendre de ma personne sur la frontière du Maroc, où j'appellerai successi-

---

(1) Fonctionnaire.

vement les troupes que je jugerai nécessaires. (Suivaient les détails sur les dispositions à prendre). La présence de mon brave Roches me serait plus que jamais utile, car je suis forcé de laisser Daumas à Alger. Si toutefois son concours vous est indispensable, gardez-le ; mais, dans ce cas, ne lui parlez pas du désir que je vous exprime, car s'il le connaissait, il n'écouterait que son dévouement à ma personne, il vous planterait là et s'exposerait aux plus grands dangers pour me rejoindre. »

J'achevais, tout tremblant d'émotion, la lecture de cette dépêche, quand le colonel entra dans sa tente.

« Qui vous a permis de lire ma correspondance ? » me dit-il d'un ton furieux. Je connaissais trop le colonel Eynard pour m'effrayer de sa colère et de ses menaces. Je laissai passer l'orage sans sourciller, et lui dis froidement :

« Mon cher colonel, je ne vous suis pas indispensable, notre mission politique a pris fin, et Margueritte, qui parle admirablement l'arabe, me remplacera auprès de vous. Le maréchal a plus besoin de moi que jamais, rien ne m'arrêtera, j'irai à lui. »

Le colonel Eynard comprit que ma résolution était inébranlable et qu'il serait contraint d'employer la force, s'il voulait m'empêcher de partir. Il le pouvait, car j'étais soumis à la discipline militaire ; toutefois le dévouement sans bornes qu'il avait voué à son chef ne tarda pas à lui faire envisager la situation sous son jour véritable, et il ne m'objecta plus que le danger d'aller seul rejoindre le maréchal. Je lui promis d'user de la plus grande prudence. Je consultai le kaïd des Djaâfra, tribu dépendant du cercle de Sâaïda ; sans me dissimuler le danger que je courais de rencontrer des Arabes dissidents, d'autant plus que l'arrivée d'Abd-el-Kader à la tête de 1,500 cavaliers venait d'être signalée à *Merhoum*, 10 lieues sud-est de Sâaïda, ce chef, particulièrement dévoué au général de Lamoricière, mit à ma disposition dix de ses plus fidèles serviteurs, connaissant, me dit-il, *toutes les pierres du pays* que nous devions parcourir, et il m'affirma que j'avais de grandes chances d'arriver sain et sauf à Sidi Bel Aâbbas.

Ce ne fut pas sans émotion que, le 10 juin, à neuf heures du soir, je me séparai du colonel Eynard et de mes bons camarades de Pissis, Appert et Margueritte, qui me voyaient partir avec appréhension. En outre des dix Djaâfra, tous cavaliers solides, j'étais suivi de mon fidèle nègre Bel-Kheir (1) et de deux Arabes, montés sur des mules portant mes bagages et ma tente, et tenant en main mes deux chevaux. Le lendemain, à onze heures du matin, nous entrions dans le camp de Sidi Bel Aâbbas, où le colonel Favas (2) me donna une cordiale hospitalité. Nous avions parcouru 90 kilomètres en quatorze heures. Là, je me séparai de mes cavaliers Djaâfras. Le 11, à huit heures du soir, le colonel Favas mit à ma disposition quatre cavaliers du Makhzen et, le 12, à sept heures du matin, j'entrais à Tlemsen, où je dus me reposer; mes chevaux et moi étions harassés. Mais quelle joie d'apprendre que le maréchal venait à peine d'arriver et avait campé la veille à Oued-Zeitoun! Je passai la journée avec mon ami le colonel de Barral, qui me mit au courant des événements de la frontière, et, malgré son insistance à vouloir me faire attendre un convoi pour me rendre à Lella Maghnia, je partis à dix heures du soir, accompagné par plus de cent Coulouglis, mes anciens compagnons d'armes d'Aïn Madhi (3), dont le

---

(1) *Bel-Kheir* était un magnifique nègre, au type caucasien, qui s'était engagé dans les spahis et avait été l'ordonnance du capitaine Vergé. Ce bon ami, ayant éprouvé la fidélité, le dévouement et le courage de Bel-Kheir, me l'avait cédé au moment où il avait été nommé commandant du 1er bataillon des tirailleurs indigènes. Je l'ai conservé comme ordonnance jusqu'au jour où j'ai quitté définitivement l'Algérie.

(2) Un des héros de Sidi Rached. Voir le chapitre XLVIII, Campagne du Maroc.

(3) Voir tome Ier, Siège d'Aïn Madhi, notamment page 308.

chef, *Ali ben Berber*, avait demandé au colonel de Barral la permission de me servir d'escorte. Ces braves gens, tous montés sur des mules, étaient armés jusqu'aux dents, et je savais que tous mourraient plutôt que de m'abandonner. Nous arrivâmes le 13, de bonne heure, à Lella Maghnïa, d'où, après quelques heures de repos, je me dirigeai vers le campement du maréchal sur l'oued Mouilah.

A peine étais-je en vue du quartier général que mes camarades m'avaient reconnu et annoncé au maréchal. Il sortit de sa tente, vêtu de son petit caban blanc, sa belle tête nue, et ouvrant ses bras : « Ah ! mon brave Roches, quelle joie de vous revoir ! Je savais bien que vous viendriez ! » Et il me pressait sur sa large poitrine.

Quant à moi, impossible de parler... Je passai successivement dans les bras de Rivet, Garraube, Philippe, etc., etc. Ah ! on en braverait des dangers, on en ferait des lieues pour jouir d'un pareil accueil !

J'avais parcouru 270 kilomètres en trois jours, et mes deux chevaux purent reprendre leur service dès le lendemain.

LIVRE IX.

CAMPAGNE DU MAROC.

1844.

CHAPITRE XLVIII.

Conférence et combat à Sidi *El-Oussini*. — Négociations et rencontres hostiles. — Arrivée de Moulay Mohammed, fils aîné de l'empereur.

Je ne pouvais arriver plus à propos. Le maréchal venait de recevoir une lettre de *Sid Ali Ben Taïeb el Guennaoui*, récemment nommé kaïd d'Oucheda et chargé par l'empereur du Maroc d'intimer aux Français l'ordre d'évacuer le poste de Lella Maghnïa, établi, selon lui, sur le territoire de son empire.

Ainsi, c'était un simple kaïd, sans pouvoirs réguliers, que *Mouley Abd-er-Rahman* (1) choisissait pour traiter une question d'une si haute importance avec un maréchal de France, gouverneur général de l'Algérie! Il adressait, en même temps, au représentant de la France à Tanger une lettre dans laquelle il se disait en droit d'exiger qu'une punition sévère fût infligée au général (le général de Lamoricière) qui avait attaqué les troupes impériales sur le territoire marocain.

Voilà les procédés et les formes adoptés alors par le gou-

---

(1) Empereur du Maroc.

vernement de Mouley Abd-er-Rhaman, empereur du Maroc, vis-à-vis de la France au souverain de laquelle, dans ses lettres officielles, il donnait simplement le titre de *grand des Français*.

Le maréchal, dans sa réponse, donna d'abord une sévère leçon de politesse au kaïd marocain ; il lui dit que de pareilles questions ne pouvaient être utilement traitées par correspondance, et il lui demanda de désigner, *sans délai*, le jour, l'heure et le lieu où lui, Guennaoui, devrait se rencontrer avec un des généraux du maréchal, muni de ses pouvoirs.

Les termes de la lettre indiquaient la distance qui existait entre le *khalifa du sultan de France* en Algérie et le *kaïd d'Ouchda*.

Mon bon ami le capitaine Rivet avait bien prévu que j'accourrais auprès du maréchal, dès que je connaîtrais sa résolution de venir de sa personne sur la frontière du Maroc ; aussi avait-il eu la bonne pensée d'amener avec lui le lettré musulman que j'employais pour rédiger la partie la plus importante de la correspondance arabe. Plus que jamais son concours m'était nécessaire, et pour bien comprendre les rouéries du style maugrebin et pour que les lettres du khalifa du sultan de France ne donnassent lieu à aucune critique au point de vue littéraire. Vis-à-vis des musulmans, il faut toujours éviter de se placer sur un terrain d'infériorité.

La seconde lettre du chef marocain fut plus convenable. Il annonçait que le lendemain il se trouverait au marabout de Sidi Mohammed-El-Oussini où il attendrait l'envoyé du *Khalifa du Sultan de France*.

Le lendemain, 15 juin, le général Bedeau auprès duquel le maréchal m'avait détaché parce qu'il comptait plus sur moi que sur tout autre pour traduire énergiquement son langage, le général Bedeau, dis-je, accompagné du commandant de Martimprey, de Sidi Hammadi Sakkal, ancien kaïd de Tlemsen et de M. Brahamsha, interprète de la division d'Oran, arrivait de bonne heure au marabout désigné.

Le général de Lamoricière, à la tête de 4 bataillons et de 4 escadrons, occupait, à un kilomètre environ de l'emplacement de notre rendez-vous, la rive droite d'un cours d'eau appelé El Mouilah. El Guennaoui développa ses 4,500 cavaliers et un bataillon d'infanterie régulière sur une ligne parallèle, à 500 mètres environ de la Koubba de Sidi-el-Oussini. C'est là que nous rencontrâmes El Guennaoui ; nous descendîmes de cheval et nous entrâmes en conférence. Dès le début, le général put se convaincre qu'elle n'aboutirait à aucun résultat, d'abord parce que Guennaoui émettait des prétentions inadmissibles et ensuite à cause de l'attitude hostile de son escorte, qui, peu à peu, s'était rapprochée de nous et poussait des vociférations assourdissantes. Aux cris et aux menaces des cavaliers qui nous entouraient succédèrent bientôt des coups de fusil. Le général, conservant son sang-froid imperturbable, se leva lentement et dit à Guennaoui d'un air méprisant : « Les hommes cessent de parler quand les chiens aboient. » Je répétai cette phrase de façon à être entendu des énergumènes qui nous entouraient. Le malheureux kaïd perdait la tête ; il s'élança pourtant en selle et, à l'aide de cavaliers nègres de la garde de l'empereur, il parvint à refouler les premiers rangs. Notre position, seuls et à pied au milieu de ce désordre, devenait insupportable, nous remontâmes donc à cheval sans la moindre précipitation et nous fîmes face à ces forcenés.

Guennaoui vint alors à nous et nous supplia de nous retirer, puisque la continuation de notre conférence devenait impossible.

Le général Bedeau protesta énergiquement contre la sauvage attitude des cavaliers marocains, et je leur criai en son nom : « Craignez que Dieu ne vous demande bientôt un compte terrible de votre injuste agression ! »

Nous entendions toujours siffler les balles; nous arrivâmes toutefois sains et saufs auprès du général de Lamoricière, qui se disposait déjà à venir nous arracher, morts ou vivants, des mains de ces fanatiques.

La retraite fut ordonnée, et les Marocains, prenant la modération du général pour de la faiblesse, dirigèrent leur feu sur son arrière-garde, qui avait ordre de ne pas riposter. Le capitaine Daumas (2), du 2ᵉ régiment de chasseurs, *le héros de Sidi Rached* (1), reçut là une blessure légère en apparence et dont les suites privèrent pourtant l'armée d'un officier qui eût été un de nos plus brillants généraux de cavalerie.

Cependant, le maréchal, entendant la fusillade et voulant s'assurer de l'état des choses, arrivait au galop, suivi de son état-major. Dès qu'il apprit ce qui venait de se passer, il n'eut pas un moment d'hésitation. Ses ordres si nets, si précis, furent aussitôt transmis; les troupes restées au camp eurent bientôt rejoint la colonne du général de Lamoricière, l'offensive fut prise sur toute la ligne et, au bout de deux heures à peine, la cavalerie marocaine fuyait en pleine déroute

---

(1) Frère cadet du général Daumas.
(2) Dans une expédition dirigée par le général Gentil contre les Flittas, 50 chasseurs d'Afrique, commandés par le capitaine Daumas, furent subitement attaqués par plus de 1,500 cavaliers ennemis; ils gagnèrent avec peine le marabout de *Sidi Rached*, situé sur un petit tertre, et là, mettant pied à terre, ils combattirent en fantassins, résolus de vendre chèrement leur vie. Le capitaine Favas était, avec 60 autres chasseurs, à quelque distance de ce point. Ses derrières à lui étaient libres, et l'ennemi si nombreux, qu'il aurait pu, sans honte, se retirer sur la colonne française; mais ce vaillant officier, n'écoutant que son courage, prit l'énergique résolution d'aller partager le sort de ses camarades compromis. Il traversa avec une rare intrépidité et un rare bonheur la ligne ennemie, et rejoignit le capitaine Daumas, qui continuait à se défendre héroïquement; malgré ce secours, les chasseurs auraient infailliblement succombé, sans l'arrivée d'un bataillon du 3ᵉ de ligne qui les délivra. En ajoutant cette glorieuse page aux annales du 2ᵉ régiment de chasseurs d'Afrique, Daumas et son camarade Favas eurent vingt-deux hommes tués et trente blessés, dont six officiers sur sept.

et le bataillon d'infanterie régulière était taillé en pièces par le colonel Yussuf à la tête de ses spahis.

Le maréchal écrivit, le soir même, à Guennaoui, et, après lui avoir reproché l'agression dirigée contre ses parlementaires, agression que les lois de la guerre ne lui avaient pas permis de laisser impunie, il lui déclarait qu'il n'en était pas moins disposé à terminer pacifiquement les différends survenus entre la France et le Maroc, au sujet du règlement de la frontière et de la protection que l'empereur accordait à Abd-el-Kader.

Ici commence la longue campagne pendant laquelle le maréchal et les agents marocains ne cessèrent de se donner réciproquement l'assurance de leurs dispositions pacifiques, tandis qu'ils se livraient à des actes flagrants d'hostilité.

Grâce à mes émissaires, nous étions informés des moindres démarches d'Abd-el-Kader, et nous savions quelle influence il exerçait sur les tribus de la frontière, dont le fanatisme était encore entretenu par la présence des contingents des tribus Makhzen (1) de l'ouest du Maroc, placés en observation sous les ordres du kaïd d'Oudjeda.

Mouley Abd-er-Rhaman ne désirait certes pas la guerre, mais il était encore assez aveugle pour espérer l'éviter en nous intimidant par un grand déploiement de forces, il cherchait à se faire illusion à lui-même.

Du reste, j'ai pu souvent m'en convaincre, il existe chez les musulmans un sentiment d'amour-propre, une sorte de respect humain qui les empêche de s'avouer entre eux leur faiblesse vis-à-vis des chrétiens; leurs craintes intimes se traduisent en forfanteries, et ils croiraient se compromettre en montrant à leurs coreligionnaires des tendances pacifiques à l'égard des infidèles. Les chefs mêmes sont in-

---

(1) Cavaliers irréguliers au service de l'État.

fluencés par ces sentiments dans leurs rapports avec leurs subordonnés.

Tant est-il que le souverain du Maroc espéra maintenir la paix en envoyant sur la frontière son fils Mouley Mohammed, l'héritier présomptif du trône, à la tête d'une nombreuse armée. Il semblait persuadé que le maréchal, en face d'un déploiement de forces aussi considérable, traiterait de la paix à des conditions bien plus avantageuses pour le Maroc, et qu'Abd-el-Kader, intimidé, s'abstiendrait désormais de nouvelles incursions en Algérie.

Le pauvre chérif connaissait aussi peu le maréchal que l'émir.

CHAPITRE XLIX.

Lettre d'Abd-el-Kader. — Rencontre avec Bou-Hammidi.

On se souvient que, dès mon retour de la Mecque, j'avais été chargé par le maréchal d'écrire à Abd-el-Kader, pour lui ôter tout espoir de traiter désormais avec la France, en lui laissant toutefois entrevoir que, le jour où il voudrait mettre fin à la lutte qu'il soutenait contre la France, le roi le recevrait à merci et lui donnerait à lui et à son entourage une retraite digne de son rang. Abd-el-Kader m'avait adressé alors une réponse assez obscure et qui témoignait de la vive contrariété qu'il avait ressentie en apprenant, d'une façon si dure et si formelle, la résolution prise par le gouvernement français de ne plus traiter avec lui, fût-ce même pour l'échange des prisonniers. Toute communication entre nous avait donc cessé depuis cette époque.

Lorsque Escoffier (1), l'héroïque trompette du 2ᵉ régi-

---

(1) Dans un ordre du jour d'Alger, le 25 novembre, le maréchal Bugeaud s'exprime ainsi :

« L'armée admire encore le généreux dévouement du trompette Escoffier, du 2ᵉ régiment de chasseurs d'Afrique, qui, au combat du 22 septembre, donna son cheval à son capitaine M. de Cotte, démonté, en lui disant : « Il vaut mieux que vous l'ayez que moi, car vous rallierez l'escadron, « et je ne le pourrais pas. » Un instant après, il fut fait prisonnier.

« Le roi, informé de cette conduite héroïque, n'a point attendu qu'Escoffier fût rendu à la liberté ; il l'a nommé membre de la Légion d'honneur par ordonnance du 12 novembre.

« Cette récompense, qui calmera chez Escoffier les douleurs de la capti-

ment des chasseurs d'Afrique, fut décoré, je demandai au maréchal la permission d'envoyer sa décoration à Abd-el-Kader. J'obtins également de mon chef l'autorisation de renouveler à l'émir l'assurance des affectueux sentiments que je lui conservais, et de lui dire combien j'étais peiné de son obstination, dont les conséquences seraient fatales et à sa famille et aux populations qu'il entraînait dans une guerre insensée.

Peu de jours après, je recevais la réponse de l'émir :

« A celui qui se dit *encore* notre ami, à celui qui m'est *encore* cher, au distingué Lioune, fils de Roches. Salut à celui qui suit la vraie voie.

« J'ai reçu ta lettre et immédiatement, suivant ton désir, j'ai remis devant mes askers (1) et mes khièlas (2), rangés devant ma tente, la décoration destinée au trompette Escoffier. J'honore le courage même chez mes ennemis. Je ne négligerai rien de ce qui sera en mon pouvoir pour bien traiter les prisonniers ; si le maréchal tient à leur délivrance, qu'il m'envoie Abd-el-Kader Ben Rébah, agha des khièlas et Kaddour-Bel Aoufi, mon Bach Chaouch.

« Tu m'engages encore à cesser une guerre qui, dis-tu, est réprouvée par ma religion et par les lois de l'humanité. Quant à ma religion, je sais ce qu'elle m'ordonne et ce qu'elle me défend ; et ce n'est pas un chrétien qui enseignera à un musulman le sens du Coran.

« Quant à l'humanité, tu ferais bien de dire aux Français de suivre d'abord les conseils qu'ils me donnent. Qui, je te le demande, transgresse le plus les lois de l'humanité, ceux

vité, toute l'armée y prendra part ; elle y verra une nouvelle et éclatante preuve que le gouvernement ne laisse jamais dans l'oubli les belles actions.

« *Signé* : Bugeaud. »

(1) Fantassins réguliers.
(2) Cavaliers réguliers.

dont les armées ont envahi le pays des Arabes qui ne les avaient jamais offensés et apportent au milieu de leurs tentes la ruine et la désolation, ou celui qui combat pour repousser cette injuste agression et pour délivrer son pays du joug de conquérants infidèles ?

« Cessons, si tu m'en crois, ces paroles inutiles. Ce n'est point par la porte des reproches qu'on peut entrer dans la maison de la paix.

« Ne me parle donc plus des devoirs que m'imposent la religion et l'humanité, et surtout ne cherche pas à faire briller à mes yeux l'or que pourrait me prodiguer ton roi, si j'acceptais la proposition que tu me fais en son nom d'aller vivre près de Bit-Allah (1). Ni la crainte ni l'avarice ne me détourneront de la voie du Seigneur, dans laquelle je marche en combattant les oppresseurs de mon pays. Si vous voulez mettre un terme aux maux de la guerre, faites-moi des propositions acceptables, je suis prêt à les écouter ; et pour te prouver mon désir de faire la paix, je délègue tous mes pouvoirs à mon frère en Dieu Bou-Hammidi, que j'autorise à demander une entrevue au maréchal, et à accepter le traité qu'il jugera convenable de *m'imposer*, traité que je m'engage d'avance à observer fidèlement.

« Par cette nouvelle alliance seulement, nous rendrons la tranquillité aux créatures de Dieu.

« C'est aux efforts que tu feras pour amener cette solution honorable que je reconnaîtrai la sincérité de l'amitié que tu dis m'avoir conservée.

« Écrit par ordre de celui qui combat pour sa religion.

« Sid-el-Hadj Abd-el-Kader Ben-Mahi-Ed-Din.

« Que Dieu lui soit en aide !... »

---

(1) La maison du Dieu, c'est-à-dire la Câaba, dans le temple de la Mecque.

Quelques jours après la réception de cette lettre, deux cavaliers se présentaient aux avant-postes de notre camp, placé sur le haut Isly, à vingt kilomètres environ d'Oudjda.

Ils remirent à l'officier, qui l'apporta à l'état-major, un carré de papier sur lequel se voyaient l'empreinte d'un cachet et des caractères arabes. Je reconnus le sceau de l'émir, au-dessus duquel étaient écrits ces mots : « Un tel et un tel sont porteurs d'une lettre importante ; nous les plaçons sous la sauvegarde de l'ami Lioune, fils de Roches. »

Ordre fut donné d'amener les cavaliers, qui me remirent une lettre adressée au maréchal. Elle était signée par Bou-Hammidi et revêtue de son sceau. Elle était ainsi conçue :

« Au maréchal Bugeaud, khalifa du roi des Français dans le royaume d'Alger et ses dépendances.

« Saluts conformes au rang élevé que tu occupes dans ce monde.

« Je te fais savoir que notre seigneur Sid-el-Hadj Abd-el-Kader Ben-Mahhi-ed-Din m'a autorisé à te faire entendre des paroles de paix.

« Je n'ai pas oublié la sagesse et l'esprit de conciliation dont tu nous as donné des preuves lors du traité conclu à la Tafna ; sois encore animé des mêmes sentiments, et nous pourrons, si Dieu le permet, mettre un terme aux maux qui accablent des populations innocentes.

« Indique-moi l'heure de la rencontre ; que Dieu nous dirige tous dans la voie du bien.

« Salut à qui suit cette voie.

« L'humble serviteur de Dieu.

« Mohammed El-Bou-Hammidi. »

Le maréchal paraissait peu disposé à autoriser des pourparlers dont Abd-el-Kader pourrait tirer parti en laissant croire aux Arabes qu'il négociait la paix ; en tout cas, il refusait absolument de recevoir Bou-Hammidi. Je lui demandai, comme une faveur personnelle, de me permettre d'avoir une entrevue secrète avec le khalifa de l'émir, afin de prouver à mon ancien ami le désir que j'avais de contribuer, dans la mesure du possible, à une solution pacifique.

Le maréchal voulut bien accéder à mon désir, et j'écrivis à Bou-Hammidi de se trouver le lendemain à notre arrière-garde, où j'irais le rejoindre pendant que l'armée serait en marche dans la direction d'Oucheda. De la sorte notre entrevue n'avait rien d'officiel, et on pouvait la considérer comme une rencontre fortuite.

J'avoue que ce n'était pas sans une certaine appréhension que j'allais revoir le fanatique musulman qui avait été sur le point de me faire mettre à mort lors de ma fuite de Tlemsen (1) et que je n'avais jamais rencontré depuis cette émouvante scène. Mais, malgré le calme qui s'était produit dans mon imagination, j'éprouvais toujours un charme indicible à me trouver en face de situations plus ou moins dramatiques.

Je copie ici le rapport que j'adressai au maréchal, le jour même où eut lieu mon entrevue avec Bou-Hammidi :

Rapport adressé à M. le maréchal Bugeaud par l'interprète en chef de l'armée Léon Roches.

Bivouac sur le haut Isly, 11 juillet 1844.

Monsieur le Maréchal,

J'ai l'honneur de porter à votre connaissance que, d'après la permission que vous m'en avez accordée, je me suis abouché, ce matin, avec Sid Mohammed El Bou-Hammidi (2), ex-khalifa de l'émir Abd-el-Kader. Notre entrevue a eu lieu à

---

(1) Voir tome Ier, page 286.
(2) Voir le portrait de Bou-Hammidi, tome Ier, page 214.

environ 1,500 mètres de notre arrière-garde ; il était accompagné d'une trentaine de cavaliers; comme je n'avais avec moi que 5 chasseurs et votre officier d'ordonnance, le brave *Mohammed ben Kaddour*, neveu du regretté Mustapha ben Ismaël, le colonel Pélissier ne m'a permis de rejoindre Bou-Hammidi qu'après avoir gardé auprès de lui comme otage un des deux cavaliers de l'ex-khalifa, porteur de la lettre qu'il vous a adressée.

J'ai difficilement reconnu l'ancien khalifa de Tlemsen. Il a considérablement vieilli ; à peine âgé de trente-huit ans, les cheveux de ses tempes mal rasées et sa barbe sont grisonnants. Son costume, son harnachement, ses armes, son cheval, sont ceux d'un simple cavalier, lui qui, autrefois, affectait un grand luxe.

Malgré la haine qu'il a toujours ressentie pour moi et qui a dû augmenter depuis ma fuite de Tegdempt (1839), il m'a abordé avec affabilité. Ses grands yeux bordés de longs cils noirs conservaient le regard farouche que je lui connaissais. Il m'a adressé des saluts de la part d'Abd-el-Kader, s'est informé de vos nouvelles, Monsieur le Maréchal, et s'est étendu sur les bonnes relations qu'il a entretenues avec vous en 1837.

Je voulais descendre de cheval, afin de causer plus à notre aise ; il s'y opposa, me disant qu'il se méfiait des cavaliers marocains qui, s'ils le reconnaissaient, ne manqueraient pas de faire connaître sa démarche au kaïd d'Oudjedah, chargé d'intercepter toute relation entre les gens d'Abd-el-Kader et les Français. Nous allâmes à l'écart, et quand il se fut assuré que personne ne pouvait nous entendre, il s'exprima ainsi (afin de rendre plus fidèlement et plus rapidement compte de notre entretien, j'adopte la forme du dialogue) :

BOU-HAMMIDI.

Les choses d'ici-bas, ô fils de Roches, sont bien instables; le sultan qui détrône la veille son ennemi peut être détrôné le lendemain; celui qui remporte la veille une grande victoire, peut subir le lendemain une désastreuse défaite. Il est donc bien sage, celui qui ne désespère jamais dans la mauvaise fortune, et celui qui redoute une disgrâce au milieu de ses succès.

Telles sont les dispositions de mon seigneur et maître Sid El Hadj Abd-el-Kader; telles devraient être celles du maréchal Bugeaud. Le premier est vaincu, le second est vainqueur; mais les rôles peuvent changer! Dieu seul est tout-puissant! Le maréchal se rendra vraiment digne de la victoire, en se montrant généreux vis-à-vis de son ennemi terrassé, et c'est cette générosité à laquelle je viens faire appel aujourd'hui au nom de mon maître. Il ne craint pas d'avouer sa défaite, mais il lui reste la force que ne peut ébranler aucune puissance ici-bas, sa confiance en Dieu.

LÉON ROCHES.

Mon noble chef, le maréchal Bugeaud, n'a-t-il pas donné à Sid El Hadj Abd-el-Kader une preuve éclatante de la magnanimité du roi de France en lui proposant, à deux fois différentes, par mon entremise, la retraite la plus honorable que puisse désirer un musulman, en lui offrant de l'envoyer à la Mecque lui, sa famille et trois cents de ses plus fidèles compagnons, et en lui assurant, pour le reste de ses jours, un revenu en rapport avec la générosité de la France et la haute position de l'Émir?

Bou-Hammidi.

Je conçois que le maréchal tienne ce langage à mon maître, car il peut ignorer les sentiments intimes qui animent son âme ; mais toi, qu'Abd-el-Kader a traité comme son fils, toi qui as vécu auprès de lui et qui as pu lire dans son cœur, comment peux-tu admettre que le fils de Sidi Mahhi-ed-Din puisse jamais accepter de pareilles propositions ?

Ne sais-tu pas que le repos, le bien-être, les richesses et les honneurs n'ont aucune valeur à ses yeux ? Quant à l'asile que vous lui offrez à la Mecque, ne pourrait-il pas s'y rendre sans votre secours ? Ne sais-tu pas d'ailleurs que combattre dix jours les infidèles est préférable à un séjour de dix ans auprès de Bit-Allah (1) ?

Fais donc comprendre au maréchal et à son roi, qu'Abd-el-Kader en prenant les titres de Émir el Mouminin (2) et de Moudjéhèd fi Sebil Illah (3) en a compris le sens et assumé l'entière responsabilité. Il a conçu le dessein de régénérer les Arabes de l'Algérie et il a juré de combattre dans la voie de Dieu, il ne se soustraira jamais aux obligations que la foi lui impose. Dieu, toutefois, lui permet de souscrire à des conditions qui ne seraient pas contraires à sa loi. Qu'on place, par exemple, sous son autorité une portion du royaume d'Alger qu'il gouvernerait au nom de la France, et il prendra l'engagement solennel de ne plus porter les armes contre elle. Mais, me diras-tu, « il avait déjà fait un traité avec la France et il a rompu ce traité. » C'est qu'alors, nous étions aveugles ; des gens insensés conseillaient mon maître, nous ignorions ce que nous savons aujourd'hui. Il n'en serait plus

---

(1) Maison d'Abraham dans le temple de la Mecque.
(2) Commandeur des croyants.
(3) Guerrier dans la voie du Seigneur.

ainsi, Sid El-Hadj Abd-el-Kader deviendrait l'ami le plus dévoué de la France; il lui paierait l'impôt qu'elle fixerait, et, moi-même ainsi que les membres de sa famille que vous désigneriez, nous nous remettrions entre vos mains comme otages et comme garants de la bonne foi de notre maître.

LÉON ROCHES.

Avant d'aller plus loin, sache, ô Sid Bou-Hammidi, que tu as devant toi deux hommes dans la même personne. L'ami de ton maître, qui lui conserve une profonde gratitude et une sincère affection, et l'interprète, dévoué à la France, qui place l'honneur et l'intérêt de son pays au-dessus de toute autre considération.

L'ami fera tous ses efforts pour être utile à Sid El-Hadj Abd-el-Kader, et aura le courage de lui dévoiler la vérité, quelque pénible qu'elle soit à dire et à entendre.

Le serviteur de la France sera l'interprète fidèle des pensées et des résolutions de son chef.

Je croyais que le malheur avait enlevé le bandeau qui était sur vos yeux et j'espérais qu'après vos défaites et les rudes épreuves que vous avez subies, vous auriez jugé sainement la situation; je me trompais, et le maréchal vous connaît mieux que moi. Il ne voulait pas me permettre de m'aboucher avec toi, parce qu'il considérait cette démarche comme inutile; il a cédé toutefois à mes sollicitations, mais, au moment où je le quittais, voici les paroles textuelles qu'il m'a ordonné de te faire entendre :

« Je suis certain qu'Abd-el-Kader vaincu, chassé de son pays, réduit au métier de chef de maraudeurs pour vivre, lui, sa famille et ses compagnons, je suis certain, dis-je, qu'il aura les mêmes prétentions que celles qu'il avait à la Tafna. Mais dis bien à son envoyé, Léon Roches, que jamais la

France ne fera l'abandon, *à qui que ce soit,* d'une parcelle du royaume d'Alger qu'elle a conquis, avec la permission de Dieu, quand elle devrait, pour le conserver, sacrifier l'armée victorieuse que je commande et dix autres après elle ; dis-lui que ma parole est sacrée et que, ni moi ni aucun chef français après moi ne sera assez oublieux de son honneur et assez injuste pour livrer à Abd-el-Kader des tribus qui se sont soumises à nous après la promesse formelle que nous leur avons faite de les gouverner nous-mêmes et de les protéger contre d'anciens ou de nouveaux oppresseurs.

« Dis-lui nettement que si son maître n'accepte pas la noble retraite que je lui ai proposée, que s'il continue à soutenir cette lutte désespérée, il ternira la gloire qu'il a acquise d'abord en défendant son pays.

« Nous aussi nous connaissons le Coran et nous savons que Dieu y ordonne le bien et y défend le mal.

« Or ne fait-il pas le mal le musulman qui fond à l'improviste sur des populations musulmanes inoffensives, qui les extermine, massacre femmes et enfants et s'empare de leurs dépouilles ?

« N'est-ce pas le mal de porter le trouble et la désolation dans un pays tranquille habité par des cultivateurs et des bergers ?

« N'est-ce pas le mal de pousser à la révolte les sujets d'un souverain auprès duquel on a trouvé un refuge ?

« Dieu peut-il commander des actes semblables ?

« Qu'Abd-el-Kader comprenne mieux sa situation et qu'il redoute, s'il oppose un nouveau refus à la faveur que je lui accorde au nom du roi de France, que Dieu et les hommes ne lui demandent bientôt un compte terrible des maux qu'il aura semés sur ses traces durant son passage ici-bas ! »

En traduisant à Bou-Hammidi le langage du maréchal, je m'étais animé ; j'avais élevé la voix et Mohammed ben

Kaddour se rapprocha de nous, car, m'a-t-il dit, il avait remarqué une contraction effrayante sur les traits de l'ex-khalifa.

Bou-Hammidi se rendit maître pourtant de ce mouvement de colère, et faisant signe à Ben Kaddour de s'éloigner, il me pria de parler plus bas et ajouta d'un ton triste et pénétré :

« Nous sommes hôtes d'une terre étrangère, ô fils de Roches; nous sommes exilés ; prends pitié de notre situation, elle est dure ! Elle doit attendrir le cœur du maréchal et réveiller ses sentiments de magnanimité. Jure-moi que tu lui rediras nos paroles, je t'en supplie au nom de ton ami Sid El-Hadj Abd-el-Kader.

« Dis au maréchal que l'Émir lui adresse mille et mille saluts, qu'il l'adjure de se souvenir de leurs relations amicales à la Tafna et d'oublier les griefs qu'il a à lui reprocher.

« Jure-lui, en notre nom à tous, que nous observerons rigoureusement les conditions du traité qu'il voudra nous accorder.

« Songe que Dieu te demandera compte du bien que tu auras négligé de faire. »

Nous voyions arriver par le fond de la vallée une centaine de cavaliers que Bou-Hammidi me dit être des Marocains faisant partie du corps d'armée réuni à Oudjedah, et il me supplia de terminer notre entretien que j'aurais voulu prolonger pour lui expliquer mieux encore les déterminations de la France et le charger de communications personnelles plus affectueuses pour l'Émir; mais je compris qu'il était prudent de suivre son avis et je me retirai.

Au moment où je m'éloignais, il me fit prévenir par l'agha des Khièlas, un ancien compagnon d'armes d'Aïn Madhi (1), qu'il allait faire semblant de nous tirer des coups de fusil

(1) Voir tome Iᵉʳ, page 314.

pour éloigner les soupçons des Marocains chargés de les espionner.

En effet, son escorte dirigea sur nous un feu inoffensif, car les balles sifflaient bien au-dessus de nos têtes.

En entendant la fusillade, le colonel Pélissier crut à une trahison, il fit lier le cavalier retenu en ôtage et, suivi d'un peloton de chasseurs, arriva au galop à ma rencontre. Je le rassurai, le prisonnier fut remis en liberté et Bou-Hammidi s'éloigna lentement avec son escorte.

Je n'ai pû me défendre d'un profond sentiment de pitié, Monsieur le Maréchal, en entendant l'humble langage du lieutenant d'Abd-el-Kader.

Ce khalifa, musulman fanatique, hier encore puissant et orgueilleux, renommé par son courage et sa ténacité, implorant aujourd'hui l'appui de celui qu'il avait autrefois accusé d'être un espion et dont aujourd'hui il regrettait sans doute de n'avoir pas fait tomber la tête (1)..... Quel exemple saisissant des vicissitudes humaines !

Pour que Bou-Hammidi, le fier Kabyle, propose au nom de son chef la conclusion d'un traité qui stipulerait la vassalité de l'Émir vis-à-vis de la France, il faut que sa situation soit bien précaire et qu'il n'ait pas grande confiance dans l'asile que lui donne Mouley Abd-er-Rahman !

Quant à accepter les généreuses propositions que vous m'avez chargé de faire à Abd-el-Kader, Monsieur le maréchal, je connais trop son caractère pour admettre qu'il les accepte avant d'être absolument réduit à la dernière extrémité, et je prévois que, d'ici-là, nous aurons encore à repousser plus d'un retour offensif de ce musulman dont l'énergie indomptable est au service de croyances inflexibles.

Veuillez agréer, etc., etc.

(1) Voir tome I, page 286.

CHAPITRE L.

Intrigues d'Abd-el-Kader auprès de l'entourage du fils de l'empereur. — Effet produit sur la frontière en Algérie par l'arrivée de l'armée marocaine. — Calme du maréchal. — Bombardement de Tanger. — Bataille d'Isly.

Tandis qu'Abd-el-Kader tentait encore de renouer des négociations avec le maréchal, par l'intermédiaire de son lieutenant, Mohammed el Bou-Hammidi, il ne négligeait pas l'occasion qui se présentait à lui de faire éclater entre la France et le Maroc un conflit qu'il préparait depuis qu'il avait levé l'étendard de la guerre sainte.

Il avait, je l'ai déjà dit, plus d'un partisan parmi les chefs composant l'entourage de Mouley-Mohammed, fils aîné de l'empereur, et les kaïds des tribus makhzen de l'ouest, qui admiraient en lui le guerrier soutenant, depuis tant d'années, une lutte si glorieuse contre la France. Il ne lui fut dès lors pas difficile de surexciter leur fanatisme. Un de mes émissaires, en sa qualité d'affilié à la confrérie de Mouley Taïeb, put assister à une réunion secrète de hauts personnages marocains auprès desquels Abd-el-Kader avait envoyé un des marabouts les plus influents des Beni-Iznassan. Voici le langage que leur tint le saint personnage :

« Dieu a enfin jeté un regard de miséricorde sur ses fidèles croyants. Voici, mes seigneurs, l'heure où l'infidèle va être brisé par le choc terrible des Moudjehedin (1) du Mogh-

---

(1) Guerriers saints.

reb (1). Depuis dix ans, le fils de Mahhi-ed-Din, sans trésor et sans armée, tient en échec la puissance des Français. Que sera-ce aujourd'hui qu'il aura pour allié le grand cherif, sultan de Fez, de Mequenez et de Maroc ?

« Tandis que vos chevaux fouleront aux pieds les cadavres des soldats qui ont l'audace de vous braver, les Arabes de l'Algérie se lèveront de toutes parts et écraseront l'infidèle. Tous sont prêts et n'attendent qu'un signal d'Abd-el-Kader. Que Dieu donne la victoire à l'Islam et maudisse le chrétien (2) ! »

Les renseignements que je recevais chaque jour, soit d'Oudjedah, soit de Théza, soit de mes amis musulmans habitant l'Algérie, Tell et Sahara, confirmaient le langage du marabout des Beni Iznassan. Partout s'était répandu le bruit de l'arrivée du prince marocain, à la tête d'armées formidables, avec la mission de chasser les Français.

Nos alliés réellement fidèles, rares hélas ! redoutaient la nouvelle de la défaite du maréchal, tandis que les autres l'attendaient avec impatience pour courir sus au chrétien.

En outre de ces renseignements sur les dispositions des musulmans, mes émissaires me donnaient la liste des contingents de l'ouest, et des différents corps de cavalerie régulière composant l'armée de Mouley-Mohammed. J'arrivais à un chiffre approximatif de cinquante mille cavaliers, dont trois mille *Oudêïa* (3), et trois mille Aâbid-el-Bokhari (4)

---

(1) De l'occident.
(2) J'ai retrouvé dans mes notes ces paroles, écrites sous la dictée de mon émissaire.
(3) Nom donné à une partie de la cavalerie régulière formant la garde de l'empereur.
(4) Cavalerie régulière composée de nègres formant également la garde impériale. Cette garde, s'élevant à douze mille cavaliers admirablement montés et bien armés, est redoutée par les tribus les plus puissantes du Maroc. Elle a la réputation d'être invincible !

de la garde de l'empereur. Le nombre des fantassins ne dépassait pas deux mille, mais une victoire remportée par l'armée marocaine ne pouvait manquer de rallier à elle tous les hommes valides des tribus avoisinant la frontière, c'est-à-dire plus de vingt mille cavaliers et douze mille fantassins.

Ai-je besoin de dire que chaque jour, à chaque heure, je rendais compte au maréchal de tout ce que j'apprenais. Jamais je n'ai pu constater la moindre inquiétude sérieuse dans son esprit. Certain, comme je l'étais moi-même, que les tribus de l'Algérie et celles de la frontière marocaine ne bougeraient pas avant de connaître l'issue de la lutte qui allait s'engager entre l'armée française et l'armée marocaine, *le maréchal* envisageait tranquillement la situation, car *il ne doutait pas de la victoire*. Sa seule préoccupation était de trouver l'occasion de la remporter.

Telle n'était pas, je dois l'avouer, la disposition d'esprit de quelques généraux qui avaient fourni assez de preuves de leur brillant courage pour se permettre de donner des conseils de prudence. C'était, à leur avis, jouer toute sa fortune sur un coupé de dé. Un incident imprévu pouvait déranger les plus savantes dispositions et compromettre l'issue de la bataille *dont la perte* était évidemment, à leurs yeux comme à ceux du maréchal, du reste, *la perte de l'Algérie.*

Je ne parle pas des bruits qui couraient sur le nombre de l'armée : le chiffre publié par les Arabes dépassait cent mille combattants !

Le maréchal, tout en désirant l'occasion de frapper un grand coup, voulait toutefois en laisser aux Marocains l'entière responsabilité. A cet effet, il adressa, le 6 août, à Mouley-Mohammed une *troisième* lettre qui se terminait ainsi... « C'est donc pour la dernière fois que je te demande une réponse catégorique au sujet des deux conditions que, dès mon arrivée sur la frontière, j'ai posées comme bases d'une paix solide entre nous, et qui sont :

« 1° La reconnaissance de la limite qui existait sous la domination des Turcs entre le Maroc et l'Algérie, et 2° l'éloignement de la frontière de l'Émir, de sa deïra et de celles de nos tribus qui l'ont suivi. »

« Si d'ici à quatre jours, je n'ai pas reçu de toi l'acceptation explicite de ces conditions, je serai en droit de considérer ton silence comme une nouvelle preuve d'hostilité et j'irai moi-même, à la tête de mon armée, exiger la réponse que je sollicite aujourd'hui avec le désir de maintenir la paix. »

Le délai de quatre jours était plus que suffisant, puisque vingt kilomètres à peine séparaient le camp français du camp marocain.

Le 12 août, le maréchal reçut de Djemâa Ghazaouet une dépêche que le prince de Joinville lui adressait par un aviso de son escadre et par laquelle il lui annonçait que, devant les fins de non-recevoir opposées par le gouvernement marocain à l'ultimatum qu'il lui avait posé, il venait de bombarder Tanger et se dirigeait sur les côtes occidentales du Maroc pour s'emparer de Mogador.

Comme lors de la prise de la smala par le duc d'Aumale, le maréchal et toute son armée exultèrent de joie en apprenant le glorieux fait d'armes du prince de Joinville; nous étions tous fiers des nobles fils du souverain de la France.

Le délai était expiré et Mouley-Mohammed n'avait pas daigné répondre. L'occasion si ardemment désirée par le maréchal se présentait enfin; il ne la laissa pas échapper.

Le 14 août, à la tête de huit mille soldats dans l'âme desquels il avait su faire passer sa confiance dans la victoire, le grand capitaine culbutait les quarante-cinq mille cavaliers, élite de l'armée de l'empereur, et mettait ainsi le sceau à la conquête de l'Algérie.

Le lendemain, je lisais à mes camarades, réunis dans ma tente, le récit de cette glorieuse bataille que j'adressais à mon cousin le commandant ***, attaché au ministre de la guerre, lorsque le maréchal entra et voulut écouter cette lecture. L'approbation qu'il daigna donner à mon récit m'engagea à en garder copie. Bien qu'il ait été reproduit par M. le comte d'Ideville dans son bel ouvrage sur le maréchal Bugeaud, je crois qu'il trouve ici sa place.

CHAPITRE LI.

Lettre à mon cousin le commandant ***, attaché au ministère de la guerre. — (Koudiat Abd-el-Rhaman, 16 août 1844). — Récit de la bataille d'Isly. — Épisode Morris.

Koudiet Abd-er-Rahman, 16 août 1844.

Ah ! mon cher commandant, pourquoi n'as-tu pas suivi mon conseil et pourquoi n'étais-tu pas à la tête d'un des bataillons du 15me léger qu'on t'avait dans le temps proposé ? tu aurais assisté à un de ces grands drames militaires qui ont illustré les armées de notre belle France.

C'est sous le coup des impressions de cette glorieuse journée que je prends la plume pour t'en faire le récit.

La bataille d'Isly, examinée au point de vue de la tactique militaire, fait certes un grand honneur à la petite armée qui y a pris part et à l'illustre capitaine qui la commandait. Elle est pourtant moins digne d'admiration que la résolution même de la livrer, prise par le maréchal Bugeaud.

A l'appui de cette assertion, quelques explications succinctes sont nécessaires.

Malgré plusieurs combats meurtriers entre nos troupes et les troupes marocaines, rencontres dont la responsabilité incombait aux agents de l'empereur du Maroc, le gouvernement français, redoutant de graves complications avec l'Angleterre, persistait à écrire, et au prince de Joinville commandant l'escadre qui croisait dans les eaux du Maroc, et au maréchal Bugeaud, que le pavillon français n'ayant pas été insulté, il n'y avait pas lieu de déclarer la guerre au Maroc.

L'inaction à laquelle cette raison politique condamnait notre escadre et notre armée encourageait l'audace du fils de l'empereur, qui s'avançait vers l'Algérie avec l'intention formelle de nous chasser de Lalla-Maghrnia. Trompé par les rapports des personnages fanatiques qui l'entouraient, poussé, peut-être, par les agents d'Abd-el-Kader, il osait même parler du projet de reconquérir la province d'Oran.

A la tête d'une nombreuse cavalerie régulière à laquelle étaient venus se joindre les contingents de toutes les tribus berbères et arabes qui occupent le vaste territoire situé entre Fez et Ouchda, Muley-Mohammed (héritier présomptif de Mouley-Abd-er-Rhaman, empereur du Maroc) voyait augmenter chaque jour le nombre de ses soldats. Toutes les tribus marocaines voulaient prendre part à la guerre contre les infidèles, et combien de tribus algériennes faisaient des vœux pour le succès de la sainte entreprise ! Que de protestations de dévouement arrivaient chaque jour à ce prince par les émissaires de ceux qui se disaient nos alliés !

Selon eux, que pouvait la petite armée française contre les masses formidables de cavaliers intrépides conduits par le prince des Croyants ? Le moindre revers essuyé par les Français eût été, il faut le dire, le signal du soulèvement général de tous les Arabes de l'Algérie.

En face de pareilles éventualités, ne serait-il pas téméraire de tout remettre au sort d'une bataille ? Ne serait-il pas plus prudent de temporiser ? Telle était la pensée secrète de plusieurs généraux, dont, certes, on ne pouvait mettre en doute ni le courage ni le patriotisme. Tel ne fut point l'avis du maréchal. Il comprit que l'occasion se présentait de frapper un grand coup ayant le triple avantage de mettre à jamais un terme aux projets ambitieux des souverains du Maroc, de consolider notre domination en Algérie et d'ajouter une belle page aux annales glorieuses de la France, et il la saisit avec la promptitude qui, à la guerre, est un des éléments du succès.

C'est alors que ce grand patriote, ce grand capitaine, écrit au prince de Joinville, l'adjurant de ne pas prêter l'oreille aux conseils de gens plus préoccupés de ménager les susceptibilités d'une nation soi-disant alliée que de sauvegarder l'honneur de la France. Il ajoute qu'il n'y a pas de différence, selon lui, entre le *pavillon* et le *drapeau* de la France, que ce drapeau a été insulté par les Marocains et que l'escadre et l'armée doivent, en dehors de toute considération politique, venger cet outrage. Quelques jours après, le jeune prince lui annonçait le bombardement de Tanger. « Mon Prince, lui répond le maréchal (le 12 août 1844), vous avez tiré sur moi une lettre de change, je vous promets d'y faire honneur; demain, j'exécute une manœuvre qui me rapprochera, à son insu, de l'armée du fils de l'empereur; et, après-demain, je la mets en déroute. »

Dès le 10 août, le maréchal avait entre ses mains un travail que je lui avais remis et qui contenait des renseignements aussi précis que possible sur l'emplacement du camp marocain, sur les diverses routes qui y aboutissaient, sur la composition de son armée, et enfin sur le nombre de cavaliers et de fantassins formant l'armée du fils de l'Empereur. J'ai conservé la minute de ce travail.

Les bruits répandus portaient le nombre des combattants à cent cinquante mille. C'était faux. D'après mes renseignements, dont l'exactitude a été vérifiée depuis, nous devions nous attendre à combattre *six mille* cavaliers réguliers de la garde de l'empereur, *mille à douze cents* fantassins préposés à la garde de Muley-Mohammed, et environ *quarante mille* cavaliers, contingents des tribus de l'est de l'empire.

La journée du 12 avait été consacrée par le maréchal à la rédaction des instructions données à chaque chef de corps. Il était fatigué plus que de coutume et s'étendit sur son lit de camp, immédiatement après notre dîner.

Dans la matinée, quatre escadrons de cavalerie (1), arrivant de France, étaient venus nous rejoindre, et les officiers des chasseurs d'Afrique et des spahis avaient invité tous les officiers du camp, que ne retenait pas leur service, à un punch donné en l'honneur des nouveaux arrivés.

Sur les bords de l'Isly, ils avaient improvisé un vaste jardin dont l'enceinte et les allées étaient formées par de splendides touffes de lauriers-roses et de lentisques. Des portiques en verdure garnissaient l'allée principale conduisant à une vaste plate-forme également entourée de lauriers-roses. Tout cet emplacement était splendidement illuminé par des lanternes en papier de diverses couleurs. Que ne trouve-t-on pas dans un camp français ?

En voyant ces nombreux officiers de tout grade et de toutes armes réunis dans ce lieu pittoresque, mes camarades et moi, composant l'état-major du maréchal, regrettâmes vivement son absence. Il eût trouvé là une de ces occasions qu'il recherchait, de se mettre en communication directe avec ses compagnons d'armes. Mais il était terriblement fatigué, et qui oserait troubler son repos ?

Moins astreint que mes amis aux règles sévères de la hiérarchie militaire, je me chargeai de la commission, et retournai à nos tentes.

Il s'agissait de réveiller notre illustre chef. Je reçus une rude bourrade. Mais il était si bon ! En deux mots je lui

---

(1) Deux escadrons du 1ᵉʳ chasseurs et deux escadrons du 2ᵉ de hussards commandés par le colonel Gagnon.

expliquai le motif de ma démarche. Il se couchait tout habillé; aussi n'eut-il qu'à mettre son képi à la place du *casque à mèche* légendaire (1) et nous voilà partis ! Il maugréa bien encore un peu durant le trajet de sa tente au jardin improvisé, car il nous fallut marcher pendant plus d'un kilomètre à travers les inégalités du terrain, embarrassés par les cordes des tentes et les piquets des chevaux.

Ces petites contrariétés furent vite oubliées. A peine, en effet, le maréchal était-il entré dans l'allée principale, qu'il fut reconnu et salué par d'enthousiastes acclamations. Chacun voulait le voir; les officiers supérieurs, les généraux n'avaient pas seuls le privilège de lui toucher la main. Enfin il arrive sur la plate-forme où le punch est servi. Tous les assistants forment le cercle autour de lui. Les généraux et les colonels sont à ses côtés. Il n'a pas de temps à perdre, dit-il, il a besoin de se reposer pour se préparer aux fatigues de demain et d'après-demain.

« Après-demain, mes amis, s'écrie-t-il de sa voix forte et pénétrante, sera une grande journée, je vous en donne ma parole.

« Avec notre petite armée dont l'effectif s'élève à six mille cinq cents baïonnettes et quinze cents chevaux, je vais attaquer l'armée du prince marocain qui, d'après mes renseignements, s'élève à soixante mille cavaliers. Je voudrais que ce nombre fût double, fût triple, car plus il y en aura, plus leur désordre et leur désastre seront grands. Moi j'ai une armée, lui n'a qu'une cohue. Je vais vous expliquer mon ordre d'attaque. Je donne à ma petite armée la forme d'une hure de sanglier. Entendez-vous bien ! La défense de droite, c'est Lamoricière; la défense de gauche, c'est Bedeau ; le museau, c'est Pélissier, et moi je suis entre les deux oreilles. Qui pourra arrêter notre

(1) Voir le chapitre XLIV : Le maréchal en campagne.

force de pénétration ? Ah ! mes amis, nous entrerons dans l'armée marocaine comme un couteau dans du beurre.

« Je n'ai qu'une crainte, c'est que, prévoyant une défaite, elle ne se dérobe à nos coups. »

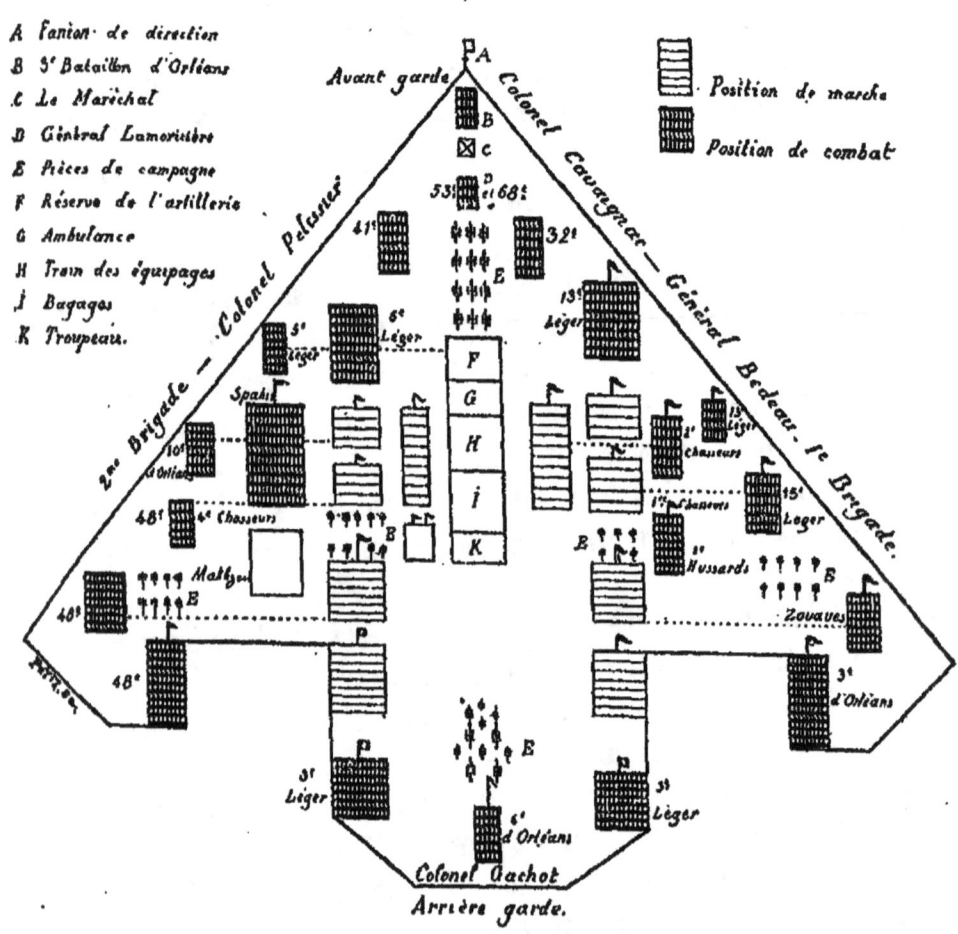

Ordre de combat à la bataille d'Isly.

Comment pouvoir décrire l'effet produit par le discours du maréchal, dont je rends le fond, mais qui perd cette forme originale que revêtait sa parole si bien faite pour remuer la fibre du soldat !

Le lendemain, toute l'armée connaissait le discours du punch; et s'identifiant, avec l'âme de son chef, elle, comme lui, n'avait plus qu'une crainte, celle de voir se dérober les Marocains.

Chaque jour, le maréchal ordonnait un fourrage. Tout ou partie de la cavalerie, appuyée par de l'infanterie, allait couper les blés, l'orge ou l'herbe nécessaires pour nourrir les chevaux et les bêtes de somme. Les Marocains, qui nous observaient, s'étaient habitués à cette opération qu'ils entravaient parfois, sans qu'elle leur inspirât aucun soupçon sur nos intentions. Le 13, le fourrage se fit comme d'habitude, mais toute l'armée y prit part et, à la tombée de la nuit, au lieu de rentrer dans le camp, on resta sur place. Défense expresse d'allumer le moindre feu et même de fumer. Chaque cavalier tenait son cheval par la bride.

A une heure du matin, nous nous mîmes en marche, en gardant le plus profond silence. A six heures, nous venions de gravir une colline qui nous séparait de l'oued Isly, quand apparut à nos yeux le camp marocain, que dis-je le camp, les camps marocains. Ils étaient au nombre de sept et occupaient un espace plus grand que le périmètre de Paris.

A cette vue tous les soldats poussèrent un hurrah formidable et jetèrent en l'air la canne qui sert à soutenir leur tente-abri pendant la nuit et leur sac pendant les haltes du jour. Ce lieu a été nommé le « champ des cannes ». Les Marocains commençaient à peine à sortir de leurs tentes. L'alerte fut vite donnée. Bientôt nous les vîmes à cheval et un grand nombre s'avança pour nous disputer le passage de la rivière.

La petite armée française se remit en marche dans l'ordre indiqué par le maréchal. Après le passage de l'Isly, qui s'effectua avec un ordre parfait sans nous coûter trop de pertes, elle s'avança au travers des masses marocaines qui l'enveloppaient complètement. « Elle ressemblait, me disait un de nos cavaliers arabes, à un lion entouré par cent mille chakals. »

Les Marocains opéraient sur nos petits bataillons des charges composées de quatre ou cinq mille cavaliers. Nos fantassins les laissaient arriver à petite portée et les accueillaient alors avec des feux si nourris et si bien dirigés que le premier rang décimé se rejetait sur le second et tous deux jetaient le désordre dans ces masses indisciplinées.

Pendant deux heures environ, ces charges se renouvelèrent avec le même insuccès, et toujours notre petite armée s'avançait, sans que les fameuses *défenses*, les généraux Bedeau et Lamoricière, fussent obligés de faire former le carré à leurs bataillons, ainsi que le maréchal en avait donné l'ordre au cas où les charges des cavaliers marocains eussent été mieux conduites. On pouvait très justement dire que nous essuyions une pluie de balles ; en effet, dans les charges que la cavalerie ennemie exécutait sur une grande profondeur, le premier et le second rang ayant seuls un tir un peu efficace, tous les autres étaient forcés de tirer en l'air, et je n'exagère nullement en disant que tous, soldats, officiers et généraux, nous avons été atteints au moins une fois par des balles mortes.

Arrivé aux premières tentes, le maréchal, voyant le désordre augmenter dans les rangs ennemis, lança sa cavalerie qu'il avait gardée jusque-là entre les deux oreilles de la hure.

Une partie des chasseurs d'Afrique, les spahis et les régiments de cavalerie arrivés l'avant-veille, sous les ordres de Yusuf et du colonel Tartas, envahirent le camp marocain et s'emparèrent de toute l'artillerie, quatorze pièces. Un combat très vif s'engagea autour de la tente du prince marocain.

L'arrivée presque immédiate de notre infanterie compléta la déroute de cette armée que le maréchal avait bien nommée une *cohue*.

J'arrive à l'épisode du colonel Morris, où la personne de ton cousin a été singulièrement compromise. Ne m'accuse pas de forfanterie, si je cède, *pour une seule fois*, au désir de te raconter un acte qui en somme n'a rien d'héroïque, mais qui prouve l'effet extraordinaire que peut produire une audacieuse résolution sur une troupe indisciplinée.

Au moment où le maréchal, à la tête de son état-major, pénétrait dans le camp marocain, il aperçut le colonel Tartas qui se disposait à reprendre une charge contre un gros de cavalerie ennemie : « Mais où est donc Morris ? » demanda-t-il. On braque les jumelles et les longues-vues et on indique au maréchal le régiment du 2ᵉ chasseurs qui, sur la rive gauche de l'Isly, se trouvait en face d'un corps considérable de cavaliers marocains. « J'avais défendu que la cavalerie poussât sa charge au delà de l'Isly, s'écria le maréchal avec humeur, Rivet, portez l'ordre au colonel Morris de rallier immédiatement ! » Les deux chevaux de Rivet étaient, à moitié fourbus, ceux de Garraube et de Guilmot ne valaient guère mieux et le colonel Eynard, premier aide de camp, ne pouvait s'éloigner du maréchal. Comme mon troisième cheval était frais et dispos, c'est moi qui fus chargé d'aller porter l'ordre au colonel Morris.

Je connaissais parfaitement la situation occupée par les divers corps de notre petite armée. Je me dirigeai donc vers le bataillon de chasseurs d'Orléans qui se trouvait le plus rapproché de l'Isly ; il était commandé par mon compatriote et ami Froment-Coste. « Où vas-tu ? » me dit-il. « Porter un ordre au colonel Morris, » lui répondis-je. « Mais ce n'est pas commode ; tiens, regarde, » et il me montra à trois kilomètres environ sur la rive gauche de l'Isly nos cinq cents chasseurs d'Afrique déployés en échelons en face d'un corps considérable de cavalerie marocaine.

La mission me parut effectivement assez scabreuse, mais il n'y avait pas à hésiter; il s'agissait d'abord de traverser l'Isly. Or si, dans l'été, les rivières d'Algérie ont peu d'eau, quelquefois même pas du tout, leur lit est immense et les berges en sont abruptes et très élevées. Heureusement Froment-Coste voulut bien détacher une compagnie, qui du haut de la crête de la berge droite eut bientôt fait déguerpir les maraudeurs marocains occupés à dépouiller les morts et les blessés tombés en assez grand nombre au passage de la rivière, et dès lors je pouvais la franchir sans grand danger; je donnai à mon camarade une de ces poignées de main qui équivalent à un long discours et j'arrivai sain et sauf sur la berge de la rive gauche. La cavalerie de Morris me parut plus éloignée encore, *effet d'émotion;* mais ce qui mit le comble à.... comment dirais-je ? mes *inquiétudes*, c'est qu'entre les chasseurs et moi, sur une plaine unie sans arbres et sans aucun accident de terrain, je vis un groupe de deux ou trois cents Marocains qui semblaient en observation. Je t'avoue franchement que j'aurais bien voulu être ailleurs. Il fallait pourtant exécuter l'ordre que j'avais reçu. Mais comment passer à travers ces diables de Maugrebins ? Tu connais mes sentiments religieux: je fis une courte et fervente prière et retrouvant mon sang-froid, je pris subitement une étrange résolution. Je maintins mon cheval au pas, je remis dans le fourreau mon sabre que j'avais pris en main au passage de la rivière et m'avançai tranquillement (en apparence du moins) dans la direction du groupe de cavalerie marocaine qui, voyant mon allure et mon attitude pacifiques, m'examinait avec curiosité. Arrivé à cinquante mètres environ des premiers cavaliers, je rassemblai mon cheval et lui enfonçant les éperons dans le ventre, j'entrai tête baissée dans la troupe marocaine. Comment me fut-il possible de la traverser; ne me le demande pas; je ne vis rien. J'entendis de terribles imprécations et grand nombre de coups de feu, je fus poursuivi par quelques cavaliers, mais, en un clin d'œil, j'étais hors de leur portée et j'arrivais auprès du colonel Morris, bien plus étonné encore que les Marocains de ma brusque apparition. Ni mon cheval ni moi n'avions la moindre égratignure.

En poursuivant l'ennemi sur la rive gauche de l'Isly, malgré les ordres formels du maréchal qui avait tant d'intérêt à conserver toute sa cavalerie dans sa main, le bouillant colonel avait commis une grave imprudence, mais il l'avait héroïquement réparée en tenant tête avec ses cinq cent cinquante chasseurs à plus de six mille cavaliers, l'élite de l'armée marocaine, auxquels, après des charges meurtrières, il avait enlevé plusieurs drapeaux, des armes et des chevaux richement harnachés.

Il me fit aisément comprendre qu'en face d'un ennemi aussi nombreux, un mouvement de retraite pourrait amener un désastre, tandis qu'il se faisait fort de repousser victorieusement ses attaques jusqu'au moment où quelques bataillons d'infanterie pourraient faire une démonstration sur la rive gauche de l'Isly.

Il fallait porter le plus tôt possible à la connaissance du maréchal la situation du colonel Morris. Le retour était plus facile, les cavaliers marocains qui m'avaient si fort inquiété étant allés rejoindre le corps de cavalerie massé en face de Morris. Je pus donc, accompagné par un peloton de chasseurs, traverser le lit de l'Isly et serrer de nouveau les mains à Froment-Coste, auprès duquel je trouvai le général Bedeau, dont l'éloignement de Morris avait attiré l'attention. Dès que je lui eus rendu compte de la situation, il donna l'ordre à un bataillon de zouaves, à un bataillon du 15° léger et au 9° chasseurs d'Orléans de passer l'Isly et de menacer la retraite de la cavalerie marocaine.

J'allai bien vite rendre compte de ma mission au maréchal qui, ainsi que m'avait chargé le général Bedeau de le lui demander, lui envoya, par un des officiers d'état-major, l'approbation des mouvements qu'il venait d'ordonner.

Je trouvai mon chef et mes bons camarades installés confortablement sous la tente du fils de l'empereur, et je me mis à avaler avec eux le thé et les gâteaux préparés, le matin, pour ce malheureux prince.

Nous avions tué ou fait prisonniers douze ou quinze cents Marocains, sans compter, bien entendu, les morts ou les blessés qui avaient été emportés par leurs coréligionnaires.

Nous avions pris plus de mille tentes, toute l'artillerie, une grande quantité d'armes de toute sorte, plusieurs drapeaux et fait un butin immense. Nous n'avions eu que deux cent cinquante hommes tués et blessés.

J'aurais bien d'autres épisodes à te raconter, mais je ne puis plus écrire et si la température actuelle continue, je ne pourrai plus même penser.

58 degrés centigrades sous la tente! Joins à cela un sirocco soulevant des nuages de poussière, une eau tiède et presque saumâtre et tu comprendras le désir que nous avons de prendre un peu de repos après cinq mois consécutifs de campagne.

Dis-moi maintenant que l'armée d'Afrique n'est pas à bonne école!

Adieu.

CHAPITRE LII.

Armistice accordé aux envoyés du prince marocain. — Trouvé la correspondance de l'empereur avec son fils.

Quelques mots encore sur les conséquences de la bataille d'Isly.

Le fils de Mouley Abd-er-Rhaman, terrifié par la honteuse défaite de son armée, ne s'était arrêté qu'à Théza, où le maréchal s'apprêtait à le poursuivre; c'était du moins le bruit que nous avions fait répandre par nos émissaires.

L'empereur envoya aussitôt à son malheureux héritier l'ordre de suspendre à tout prix la marche du maréchal en lui promettant de souscrire immédiatement aux conditions proposées avant la guerre.

Le lendemain, en effet, se présentèrent à notre camp deux chefs marocains porteurs d'une lettre impériale.

Chargé en campagne de traiter toutes les affaires arabes, j'avais une tente beaucoup plus confortable que celle du maréchal, et dans cette tente descendaient d'abord les chefs musulmans qui venaient le visiter.

C'est là que je reçus les deux kaïds marocains. Je n'ai pas besoin de dire que je les laissai sous la salutaire impression de la crainte qu'ils avaient de ne pas pouvoir arrêter le maréchal dans sa marche sur Théza. Dieu sait, cependant, si nous avions hâte de rentrer, car nos soldats, soutenus d'abord par la surexcitation que produit l'attente d'un grand événement, commençaient à succomber aux chaleurs torrides et aux fatigues de cette rude campagne. Près de deux cents malades entraient par jour à l'ambulance.

Après bien des pourparlers, des allées et des venues de ma tente à celle du maréchal, je dis à mes chefs marocains que le khalifa du roi de France consentait à les recevoir.

Quand ils entrèrent dans la tente du maréchal, je leur fis encore attendre son arrivée, et l'un d'eux me dit : « Mais quand nous mèneras-tu dans la tente du khalifa ?

— Vous y êtes, » lui dis-je. Ils ne pouvaient me croire en face de l'extrême simplicité de la demeure du grand chef.

Le maréchal entra. Ils le saluèrent avec une contenance en même temps humble et digne. La question de l'armistice fut traitée. Les bases furent arrêtées et, à la fin de l'audience, je dis au maréchal, avec l'assentiment des chefs marocains, l'étonnement qu'ils avaient éprouvé en voyant la simplicité de sa tente.

Voici la réponse textuelle du maréchal :

« Vous direz à votre prince qu'il ne doit pas concevoir de honte de la perte de la bataille d'Isly, car lui, jeune, inexpérimenté et n'ayant jamais fait la guerre, avait pour adversaire un vieux soldat blanchi dans les combats. Dites-lui qu'à la guerre il faut toujours prévoir une défaite, et, par conséquent, ne jamais s'embarrasser d'objets de luxe et de bien-être qui peuvent servir de trophées à l'ennemi vainqueur.

« Si le prince Muley-Mohammed s'était emparé de mon camp, il n'aurait pu se flatter d'avoir pris la tente d'un khalifa du roi des Français.

« Que mon expérience lui serve ! »

Ces paroles graves et bienveillantes m'ont été rappelées depuis par plus d'un chef marocain. Le récit de la bataille d'Isly ne serait pas complet, si je ne mettais pas sous les yeux de mes lecteurs quelques-uns des renseignements que nous avions pu recueillir sur l'attitude de l'Émir pendant notre campagne et sur ses sentiments intimes.

Abd-el-Kader n'eût pas été éloigné de prendre part à la bataille, et il s'était permis même de donner des conseils aux grands personnages marocains qui entouraient le prince impérial et avec lesquels il était en relations.

« Gardez-vous, leur disait-il, de trop approcher votre camp de celui des Français. Quand vous voudrez les combattre, n'amenez avec vous ni artillerie ni infanterie. Attaquez-les à l'improviste et de tous les côtés à la fois, afin de disséminer leurs forces. Fuyez devant leur cavalerie de façon à l'attirer dans des embuscades que vous aurez préparées. »

Les partisans de l'émir n'avaient pas manqué de soumettre au prince les propositions et les sages avis du guerrier qui pendant tant d'années avait combattu les armées françaises, mais le fils de l'empereur lui avait fait répondre, *qu'il n'avait nul besoin de son aide* et lui avait fait intimer l'ordre de se tenir à distance, *le vaillant héritier présomptif de la couronne chérifienne voulant vaincre seul ces chrétiens auxquels le fils de Mahhi-ed-Din n'avait pu résister !*

Deux sentiments opposés eurent dès lors accès dans l'esprit d'Abd-el-Kader. Si, avant tout, il eût désiré la défaite de l'armée française, parce que cette défaite eût donné, en Algérie, le signal d'un soulèvement général, dont il avait préparé l'explosion et prévu les conséquences, il éprouva une certaine satisfaction à voir (1) infliger une terrible leçon aux hordes fanfaronnes du Moghrèb et au prince présomptueux qui avait refusé son concours et méprisé ses conseils.

(1) Abd-el-Kader avait assisté à la bataille d'Isly du haut des premiers contreforts du massif des Beni-Iznassan, dont tous les contingents attendaient l'issue de cette formidable rencontre pour se ruer sur le chrétien s'il eût été vaincu. Devant la défaite de l'armée marocaine, ils jugèrent prudent de rentrer bien vite dans leurs montagnes.

Ce n'est point une simple supposition que j'émets là, c'est la pensée même de l'Émir, exprimée par lui devant le plus dévoué de ses compagnons avec lequel j'eus l'occasion de me rencontrer, l'année suivante, à Tanger.

« Pourquoi lui dis-je alors, Abd-el-Kader ayant pu constater les mauvaises dispositions de l'empereur du Maroc, à son égard, n'a-t-il pas accepté les généreuses propositions que je lui avais faites de la part du maréchal Bugeaud ? »

« Le soir de la bataille d'Isly, me répondit l'ancien compagnon de l'émir, tous ses plus fidèles compagnons conseillèrent à Abd-el-Kader de mettre fin à une guerre inutile désormais et désastreuse, et d'accepter les propositions du maréchal dont Bou-Hammidi nous avait donné connaissance. Mais pouvait-on arracher l'espoir du cœur de ce croyant qui, confiant dans la toute-puissance du Très-Haut, n'admettait pas le pouvoir éphémère des hommes ? Ses regards, sans cesse tournés vers le ciel, ne voyaient pas les réalités de ce monde !... Dieu l'a voulu ! »

Le maréchal avait été très satisfait de l'activité et du zèle dont je lui avais donné des preuves durant la longue et fatigante campagne du Maroc, et il avait plus d'une fois demandé à son officier d'ordonnance, le capitaine Rivet, qu'il savait être mon meilleur ami, quel genre de récompense pourrait m'être le plus agréable. Rivet n'avait pas besoin de me consulter ; je n'avais pas une pensée, je ne nourrissais pas un désir qu'il ne connût. Il dit au maréchal que toute mon ambition était d'entrer dans la carrière militaire, à laquelle m'avait arraché mon père lorsque, par deux fois, en 1835 et 1836, il avait fait rompre l'engagement que j'avais contracté pour entrer dans les spahis.

C'était difficile, mais ce n'était pas impossible. Le maréchal pouvait, par une faveur exceptionnelle, me faire entrer dans l'armée, *au titre indigène*, avec le grade de chef d'escadrons, sauf à faire régulariser cette situation par une loi, ainsi que du reste cela avait eu lieu pour deux ou trois officiers. Mon excellent chef se montra très favorable à cette combinaison qui comblait tous mes vœux. Il me cita à l'ordre de l'armée en ces termes :... *mon interprète principal, M. Léon Roches, qui se distingue en toute occasion de guerre pour laquelle la nature l'avait fait.* Et il me proposa pour le grade d'officier de la Légion d'honneur.

Je me trouvais ainsi largement récompensé des services que j'avais rendus.

Parmi les trophées enlevés aux Marocains, le moins apparent, mais non le moins précieux, fut la correspondance confidentielle de l'empereur Mouley Abd-er-Rhaman avec son fils. C'est moi qui eus la chance de la découvrir.

Le combat avait cessé ; l'ennemi terrifié fuyait en déroute ; nous entrions dans le campement du fils de l'empereur, quand, sous une de ses tentes, j'aperçus un spahis occupé à briser un coffret d'où s'échappaient des pièces d'or, des montres, des bracelets et des papiers. Mon Arabe, inquiet de mon approche, cherchait à cacher sa riche trouvaille. « Tranquillise ton âme, lui dis-je : à toi l'or et les bijoux, à moi les papiers ! » Je laisse à penser l'empressement du spahis à me remettre jusqu'aux moindres feuilles écrites contenues dans le précieux coffret.

Horace Vernet, dans son beau tableau de la bataille d'Isly, m'a représenté au moment où je montre à mon cher camarade Rivet une lettre de l'empereur.

Dans cette correspondance se révèle, sans réticence, la pensée intime de l'islamisme. On y constate, en même temps, la haine qui anime les musulmans contre les infidèles, leur système de duplicité quand ils traitent avec les chrétiens, le sentiment qu'ils ont de l'infériorité de leur puissance comparée à la nôtre et l'affaiblissement de leur foi.

En rapprochant cette correspondance de l'opinion que m'exprimait le grand chérif de la Mecque (1), on ne peut douter de la décadence des peuples de l'Islam. Quelques nobles individualités, animées d'une foi ardente, comme Shamil ou Abd-el-Kader, ou bien quelques imposteurs poussés et soutenus au pinacle par des circonstances exceptionnelles pourront encore surexciter momentanément le fanatisme au milieu de certaines agglomérations musulmanes, mais je ne puis croire à ce qu'on appelle aujourd'hui le *réveil de l'islamisme.*

Je ne saurais trop recommander à mes compatriotes, à ceux surtout qui sont appelés à traiter avec les musulmans, de lire attentivement la correspondance de l'empereur du Maroc avec son fils. Tout est instructif dans ces confidences du souverain *orthodoxe* de l'Islam, descendant direct du prophète.

Les originaux et les traductions des lettres et documents recueillis par moi dans le camp marocain ont été déposés, dans le temps, aux archives du ministère des affaires étrangères : on trouvera à la fin de ce volume les lettres de Mouley Abd-er-Rahman, dont j'ai pu conserver une copie authentique ; mais afin d'éviter à mes lecteurs les longueurs de cette correspondance, j'ai condensé dans une seule lettre la quintessence, pourrais-je dire, de la politique du chérif empereur du Maroc, considéré par la plus grande partie des musulmans habitant l'Afrique comme le seul khalife orthodoxe de l'islamisme (2).

RÉSUMÉ DE LA CORRESPONDANCE DE L'EMPEREUR AVEC SON FILS, AVANT LA BATAILLE D'ISLY.

Si vous êtes en marche, arrêtez-vous à Thaza... la paix nous est plus profitable que la guerre, car les musulmans du

---

(1) Voir tome II chapitre XVIII.
(2) Voir les notes 3 et 4 à la fin du volume.

Maroc sont faibles. Nos ancêtres, qui pouvaient vaincre mille combattants chrétiens avec cent combattants musulmans, consentaient parfois à faire la paix ; à plus forte raison devons-nous accepter les propositions pacifiques du Français (que Dieu le maudisse!) puisque nous ne pouvons lui opposer que des Arabes nombreux, c'est vrai, mais dont le courage est aussi faible que la foi !...

Vous me dites que notre armée de la frontière a eu le courage de combattre le chrétien (que Dieu l'extermine!) et que si on le rencontre avec énergie il acceptera facilement et humblement la paix, tandis que si nous agissons avec faiblesse il élèvera ses prétentions. Vous avez raison, il n'y a que la force et le courage qui puissent nous être utiles vis-à-vis du chrétien...

Ainsi, dès que vous recevrez cette lettre, marchez sous la garde de Dieu vers la frontière ; réunissez les deux armées ; prêchez la guerre sainte à tous les musulmans ; rappelez-leur les récompenses réservées aux guerriers dans les voies du Seigneur. Redites-leur les paroles du Prophète...

L'infidèle insiste surtout sur l'éloignement d'Abd-el-Kader Ben Mahhi-ed-Din. Trouvez un expédient pour *l'éloigner, le chasser même, mais n'agissiez pas ouvertement.* Confiez cette tâche au cheikh Hamdoun ou à d'autres hommes influents du pays ; car si les tribus connaissaient nos intentions hostiles à son égard, *elles le défendraient contre nous*, et pourtant c'est lui qui a ouvert la porte des hostilités...

Bou-Selham (1) me parle de l'indifférence des tribus de l'ouest au sujet de la guerre contre le chrétien.

Hélas! nous espérions qu'elles se précipiteraient à l'envi à la guerre sainte pour obtenir les récompenses de Dieu.

---

(1) Le pacha de Larache faisant fonction de ministre des affaires étrangères.

Elles ont fait semblant de remuer, nous avons entendu le bruit de la meule, mais nous n'avons pas vu sortir un grain de farine. Ils ressemblent à des chameaux atteints par l'entêtement de la paresse, rien ne peut les faire relever, ni excitations ni mauvais traitements. Ah ! mon fils ! la religion est soumise à de cruelles épreuves ; notre Prophète l'a dit : « La religion est plus difficile à suivre qu'elle n'a été difficile à établir »…..

Le chrétien annonce hautement ses intentions hostiles… Veillez à ne pas vous laisser surprendre. Préparez vos guerriers aux combats de la foi. Dieu peut compliquer leurs affaires…

Vous me dites que tous les contingents qui sont sous vos drapeaux sont tellement nombreux et sont animés d'un tel désir de vengeance que le cœur des musulmans s'est élargi et le cœur du chrétien s'est rétréci. Vous ajoutez qu'il serait honteux de faire rétrograder cette splendide armée à Thaza sans avoir remporté une victoire sur le Français (que Dieu l'anéantisse).

Vous avez raison, mon fils, partez donc avec la bénédiction de Dieu. Arrivez jusqu'à Aïoun Sidi Mellouk, plus loin si vous le jugez convenable. Attendez pour agir d'avoir rassemblé les tribus de Sebdou, des Ouled Sidi Cheikh, du Rif, de Guelaïa et autres ; vous aurez ainsi une armée formidable. N'attaquez pas pourtant, car la guerre n'est pas déclarée. *Je vous ferai connaître les moments de faiblesse et les moments de force, les moments d'humilité et les moments d'orgueil afin que vous puissiez revêtir les vêtements qui conviennent à chacune de ces heures…..*

Le consul anglais nous dit que la *diablesse* qu'il appelle la Reïgna et qui commande dans son pays, imposera la paix au Français et qu'il ne bombardera pas nos ports. Mais si l'ennemi commençait les hostilités, je vous en avertirais par la voie la plus prompte et je vous permettrais d'attaquer l'ennemi. Alors vous lanceriez contre lui les armées des croyants qui l'attaqueraient de tous côtés et j'ai lieu d'espérer que Dieu donnera les chrétiens en pâture aux musulmans, car nous faisons la guerre pour la gloire de Dieu, tandis qu'ils combattent dans la voie du diable...

Mais n'oubliez pas que le Français, ennemi de Dieu, habite ces pays depuis plusieurs années, qu'il est aguerri contre les dangers et contre les fatigues, que les combats ont mille fois éclairé son front de leurs éclairs et que ses oreilles sont accoutumées au bruit de leur tonnerre.

On m'annonce que le Français se prépare à attaquer nos ports de Tanger et de Mogador. S'il m'avait seulement attaqué par terre, nous aurions pu le repousser avec nos armées victorieuses; mais voilà que je dois reporter mon attention sur les habitants de ces villes, qui ont droit à ma protection et à ma sollicitude.

Puisque l'islamisme n'a ni les armées, ni les vaisseaux, ni les places fortes, ni surtout la foi qui enflammait nos ancêtres, que faire sinon mettre notre espoir en Dieu et accepter les conditions de paix que le chrétien nous impose? Il n'y a de force et de puissance que dans le Très-Haut!

CHAPITRE LIII.

Le maréchal, à son retour de sa campagne du Maroc, passe en revue les chefs arabes de la province d'Alger et les invite au palais du Gouvernement.

Le retour à Alger du vainqueur d'Isly donna lieu à une longue ovation.

Tous les journaux français et étrangers publièrent de nombreux articles sur ce beau fait d'armes, mais personne mieux que moi ne put se rendre compte de l'importance de la victoire que le maréchal venait de remporter.

Depuis deux mois, en effet, je recevais de toutes les parties de l'Algérie des renseignements qui me permettaient d'apprécier la situation des esprits parmi tous les musulmans. Elle était de nature à faire naître les plus terribles inquiétudes.

Tant que les Français n'avaient eu à combattre que l'émir, les Arabes n'avaient pu se faire illusion sur l'issue de cette lutte ; mais voilà que le souverain orthodoxe de l'Islam, le descendant direct du Prophète, le successeur des sultans qui avaient anéanti les armées des chrétiens (1), l'em-

---

(1) Il s'agit ici de la grande bataille que livra, en 1578, à el Kassar-el-Kabir don Sébastien, roi de Portugal, et où il perdit la vie. Les Arabes ne font guère de distinction entre les puissances européennes ; ils les désignent toutes sous le nom de *N'çara* pluriel de *Nesrani* (Nazaréen), *kouffar* pluriel de *kafer* (infidèles).

pereur du Maroc, de Fez et de Mequinez arrivait à la tête d'armées innombrables et appelait tous les fidèles croyants à la guerre sainte.

Comment l'armée française, si peu nombreuse, pourrait-elle résister à ces formidables cavaliers des *Oudeïa* et des *Aabid-el-Bokhari* (1) dont le prestige était intact ?

L'immense majorité des musulmans de l'Algérie désiraient ardemment la défaite des Français ; mais, par un sentiment de prudence inhérent à leur nature, les Arabes voulaient attendre la nouvelle certaine de la victoire de l'empereur du Maroc pour se lever en masse et massacrer les chrétiens.

Les tribus les plus compromises vis-à-vis de nous redoutaient seules cette terrible éventualité, car elles prévoyaient le sort qui les attendait.

La victoire d'Isly, connue bientôt de toutes les tribus de l'Algérie (il existe entre les tribus arabes une sorte de télégraphie qui répand les nouvelles d'une façon miraculeuse), changea instantanément leurs dispositions.

Les confidences de mes amis musulmans, plus ou moins dévoués à notre cause, mais dont je ne pouvais suspecter la véracité, donnèrent au maréchal la mesure des dangers qui nous avaient menacés; aussi dès son retour à Alger, eut-il la pensée éminemment sage et politique d'associer les grands chefs de la province qui n'avaient pris aucune part à la campagne du Maroc, à la célébration des beaux triomphes que l'armée française venait d'y remporter.

L'ordre fut donc donné à tous les khalifas, aghas et kaïds de la division de se rendre à Alger. En effet, le samedi 21 septembre on vit successivement s'élever, sur le champ de manœuvres de Mustapha, les tentes de ces chefs qui, tous fidèles au rendez-vous, arrivaient montés sur leurs plus beaux che-

---

(1) Garde impériale.

vaux revêtus de leurs plus riches vêtements et suivis par l'élite de leurs cavaliers.

M. le maréchal avait décidé que, dimanche 22, aurait lieu, à Mustapha-Pacha, une grande revue de la garde nationale d'Alger et de la banlieue, ainsi que des corps de toutes armes qui formaient la garnison de cette ville.

A deux heures, une troupe de cavaliers entra par la porte Babazoun et vint se ranger sur la place du Gouvernement pour, de là, accompagner le maréchal jusqu'au lieu de la revue.

Vingt-quatre aghas et vingt-quatre kaïds, marchant par quatre, ouvraient le cortège, le fusil haut. Ils portaient leurs burnous d'investiture de couleurs éclatantes, le bas de leurs figure était recouvert par un pli de leur haïk en souvenir de la visière; ils ressemblaient à autant de chevaliers du moyen âge faisant une entrée triomphale.

Après eux venaient les trois khalifas des Hadjoutes, de Sebaou et de Laghouat, suivis de leurs drapeaux et de leurs musiques, le cortège était terminé par une centaine de cavaliers faisant caracoler leurs chevaux richement caparaçonnés.

Lorsque M. le maréchal, suivi de son état-major, s'avança vers eux, ils mirent tous spontanément pied à terre et se précipitèrent vers lui; les uns lui baisaient les mains, d'autres les pans de sa capote.

« Grâces au ciel! tu nous es revenu sain et sauf et victorieux, disaient-ils tous, grâces au ciel! tu mérites le bonheur et la vitoire, car tu es bon et juste. »

Le cortège se dirigea dans le même ordre vers Mustapha-Pacha et, là, les Arabes se rangèrent sur une seule ligne faisant face à l'armée. A la gauche se trouvait le khalifa *Sidi Mohammed ben Mahhi-ed-Din*, khalifa de Sebaou (1); après

---

(1) Voir tome II, ch. XXXV.

lui, Sid Ahmed ben Salem, khalifa de Laghouat ; à la gauche de ce dernier, le jeune Ali Ben Zâamoum, agha des Flissas, accompagné des kaïds des Kabyles et de l'agha de Taourga ; puis venait le khalifa Sid Ali oul'd Sidi Lekhal oul'd Sidi Embarek, khalifa des Hadjoutes (1), suivi du goum des Hadjoutes, des djeudel de Bou-Halouan, des Beni-Zug-Zug et de leurs aghas. Plus loin, le goum des Tittery, Tell et désert; le goum des Ouled-Aïed, l'agha des Beni-Menasser, l'agha de Zatima.

La droite de la ligne était occupée par les goums des Isser, Khachena Beni-Moussa, Beni Khelif et le Makhzen des Aaribes.

D'après les notes de la direction des affaires arabes, le nombre des cavaliers arabes présents à la revue dépassait deux mille (2).

Après avoir parcouru le front de l'armée et de la garde nationale, M. le Maréchal s'arrêta devant la ligne des Arabes.

A un ordre que je leur donnai, ils formèrent un immense cercle. Le plus grand silence s'établit, et d'une voix retentissante je leur dis au nom du maréchal :

« Oh ! vous tous, ici présents, khalifas, aghas, kaïds, cheikhs et simples m'khaznis, en vous voyant réunis autour de moi, j'éprouve la satisfaction d'un père qui se retrouve au milieu de ses enfants après une longue absence ; malgré mes nombreuses occupations, malgré les soins que réclament vos champs, je n'ai pu résister au bonheur de vous témoigner moi-même ma satisfaction. Oui, vous avez été fidèles à vos

---

(1) Voir tome II, ch. XLII.

(2) Le maréchal a eu souvent l'occasion de passer en revue des goum présentant un effectif de dix à douze mille cavaliers, mais, en cette circonstance, il avait lui-même limité leur nombre. (*Goum*, corps de cavalerie irrégulière.)

promesses de soumission et d'obéissance, vous avez été sourds aux perfides conseils de nos ennemis et des vôtres, vous avez payé vos impôts, vous avez marché avec nos colonnes, vous vous êtes montrés dignes de toute ma sollicitude. Je vous le répète, je vous considère comme mes enfants.

J'exige que ceux d'entre vous qui auront été victimes de quelque injustice, que ceux d'entre les chefs qui désirent apporter des améliorations dans leurs tribus, que tous ceux enfin qui ont dans le cœur une peine ou une pensée à faire connaître à leur sultan, viennent à moi ; demain, ma journée sera consacrée à les écouter.

« Je vous ai également réunis pour que vos oreilles entendent de ma bouche le récit véridique de la lutte que nous avons soutenue contre les Maugrebins, que Dieu a punis de leur injustes agressions.

« Je ne me suis jamais écarté de la justice, de la vérité et de la bonne foi et Dieu m'a donné la victoire, car Dieu ne fait jamais triompher que les justes, à quelque religion qu'ils appartiennent. »

Là, le maréchal m'ordonna de faire un récit succinct des affaires du Maroc, puis il me chargea de terminer en ces termes :

« Aujourd'hui que la paix est signée avec l'empereur du Gharb, aujourd'hui qu'Abd-el-Kader erre dans son empire où il ne tardera pas à être pris et gardé, je vais songer, plus encore que je n'ai pu le faire par le passé, à votre bien-être ; mes troupes, au lieu de combattre et de faire des ghazia, vont ouvrir des routes, faire des barrages et construire des ponts ; moi-même j'irai vous visiter dans vos tentes, m'enquérir de vos besoins et de vos misères ; moi-même j'irai diriger votre agriculture, car la charrue, comme le fusil, honore la main de l'homme. Gardez-vous d'écouter ceux qui vous pousseraient à vous révolter contre l'autorité française ;

vous attireriez sur vous des malheurs irréparables ; que Dieu vous inspire l'obéissance aux maîtres qu'il vous a donnés dans sa haute sagesse, et bientôt vous aurez réparé les malheurs de la guerre, et bientôt vous apprécierez les avantages d'un gouvernement juste et paternel. »

Une décharge générale de tous les fusils des assistants et des cris de *Allah ionsèr el marichan Allah itoûl eumrou :* « Que Dieu donne la victoire au maréchal ; qu'il prolonge ses jours ! » témoignèrent de l'impression qu'avait produite sur nos Arabes le discours de M. le gouverneur général.

Aussitôt après, le terrain fut choisi pour le *Laab-el-baroud* (jeu de la poudre) que nous appelons maintenant la *fantasia,* et tous les cavaliers, les chefs en tête, vinrent rivaliser d'adresse devant M. le maréchal, son état-major et les innombrables spectateurs qui animaient cette fête. Pas un accident ne fut à déplorer, tout se passa dans un ordre admirable.

Le lendemain, la journée fut consacrée à écouter les réclamations de ces nombreux visiteurs. Plus de cent d'entre eux reçurent des cadeaux proportionnés à leur importance, à leur dévouement et au zèle qu'ils avaient mis à prélever et à verser les impôts. Des encouragements furent donnés aux autres, et tous se retirèrent parfaitement satisfaits.

J'arrive maintenant à la partie de la fête, à laquelle il m'est impossible de donner à beaucoup près l'intérêt qu'elle a inspiré à ceux qui en furent témoins, je veux parler du dîner auquel M. le maréchal avait invité les trois khalifas, les deux bach agha et les vingt-deux aghas réunis à Alger.

La table, splendidement décorée, était mise dans la superbe cour du palais du Gouvernement. Les galeries supportées sur les colonnes torses en marbre blanc aux chapiteaux dorés soutenant les élégantes ogives du premier étage étaient garnies de dames en grandes toilettes. C'était un magnifique coup d'œil de voir les costumes des arabes aux belles draperies, et leurs têtes expressives encadrées dans le fin haïk retenu par la corde de chameau, à côté des sévères uniformes de nos généraux et de nos officiers. Mais qu'était l'effet produit sur les yeux en comparaison de l'impression que nous éprouvions tous en songeant que l'élite des chefs de l'Algérie, Tell et Sahara, se trouvaient réunis dans une enceinte où, trois ans avant, quatre ou cinq chefs au plus de la plaine de la Mitidja avaient pu être rassemblés pour venir saluer le nouveau gouverneur !

Sans la moindre hésitation, tous ces nobles musulmans, m'rabtin (pluriel de marabout) cheurfa (pluriel du cherif) et Djouèd (pluriel de Djiid noble) s'assirent joyeusement à table au moment où le canon annonça que le jeûne était rompu. Malgré la sainteté du mois sacré de Ramadhan, ils mangèrent sans hésiter tous les mets qui leur furent présentés sur la simple assurance que je leur donnai qu'ils avaient été préparés suivant les préceptes de leur religion.

Répéter ici toutes les paroles dignes et paternelles adressées par M. le maréchal à ses hôtes, raconter les réponses fines et pittoresques de ceux-ci, serait une tâche au-dessus de ma mémoire.

Après mille sujets épuisés, on en vint à parler de la guerre du Maroc, et tous les chefs demandèrent unanimement à M. le maréchal le récit exact des événements de cette glorieuse campagne, « car, disaient-ils, en retournant dans nos tentes nous serons accablés de questions. La première, celle qui touche le cœur de tous, c'est celle-ci : « Le maréchal est-il bien portant ? » Après il faudra satisfaire la curiosité de mille Arabes qui, pendant les longues veillées du Ramadhan se réunissent autour de nous, il faut donc que nous puissions leur dire : Nous allons vous répéter la vérité, car c'est le maréchal qui l'a dit. »

Mon illustre chef me chargea alors de faire le récit demandé par les chefs arabes. Comment peindre l'attention de tous ces musulmans écoutant l'histoire des défaites de leurs coreligionnaires? La tête penchée, les yeux fixés sur moi, ils semblaient boire mes paroles. Sans comprendre l'arabe, on pouvait suivre la marche des événements par les impressions qu'on lisait sur leurs physionomies expressives. Le récit fut long et, pourtant, il était fini qu'ils écoutaient encore.

Enfin, M. le maréchal s'étant levé, chacun allait se retirer, lorsque l'agha de Zatima, Sidi Mohammed Saâïd ould Sidi Brahim *El Ghobrini*, fils d'un des plus illustres marabouts de l'Algérie, et descendant du prophète, s'écria : « Arrêtez, mes seigneurs et mes frères, nous sommes tous ici membres d'une seule famille; les Français sont chrétiens, les Arabes sont musulmans, mais Dieu est pour tous et Dieu nous a donné pour sultan le roi des Français. Notre religion nous ordonne de lui obéir, puisque le Seigneur a voulu que son bras fût plus fort que le nôtre; nous avons juré de le servir fidèlement et de l'honorer comme notre sultan. Je vous propose donc une prière au Très-Haut que vous répéterez tous avec moi :

« Fethha (1)! que Dieu donne toujours la victoire au sultan des Français, qu'il punisse de sa colère tous ceux qui sont ses ennemis, qu'il élève et qu'il chérisse ceux qui sont ses amis, qu'il extermine les traîtres, qu'il donne les biens de ce monde et de l'autre à ceux dont l'intention est pure :

« Descendant des Ouled Sidi Embarek, mets le sceau à cette prière! »

Et le khalifa Sid Ali répéta à haute voix : « Que Dieu

---

(1) Mot qui précède toutes les invocations à Dieu.

donne la victoire au sultan des Français ! » et tous les assistants, en élevant les mains, répétèrent : « Que Dieu donne la victoire au sultan des Français ! »

L'agha Ghobrini continua :

« Que Dieu prolonge l'existence de notre seigneur le maréchal ; qu'il rende son bras toujours aussi fort et son cœur toujours aussi clément ; qu'il le laisse longtemps le souverain de notre pays, car il est juste autant qu'il est courageux ; qu'il augmente son bonheur, sa gloire et ses richesses.

« Sidi Mohammed, fils de Sidi Mahhi-ed-Din, mets le sceau à cette prière ! »

Et, comme pour la première, les phrases de la seconde prière furent répétées par le khalifa de Sebaou et par tous les assistants.

Jamais, pareilles démonstrations n'avaient été faites, et jamais un chérif, un marabout, n'avait mêlé le nom des chrétiens dans ses prières que pour le maudire ; aussi ceux qui priaient avaient-ils l'air de comprendre l'importance d'une profession de foi aussi solennelle.

Depuis longtemps déjà je fréquentais les Arabes, depuis longtemps j'assistais à des fêtes et à des réceptions de cette nature, mais je n'avais pas encore remarqué autant de franchise ni autant de détermination dans l'expression du dévouement des Arabes à notre gouvernement.

Je persistais à croire toutefois et les événements ne tardèrent pas à justifier mes prévisions, que la force serait toujours nécessaire pour maintenir les populations musulmanes de l'Algérie sous notre domination. Je reviens trop souvent peut-être sur cette nécessité, mais, en face des illusions que j'ai plus d'une fois constatées chez mes concitoyens et des systèmes qui me paraissent de nature à amener, à un moment donné, une terrible explosion de mécontentement chez les Arabes, je ne saurais trop répéter les paroles du maréchal

Bugeaud : « Soyons justes et cléments vis-à-vis des Arabes, occupons-nous de leur éducation, de leur bien-être ; admettons-les aux bienfaits de notre civilisation (je l'entends prononcer emphatiquement cette phrase avec son fin sourire), mais restons toujours forts ! »

LIVRE X.

MISSION A PARIS ET A TANGER.

CHAPITRE LIV.

Campagne de Dellys. — Je conduis les chefs arabes à Paris.

Les événements du Maroc avaient, on s'en souvient, forcé le maréchal à accepter des tribus de la petite Kabylie une soumission qu'il prévoyait bien ne devoir pas être durable, car il n'avait pas exigé d'elles les garanties qu'il leur eût imposées s'il eût pu peser plus longtemps sur leur territoire. Ce qu'il avait prévu était arrivé : Ben Salem avait encore reparu chez les Flissas, et, soutenu par un grand chef kabyle, Bel-Kassem Oulid-ou-Kassi, il avait opposé une terrible résistance à la colonne du général Comman, envoyé pour protéger les tribus que leurs intérêts rattachaient plus solidement à notre cause.

Au lieu de prendre un repos qui lui était nécessaire après tant de fatigues, le maréchal partit, à la fin d'octobre, pour Dellys d'où, à la tête d'une petite armée composée des troupes du général Comman et de celles qu'il avait amenées d'Alger, il marcha contre les tribus kabyles dissidentes, qui occupaient de fortes positions à Aïn el Arbi et les mit en complète déroute.

Quand les tribus révoltées apprirent que le vainqueur d'Isly commandait en personne l'armée qui venait de leur infliger un si terrible échec, elles furent terrifiées ; elles chassèrent Ben Salem de leur territoire et vinrent faire leur soumission. Le maréchal obtint des garanties sérieuses et rentra à Alger, après avoir organisé le grand aghalic de Taourga.

Cette campagne avait momentanément empêché le gouverneur général de profiter de la permission qu'il avait obtenue d'aller passer quelque temps en France ; mais on ne cessait de s'entretenir à son état-major des joies que promettait ce congé, tous les officiers attachés au maréchal devant l'accompagner et aller jouir avec lui des ovations que lui réservait la France.

Quant à moi, je renonçais à un pareil bonheur, car je ne pouvais songer à me permettre les dépenses qu'entraînerait ce voyage, en face des engagements que j'avais contractés vis-à-vis des créanciers de mon père ; mon devoir strict, et je le remplissais, m'ordonnait de verser entre leurs mains tout ce qui n'était pas absolument nécessaire à notre entretien.

Et cependant, en restant à Alger, je devais être forcément attaché à l'état-major du général de Lamoricière, désigné pour faire l'intérim du maréchal. Certes, je comptais parmi les admirateurs du brillant général, et j'avais reçu plus d'une preuve de son estime et de sa bienveillance ; mais je ne pouvais supporter l'idée d'avoir à exprimer aux Arabes une autre pensée que celle de mon chef ; idée fausse, amour-propre mal placé, j'en conviens ; les vieux m'khaznis algériens (1) me comprendront.

Voulant donc échapper à cette situation, je demandai au maréchal de vouloir bien m'autoriser à aller demeurer auprès du chef kabyle, *Ben Zaâmoum,* pendant le temps que

---

(1) Nom que se donnaient entre eux les anciens officiers s'occupant des affaires arabes.

durerait son congé. « Là, lui disais-je, je serai dans les meilleures conditions pour apprendre la langue kabyle et pour étudier les mœurs, les usages et le caractère de cette race. De cette façon, quand, à votre retour, vous entreprendrez la conquête de la grande Kabylie, j'aurai acquis des connaissances qui vous rendront mon concours aussi utile auprès des Kabyles qu'il l'a été auprès des Arabes. »

Cette proposition séduisit tout d'abord le maréchal, dont l'esprit était sans cesse préoccupé des moyens qui pouvaient concourir au succès de la grande mission que la France lui avait confiée, et, cherchant une combinaison qui pût faciliter ma mission sans compromettre ni ma sûreté personnelle, ni la dignité de mon caractère, il en parla à Rivet. L'amitié clairvoyante de mon excellent camarade devina les motifs qui m'avaient inspiré la proposition que je venais de faire au maréchal. Placé très haut dans son esprit et dans son cœur, Rivet se permettait quelquefois de faire aux idées de notre illustre patron une opposition aussi ferme que respectueuse. Il hésita alors d'autant moins à prendre cette attitude qu'il s'agissait du camarade qu'il chérissait comme un frère. Il combattit d'abord mon projet en lui-même, puis il ajouta: « Comment, Monsieur le Maréchal, celui de nous tous qui vous a rendu les services les plus importants, celui qui a partagé avec nous dangers et fatigues, resterait seul exposé à de nouveaux dangers, à de nouvelles fatigues, tandis que nous irions en France prendre part aux ovations qui vous attendent et goûter joies et repos dans le sein de nos familles. Oh! Monsieur le Maréchal, vous êtes trop bon, trop juste et vous aimez trop *votre* brave Roches pour favoriser un projet que sa délicatesse lui a suggéré, mais dont l'exécution, j'en suis certain, briserait son cœur (1). »

(1) C'est notre ami commun, le capitaine de Garraube, présent à

La question posée en ces termes était résolue. Ma proposition fut écartée, et il fut convenu que j'accompagnerais la smala du maréchal en France; mais, en quelle qualité?

Une circonstance fortuite fournit à mon chef bien-aimé l'occasion qu'il recherchait de me donner une nouvelle preuve de sa bienveillance.

Mgr le duc d'Aumale, pendant qu'il commandait la province de Constantine, avait eu la pensée d'envoyer en France quelques-uns des grands chefs arabes dont il avait éprouvé le courage et le dévouement; en remettant son commandement au général Bedeau, Son Altesse lui avait même désigné les personnages qu'il jugeait dignes de cette faveur.

A notre retour à Alger, nous trouvâmes une dépêche du général Bedeau qui attirait l'attention du gouverneur général sur le désir manifesté par le prince au sujet de l'envoi en France des chefs de la province de Constantine.

« Voilà l'affaire de Roches, s'écria l'excellent maréchal, en remettant à Rivet la dépêche du général Bedeau; c'est lui qui conduira les chefs arabes en France et il partira avec nous. »

Une proposition à cet effet fut soumise au ministre de la guerre, le maréchal Soult, qui, dans l'ordre de service qu'il m'adressa, spécifia que les chefs arabes dont les noms suivent seraient placés *uniquement* sous ma direction.

Voici la liste de ces chefs : le *kaïd Ali ben Beba Ahmed*, khalifa de Constantine, mort au service de la France;

Sid *Lakhdar ben Ouani*, kaïd de Setif, tué à l'ennemi;

Si *Mohammed ben cherif el Bouroubi*, kaïd de Philippeville, tué à l'ennemi.

Sid Bou-Lakhrass ben Guéna, neveu de Ferhat surnommé le *Serpent du désert*, aujourd'hui encore khalifa de Biscara;

---

l'entretien, qui me rendit compte de l'intervention de mon cher camarade.

El-Mokrani.

Sid *Mohammed ben Ahmed el Mokrani*, fils du khalifa de Medjena (1);

Sid *Ahmed ben Mokran*, marabout, fidèle, mais sans importance ;

Si *Mohammed Chedli*, kadhi de Constantine, mort dans l'exercice de ses fonctions;

Sid el *Hadj Mehammed El Kharroubi* (2), ancien secrétaire de l'Émir, mort sans jamais s'être rallié sincèrement à notre cause.

Le maréchal, son état-major, les chefs arabes et moi, nous embarquâmes, le 16 novembre, sur la frégate à vapeur *le Montézuma*. Nous assistâmes aux fêtes offertes au vainqueur d'Isly par la population de Marseille, où je me séparai de ma chère smala.

Avant de conduire les chefs arabes à Paris, je voulus leur faire visiter Toulon, Lyon, Besançon, Mulhouse, Strasbourg, Metz et Nancy. Oh ! que j'étais fier et heureux de leur montrer les imposants boulevards de notre belle France, ses magnifiques arsenaux, ses superbes vaisseaux, et ses soldats, et ses marins incomparables, toute cette puissance militaire, enfin, destinée à maintenir sa gloire et son prestige, et à protéger ses champs fertiles, son industrie et son commerce.

C'était la première fois que je voyais ces grandes choses, et des joies patriotiques inondaient mon âme ; aussi avec quelle

---

(1) Au 4 septembre, il était encore khalifa de la Medjana et commandeur de la Légion d'honneur. Lorsqu'il eut connaissance du décret de Crémieux au sujet du désarmement des musulmans et de l'armement des Israélites, et quand il apprit que la population française d'Alger avait arraché ses épaulettes au général en chef, gouverneur par intérim de l'Algérie, il renvoya au ministre son brevet de khalifa, sa croix de commandeur et la solde qu'il venait de toucher, en lui écrivant : « J'ai juré de servir le souverain de la France, mais je n'obéirai jamais à un juif. » — Il se mit à la tête de l'insurrection et se fit tuer à la première rencontre.

(2) Voici le chap. XXXVI. — Prise de la Smala.

orgueilleuse satisfaction ne répondais-je pas aux mille questions de mes Arabes qui, en face de la puissance des Français, se consolaient d'avoir été vaincus par eux et paraissaient fiers de servir leur sultan.

J'eus la conviction d'avoir atteint le but sérieux de ma mission dans cette première partie de mon voyage.

A Paris, comme dans les grandes cités que nous venions de visiter, nous fûmes accueillis avec autant de cordialité que de distinction. Chacun prenait à tâche de donner aux chefs arabes la plus haute opinion de la France et de ses habitants.

Que dire de l'impression produite sur eux par les témoignages de bienveillance qu'ils reçurent du roi, de sa famille, des ministres et des grands dignitaires de l'État! Le duc de Nemours, le prince de Joinville, le duc d'Aumale et le duc de Montpensier, aux côtés desquels ils avaient plus d'une fois combattu, voulurent les recevoir, chacun à leur tour. Quels palpitants souvenirs évoqués dans ces splendides *réceptions!* Que de sentiments chevaleresques, que de poésie dans le langage de mes Arabes! Je dis toujours *mes*, car je m'étais identifié avec eux et eux avec moi.

Si les occupations et les préoccupations de ma mission me l'avaient permis, j'aurais fait un livre du plus haut intérêt en me contentant simplement de rédiger, en leur laissant leur originalité, les impressions que me communiquaient, chaque soir, mes compagnons.

Une des plus vives et qu'ils m'exprimèrent dans des termes touchants, ce fut celle qu'ils éprouvèrent lorsque le roi leur fit l'honneur de les recevoir dans l'appartement privé, où se réunissaient chaque soir tous les membres de la famille royale. Leur admiration ne tarissait pas en parlant de la reine qu'ils avaient vue entourée des princesses ses filles et belles-filles, toutes occupées à coudre des vêtements pour les pauvres. Ils ne revenaient pas de la simplicité et de l'amabilité de ces nobles femmes, épouses et filles de souverains, les interrogeant avec bienveillance sur leurs impressions et leur demandant des nouvelles de leurs familles. Ils étaient également frappés de l'attitude tendre et respectueuse des princes vis-à-vis de leur auguste père.

Leurs yeux se mouillèrent de larmes, lorsque le fils du noble prince, qui s'était naguère illustré sous leurs yeux et que Dieu avait prématurément ravi à l'amour de sa famille et de son pays, le jeune héritier de la couronne de France, le comte de Paris, leur fut présenté par la noble veuve, sa mère. Dirai-je les hautes marques de satisfaction dont m'honora le roi, et les témoignages de bienveillance que je reçus de la royale famille !

Je n'étais pas venu à Paris depuis 1840 ; je laisse donc à penser le bonheur que j'éprouvai à revoir ma tante, Mme Champagneux, dont la tendresse et le dévouement m'avaient arraché au désespoir. Avec quel empressement j'échappais aux occupations de ma vie officielle pour venir me retremper dans cette affection maternelle dirigée par l'intelligence la plus élevée ! Mes chefs arabes voulurent tous être présentés à ma mère adoptive. *El Oualida* (1) (la mère) est parmi les musulmans l'objet d'un respect tout particulier. « La bénédiction de la mère ouvre la porte de la miséricorde divine, » disent-ils en baisant la maison de l'*Oualida*.

Avec quelle joie je revis mon cher abbé Véron, et l'abbé de la Bouillerie, mes amis de Rome, et tant d'autres excellents camarades !...

... L'heure de la séparation sonna au milieu des plus douces satisfactions du cœur et de l'esprit.

Le gouvernement venait de désigner le général comte de la Ruë, pour procéder, avec un plénipotentiaire marocain,

---

(1) A Constantinople "Validéh" nom donné à la mère du Sultan.

à la délimitation de la frontière entre l'Algérie et le Maroc.

Le maréchal Bugeaud voulut que je fusse attaché au plénipotentiaire français. J'éprouvais toujours une vive répugnance à me séparer de mon chef, mais, en cette circonstance, je comprenais l'intérêt qu'il voyait à m'adjoindre à cette importante mission et je me gardai bien de témoigner la moindre hésitation.

Le ministre de la guerre daigna me consulter sur le choix de l'officier qui devait me remplacer auprès des chefs arabes. Je lui exprimai le profond regret que j'aurais de laisser à une autre direction que la mienne ces hommes dont l'attitude avait été jusqu'alors irréprochable; « je doute même, osai-je dire au maréchal Soult, que ces braves gens consentent à se séparer de moi, et je supplie Votre Excellence de les consulter à cet égard avant qu'ils puissent connaître mes sentiments personnels. »

Le maréchal Soult voulut bien condescendre à cette proposition. Mes braves chefs n'eurent pas un instant d'hésitation : « Nous sommes venus avec le fils de Roches, il a caché ce qu'il y a de mal en nous pour ne montrer que le bien, nous voulons partir avec le fils de Roches. »

Le but que s'était proposé le gouvernement, en accédant à la proposition du duc d'Aumale, était atteint; il fut donc convenu que j'accompagnerais mes pupilles jusqu'à Toulon, où ils s'embarqueraient pour Alger, et que de là je rejoindrais le général de la Rue à Port-Vendres.

Au moment de me séparer du maréchal Bugeaud et de mes camarades composant son état-major, je fus assailli par de tristes pressentiments. Je désirais, plus que jamais, la réalisation du projet qu'avait approuvé mon bien-aimé chef, de me faire entrer dans les rangs de l'armée, et je craignais vaguement que la mission qu'on venait de me confier ne vînt y apporter des obstacles. Je semblais lire dans l'avenir.

CHAPITRE LV.

Bruits erronés sur une prétendue rivalité entre le maréchal Bugeaud et le général de Lamoricière. — A propos d'une comparaison établie entre le maréchal Bugeaud et l'Émir.

Pendant mon séjour à Paris, la mission dont j'étais chargé auprès de mes chefs arabes me donnait accès à la cour et aux divers ministères, et me mettait en relations avec les plus hauts personnages de la société. J'avais à répondre à d'innombrables questions et j'en profitais pour rétablir l'exactitude de certains faits algériens complètement dénaturés et pour combattre bien des idées erronées. Grâce, sans doute, à la position que j'occupais auprès du maréchal Bugeaud, mes renseignements avaient une valeur exceptionnelle.

Ainsi, on semblait croire qu'il existait un antagonisme entre le maréchal et ses lieutenants, on allait même jusqu'à attribuer au gouverneur général des sentiments de jalousie à l'égard du général de Lamoricière.

Il n'était pas possible de méconnaître plus étrangement le caractère du maréchal. Lui, jalouser ses lieutenants ! Des pensées si mesquines pouvaient-elles trouver accès dans son esprit élevé, si uniquement préoccupé du succès de la grande mission qui lui était confiée ? Il identifiait, au contraire, l'œuvre de ses lieutenants avec la sienne, et était fier de leurs succès. Que de fois mes amis et moi ne lui avons-nous pas entendu répéter : « Sans la haute intelligence de Lamoricière et sans son incomparable activité, jamais nous n'aurions pu occuper Mascara à l'époque où il s'y est installé, et la soumission des tribus de la province d'Oran eût été retardée de plus d'une année. »

En lisant, il y a quelque temps, l'ouvrage de M. Keller, *le général de Lamoricière*, j'ai été profondément affecté de la façon dont l'auteur apprécie les rôles respectifs du maréchal Bugeaud et de son lieutenant. Ces appréciations contrastent singulièrement avec les sentiments de respect, d'admiration même que l'illustre commandant de la province d'Oran professait pour son chef. Nous tous, vieux Algériens, qui avons connu Lamoricière, le plus populaire de nos preux de la guerre d'Afrique, nous pouvons affirmer que s'il revenait à la vie, il voudrait effacer les pages où on fait son éloge aux dépens du grand capitaine dont, mieux que personne, il reconnaissait l'indéniable supériorité.

Ce n'est point que la malveillance n'eût tenté souvent d'envenimer les rapports entre ces deux hommes éminents ; mais le commandant Fourichon, confident intime du maréchal, *son pays*, comme il l'appelait, et qu'il préférait à nous tous sans exciter notre jalousie, Fourichon, qui était en même temps l'ami sincère de Lamoricière, avait bien vite dissipé ces nuages passagers. Ce n'était pas seulement auprès de Lamoricière que notre cher camarade remplissait ce noble rôle de conciliation, car ils étaient nombreux, hélas ! les officieux qui croyaient se faire un mérite auprès du maréchal, en lui rapportant les paroles du général X... et du colonel Z...! Le plus souvent, d'ailleurs, leur zèle malveillant venait se heurter contre la noblesse des sentiments du loyal guerrier et son impartialité, impartialité dont je tiens à donner un exemple entre mille.

Deux officiers, en Algérie, représentaient l'opinion républicaine, le colonel Cavaignac et le capitaine Charras.

Le maréchal était l'adversaire le plus militant d'un parti

dont l'avènement, selon lui, porterait une fatale atteinte à la puissance et à la prospérité de la France. Eh bien, mettant de côté ses sympathies politiques, si vivement accentuées, non seulement il n'hésita jamais à faire valoir les services de ces deux officiers auprès du ministre de la guerre ; mais il exigea, pour ainsi dire, leur avancement par l'insistance qu'il mit à le demander.

Le maréchal Bugeaud était hostile à la République, et pourtant il était le type idéal du républicain, dans la plus haute signification du mot.

Il avait, en effet, les vertus caractéristiques que l'histoire attribue aux grands citoyens de l'époque glorieuse de la république romaine. Il avait un amour passionné de la chose publique ; il poussait jusqu'à la parcimonie le soin des deniers de l'État ; il méprisait le luxe et le bien-être ; il ne se laissait éblouir ni par les honneurs, ni par le rang, ni par la richesse ; il n'estimait dans l'homme que sa valeur intrinsèque. Ses mœurs étaient pures.

Aujourd'hui, hélas ! nous pouvons dire des républicains de cette sorte ce que la Fontaine disait des amis :

> Rien n'est plus commun que le nom,
> Rien n'est plus rare que la chose.

Le maréchal jaloux de ses lieutenants ! lui, je le répète, qui en était fier parce qu'il les considérait à juste raison comme ses élèves !

Je me souviens, à ce sujet, de quelques-unes des appréciations que nous écoutions avidement durant nos soirées de bivac. C'était à la fin de 1843. « Je place très haut, nous disait-il, les talents militaires et administratifs de mes trois lieutenant préférés, Changarnier, Lamoricière et Bedeau. Eh bien, si j'avais à faire le choix de mon successeur au gouvernement de l'Algérie, je n'hésiterais pas à désigner Mgr le duc d'Aumale, dans lequel se trouvent réunies les qualités qui constituent le chef d'armée et l'administrateur. Il a la décision prompte, le courage entraînant, le corps infatigable et l'amour du travail, le tout dirigé par une haute intelligence et un *ferme bon sens.* »

« Joignez à cela le prestige dont l'entoure, aux yeux de tous et des Arabes surtout, son titre de fils du sultan de France, et vous aurez en lui le gouverneur qui fera de l'Algérie un royaume prospère.

« Maintenant, ajoutait-il, savez-vous quels sont, parmi les splendides colonels, tous appelés d'ailleurs à illustrer l'armée, les deux hommes qui à mes yeux ont l'étoffe des grands capitaines ? ce sont Saint-Arnaud et Montauban. »

Puisque mes récits m'amènent au moment où je vais me séparer de mon chef bien-aimé, je crois opportun de dire quelques mots à propos d'une comparaison que j'ai entendu établir entre lui et Abd-el-Kader. Bien souvent de hauts personnages, en parlant devant moi de la lutte qu'Abd-el-Kader a soutenue contre le maréchal Bugeaud, prétendaient que l'Émir s'était montré supérieur à son adversaire.

« Le chef arabe, disaient-ils, sans armée régulière, sans places fortes, sans artillerie et sans trésor a, pendant six ans (1), tenu en échec le général français qui était à la tête d'une armée nombreuse et disciplinée et qui disposait d'un matériel de guerre formidable et d'inépuisables ressources. »

Pour tout homme ayant fait la guerre en Algérie et connaissant le pays et les populations musulmanes qui l'habitent, cette opinion, à l'aspect spécieux, est erronée.

Les sentiments d'affection, d'admiration même que m'a inspirés Abd-el-Kader et dont on a trouvé l'expression dans le premier volume de mes récits, consacré, en grande partie, à tracer l'épopée du fils de Mahhi-ed-Din, depuis son appari-

---

(1) De 1841 à 1847.

tion en 1832 jusqu'à la rupture du traité de la Tafna en 1839, ces sentiments, dis-je, me permettent, sans que je puisse être taxé de malveillance, de réduire à sa juste valeur l'action militaire de l'illustre Émir dans la lutte qu'il a soutenue contre le maréchal Bugeaud.

C'est précisément l'impossibilité où se trouvait Abd-el-Kader d'opposer à son ennemi les moyens de défense employés dans les guerres entre nations civilisées, armées régulières, places fortes, arsenaux, etc., qui lui a facilité les moyens de prolonger cette lutte.

On peut, en effet, terminer une guerre et assurer la conquête d'un pays en remportant une grande victoire sur ses armées ou en s'emparant de ses places fortes, de ses arsenaux et de ses villes manufacturières.

Mais comment livrer une grande bataille à un adversaire se dérobant sans cesse, et comment atteindre les intérêts matériels d'un peuple ne possédant ni capitale, ni places fortes, ni centres industriels et qui, essentiellement nomade, fait le vide devant ses agresseurs ?

Telle était la tactique de l'Émir ; instruit de nos moindres mouvements, *de nos projets même*, par les milliers de musulmans dévoués à sa cause, il était constamment sur ses gardes.

Ses khalifas, à la tête des contingents de leurs provinces, arrivaient sur le territoire que nous nous préparions à envahir, forçaient les populations à émigrer et harcelaient nos colonnes. Tentions-nous de les poursuivre ? Fantassins et cavaliers connaissant, suivant leur expression, jusqu'aux pierres de leur pays, disparaissaient comme par enchantement.

Partout Abd-el-Kader et ses partisans étaient accueillis, hébergés et renseignés; partout nous étions reçus à coups de fusil, et, quand à bout de vivres, nous étions forcés de revenir à nos bases d'opération, des nuées d'Arabes se ruaient sur nos arrière-gardes, et nous poursuivaient jusque dans nos lignes. L'Émir, alors, proclamait que ses troupes venaient de remporter une grande victoire sur les Français!

On a beaucoup vanté les mouvements stratégiques d'Abd-el-Kader. Mais ces opérations militaires, si justement admirées quand il s'agit de transporter à de grandes distances des armées avec leur matériel et leurs impedimenta, n'offraient aucune difficulté à Abd-el-Kader.

Ce n'était rien pour lui, en effet, de parcourir 50 lieues en 24 heures, accompagné de sa cavalerie régulière qui suffisait pour rassembler les contingents de la contrée où il voulait opérer? Ainsi, menaçant aujourd'hui la plaine de la Mitidja à la tête des contingents des Isser, des Amraoua, du Sebaou et de l'est de Tittery, demain il pouvait apparaître dans la vallée de la Mina et du Chélif entraînant avec lui les goum des Flittas et de l'Ouaransenis.

En opérant ces mouvements, il n'avait jamais à se préoccuper des vivres de ses troupes régulières et irrégulières, chaque homme pouvant emporter avec lui, sous forme de rouina (1) des vivres pour plus de huit jours, et les cavaliers trouvant de l'orge pour leurs chevaux dans les silos dont ils connaissent partout la situation.

En pareilles conditions, on conçoit avec quelle rapidité Abd-el-Kader se rendait d'une province dans une autre. Connaissant exactement la position de toutes nos colonnes, il pouvait passer et repasser entre elles sans qu'elles pussent s'en douter, de sorte que lorsque nos généraux croyaient l'Émir devant eux, ils apprenaient tout d'un coup qu'il ghaziait des tribus soumises, ou menaçait nos établissements à vingt ou trente lieues en arrière.

---

(1) Voir tome Ier, page 181.

Quelles difficultés, au contraire, s'opposaient à la marche de nos troupes, obligées de traîner après elles d'immenses convois à travers des pays inconnus et difficiles, exposées aux intempéries d'un climat meurtrier et harcelées sans cesse par un ennemi, pour ainsi dire, invisible !

C'est en suivant, pas à pas, les péripéties de cette grande lutte qu'on peut apprécier impartialement les mérites respectifs des deux illustres adversaires qui l'ont soutenue (1), et qu'on peut résumer ainsi :

Au maréchal le génie militaire et toutes les qualités du grand capitaine ; à Abd-el-Kader l'invincible ténacité et l'indomptable énergie d'un héros de la foi et du patriotisme.

---

(1) Plus d'une fois déjà j'ai cité l'ouvrage important dans lequel M. le comte d'Ideville fait revivre le maréchal Bugeaud. C'est dans ce beau livre que nos lecteurs jugeront le grand œuvre du conquérant de l'Algérie.

CHAPITRE LVI.

Jugements portés par deux personnages musulmans sur Abd-el-Kader.

Le court parallèle, établi dans le chapitre précédent, entre le maréchal Bugeaud et l'Émir, me rappelle la façon dont deux hauts personnages musulmans appréciaient, devant moi, le rôle joué par Abd-el-Kader en Algérie.

En relatant ici les jugements diamétralement opposés que portaient mes deux amis sur l'Émir, je commets un anachronisme, puisque je ne les ai entendu énoncer que vingt ans après la grande lutte soutenue par cet illustre champion de l'islamisme; mais j'ai pensé que mes lecteurs trouveraient dans ces appréciations si diverses l'explication de certains faits et de certaines situations que j'aurai à raconter dans la suite de cet ouvrage. Il est bien entendu que je laisse à chacun d'eux l'entière responsabilité de ses opinions.

Sidi Abdallah (1), chérif et marabout, affilié à la confrérie de Sidi-Mohammed el Tedjini, avait fait plus d'un pèlerinage à la Mecque et avait été accueilli avec distinction par les ulémas des plus célèbres universités de l'Orient. Il avait lu tous les ouvrages des philosophes grecs traduits en arabe et, tout en restant fervent musulman, il avait adouci, par l'étude de la philosophie, ce que la doctrine de l'islamisme a d'exclusif et d'intolérant. Des circonstances qu'il serait inutile de rapporter avaient établi une grande intimité entre ce person-

---

(1) Sidi-Abdallah, originaire de Tlemcen, était venu habiter Tunis et avait réclamé la protection du représentant de la France.

nage et moi, tandis que je représentais la France à Tunis. Dans cette intimité était également admis le chérif marocain dont on lira plus loin le jugement.

« Quand nos ancêtres furent chassés d'Espagne, me dit un jour mon philosophe tunisien, et lorsque le padisha de Stamboul vit anéantir ses armées par le sabre de Yoan Soubski (1), Dieu permit la décadence de l'Islam. Depuis cette fatale époque, notre faiblesse s'est accentuée en raison des progrès de la puissance des chrétiens et, dès lors, tout homme sensé a compris que le devoir des princes musulmans était désormais de vivre en paix avec les nations chrétiennes. Aussi n'ai-je jamais cessé de blâmer hautement la guerre soutenue par Abd-el-Kader contre les Français.

« Et à ce propos, ajouta-t-il, voici une circonstance qui me revient à la mémoire :

« Bien avant la prise d'Alger par les Français, j'étais l'ami de Sidi Mahhi-ed-Din (2). A son retour de la Mecque, en l'an 1237 de l'hégire (1822), il me présenta son jeune fils Abd-el-Kader, dont l'intelligence précoce avait tellement frappé le descendant vénéré du grand marabout de Baghdad, *Sidi Abd-el-Kader-el-Djilani*, qu'il lui avait prédit de grandes destinées (3). D'autres ulémas des lieux saints avaient, dit-on, remarqué en cet enfant les signes précurseurs de la souveraineté, de telle sorte que Sidi Mahhi-ed-Din, dont la perspicacité n'égalait pas la foi, ne laissait échapper aucune occasion de redire à tous les Arabes les prédictions du marabout de Baghdad et des chérifs de la Mecque. L'excellent homme avait plusieurs fils, un seul était l'objet de ses préoccupations et de ses ambitieuses espérances.

(1) Jean Sobieski.
(2) Père d'Abd-el-Kader.
(3) Lors du voyage de Sidi Mahhi-ed-Din à la Mecque et à Baghdad. Voir tome Ier, page 141.

« Cette admiration outrée m'inspira tout d'abord des craintes, et je crus devoir attirer l'attention de mon ami sur ses conséquences. Dans ce but, un soir que j'étais sous la tente et que je causais intimement avec lui et sa femme Lella Zohra, ma tante maternelle, je leur racontai l'apologue suivant :

« Un chakal et sa femme (c'était à l'époque où les bêtes
« parlaient) avaient plusieurs enfants doux et vertueux qui
« marchaient modestement sur les traces de leurs ancêtres ;
« mais ils ne suffisaient pas à leur bonheur, et Dieu écoutant
« leurs vœux, leur accorda un petit chakal dont la peau était
« mouchetée de blanc; à mesure qu'il grandissait il devenait
« plus joli et plus gracieux. Le père et la mère, fiers d'un si
« bel enfant, le montraient avec orgueil à tous leurs voisins.
« La réputation de beauté et d'intelligence du petit chakal
« moucheté (1) s'étendait au loin et arriva aux oreilles d'un
« chasseur intrépide, qui, suivi de sa meute, força la de-
« meure du père et de la mère, les tua ainsi que leurs autres
« enfants et s'empara du chakal moucheté. »

« Sidi Mahhi-ed-Din et Lella Zohra s'amusèrent de mon apologue, mais n'en comprirent pas le sens. Hélas! Dieu m'avait pourtant soulevé un coin du voile qui cache l'avenir aux yeux de ses créatures! Tu sais comment le saint marabout de Gheris fit proclamer son fils Abd-el-Kader sultan des Arabes et quelle guerre terrible s'ensuivit. Dieu, jetant un regard de miséricorde sur les musulmans de l'Algérie, inspira aux Français le désir de la paix. L'observation fidèle des conditions du traité conclu à la Tafna eût permis à Abd-el-Kader d'accomplir la mission qu'il avait reçue de Dieu, disait-il, de régénérer le peuple arabe, abruti par la domination des Turcs. Mais lorsque Dieu veut perdre un prince, il lui ôte la vue de la raison. Le fils de Mahhi-ed-Din, aveuglé par

---

(1) *Dhib el mezarkat.*

l'orgueil, lui, hier encore humble *taleb* de Zaouïa, se crut assez fort pour lutter contre le souverain de la plus puissante nation des chrétiens, et il entraîna de nouveau les musulmans dans une guerre qui, pendant huit (1) années, a porté la désolation et la mort au milieu de populations inoffensives. Et il appelait cette guerre *el Djihad* (la guerre sainte), et il prenait le titre de Moudjehad fi Sébil illah (2) ! Non, une guerre dont l'issue doit évidemment amener la ruine de celui qui l'entreprend, n'est pas le Djihad commandé par Dieu ; non, il ne combat pas dans les voies de Dieu celui qui entraîne ses peuples à de pareilles catastrophes.

« Le Prophète nous l'a dit : « Sachez vous soumettre à
« celui qui vous a vaincus, jusqu'à ce que Dieu vous redonne
« la victoire. »

« Non, je le répète, le fils de Mahhi-ed-Din n'a pas marché dans les voies du Seigneur.

« Et quelle a été sa conduite vis-à-vis du sultan du Maroc, qui l'avait accueilli comme un père accueille son fils ? N'a-t-il pas soulevé contre lui ses propres sujets et attiré sur son empire les désastres de la guerre ?

« Puis, après avoir causé la mort et la ruine des musulmans qu'il voulait régénérer, il est allé implorer la générosité des chrétiens qu'il avait combattus, et voilà qu'il jouit paisiblement de toutes les douceurs de l'existence !

« Et pourtant (ô Seigneur, qui peut sonder le mystère de tes décrets ?) ce n'est pas sur Abd-el-Kader que s'appesantissent les châtiments, c'est sur ceux auprès desquels il a trouvé un abri. Vois-le, en effet : après avoir couvert de feu et de sang tout le royaume d'Alger, il se réfugie au Maroc. La guerre désole aussitôt cet empire (3).

(1) De 1839 (rupture du traité de la Tafna) à fin 1847 (sa reddition).
(2) Le guerrier saint dans les voies du Seigneur.
(3) 1844.

« Au moment où il pose le pied sur la terre de France, la révolution y éclate et le Roi dont le fils lui a donné l'*aman*, est renversé du trône de ses aïeux (1).

« Il est envoyé à Brousse ; à peine y est-il installé que la ville est bouleversée par un tremblement de terre (2).

« Il choisit enfin Damas pour sa résidence, et tu viens toi même denous annoncer le massacre des chrétiens en Syrie (3).

« Que Dieu nous fasse miséricorde et préserve l'Islam des hommes orgueilleux qui, sous le prétexte d'accomplir une mission divine, attirent sur les fils d'Adam l'horrible fléau de la guerre !

« Pourquoi mes vieux amis Sidi Mahhi-ed-Din et Lella Zohra n'ont-ils pas compris l'apologue du *dhib el mezarkat* ? (le chakal moucheté) ? »

Voici maintenant l'opinion de l'autre personnage, Mouley Ahmed, originaire du Maroc, où il avait étudié à l'université de Fez et qui, établi à Tunis depuis de longues années, y jouissait d'une grande réputation de science et de sainteté. Il était affilié à la grande confrérie de Sidi Abd-el-Kader el Djilani, de Baghdad. J'avais assisté mainte fois aux discussions qui naissaient entre mes deux amis quand la conversation tombait sur Abd-el-Kader. C'est donc aux accusations de Sidi Abdallah chérif, que répondait l'uléma marocain en faisant le panégyrique d'Abd-el-Kader.

« Dieu, me disait-il, a permis plusieurs rencontres entre moi, humble serviteur de Dieu, et Sidi el Hadj Abd-el-Kader ben Mahhi-ed-Din ; je compte en outre, au nombre de mes amis, plusieurs des personnages qui ont combattu à ses côtés. Je l'ai suivi attentivement durant sa noble existence et j'ai la conviction intime que jamais, dans aucun de ses actes, il

(1) 1848.
(2) 1853.
(3) 1860.

ne s'est laissé guider par un sentiment d'orgueil ou d'intérêt personnel. Jamais il n'a affecté de recevoir de Dieu des inspirations miraculeuses. Ses inspirations, il les a puisées dans le Coran, dans les hadith de notre prophète et dans les plus illustres commentateurs de l'islamisme. En comparant les musulmans d'aujourd'hui aux musulmans des siècles glorieux de l'Islam, dont personne mieux que lui ne connaît l'histoire, il a eu honte de leur dégénérescence et a senti dans son cœur une foi assez ardente pour réveiller celle de ses coreligionnaires. Dieu ne lui offrait-il pas d'ailleurs l'occasion la plus favorable de secouer l'indifférence religieuse des Arabes, en permettant que leur patrie fût envahie par les chrétiens ? Et n'est-ce pas dans le djihad (la guerre sainte) que les musulmans peuvent raviver leur foi ? Quand il s'agit de défendre sa religion, sa famille et son pays, doit-on songer au nombre et à la force de l'ennemi qui les menace, et aux funestes conséquences de la guerre ? Ne doit-on pas combattre jusqu'à la mort, quand cette mort est mille fois préférable à une vie passée dans l'irréligion et l'esclavage ? Voilà la pensée qui a dirigé les actes d'Abd-el-Kader, et à sa voix les musulmans se sont réveillés et ont combattu le combat de Dieu. Abd-el-Kader s'est-il jamais soustrait aux dangers, aux fatigues et aux privations auxquels étaient soumis ceux qu'il entraînait à la guerre sainte ? Ne donnait-il pas l'exemple du courage et de la résignation ?

« Il soutenait, dit Sidi Abdallah, une lutte dont l'issue fatale était certaine, mais l'homme peut-il se permettre de prévoir les desseins de Dieu ? Ne lisons-nous pas dans son livre : « Le moucheron peut aveugler le lion. » « La victoire ne vient que de Dieu » ? — Il marchait dans la voie tracée par le Seigneur, et lui abandonnait le soin de sa destinée. S'il eût pris en considération le bien-être éphémère des populations musulmanes, il eût compromis leur salut éternel, il eût déserté la cause de Dieu dont il s'était fait le défenseur. Or qui abandonne Dieu est abandonné par Dieu. Gloire au fils de Mahhi ed Din dans ce monde et dans l'autre !

« Sais-tu pourquoi certains musulmans condamnent la conduite d'Abd-el-Kader ? c'est qu'elle établit un contraste qui les blesse entre son désintéressement et leur avarice, entre son mépris du repos et du bien-être et leur amour de l'oisiveté et du luxe, entre la ferveur de ses croyances et la torpeur de leur foi !

« Sidi Abdallah reproche à Abd-el-Kader sa conduite vis-à-vis le sultan de Maroc. Ah ! mon cœur se trouble à la vision que met devant mes yeux ce douloureux souvenir ! Je vois apparaître devant le trône de l'Éternel ce sultan que j'ai servi et appris à respecter, et j'entends une voix formidable qui lui crie :

« *Va, loin de la présence de Dieu, toi descendant du Pro-*
« *phète, toi le souverain d'un vaste empire musulman dont*
« *tu laisses engourdir la foi! Va subir le châtiment du crime*
« *que tu as commis en t'alliant aux infidèles contre le vrai*
« *croyant qui marchait dans mes voies.* » *Et je vois, en même temps, le fils de Mahhi-ed-Din, entouré d'une lumière divine et montant au septième ciel, soutenu par Sidna Gebril* (1). »

En parlant ainsi, mon fervent interlocuteur semblait lui-même transporté aux régions éthérées.

Puis, il continua :

« Quand il a demandé l'aman aux Français, Abd-el-Kader, tout en rendant hommage à l'ennemi qui l'a vaincu, n'a songé qu'à sa famille et à ses compagnons. C'est pour assurer l'existence des nombreux musulmans rassemblés autour de leur ancien maître qu'il a accepté les dons de la France, et il

(1) L'ange Gabriel.

suit la loi de Dieu en restant fidèle à la parole de soumission qu'il a donnée à son souverain.

« Les malheurs qui ont atteint les pays où il s'est successivement réfugié prouvent que la bénédiction de Dieu le protège contre les fléaux qu'il envoie à ses ennemis. Que Dieu nous fasse participer à ses mérites ! »

Des deux jugements qui précèdent, lequel représente l'opinion de la majorité du monde musulman ?

Les populations algériennes qui ont été constamment victimes de la lutte acharnée soutenue par l'Émir contre la France, partagent, en grande partie, les idées du marabout philosophe Sidi Abdallah. Telle doit être également l'opinion des Princes musulmans dont le luxe, les mœurs déréglées et l'indifférence religieuse, offraient, au détriment de leur considération parmi leurs sujets, un contraste si frappant avec la simplicité, les mœurs austères et la foi ardente du Moudjehed (guerrier saint), mais, à part ces exceptions tous les musulmans répandus sur la surface du globe sont animés, à l'égard du fils de Mahhi-ed-Din, des sentiments d'admiration que m'exprimait le chérif marocain.

L'histoire confirmera, je l'espère, le jugement que je porte, à la fin du chapitre précédent, sur l'illustre adversaire du maréchal Bugeaud en plaçant Abd-el-Kader au rang des héros qui ont combattu pour ce que les hommes ont de plus sacré : la foi et la patrie.

CHAPITRE LVII.

Délimitation de la frontière du Maroc.

Dans les premiers jours de février, le général comte de la Ruë, son aide de camp le capitaine Pourcet et moi arrivions à Oran, d'où nous repartîmes immédiatement pour Tlemcen. Là, nous trouvâmes le général de Lamoricière, qui avait préparé un travail sur les limites établies entre l'empire du Maroc et la régence d'Alger sous la domination des Turcs.

Le tracé de cette limite avait été fait avec l'habileté et l'exactitude consciencieuse du commandant de Martimprey, chef du service topographique, qui non seulement avait consulté les documents conservés dans les archives des Turcs, mais avait contrôlé ces documents en interrogeant tous les kaïds et cheikhs des tribus algériennes limitrophes. Sidi Hammedi Sakkal, ancien gouverneur de Tlemcen, et les vieux chefs coulouglis avaient corroboré de leur témoignage l'exactitude des limites tracées par le commandant, sous la haute direction du général de Lamoricière.

Ces limites étaient indiquées sur une magnifique carte au cent millième. J'inscrivis moi-même en arabe tous les noms des tribus, des montagnes, des rivières, etc.

Le général de Lamoricière fit mettre sous mes yeux les documents relatifs aux frontières du Maroc trouvés dans les archives turques. Il exigea que j'interrogeasse de nouveau les chefs indigènes qui avaient fourni les renseignements au commandant de Martimprey et me fit subir ensuite un examen sévère afin de bien s'assurer que je possédais tous les éléments nécessaires pour pouvoir traiter, en connaissance de cause, la question de la délimitation. « Maintenant, dit-il au général de la Ruë, que Roches connaît la frontière et qu'il est convaincu de l'exactitude scrupuleuse de notre tracé, c'est-à-dire des limites fixées par les Turcs, lui seul pourra faire passer cette conviction dans l'esprit des agents de l'empereur. Laissons-le donc employer les moyens de persuasion qu'il croira les plus efficaces ; je l'ai vu à l'œuvre et je réponds du succès. »

Le général de la Ruë voulut bien partager l'opinion bienveillante du général de Lamoricière et je me rendis seul à Oudjda où venaient d'arriver les plénipotentiaires marocains Sid Ahmida Ben-Ali et Sid Ahmed Ben-el-Khadir. Une lettre du général de la Ruë m'accréditait auprès d'eux, à l'effet de poser les bases de la négociation, et de préparer la rédaction des articles du traité.

J'étais muni du tracé de la frontière et des documents Turcs qui en constataient l'exactitude. J'avais en outre, entre mes mains un projet de traité adopté par le plénipotentiaire français et par le général commandant la province d'Oran.

L'habileté (terme euphémique) des diplomates marocains me causait de vives appréhensions ; heureusement j'avais trouvé de précieux enseignements dans mes relations avec les agents de l'empereur durant la campagne d'Isly et dans la correspondance même de ce souverain avec son fils ; grâce à cette étude préalable, je pus me tenir en garde contre mes adversaires maugrebins qui savent mentir avec une amabilité et une apparente franchise inimaginables.

Après quatre longues journées, je leur avais fait admettre l'exactitude du tracé du commandant de Martimprey et je rapportais au général de la Ruë une note, paraphée par les deux plénipotentiaires marocains, établissant succinctement les bases de la négociation.

Le projet de traité de délimitation fut rédigé par le général de la Ruë, qui cédant aux instances du général de Lamoricière, y joignit un projet de convention destinée à régler les rapports commerciaux entre la France et le Maroc par la frontière de terre.

Il s'aboucha alors avec les plénipotentiaires marocains, et après plusieurs entrevues le traité et la convention commerciale furent définitivement rédigés et signés, le 18 mars 1845, au poste de Lella Maghrnïa.

Chacun des plénipotentiaires prit l'engagement de soumettre le plus tôt possible à la ratification de son souverain, l'exemplaire du traité resté entre ses mains, et on se sépara après un échange cordial de félicitations qui, de notre part, furent accompagnées de superbes cadeaux. Suivant leur habitude, les envoyés marocains nous offrirent d'assez médiocres chevaux.

Le général de la Ruë me chargea d'emporter à Paris le traité de délimitation.

L'esprit prudent et sagace du roi semblait prévoir que la convention commerciale donnerait lieu à de sérieuses difficultés et il hésitait à la ratifier. Sa Majesté ne céda que devant les instances pressantes du maréchal Soult, qui défendait l'œuvre de ses généraux.

Enfin, après vingt jours d'attente, le traité ratifié me fut remis et je l'apportai au général plénipotentiaire, qui m'attendait à Alger.

Nous partîmes le jour même et nous arrivâmes à Oran le 12 mai 1845; là, nous apprîmes de mauvaises nouvelles; l'empereur du Maroc refusait de ratifier le traité de délimitation.

Le plénipotentiaire français eût compromis la dignité de son caractère en s'exposant à recevoir lui-même un pareil refus ; il se décida donc à m'envoyer seul à Tanger, où j'arrivai le 16.

Voici ce que je lui écrivais le 17.

« Mon Général,

« Les ratifications de notre Sultan se sont fait trop attendre ; pendant les deux longs mois qui se sont écoulés depuis la signature du traité de Lella Maghrnia, les clauses en ont été ébruitées ; des personnes, maladroitement bienveillantes, ont énuméré les avantages que nous avons obtenus ; la convention commerciale surtout a éveillé de terribles méfiances, qui ont eu le temps de se faire sentir à la cour de Fez ; l'agent anglais a d'autant plus effrayé le pauvre Mouley Abd-er-Rahman qu'il s'est lui-même exagéré la portée de cette convention.

« De son côté, Abd-el-Kader comprenant les conséquences d'un traité qui fixe une limite précise, assure à la France des droits de souveraineté méconnus jusqu'à ce jour, et lui donne même le droit de pénétrer dans le désert marocain pour y poursuivre ses sujets rebelles ou ceux qui lui donneraient asile, Abd-el-Kader, dis-je, a expédié auprès des amis qu'il compte à la cour de Fez, des émissaires chargés de remettre à l'empereur une adresse où toutes les tribus marocaines limitrophes de l'Algérie protestent contre le traité.

« D'après ce *factum*, les Français auraient usé de moyens d'intimidation et de corruption vis-à-vis des plénipotentiaires marocains pour leur faire accepter des conditions portant les plus graves atteintes à la dignité et aux intérêts de l'islamisme.

« Ces malheureux plénipotentiaires, qui ont au contraire

manifesté dans les négociations autant d'habileté que de patriotisme, ont été désavoués et chargés de fers ; les présents que nous leur avions offerts ont été renvoyés, et l'empereur vient d'écrire à notre représentant à Tanger qu'il refuse absolument de ratifier un traité blessant pour sa dignité souveraine et lésant les intérêts de ses sujets.

« Il ajoute que ce traité a été imposé à ses agents par des moyens que doit désavouer un gouvernement qui se respecte, et, par conséquent, il demande la nomination d'autres plénipotentiaires chargés de procéder à une nouvelle délimitation avec interdiction formelle d'y insérer aucun article relatif au commerce.

« Et figurez-vous, mon Général, que la lettre de l'empereur est rédigée avec tant de finesse, ses plaintes sont formulées avec un tel accent de vérité et le rôle du général de Lamoricière *ayant soi-disant fait rapprocher son armée du lieu de la conférence*, y apparaît avec tant d'habileté, que notre représentant, agent très distingué du reste, mais arrivé depuis deux mois au Maroc, n'était pas éloigné de s'apitoyer sur le sort de cet infortuné souverain !

« Ainsi neuf mois sont à peine écoulés depuis le traité que nous avons généreusement accordé à Mouley Abd-er-Rahman, dont nous venions de battre les armées et démanteler les forts, et voilà qu'il refuse de ratifier une des clauses de ce traité et se permet de porter des accusations mensongères contre les plénipotentiaires du Roi !

« Vous comprenez, mon Général, l'effet qu'ont produit ces insolentes prétentions sur la fibre de l'interprète du maréchal Bugeaud, qui a assisté à la bataille d'Isly et qui a lu la correspondance de l'empereur du Maroc avec son fils !

« J'avoue, et je m'en repens, que j'ai profondément scandalisé notre chargé d'affaires à Tanger en tenant un langage peu diplomatique à l'égard de *Sa Majesté chériflenne*.

Mais il ne s'agissait pas de m'indigner, il fallait trouver un moyen de conjurer les fatales conséquences que ne manquerait pas d'amener le refus de l'empereur.

« Je savais que Mgr le prince de Joinville avait eu beaucoup à se louer du concours de M. Giacomo de Martino, consul général de Naples au Maroc. Je me présentai donc à lui sous les auspices de M. Decaze, duc de Glücksberg, un des signataires du traité de Tanger. C'est un jeune homme sympathique, spirituel et dont j'admire l'intelligence (1). J'ai passé la nuit entière à l'écouter et à prendre des notes. Il connaît son Maroc, comme je connais mon Algérie.

« Il est certain que l'obstacle le plus sérieux qui s'oppose à la ratification du traité de délimitation, c'est la convention commerciale, convention qui produirait d'ailleurs des résultats tout à fait opposés à ceux que nous nous proposions d'obtenir.

« Vous allez vous en convaincre :

« Notre convention stipule la liberté entière du commerce sur toute la frontière entre l'Algérie et le Maroc *par voie de terre*.

« L'Espagne, comme toutes les autres puissances qui ont conclu des traités avec le Maroc, a droit à tous les avantages accordés à l'une d'elles ; or, comme elle possède quatre *presidios* sur la côte marocaine, elle est en droit de réclamer la liberté du commerce *par voie de terre*. Cette prétention, parfaitement fondée d'après la lettre même des traités, serait appuyée par l'Angleterre dans le cas où notre convention commerciale serait ratifiée et les presidios espagnols deviendraient autant d'*emporiums* par lesquels les marchandises anglaises inonderaient le Maroc sans payer de droits.

---

(1) M. Giacomo de Martino a été depuis ministre du roi de Naples et, jusqu'à la fin de son règne, il n'a cessé de donner à cet infortuné souverain des preuves éclatantes de sa fidélité et de son dévouement.

Les intérêts de l'empereur et les nôtres seraient donc également lésés. Le roi avait raison de refuser ses ratifications à notre *petit traité de commerce* dont nous étions si fiers ! Et vraiment, si, nous, militaires, qui n'avons envisagé la question qu'au point de vue des intérêts de l'Algérie, sommes pardonnables d'avoir fait cette convention, je ne comprends pas que les ministres en aient imposé au roi la ratification.

« Vous connaissez mes tendances optimistes, mon Général, et vous avez raison de les combattre, eh bien, je suis incorrigible ; au lieu de m'affliger je me suis réjoui du refus que l'empereur oppose à une convention dont vous entrevoyez maintenant avec moi les funestes conséquences.

« Il n'y a pas à hésiter, *il faut annuler* cette annexe à notre traité : mais je ne me dissimule pas la gravité de cette détermination que vous seul pouvez prendre, mon Général. Je me suis toutefois permis, afin de faciliter notre évolution, de répandre le bruit que le roi a ratifié le traité de délimitation, mais a refusé sa sanction à la convention commerciale. Notre chargé d'affaires m'a promis de ne pas démentir ce bruit.

Si vous prenez cette résolution, très grave, je le répète, mais que commandent les circonstances et à laquelle le moindre retard, la moindre hésitation enlèveraient son efficacité, je me rendrai immédiatement auprès du pacha de Larache, Bou-Selham Ben-Ali, chargé de traiter avec les chrétiens et qu'on décore du titre pompeux de ministre des affaires étrangères. Je vous écris à bord du *Titan* et vous prie de me le réexpédier sans retard. Il y a péril en la demeure.

« Agréez, etc. »

Le général de la Ruë, après avoir conféré avec le général de Lamoricière, prit la grande résolution de déclarer au gouvernement marocain que le roi avait refusé de ratifier la convention commerciale, se réservant de reprendre cette négociation lors de la revision des traités. Il m'adressa des instructions précises à cet égard et m'accrédita auprès de notre représentant à Tanger, qui devait lui-même m'accréditer auprès de Bou-Selham. Le général, dont la responsabilité était seule engagée, me recommanda circonspection et prudence ; il était bien entendu, d'ailleurs, que mon rôle se bornait à négocier, lui seul se réservant de conclure.

Je me rendis immédiatement auprès du pacha de Larache auquel je remis une lettre d'un mokaddem de la confrérie de *Moulay Taïeb* (1) que j'avais eu la chance de rencontrer à Tanger. Cette lettre, où le disciple du grand saint de *Ouazzan* parlait des services que j'avais rendus aux musulmans de l'Algérie, me valut un accueil exceptionnel.

Avant d'aller plus loin, il est nécessaire de donner quelques explications sur la position du pacha de Larache. Durant les difficultés qu'avait soulevées le séjour d'Abd-el-Kader au Maroc et lors des événements de la frontière, Bou-Selham Ben-Ali s'était toujours montré partisan des mesures pacifiques, et c'était lui que l'empereur avait choisi pour négocier et signer le traité de Tanger. En un mot, il représentait au Maroc le parti de la paix et jouissait par cela même d'un grand crédit auprès de son pacifique souverain.

Ben-Driss, premier secrétaire de l'empereur, c'est-à-dire son premier ministre, avait, disait-on, poussé à la guerre. De là une rivalité secrète entre les deux personnages ; on comprend dès lors que pour conserver sa faveur auprès de l'empereur, Bou-Selham avait tout intérêt à maintenir la paix ; aussi après trois ou quatre conférences, je pus, sans il-

(1) Les lecteurs n'ont pas oublié les relations que j'avais entretenues et que j'entretenais encore avec les membres de cette grande confrérie, dont j'avais rencontré les mokaddem à Kaïrouan, au Caire et à Taïf. Ils se souviennent également de l'accueil favorable fait par le grand marabout de Ouazzan Mouley-el-Aârbi cherif, cousin de l'empereur, à la lettre que je lui adressais au sujet des marabouts des Bess-hess de l'Ouarausenis. (Voir le chapitre XXXIX Beni-Ouragh.)

lusion, acquérir la certitude que j'avais en lui bien plutôt un allié qu'un adversaire.

Il ne me fut pas difficile, d'ailleurs, de le convaincre de la fausseté des bruits répandus relativement à la pression que nous aurions exercée sur les plénipotentiaires marocains, et, documents en main, je lui démontrai l'exactitude du tracé de la frontière.

D'après son conseil, je copiai les documents que j'avais mis sous ses yeux, je rédigeai une note dans laquelle je réunis tous les arguments qui m'avaient servi à le persuader et j'annexai ces pièces à une lettre que je lui adressais à lui-même comme ministre des affaires étrangères, et par laquelle je lui faisais comprendre l'urgence d'une réponse prompte et explicite.

Bou-Selham me promit de recommander ma note et ma lettre à l'attention de l'empereur son maître.

Au bout de huit jours, je reçus à Tanger, où j'étais allé l'attendre, une lettre de Ben-Driss au général de la Ruë, lui annonçant que l'empereur consentait à ratifier le traité de délimitation moyennant *quelques légères modifications*. Je me rendis aussitôt à Laraehe. Quel fut mon étonnement lorsque Bou-Selham me dit que l'empereur ne lui avait point envoyé les ratifications demandées et que Sa Majesté l'avait simplement autorisé à rédiger un nouveau traité sur les bases de celui de Lella Maghrnïa! Il me fit lire le projet envoyé par l'empereur. Le tracé était le même, mais on avait choisi d'autres points de repère; le désert n'était pas délimité et nos droits de suzeraineté et de souveraineté sur nos raïas (sujets) de l'empire d'Alger n'étaient pas énoncés.

En outre de ces *modifications importantes*, l'acte seul de rédiger un nouvel instrument et de le faire signer par d'autres plénipotentiaires marocains constituait un désaveu public du premier traité.

Ces prétentions n'étaient pas admissibles.

Prolonger la discussion, c'était porter une grave atteinte à la dignité même de notre souverain dans la personne de son plénipotentiaire. Il était indispensable de prendre une prompte résolution.

Bien persuadé qu'un langage sévère et une attitude énergique mettrait fin aux intolérables exigences du gouvernement marocain, j'eus l'inspiration de parler et d'écrire en mon nom personnel. De la sorte je n'engageais pas la responsabilité du général de la Ruë, et si je n'obtenais pas le résultat que je prévoyais, je laissais à mon chef le droit de me désavouer et de reprendre les négociations soit lui-même soit par l'entremise d'un nouvel agent.

Je rédigeai donc une note, signée par moi, dans laquelle je demandais que l'empereur apposât sur l'exemplaire du traité qu'il avait entre les mains la mention suivante :

J'approuve tous les articles du traité de délimitation qui précède, parce que mon intention a été, est et sera toujours de maintenir les frontières qui existaient du temps des Turcs.

Quant à la convention commerciale, elle restera sans effet jusqu'à ce que, par un nouveau traité avec le sultan de France, nous réglions la question commerciale.

Je fixais un délai, passé lequel je déclarais que j'irais rejoindre le plénipotentiaire du roi, pour lui rendre compte de l'inutilité de mes efforts.

En envoyant copie de cet ultimatum au général de la Ruë, je lui disais :

« Ma lettre à Bou-Selham et la note que je l'ai chargé de faire parvenir à la cour de Fez, vous inspireront de graves inquiétudes, mon Général, et j'ai le pressentiment que vous n'approuverez pas mon attitude audacieuse, à cause des instructions que vous aurez reçues de Paris et qui font peser sur vous une grave responsabilité; aussi ai-je pris soin de ne point l'engager en parlant et en écrivant en mon nom ; il vous est donc loisible de me désavouer et de renouer les négociations. Quant à moi, mon cher Général, je ne suis qu'un bien petit personnage ; mais en demandant à ce que je fusse attaché à votre mission, le maréchal Bugeaud, dont je suis l'interprète, m'a tacitement imposé le devoir de m'inspirer de sa pensée. Eh bien, si par des considérations dont vous seul êtes juge, vous étiez, contrairement aux nobles sentiments qui vous animent, amené à faire *la moindre concession* aux insolentes exigences du gouvernement marocain, je vous prierais de me renvoyer bien vite auprès de mon maréchal !... »

Et, plus loin : « Mais je ne sais pourquoi, mon Général, je prends ces airs tragiques ; je suis sûr du succès de mon ultimatum, parce que j'ai appris à connaître les musulmans en général et les Maugrebins en particulier... Vous n'avez pas oublié le conseil donné par l'empereur à son fils : *Prends suivant les circonstances, le vêtement de l'orgueil ou de l'humilité !* Et cet autre proverbe arabe : *Si tu te fais agneau, je me fais lion, si tu te fais lion, je me fais agneau !*

« Je suis ridicule de vous dire toutes ces choses, mon cher Général, à vous qui, plus que personne, avez à cœur de sauvegarder la dignité et les intérêts de la France ; mais vous *tenez la queue de la poêle* et votre devoir est de concilier bien des exigences divergentes. »

L'événement confirma mes prévisions et justifia mon attitude audacieuse.

Voici en quels termes j'annonçais la bonne nouvelle au général de la Ruë, qui arrivait le jour même en rade de Tanger :

« Tanger 20 juin 1845, 2 heures du matin.

« Mon cher Général,

« Victoire ! mon ultimatum a produit l'effet que j'en attendais. L'empereur, effrayé des conséquences terribles que j'ai déroulées sous les yeux du pacha Bou-Selham, dans le cas où il refuserait de ratifier le traité de Lella Maghrnïa, l'appouve *sans aucune modification*. Sa ratification est rédigée conformément au texte indiqué par moi. La lettre impériale est dans ma poche et jamais billet doux n'a fait battre plus délicieusement mon cœur ; j'aurais été si malheureux d'avoir compromis le succès de votre mission, vous qui m'avez donné tant de preuves de bienveillance !

« Le souverain du Maroc ne se fait point illusion sur la portée des articles III, IV et V, qui établissent notre souveraineté et nous reconnaissent le droit de poursuivre les tribus rebelles sur le territoire marocain ; il se plaint de notre exigence ; mais il courbe la tête qu'il eût fièrement relevée s'il eût aperçu en nous le moindre signe de faiblesse ou d'hésitation.

« Je suis mort de fatigue. La lettre de l'empereur est arrivée à Larrache hier à onze heures du matin. A midi, je me présentais chez Bou-Selham avec lequel j'ai réglé les détails de votre entrevue. A deux heures j'étais à cheval, à minuit, je frappais à la porte de Tanger que le gouverneur, le brave Ben-Abbou, est venu m'ouvrir lui-même. Il a voulu m'accompagner chez M. de Chasteau, notre chargé d'affaires, qui m'a témoigné la joie que lui cause l'heureuse solution que je viens d'obtenir.

« Il m'est impossible de me rendre maintenant à bord du *Titan* ; mais je veux que ce billet vous procure un heureux réveil.

« Malgré mes fatigues, du reste, je me sens tout disposé à aller disputer aux lions de Tanger, l'honneur d'offrir à la plus belle le prix du popin-jay (1). »

Mes lecteurs seront choqués, comme je le suis moi-même du reste, de l'initiative hardie que je prenais et du langage que je tenais à mon supérieur ; j'espère toutefois qu'ils seront indulgents quand ils sauront que le général de la Ruë, connaissant mes sentiments de respectueuse affection et d'entier dévouement à son égard, m'autorisait à le traiter bien plutôt comme un ami que comme un chef.

Et puis la position exceptionnelle que j'occupais auprès du maréchal, et la confiance que je puisais dans la connaissance que j'avais acquise des choses et des hommes de l'islamisme donnaient alors à l'expression de mes idées cette forme tranchante que je réprouve aujourd'hui. Ce récit des difficultés que venait de rencontrer auprès du gouvernement marocain la ratification du traité de délimitation est la réfutation la plus complète des critiques dirigées plus d'une fois contre le traité de Lella Maghrnïa.

Le général de la Ruë rendit compte au gouvernement du roi de la mission qu'il venait de remplir au Maroc, et, au lieu de s'attribuer le mérite des heureux résultats dus, en grande partie, à la grave responsabilité qu'il n'avait pas craint d'assumer et à la sage et prudente direction qu'il m'avait donnée, il fit noblement ressortir le rôle que j'avais joué dans ses négociations avec les autorités marocaines et suggéra au ministre des affaires étrangères la pensée de m'attacher d'une façon quelconque à la mission de France au Maroc. Il soumit ce projet au maréchal Bugeaud, qui l'approuva et adressa à M. Guizot la lettre que je transcris ici :

(1) Oiseau en bois qui sert de cible.

Lettre du maréchal.

Alger, le 15 juillet 1845.

« Mon cher collègue,

« Le général de la Ruë vous a fait une proposition que je viens appuyer de toutes mes forces.

« Il s'agit de la nomination de Léon Roches, interprète en chef de l'armée, au poste de consul général à Tanger. C'est, me direz-vous, une énormité qui heurterait toutes les règles hiérarchiques de la diplomatie. Je réponds que la dignité et les intérêts de la France exigent que nous ayons, à la cour du Maroc, un agent spécialement initié aux hommes et aux choses de l'islamisme afin qu'il tire tout le parti possible des victoires que nous avons remportées sur ces peuples fanatiques.

« Si vous connaissiez Léon Roches comme je le connais, vous n'hésiteriez pas un instant à lui confier le poste de Tanger. Il exerce un tel prestige sur les Arabes, que j'ai vu, maintes fois, des populations entières ramenées par lui seul à la soumission. C'est qu'il parle et écrit l'arabe comme un lettré musulman ; qu'il a l'aspect guerrier ; qu'il égale l'habileté des meilleurs cavaliers arabes et que son courage est devenu proverbial parmi eux.

« J'ajoute que son esprit ardent, son cœur généreux et prompt au dévouement le rendent séduisant : c'est en outre un excellent Français.

« Si vous trouvez que le grade de consul général soit d'abord trop élevé, donnez-lui le grade inférieur, mais qu'il soit chargé, seul, de représenter la France au Maroc.

« Il faut savoir prendre les hommes propres à la chose, là
« où ils sont, et faire fléchir les règles hiérarchiques devant
« un grand intérêt national. »

« Quant à moi, en consentant à me priver des services de mon brave Roches, je fais certes acte de désintéressement.

« Agréez, etc. »

Signé :

« Maréchal Bugeaud d'Isly.

Mon chef bien-aimé, en me transmettant la copie de cette lettre, que je lègue à mes enfants comme un titre de noblesse, me conseillait vivement de saisir l'occasion qui se présentait à moi d'entrer dans la diplomatie. « J'avais d'abord encouragé votre d'ésir d'embrasser la carrière militaire, me disait-il, mais nous nous serions heurtés à des difficultés presque insurmontables et, d'ailleurs, il faut savoir sacrifier nos convenances personnelles à l'intérêt de notre pays. Eh bien, l'intérêt de la France exige que vous soyez accrédité auprès du gouvernement marocain, car vous seul remplissez les conditions indispensables pour tirer parti de nos victoires, etc., etc. »

Je serais peut-être resté sourd aux conseils du maréchal, si, pendant le cours de ses négociations avec les autorités marocaines, le général de la Rüe n'avait préparé les bases d'un autre *traité d'alliance* que les parties contractantes étaient parfaitement disposées à ratifier. . . . .

. . . .

Une ère nouvelle allait donc s'ouvrir pour moi. J'y entrevoyais certes de douces satisfactions, mais comment ne pas regretter la position que j'allais quitter ? Ah ! je comprenais bien que jamais, dans la carrière vers laquelle me poussaient les événements, je ne trouverais des jouissances morales comparables à celles qu'il m'avait été donné de goûter pendant les glorieuses campagnes de 1842, 1843 et 1844.

Jouissant de la confiance absolue d'un chef qui m'honorait de son affection et me comblait de ses bontés ; autorisé par lui à entretenir des relations directes avec tous les grands personnages arabes de l'Algérie sur lesquels, grâce à ce patronage élevé, j'exerçais une réelle influence ; associé, malgré l'infériorité de mon grade au point de vue hiérarchique, à la haute direction de la politique arabe, j'étais en outre initié aux vastes projets et à toutes les opérations militaires du gouverneur général et du général en chef. Chargé spécialement de l'interprétation orale, de la correspondance arabe, des renseignements et des guides, je remplissais, en outre, en campagne, les fonctions d'officier d'ordonnance du maréchal et je prenais part à toutes les actions de guerre dont je subissais l'irrésistible enivrement.

Quelle situation pouvait mieux convenir à mes goûts, à mes aptitudes et, le dirai-je à mon besoin de dévouement ?

Au regret que j'éprouvais en me séparant de mon chef se joignait celui de m'éloigner de cette admirable pléiade d'officiers de tous grades qui apportaient leur concours au grand œuvre du maréchal.

Que j'étais heureux et fier d'avoir conquis leur estime et leur affection, et quelles consolations n'ai-je pas puisées dans ces amitiés que le temps et les vicissitudes de la vie rendent plus chères et plus précieuses à mesure qu'on sent approcher l'heure de la séparation suprême !

Si mes lecteurs ont le courage de lire un troisième volume que je consacre au récit de mes missions au Maroc, à Tripoli et à Tunis, ils y retrouveront tous ces chers camarades, les Trochu, Fourichon, Rivet, Bosquet, Vergé, Youssouf, Fleury, Garraube, et tant d'autres. Combien, hélas ! n'en ai-je pas laissé sur ma route de ceux *que j'avais choisis pour en être les compagnons !*

FIN DU SECOND VOLUME.

NOTES.

NOTE I.

OBSERVATIONS SUR LA LANGUE ARABE.

Pendant les journées et les soirées que je passai à Taïf, au milieu des chérifs, hommes lettrés et relativement instruits, je fis des progrès sensibles dans l'étude de la langue arabe. C'est en écoutant parler les habitants du Hedjaz que j'ai acquis un langage qui, tout en conservant le cachet, si je puis m'exprimer ainsi, de l'arabe parlé dans l'ouest de l'Afrique, se rapproche pourtant de la langue littérale, et me rend compréhensible aux gens du peuple et des lettrés dans toutes les contrées de l'islamisme que j'ai parcourues. Tout en évitant autant que possible les fautes de prononciation et de grammaire commises par les habitants du Moghreb (ouest de l'Afrique), j'ai tellement contracté l'accent de ces contrées que tous les musulmans parlant l'arabe, avec lesquels je cause, sont persuadés que j'en suis originaire. Il m'est souvent arrivé de dire à quelques-uns d'entre eux qui ne me connaissaient pas que j'étais Français d'origine; ils refusaient absolument de me croire.

C'est dans le Hedjaz qu'on entend le langage le plus pur et se rapprochant le plus de l'arabe que parlaient les Koréïchites et dont le prototype est le Coran.

Un simple Bédouin du Hedjaz parle aussi correctement que les lettrés des universités lorsqu'ils sont en chaire; observant toutes les règles grammaticales, ils ne commettent pas une faute de prosodie. Quand mes amis, les chérifs de Taïf, conversaient entre eux, ils employaient non seulement les termes les plus choisis, mais ils observaient toutes les *harakat* (voyelles), et leur langage était pour mon oreille *d'arabisant* une délicieuse musique.

Les habitants de la Mecque n'ont pas conservé dans leur façon de s'exprimer la pureté de prononciation, le choix d'expression des Bédouins du Hedjaz, et pourtant leur langage est encore un modèle de douceur et d'élégance, en le comparant à celui de l'Égypte et de la Syrie. Et, à ce sujet, j'ai souvent entendu exprimer cette opinion que l'arabe parlé dans l'Occident n'était pas la même langue que l'arabe parlé dans l'Orient.

Je ne puis admettre cette opinion. La langue arabe est *une*, et elle reste *une* parce que, ainsi que je l'ai dit plus haut, son prototype est le Coran dont le texte est tellement invariable que la transposition d'une simple lettre, ou même d'un accent, par un lecteur ou un copiste, est considérée comme une impiété.

Je ne crois même pas qu'on puisse donner le nom de dialecte à l'arabe parlé dans la partie occidentale de l'Afrique; car les dialectes d'une langue offrent une sorte d'individualité plus ou moins prononcée; tandis que la langue parlée par les Tunisiens, les Algériens et les Marocains n'est autre que l'arabe mal prononcé. Or ces fautes dans la prononciation, jointes à la richesse de la langue arabe, qui abonde en synonymes et en images, où les mêmes idées peuvent être exprimées en tant de termes différents, et où les mêmes objets reçoivent des appellations différentes dans les diverses contrées de l'Orient et de l'Occident, choquent et étonnent au premier abord; mais pour peu qu'on soit lettré et qu'on se donne la peine d'écouter attentivement, on arrive bien vite à familiariser son oreille à ces divers langages, et on constate que c'est le même arabe. Deux ou trois exemples entre mille expliqueront mieux encore ces différences :

Le pain s'appelle *khobz* en Syrie et au Maroc, *kessra* dans la province d'Oran, et *adiche*, en Égypte.

Le cheval, *aoud* dans l'ouest, s'appelle *heussan* dans l'est.

Okoad, assieds-toi, dans l'ouest, *edjless* dans l'est.

Ouach enta! Ouach halek, comment te portes-tu en Algérie; *kif ennec* à Tunis; *ziic* en Égypte.

Toutes ces expressions sont parfaitement arabes.

Mon cher professeur du Caire, le cheikh El Tounsi, me disait que Fœirouzabad, le savant qui a composé le dictionnaire arabe appelé *Kamous* (1), avait recueilli dans cet ouvrage les mots et les locutions employés chez toutes les tribus de l'islamisme qu'il avait visitées à cet effet.

Les Arabes, en étendant leurs conquêtes, mêlèrent sans doute à leur langage quelques termes de l'idiome des peuples conquis, mais tous ceux qui savaient lire et écrire avaient conservé leur langue dans sa pureté première.

La prononciation a dû être modifiée par la nature des contrées où on

(1) Océan.

parle l'arabe et par le caractère des habitants. Douce et harmonieuse dans les vallées de l'Égypte et de la Mésopotamie, la langue arabe est devenue dure et gutturale dans les montagnes de la Syrie et de l'Afrique.

La différence la plus sensible que j'aie remarquée entre l'arabe parlé est celle qui existe entre les Marocains et les Bédouins de la Mecque. Eh bien, les uns et les autres parlent la même langue, mais la prononcent différemment et emploient des mots différents pour exprimer les mêmes idées. Il faut tenir compte également de la différence essentielle qui existe entre les besoins et les habitudes des peuples qui parlent la langue arabe.

Ainsi, quand je me trouvais avec des Bédouins du Hedjaz, je les comprenais beaucoup mieux que ne les comprenaient les habitants des villes de Syrie et d'Égypte, parce que leur langage se rapproche essentiellement de celui de mes Arabes du désert algérien, qui ont leur même genre de vie et leurs mêmes usages.

L'identité des mœurs a conservé l'identité du langage.

Il est bien entendu que je ne comprends pas dans les dialectes arabes le langage des Berbers, des Kabyles, des Chelouhh, des Biskeris, des Beni M'zab et des Touaregs, qui tous parlent une langue dont l'origine remonte aux Lybiens, Gétules ou Phéniciens, habitants autochtones de l'Afrique septentrionale, et qui n'a aucun point de ressemblance avec l'arabe (1).

NOTE II.

RAPPORT SUR LA FONDATION D'UN COLLÈGE FRANCO-ARABE A ALGER.

Février 1843.

Dans l'intervalle qui s'écoulait entre les expéditions que dirigeait incessamment le maréchal dans la province d'Alger et dans la province d'Oran, le guerrier n'oubliait pas les œuvres de la paix. Il me nomma membre de la commission chargée de préparer un projet de réorganisa-

---

(1) Voir, pour l'origine de la langue kabyle, le tome Ier, livre V, chap. XXXI.

tion du corps des interprètes militaires, ces utiles auxiliaires de l'armée, qui ont versé si souvent leur sang à côté de nos plus intrépides officiers (1).

Je m'occupai spécialement d'un projet de collège arabe, et on ne lira pas sans intérêt, je l'espère, le rapport que j'adressai à ce sujet à M. le Gouverneur général, rapport dans lequel je développais sur les musulmans les idées qui s'étaient formées dans mon esprit en étudiant, sur le vif pour ainsi dire, leurs mœurs, leurs usages, leur caractère et leur religion.

Alger, 10 avril 1848.

« Monsieur le Gouverneur général,

« D'après votre ordre, je jette rapidement sur le papier les idées que j'ai eu l'honneur d'émettre en votre présence, au sujet de l'organisation du corps des interprètes, et de la fondation d'un collège franco-arabe à Alger : c'est une œuvre d'avenir à laquelle, nous avez-vous dit, nous devons travailler de façon à ne pas être sans cesse obligés de recourir aux expédients, quand il s'agit de parer aux nécessités du moment.

« Grâce à vous, nous l'espérons, Monsieur le Gouverneur général, S. E. le ministre de la guerre prendra en sérieuse considération le travail de la commission que vous avez instituée à l'effet de poser les bases de l'organisation du corps des interprètes. Chaque jour, se fait de plus en plus sentir le besoin de ces utiles fonctionnaires. Partout où se sont trouvés des interprètes instruits, honnêtes et courageux, les officiers généraux auxquels ils étaient attachés ont constaté les services importants qu'ils ont rendus. Il est indispensable d'organiser ce corps de façon à assurer

---

(1) Consulter à cet effet l'ouvrage de M. Féraud, *Annales des interprètes de l'armée d'Afrique*. Dans son livre, M. Féraud a fait ressortir les services rendus par tous ses collègues et a gardé sur son compte un silence par trop modeste Comme doyen des interprètes de l'armée, je suis donc heureux de trouver cette occasion de dire hautement combien mon ancien corps s'honore d'avoir compté Féraud dans ses rangs. A part la première phase de mon existence, ma carrière et celle de Feraud ont eu, à vingt ans de distance, une analogie qui n'a pas peu contribué à resserrer les liens d'affection qui nous unissaient déjà comme collègues En effet, après avoir été promus aux divers grades de l'interprétariat, nous avons été tous deux attachés au gouverneur de l'Algérie : moi au maréchal Bugeaud, lui au général Chanzy ; nous avons quitté l'armée pour entrer aux Affaires étrangères, et nous avons été consul et consul général. M. Féraud a rendu de tels services à Tripoli, qu'il sera bientôt appelé, comme ministre plénipotentiaire, à tenir haut encore le drapeau de la France en face de l'Islam.

Je recommande également à l'attention des personnes qui s'intéressent aux affaires de l'Algérie les deux brochures remarquables publiées par M. le colonel Trumelet, sur la nécessité de réorganiser le corps des interprètes.

l'avenir de ses membres, et à les entourer d'une considération qui, aujourd'hui, fait défaut à plusieurs, conséquence fatale d'un recrutement précipité.

« L'octroi de cette organisation attirera alors dans ce corps, si méritant d'ailleurs, des sujets d'élite, tandis que le maintien de l'état actuel forcerait tous les interprètes, ayant une valeur au point de vue de la moralité et de la science linguistique, à chercher une autre carrière.

« A mesure que vous soumettiez les tribus hostiles, Monsieur le Gouverneur général, vous songiez à les organiser, et vous avez compris que, pendant longtemps encore, nous devions gouverner les Arabes par les Arabes. « On brûle le bois avec le bois, » disent-ils eux-mêmes dans leur pittoresque langage.

« Mais, bien que des motifs de prudence vous aient décidé à faire gouverner les Arabes par leurs anciens chefs, vous n'avez nullement renoncé à adopter, plus tard, telle organisation qui vous paraîtrait offrir plus d'avantages.

« Quel que soit d'ailleurs le système auquel on donnera plus tard la préférence, il est évident qu'il faut dès à présent en préparer les éléments, c'est-à-dire former en même temps des Français et des Arabes dignes et capables d'exercer un commandement.

« Il faut surtout, à la nouvelle génération que nous sommes appelés à gouverner, une éducation qui la rapproche de nous, lui permette de comprendre nos institutions, lui fasse apprécier notre supériorité morale autant que notre puissance matérielle, en un mot, l'initier à ce que nous appelons la civilisation. Entreprise bien difficile, car nous avons affaire à un peuple essentiellement réfractaire à toute idée nouvelle, qui depuis les temps bibliques se nourrit des grains qu'il récolte se vêt de la laine de ses troupeaux et dont le seul luxe consiste dans ses armes et ses chevaux.

« En France, nous n'arrivons à former des officiers pour notre armée, des magistrats, des ingénieurs, des médecins, etc., etc., qu'en imposant aux enfants destinés à ces diverses carrières, l'obligation de faire des études préparatoires dans nos écoles primaires, nos lycées et nos écoles spéciales, et ce n'est qu'au bout de douze ou quinze années d'un travail assidu, et après avoir subi des examens sévères, qu'ils sont admis à exercer la profession qu'ils ont embrassée.

« Or, croit-on qu'il soit bien facile d'acquérir la connaissance de la langue, de la religion, des lois, de l'histoire, des mœurs et des besoins d'un peuple qu'on doit gouverner? Ces études ne demandent-elles pas autant de temps, d'intelligence et de travail, que celle des mathématiques, de la jurisprudence, de la médecine ?

« Qui veut la fin veut les moyens.

« Puisque nous avons soumis les Arabes, nous devons préparer des hommes capables de les gouverner. Il faut donc créer des écoles spéciales qui seront des pépinières où les diverses administrations viendront choisir leurs sujets............ »

Dans le projet que je soumettais à M. le Gouverneur général, il s'agissait de deux lycées juxtaposés, l'un destiné à recevoir les musulmans de l'Algérie, Arabes, Maures ou Kabyles et l'autre des Français. Une communication devait être établie entre les divisions de ces lycées, de façon à ce que, pendant les heures de récréations, les élèves français et indigènes appartenant aux divisions similaires pussent communiquer.

Il est bien évident que c'était en Algérie que devaient être installés ces lycées; car les musulmans consentiraient difficilement à envoyer leurs enfants en France, où leurs études religieuses seraient forcément négligées. Or, pour eux, la base de l'éducation de l'homme, c'est la connaissance de sa religion.

La direction du lycée arabe à Alger devait, selon moi, être confiée (sous notre haute surveillance, bien entendu,) à un des ulémas les plus vénérés de l'Algérie et par sa piété et par sa science.

L'enseignement, dans ces deux lycées, devait être donné de telle sorte que l'étude du français dans l'un, et de l'arabe dans l'autre, marchassent de front avec les études prescrites par le programme ordinaire de l'université.

Il est certain que, au bout de deux ou trois ans, les Français auraient fait en arabe les mêmes progrès que les Arabes en français; ils auraient eu alors l'immense avantage, les premiers de suivre les cours de langue arabe professés par des Arabes; et les seconds, de suivre les cours de toutes les autres sciences professés par des Européens.

Cette éducation commune et mutuelle ne pourrait manquer de créer des liaisons intimes entre les élèves des deux religions, et ces liaisons contractées à cet âge durent toute la vie, le souvenir ne s'en efface jamais et il influe très souvent sur la destinée de l'homme.

Par ce mode d'enseignement, on éviterait, en outre, le grand inconvénient des éducations d'indigènes faites en France. D'abord, ces élèves voulant effacer de l'esprit de leurs compatriotes le vernis d'impiété dont les recouvre, aux yeux des musulmans, une longue cohabitation avec les chrétiens, affectent, à leur retour, des sentiments plus fanatiques encore que ceux de leurs coreligionnaires; ensuite, en apprenant le français, ils oublient ou n'ont jamais su l'arabe littéral, et alors, ne pouvant transmettre leurs idées dans leur propre idiome, il leur est impossible d'accréditer parmi leurs compatriotes la science qu'ils ont acquise. C'est pourquoi les études classiques de la langue arabe, comme de la langue française, doivent précéder l'étude des autres sciences, ou, tout au moins, marcher de pair avec elles, car les sciences les plus simples ne peuvent se communiquer que par la parole et, pour les faire comprendre, aimer et respecter, il faut posséder toutes les ressources de la parole.

On créerait dans nos lycées un cours de turc et de persan que suivraient les jeunes gens qui se destineraient au drogmanat.

Lorsque les élèves de ces deux lycées, qui, en fait, ne formeraient qu'un seul et même établissement, auraient parcouru toutes les classes de l'instruction universitaire et auraient subi les épreuves des examens d'une façon satisfaisante, ces élèves, disais-je dans mon rapport, seraient admis, suivant leurs aptitudes respectives, dans les écoles militaires ou civiles.

Je terminais ainsi :

« Lors de mon récent séjour au Caire, Monsieur le Maréchal, j'ai constaté qu'il serait facile de nous procurer, dans cette capitale de l'Égypte les premiers éléments de nos lycées, personnel et matériel.

« Plusieurs professeurs indigènes des écoles fondées par Méhémet Ali, hommes de talent et possédant déjà par une longue pratique les qualités du professorat, seraient disposés à accepter une position mieux rétribuée et plus stable dans un établissement universitaire français.

« Quelques Européens même, d'un mérite supérieur, professeurs dans les écoles spéciales du vice-roi, sont déjà dans les mêmes dispositions.

« Nous trouverions, en outre, à la typographie de Boulak, tous les ouvrages classiques élémentaires et scientifiques en usage dans les écoles universitaires de France, traduits en arabe.

« C'est une œuvre de longue haleine qu'il s'agit d'accomplir, Monsieur le Maréchal ; elle doit ajouter, si elle est approuvée par le gouvernement du Roi, un élément de durée à notre domination en Algérie.

NOTE III.

RÉPONSE DES HACHEM A UNE PROCLAMATION DU MARÉCHAL.

Lettre reçue le 19 juin, une heure après avoir quitté les jardins de Ouled-Sidi-Ben-Ikhlef, chez les Hachem Gheris.

Louanges au Dieu unique, qu'il répande ses grâces sur celui après lequel il n'y aura pas d'autre prophète.

De la part des principaux habitants de Gheris de l'Ouest et de l'Est, des grands de la tribu des Gherébas, des Beni-Cheugran et de la part de tous les grands soumis au Sid el Hadj Abd-el-Kader, Prince des Croyants (que Dieu en fasse le régénérateur du monde et de la religion!).

Au chef de son royaume, le maréchal Bugeaud.

Salut à qui suit la vraie voie. Ta lettre nous est arrivée, nous avons pris connaissance de son contenu. Elle nous a donné une preuve de ton peu de sens et de ta folie. Comment peux-tu demander que des musulmans se soumettent à toi et t'obéissent ? c'est doublement impossible à cause de notre loi et de notre caractère. Ne te laisse pas aller à ta confiance dans ta force et dans le nombre de tes soldats, car ta force n'est rien devant la force de Dieu, et les fléaux dont tu nous menaces ne sont rien devant les fléaux que peut envoyer le Seigneur. Le Très-Haut pourrait bien te traiter comme il a traité les *possesseurs de l'éléphant* (allusion à un passage du Coran).

Sache que la terre de Dieu est vaste, que les musulmans sont unis par les mêmes sentiments, que notre *iman* est victorieux, et que son pouvoir est reconnu par tous.

Nous ne serons nullement ruinés parce que tu auras brûlé nos moissons et coupé nos arbres, car de Dieu viennent toutes les richesses. Partout où nous serons forcés d'aller, les grains de nos frères nous suffiront. Nous, musulmans, nous formons une société dont les membres sont obligés de s'entr'aider. Du reste, notre nourriture est facile, nous savons subordonner nos besoins à nos ressources. Jamais nous ne négligerons aucune prescription de notre religion, nous ne nous abaisserons jamais sous le joug des impies, car Dieu nous l'a expressément défendu et il nous a promis le bonheur après tous les maux qui nous auront accablés.

Les musulmans seront l'instrument dont Dieu se servira pour la ruine des chrétiens. Cette année, nous supposerons que les moissons ont été desséchées, et que les arbres ont été improductifs.

Si tu n'es pas satisfait d'avoir brûlé nos moissons et d'avoir coupé nos arbres, creuse la terre, et emporte avec toi notre terre et nos rochers.

Quel est le résultat que tu as obtenu dans toutes tes excursions, si ce n'est celui d'avoir fatigué ton armée et dissipé tes trésors?

Dieu te réserve dans cette vie et dans l'autre la punition de ta conduite.

Dieu nous rendra dans ce monde ce qu'il nous aura fait perdre et il nous récompensera en outre dans l'autre monde.

Ne suppose pas que jamais nous nous soumettions.

Si des imposteurs t'en imposent, que les malédictions de Dieu, des anges et des hommes tombent sur eux !

Tu nous dis que tu nous donnes de bons conseils; comment celui qui se fait tort à lui-même peut-il donner de bons conseils aux autres? Les seuls rapports entre vous et nous seront les coups de fusil et les coups de lance au moment où le vent de la victoire soufflera pour nous.

Nous ne nous soustrairons jamais aux ordres de notre Émir, nous lui resterons soumis jusque dans notre manière de boire et de manger.

Comment peux-tu dire que tu veux faire du bien à nous et non à Sid el Hadj Abd-el-Kader? mais c'est ignorance de ta part; ne sais-tu pas que l'obéissance à notre Émir nous est imposée à l'égal de l'obéissance à Dieu, quand bien même tu devrais rester dans le pays des Arabes cent fois plus d'années que tu n'y es resté encore?

Renonce enfin à ces discours inutiles et à ces illusions trompeuses; ces folies mensongères sont honteuses de la part de gens placés au pouvoir.

Quand bien même tu rassemblerais toutes tes forces, quand bien même tu viendrais dans notre pays avec tous tes moyens, tu n'obtiendras jamais que notre Émir vous laisse en repos. Car Dieu lui a abandonné vos personnes; bientôt il ouvrira les portes de vos cités, il renversera les remparts de vos forteresses, et par la puissance de Dieu il entrera dans votre ville de Paris ainsi que cela est consigné dans nos prédictions. Vous tous savez que la guerre est une succession de victoires et de défaites, et que, depuis le commencement des siècles jusqu'à ce jour, les chances n'en sont pas uniformes; ainsi les armées musulmanes pourront bien inonder votre pays comme elles l'ont inondé autrefois. C'est un fait avéré chez nous, chez vous et chez tous les peuples.

NOTE IV.

LETTRE DU KHALIFA BEN ALLAL-OUL'D SIDI EMBARCK.

Traduction d'une lettre adressée par Sidi Mohammed oul'd Sidi Allal oul'd Sidi Embarek, ancien khalifa de Mélianah, aux membres de sa famille faits prisonniers à la prise de la Smala. (Ben Allal fut tué six mois après le combat de Ouad Kacheba).

De Mohamed ben Allal (que Dieu le traite avec bonté dans ce monde et dans l'autre, lui ainsi que tous les musulmans!) A nos frères prisonniers, capturés sous l'étendard du Prophète (que la prière soit avec lui!).

A Sid Mahhi-ed-Din ben El Hadj Kaddour, à Mahhi-ed-Din ben Allal, à Mohamed ben El Habchi; à Sid Allal ben El Hadj; à Kaddour El Zarrouk; à Ahmed ben Rouïla; à Allal El Chérif; à El Taïeb ben El Akhdar; à Ahmid El Akhdar; à Halima, notre vénérable mère; à nos épouses Khaddoudja bent Aammêma et Khaddoudja bent El Seid El Kebir, enfin à toutes les personnes des deux sexes qui se trouvent avec eux, salut.

J'ai reçu vos lettres et j'ai compris leur contenu; j'ai rendu grâces à Dieu du bon état de votre santé, car la santé est le plus précieux des biens; je l'ai remercié également de la manifestation de sa toute-puissance qui a amené votre captivité, car dans tous les événements il faut bénir le nom de Dieu.

Oui, ce qui vous est arrivé n'est que l'accomplissement de sa volonté suprême; c'est ainsi que sa toute-puissance s'est manifestée lorsque, seul, il a créé le ciel et la terre; cette création ne fut que le résultat de sa volonté et de sa toute-puissance. Dieu est seul, il n'a point d'associé, il n'a pour allié ni les Français ni aucun autre peuple de la terre. Votre captivité n'est donc que le résultat de ses décrets immuables. Inspirés de cette pensée, n'occupez votre esprit que de lui seul; c'est lui qui fait vivre, c'est lui qui fait mourir, il réduit en esclavage, il rend à la liberté, il abaisse, il élève. La mort, la vie, la pauvreté, la richesse, le bien, le mal, la tristesse, la joie, en un mot tout ce qui, ici-bas, constitue les phases de l'existence humaine, dépend de lui.

Je n'ai pas le pouvoir de vous accorder ce que vous me demandez (1)

---

(1) La famille de Ben Allal le suppliait d'abandonner Abd-el-Kader et de venir la rejoindre à Alger où elle était retenue prisonnière.

notre auguste Prophète en a seul le privilège ; invoquez-le donc, c'est lui qui intercède pour les hommes. Dites : « O Dieu, c'est par l'intercession de votre bien-aimé Prophète que nous vous conjurons ; ô Mahommet, veuillez intercéder pour nous auprès l'Éternel ; ô le plus pur des envoyés, employez auprès de Dieu toute l'influence que vous avez sur lui pour notre délivrance. »

Faites cent fois cette invocation dans vos prières ; priez aussi sur le Prophète mille fois par jour, car il a dit lui-même : « Que ceux qui désirent quelque faveur prient, c'est par la prière qu'on obtient ce que l'on veut. »

Ainsi donc priez et surtout le vendredi, choisissez à cet effet un *iman* que vous prendrez parmi vous : le Prophète a dit : « Ne discontinuez jamais de prier, » et récitez à chaque instant des versets du Coran.

Je vous conseille aussi d'être réservés dans vos discours ; n'adressez la parole à des étrangers que rarement et dans le plus impérieux besoin, ne tenez pas de propos indignes d'un musulman ; c'est ainsi que vous vous conserverez purs de toute souillure. Entretenez l'accord et l'harmonie parmi vous, soyez bons entre vous, consolez-vous réciproquement et ne désespérez pas de la bonté de Dieu. Les impies seuls sont privés de cet espoir. Ne formez entre vous tous qu'un seul et même être afin que vous ne donniez pas sujet à l'ennemi de se moquer de vous par suite de votre désunion.

Je vous conseille aussi de vous armer de patience. Le Prophète a dit : « C'est par la patience qu'un peuple sera délivré de la persécution. » Dieu vous a prescrit la résignation dans un grand nombre de passages du Coran ; il a dit : « O vous qui êtes dans le malheur, résignez-vous, etc., etc. » Il promet à ceux qui se résignent les bienfaits de sa miséricorde et son pardon, etc., etc. Si Ali a dit : « La résignation est la conséquence de la foi. » Omar a dit : « J'ai patienté et les décrets de la Providence se sont accomplis ; » ces décrets doivent nécessairement recevoir leur exécution. Au reste, comme je vous l'ai dit, votre captivité est le résultat des décrets providentiels. Suivez mes conseils, et nul doute que vous ne soyez du nombre des élus, vous que l'Être suprême a frappés de la captivité et de la séparation. Je vous prédis que si vous êtes résignés vous recevrez en partage toutes les félicités promises, ainsi donc résignez-vous à la toute-puissance de Dieu. Ce Dieu a dit : « Ceux qui quitteront leur pays pour combattre et détruire les infidèles, je les introduirai dans le paradis où sans cesse coulent des fleuves de miel et de lait. »

Ne vous laissez pas accabler par le malheur qui vous a atteints ; considérez ce qu'ont souffert Job et Joseph, et cela pendant bien des années ; ils ont été emprisonnés et ont vidé la coupe de la séparation. Ah ! rendez grâces à ce Dieu qui vous a traités avec plus de bonté que les rois d'Égypte, les Pharaons.

Prenez exemple sur les compagnons du Prophète. A quelles épreuves n'ont-ils pas été soumis? et ils ont patienté et leurs maux ont eu un terme ; vous aurez autant et plus de mérite qu'eux.

Au nombre de ces compagnons était *Dirar-ben-El-Azouz-El-Khalili* et sa sœur *El Sâida* et tant d'autres. Les infidèles s'en étaient emparés, ils se résignèrent jusqu'à ce que les décrets de Dieu se fussent accomplis. Ils furent délivrés de l'esclavage.

Ben *Kedama*, un des compagnons du Prophète, fut également fait prisonnier sous le khalifa de Sidi Omar. Les chrétiens voulant le convertir mirent dans une chaudière une grande quantité d'huile qu'ils firent bouillir et lui dirent : « Fais-toi chrétien ou nous t'y précipitons. » Sur sa réponse négative ils se saisirent d'un des prisonniers musulmans et le jetèrent dans la chaudière. Il fut brûlé jusqu'aux os. Ils renouvelèrent alors leur proposition à Kedama ; il la repoussa et il expira martyr de la foi.

Si vous saviez ce qu'ont souffert ces compagnons et d'autres hommes célèbres, vous seriez persuadés que Dieu fait ce qu'il lui plaît et qu'il vous récompensera comme eux si vous vous résignez à sa volonté.

Faites bien attention à tout ce que je vous dis et conformez-y vos actions, car à Dieu rien n'est caché.

Au reste, nul doute que nous nous revoyons, si toutefois Dieu nous prête vie. Suivez la marche que je vous ai prescrite et vous y gagnerez dans cette vie et dans l'autre ; dans le cas contraire, vous n'aurez qu'à y perdre. Que Dieu vous donne la force nécessaire pour marcher dans ses voies !

Quant à ce que vous exigez de moi de me rendre chez vous pour mettre terme à votre captivité, je vous dirai : Oui, rien n'est plus cher au monde que les auteurs de nos jours, nos frères, nos femmes et nos enfants ! S'il s'agissait de vous racheter avec de l'argent ou en sacrifiant même ma vie, je le ferais ; mais me rendre auprès de vous serait un acte contraire à la loi de Dieu et de son Prophète, ce serait quitter Dieu et le Prophète pour aller aux infidèles ! J'espère que jamais je ne ferai pareille chose. Je mourrai musulman s'il plaît à Dieu. Je ne suis pas disposé à renier Dieu par amour pour vous, et il doit en être de même de votre part. On retrouve toujours les parents dont on a été séparé, mais si on se sépare de Dieu et de l'islamisme on ne les retrouve plus.

Sachez donc qu'il faut vous résigner, priez, lisez le Coran et suivez en tout mes conseils; il est probable que je ne recevrai plus de vos lettres, j'ai récité sur vous l'oraison des morts. Demandez grâces à Dieu qui fait ici-bas ce qu'il veut et dites avec Job : « O Dieu, vous êtes le seul savant, le seul capable de guérir les maux. »

Je vous informe que j'ai épousé la fille de Mohammed ben Aïssa El Barkani, khalifa, j'ai formé une smala plus considérable que celle que je possédais antérieurement, elle renferme des troupeaux, des chameaux, etc., etc., en nombre considérable. J'ai laissé dans cette smala Seid Kaddour ben El Hadj; il la dirige, et j'ai rejoint l'armée.

Nous sommes tous parfaitement bien, j'en rends grâces à Dieu et nous vous saluons tous.

Notre seigneur Abd-el-Kader se porte bien, il est victorieux, il s'est emparé des Bou-Aïche, Aziz et Harrar. Il a avec lui plus de Hachem qu'auparavant; tant que Dieu nous accordera victoire, vous en entendrez parler, fussiez-vous à Paris.

Seid Kaddour el shérif est ici, il se porte bien ainsi que son frère Mohamed. Nous n'avons pas de nouvelles de Sid Salem.

Salut.

NOTE V.

PROCLAMATION DE L'EMPEREUR DU MAROC.

TROUVÉE DANS LE CAMP D'ISLY.

Cachet de l'empereur.

Louange à Dieu unique.

Que Dieu répande ses grâces sur notre seigneur Mohammed, sur sa famille et ses compagnons !

A nos serviteurs les moudjehedin (guerriers dans la voie de Dieu) qui marchent avec notre fils bien-aimé, Sidi Mohammed (que Dieu le protège !).

A vous tous mes sujets arabes et berbères; que Dieu vous inspire le bien ! Salut à vous et bénédictions.

Sachez qu'après la croyance en Dieu l'action la plus méritoire est la guerre contre les infidèles. Nulle prière, nulle aumône, nul sacrifice ne vaut cette guerre aux yeux de Dieu. Les illustres khalifes du Prophète nous en ont donné l'exemple, et nous lisons dans le Coran mille versets dans lesquels Dieu nous commande de combattre l'impie et par lesquels il promet à tout musulman qui aura pris part à la guerre sainte, le bonheur dans cette vie et dans l'autre.

Dans combien de chapitres de son saint livre Dieu ne nous répète-t-il pas : « Ceux qui abandonnent leur pays et combattent dans le sentier de Dieu auront droit à nos félicités éternelles.

« Ceux qui sacrifient leur vie ici-bas, ceux qui combattent le combat de Dieu, qu'ils succombent ou qu'ils soient vainqueurs, auront droit à des récompenses éternelles dont vous n'avez pas l'idée.

« O croyants, mettez votre confiance en Dieu et fondez sur l'ennemi. Dix musulmans doivent terrasser cent chrétiens.

« O croyants, si vous voulez que Dieu vous assiste au grand jour du jugement, combattez dans ses voies.

« Que peuvent les infidèles contre la puissance de Dieu ?

« O croyants, combattez les infidèles et exterminez-les jusqu'à ce qu'ils demandent l'aman et payent la *dia*. »

Telles sont les paroles de Dieu recueillies dans le saint Livre.

Et si nous vous répétions les hadith de notre seigneur Mohammed qui nous ont été transmis par les grands Imans :

« O musulmans, si vous voulez que Dieu vous pardonne vos péchés et vous préserve des punitions de l'autre vie, combattez les infidèles partout où vous pourrez les rencontrer.

Et vous qui ne pouvez les combattre, un pas que vous ferez pour augmenter le nombre des combattants vous avancera de mille pas vers les récompenses éternelles.

Et Sid El Bokhari nous répète qu'un draham (1) donné pour aider à la guerre sainte vous rapportera mille dinars (2).

Et ailleurs le prophète a dit : « Le paradis se trouve à l'ombre du sabre qui frappe l'infidèle.

« Qui meurt en combattant l'infidèle sera placé dans le paradis où coulent des ruisseaux de miel et de lait et sera entouré de femmes exemptes de toute souillure au milieu d'ombrages délicieux. »

Ailleurs : « Un jour passé devant l'ennemi de Dieu est préférable à

---

(1) Monnaie de cuivre de moindre valeur.
(2) Monnaie d'or du prix le plus élevé.

toutes les richesses du monde, et les richesses du monde ne valent pas la plus petite place dans le paradis. »

Levez-vous donc, ô musulmans, écoutez la voix de Dieu et de son Prophète et suivez notre fils bien-aimé Sidi Mohammed, qui va combattre pour la gloire de Dieu à la tête d'une armée formidable de guerriers saints; allez et que le vent de la victoire fasse flotter les étendards de l'Islam, allez avec la bénédiction de Dieu.

Donné en notre sainte ville de Mequinez.

Le 3 de Redjlb 1260 (19 juillet 1844).

NOTE VI.

CORRESPONDANCE DE L'EMPEREUR MOULEY ABD-EL-RAHMAN AVEC SON FILS, TROUVÉE A ISLY.

Lettre de l'empereur Mouley Abd-el-Rahman au caïd El Arbi ben Mohammed el Rahmani.

Fin de Rébia-el-Aouel 1260 (16 avril 1844).

Notre serviteur Ben Ali el Guennaoui, caïd d'Oudjda, m'a fait savoir que le chrétien se dirigeait vers Oudjda avec ses armées pour avoir une solution au sujet de ses différends avec Abd-el-Kader. Il dit que ce dernier a pillé les tribus qui l'ont aidé lui chrétien; il réclame de nous des indemnités pour tous les dommages causés par Abd-el-Kader depuis le jour où il est entré sur notre territoire et que, s'il n'obtient pas une satisfaction à ce sujet, il s'emparera d'Oudjda et s'établira définitivement à Maghrnia. Je ne sais si ces nouvelles sont véritables; mais dans tous les cas il ne faut jamais avoir confiance dans son ennemi qui tâche toujours de tromper, et le meilleur parti à prendre, c'est de se préparer à lui résister et de l'intimider par la fermeté; Dieu a dit : « Mettez-vous en mesure et je vous aiderai. » J'ai ordonné qu'on envoyât à mon fils Sidi Mohammed 600 cavaliers choisis pour qu'il les fasse arriver près de vous accompagnés de 1,000 cavaliers de l'ouest des Berbères Beni-Hassan et avec un chef qui saura bien les conduire. Je lui avais déjà ordonné de vous envoyer à Oudjda six cents hommes moitié fantassins, moitié cavaliers. Si les six cents cavaliers vous sont arrivés, envoyez-les au milieu des tribus de votre gouvernement pour les forcer à se lever pour la guerre sainte, suivant l'ordre qui leur a déjà été donné ! Ajournez la rentrée des impôts de toute nature et ne demandez que des chevaux aux tribus éloignées. Nous avons ordonné à notre parent de se lever aussi pour la guerre sainte avec tous ses cavaliers et ses fantassins. Lorsque tous ces contingents de l'ouest, Arabes et Berbères, seront réunis, arrivez à Oudjda et si l'ennemi de Dieu s'est livré aux désordres que l'on m'a annoncés, opposez-lui la force et la puissance de l'islamisme. S'il vous écrit, répondez-lui avec la fierté et la fermeté qu'inspire la religion et s'il commence les hostilités, répondez-lui par des hostilités. Si son langage est doux et s'il vous parle d'Abd-el-Kader, répondez-lui : *Le débat est entre vous et lui. Il n'est ni dans nos mains ni sous notre commandement, les tribus qui l'ont reçu ne sont pas soumises et n'écoutent pas nos ordres*, afin qu'il se contente de ces paroles. Parlez ensuite à Abd-el-Kader avec douceur et en secret et insinuez-lui qu'il doit partir de notre empire pour se rendre dans le désert; qu'il mette ses gens en sûreté de manière à ce qu'il n'offre au chrétien que le poitrail de ses chevaux. Il se trouvera plus à l'aise et notre empire recouvrera la tranquillité. S'il refusait et persistait à rester où il se trouve, parlez-lui avec fermeté et rudesse et dites-lui qu'il aura à se repentir des malheurs qu'il attirera en excitant son ennemi contre nous sans que nous puissions obtenir de bons résultats. Si l'ennemi de Dieu n'a pas dépassé les limites, s'il n'a pas bâti à Maghrnia, montrez vos forces aux populations, faites-les rentrer dans le devoir et attendez que le bruit des pas du chrétien ne s'entende plus. Après cela, prélevez les impôts, tranquillisez le pays, et ramenez tout dans le camp en ne laissant que la garnison habituelle à Oudjda. Je vous envoie Ali-ben-el-Taïeb-el-Guennaoui, qui connaît parfaitement le pays. Entendez-vous avec lui, ne faites qu'un dans vos conseils et vos actions pour mieux repousser votre ennemi. Salut. »

Lettre de l'empereur à son fils adressée de Maroc à Fez.
Dernier jour de Djoumedel Teni, 1260 (15 juillet 1844).

Vous recevrez avec cette lettre une note du consul anglais, adressée à *Ben Driss*, dans laquelle vous remarquerez six points principaux. Comprenez-en le contenu.

J'ai donné l'ordre à *Ben Driss* de nouer avec la nation française (que Dieu l'extermine !) la paix telle qu'elle existait, sans rien y ajouter. Nous nous sommes arrêté à ce parti, parce que, grâces à Dieu, ces conditions ne sont point désavantageuses et qu'elles tournent à la gloire de l'islamisme.

Si vous êtes en marche, arrêtez-vous à Taza et n'allez pas plus loin ni vous, ni aucun de ceux qui sont avec vous, quand bien même votre camp vous demanderait de marcher en avant. Envoyez l'ordre aux corps d'armée qui sont près d'Oudjda, Arabes et autres, de ne rien entreprendre contre l'ennemi. Nous avons cru obéir à Dieu en penchant vers la paix puisque, de son côté, l'ennemi la demandait. D'ailleurs, en faisant la paix nous avons servi les intérêts des musulmans du Maroc, qui sont faibles, et qui n'ont pas de forces qui puissent les mettre à même de refuser les conditions que l'on nous propose. C'était, du reste, l'habitude de nos ancêtres, qui, cependant, lorsqu'ils faisaient la guerre sainte, terrassaient mille combattants chrétiens avec cent combattants musulmans. Nos Arabes sont nombreux, mais leur foi est faible ; on ne peut compter sur eux pour la bataille. N'ai-je pas appris que les Chaouïa ont manifesté une grande joie, lorsqu'ils ont su ce qui était arrivé à Oudjda (1)? Ils se sont mis à danser le *haïdouz* (2), et à pousser les cris de l'*oulouil* (3) Quelle est la cause de cela? L'injustice de leurs chefs et la faiblesse de leur foi. Et celui qui se conduit ainsi fera-t-il face à notre ennemi d'Algérie qui compte 90,000 combattants, et qui, après le combat livré près d'Oudjda, s'est grossi de 21,000 autres ? Il n'y a que la paix qui puisse nous convenir, d'autant mieux que c'est le chrétien qui a prié et demandé pour l'obtenir à deux conditions, la première de punir les chefs d'Oudjda qui sont venus le combattre, ce que j'ai accepté ; la deuxième de rendre les gens qui, de chez lui, sont passés chez nous. Je ne suis pas d'accord avec lui pour cela, et je lui ai fait dire : « Ne demandez pas ceux qui de chez vous sont venus chez nous ; je ne demande pas ceux qui sont allés de chez moi chez vous ; » parce que je sais qu'il n'y a pas un musulman qui soit capable de fuir chez les infidèles, et d'abandonner sa religion. Si quelqu'un des nôtres va chez eux, c'est un homme souillé ; Dieu l'abandonnera. Bénissons Dieu de ce que nous n'avons rien à craindre de la ruse des chrétiens. Je vous ai écrit cela, afin que vous soyez prévenu. Quel est le musulman qui ne désire faire le djehad (guerre sainte) pour la gloire de Dieu? Mais avec qui ? Si l'infidèle ne nous attaquait que par terre, je ne lui aurais pas accordé la paix, car, par terre, je ne redoute pas ses efforts contre les musulmans, mais j'ai à craindre pour les ports qui seuls me donnent des revenus ; et lui (que Dieu le renverse!) il a rempli tout

---

(1) La défaite des Marocains à Sidi-el-Oussini, le 15 juin.

(2) Le *haïdouz* est une danse en rond dans laquelle les hommes et les femmes gambadent en se tenant par la main.

(3) L'*oulouil* est le cri aigu que poussent les enfants et les femmes en signe de joie. Ces démonstrations de réjouissance publique ont lieu avec frénésie.

le détroit de ses navires ; et tous les infidèles ont saisi un seul arc pour lancer leurs flèches contre les musulmans, de sorte que si nous avons affaire à l'un d'eux, vous verrez tous les autres se ranger de son côté (1).

Extrait rédigé par Ben Driss de la note à lui remise par le consul anglais.

Lundi 28 de Djoumad El Teni (13 juillet 1844).

1° Le consul prétend qu'il aime le chérif (l'empereur), que son cœur a les mêmes sentiments que le cœur de la *Grande* (2) de sa nation et qu'il désire sauvegarder les intérêts de la nôtre. Il prétend que son arrivée n'a d'autre cause que ces intérêts et l'amitié qu'il nous porte. Il nous a dit que les Français, qui auparavant avaient en Afrique 90,000 hommes, viennent d'augmenter cet effectif de 21,000 hommes, que 40,000 hommes sont vis-à-vis d'Oudjda. Ils attendent ce que fera l'escadre de leur nation arrivée dans les ports de notre seigneur. S'ils apprennent que l'escadre a fait la paix et que le mal a disparu, ils s'en tiendront là. Dans le cas contraire, le mal arrivera, les troupes françaises pénétreront dans la province d'Oudjda : le consul demande que le bien soit fait et c'est une chose facile. (Que Dieu confonde leurs projets !)

2° Il a dit que l'escadre française a rassemblé ses navires ; qu'elle arrive sur les côtes du territoire de notre seigneur commandée par le fils du Roi, que ce prince n'a l'intention ni de trahir ni de faire le mal. Il porte son attention sur ses sujets qui habitent sur le territoire de notre seigneur, et sur leurs intérêts ; mais lui, consul anglais, est chargé des pouvoirs de la *grande* de la nation *pour empêcher les Français de rien faire de désavantageux au Maroc*. Le même consul dit qu'il faut que notre seigneur écrive dans ses ports bienheureux qu'ils n'aient pas peur en voyant arriver l'escadre près des côtes et qu'ils ne fassent point de démonstrations hostiles ; qu'il écrive à ses sujets qui se trouvent à Oudjda de mettre un terme à ce qui s'est produit précédemment, jusqu'à ce qu'on ait fait les meilleurs arrangements possible ; qu'il y ait en attendant suspension d'action.

(1) L'empereur fait allusion aux navires de guerre envoyés en observation par la France et l'Angleterre, ainsi que par la Suède et le Danemark qui demandaient à être exonérés du tribut qu'ils payaient au gouvernement marocain depuis plus d'un siècle.

(2) La Reine.

8° Il a dit aussi que la base des conditions posées par les Français c'est qu'Abd-el-Kader ben Mahhi-ed-Din ne doit pas être supporté davantage, qu'ainsi se prolongera la paix et la tranquillité. Qu'il ne doit être accueilli par aucune personne du territoire de notre seigneur ; qu'on ne lui doit donner aucun secours pour faire la guerre ; que s'il pénètre dans notre territoire, il faut que notre seigneur l'arrête et le place au fond de son empire, afin qu'il ne puisse plus faire d'incursions ni de désordres dans la province de Tlemcen. Cela devrait se faire s'il rentrait sur notre territoire, mais s'il en sort pour aller ailleurs ou dans le Sahra, ils n'auront rien à dire à notre seigneur. Ils s'arrangeront directement avec lui.

4° Notre seigneur devra donner l'ordre aux musulmans de rester tranquilles, chaque tribu chez elle. Aucun rassemblement pour combattre ne devra avoir lieu, soit par ordre de notre seigneur, soit du propre mouvement des tribus, le rassemblement actuel d'Oudjda sera dissous, il ne restera que la garnison habituelle. Les tribus sur la frontière devront respecter les limites mutuelles. Elles s'abstiendront de disputes et d'intrigues. Celle qui désobéira à cette injonction sera punie par les deux puissances.

5° Il faut que le camp qui est à Oudjda et qui a combattu en passant les limites, ait ses chefs punis par la destitution, afin que chacun sache que notre seigneur n'a pas autorisé ce qui s'est passé.

6° Le consul anglais, par ordre de la Reine, demande le consentement de notre seigneur pour être l'intermédiaire de la nation de Suède et de Danemarck ; c'est comme le voudra notre seigneur. Le consul n'a point donné les motifs de cette intervention. Il m'a dit seulement que leur Diablesse lui avait ordonné de demander d'interposer ses bons offices pour régler cette affaire. Dieu seul est vrai.

Lettre de l'empereur à son fils.

3 de Redjeb 1260 (18 juillet 1844).

J'ai reçu les réponses aux lettres que je vous ai envoyées, la première et la deuxième où je vous faisais savoir que vous deviez rester encore dans votre position. Vous m'y annonciez l'évacuation d'Oudjda par sa population à cause de la crainte du chrétien (que Dieu l'abaisse et l'humilie); vous me dites « que son armée est venue dans le voisinage de cette ville et qu'elle a campé dans le lieu même où s'est livrée la grande bataille après laquelle il s'est retiré, car la victoire est restée aux musulmans; vous ajoutez que le chrétien est encore sur notre territoire et qu'il peut s'y installer parce que son armée est nombreuse et parce que quelques Angad penchent vers son alliance. Vous m'affirmez que, cette fois, nos troupes ont eu le courage de combattre le chrétien, et que si on le repousse avec énergie, il se décidera à la paix à des prétentions faciles et humbles ; que sinon il les élèvera encore davantage. » Vous avez raison. Il n'y a que la force et le courage qui puissent nous servir contre le chrétien. Ainsi, aussitôt l'arrivée de cette lettre, marchez sous la garde de Dieu vers Taza, unissez vos troupes à celles qui vous ont précédé ; prêchez aux tribus de ces contrées la guerre sainte pour l'amour de Dieu ; annoncez-leur les récompenses réservées aux saints guerriers ; lisez-leur les chapitres du Coran qui traitent ce sujet et les paroles du Prophète.

Lettre de l'empereur à son fils Sidi Mohammed.

5 de Redjeb 1260 (20 juillet 1844).

Nous avons reçu votre lettre. Vous nous avez annoncé que l'ennemi de Dieu, le Français (que Dieu le confonde !) avait changé de camp et s'était approché du côté d'Oudjda. Vous nous dites que l'armée triomphante réunie à Fez a éprouvé un grand deuil en apprenant la défaite infligée aux vrais croyants par l'ennemi de la religion : ce n'est pas là ce que nous espérions des guerriers de la foi. Comment un pareil événement ne fendrait-il pas le cœur de tout homme animé de la foi de l'Islam ? Aussitôt que vous recevrez cette lettre, partez avec la bénédiction de Dieu pour aller au secours des musulmans et, s'il plaît à Dieu, que votre arrivée leur porte bonheur, sous l'invocation du Prophète, de ses compagnons et de Sidi el Bokhari. Nous vous envoyons cet ordre pour que vous regagniez, sans délai, l'armée des croyants ; dépêchez-vous, car Dieu bénit la promptitude. Nous avons donné ordre aux *Beni Oureïl*, aux *Beni bou Haï*, aux *Métalsa*, aux *Djessoul*, aux *Branès* et à d'autres tribus de l'ouest, Arabes ou Berbères, de marcher avec vous. Guidez-les à la guerre sainte comme la religion et le prophète l'ordonnent.

Lettre de l'empereur à son fils Sidi Mohammed.

10 de Redjeb 1260 (25 juillet 1844).

Le taleb *Bou-Selham ben Ali* (1) m'écrit pour m'annoncer que l'ennemi de Dieu, le Français, a enlevé son consul de Tanger, que le consul anglais

---

(1) Kaïd de Laraohe chargé de traiter avec les puissances chrétiennes.

et le consul d'Espagne se sont aussi retirés. A ma lettre, j'en joins une autre de Ben-Driss (2) et une du consul; lisez-les et comprenez-en le contenu. Il n'y a de force qu'en Dieu! Cet infidèle se préoccupe particulièrement de l'éloignement de *Ben Mahhi-ed-Din* (3). Efforcez-vous donc de trouver un expédient pour l'éloigner et pour le chasser. Mais vous ne devez pas paraître là-dedans. Il faut agir secrètement par l'entremise du cheikh Hamdoûn ou autres; car si cette affaire était connue des tribus de ce pays, son départ et son renvoi deviendraient impossibles, et pourtant cet homme est cause de ce qui arrive; il a ouvert la porte des intrigues.

Entrez en pourparlers avec l'ennemi de la religion; si, dans ses lettres, il vous demande la cause de votre arrivée, dites-lui que vous êtes venu pour veiller à la sûreté de votre territoire, parce que vous l'avez vu chaque jour user de trahison envers nous, et sortir de ses limites. Dites-lui cela et autres choses de nature à ramener la tranquillité et la paix. Souvenez-vous de l'événement de Honeïn (4). Bou-Selham me rend compte que les Djebelias se battent entre eux, mais ne veulent pas aller combattre ailleurs. C'est de cette manière que les entreprises échouent et que celui qui est debout veut aussi se mettre avec ceux qui sont assis; mais notre espérance est en Dieu, et nous vaincrons par le secours de Dieu, avec eux ou sans eux. Quand vous écrirez à l'ennemi de la religion, dites-lui que vous n'êtes venu que pour châtier les Arabes de cette province qui se sont battus contre lui sans notre consentement. Engagez-le à rentrer à Tlemcen, ce sera un signe de tranquillité et de la continuation de la paix; mais que s'il n'y rentre pas, vous êtes préparé à toutes les extrémités dans le but d'obtenir la paix à la gloire de l'islamisme. Du reste, vous savez ce que vous devez faire et ne pas faire. Tâchez surtout que ceux qui sont avec vous ne sachent rien de vos secrets. Je crois que toutes les nations infidèles se sont entendues pour nous frapper d'une seule flèche. Que Dieu vous aide!

Lettre de l'empereur à son fils Sidi Mohammed.

11 de Redjeb (26 juillet 1844).

Le taleb Bou-Selham ben Ali m'a envoyé deux lettres de son khalifa de Tanger. Il m'annonce que lorsque les gens du *Rif* ont vu les consuls

(2) Premier secrétaire et premier ministre de l'empereur.
(3) Abd-el-Kader.
(4) Bataille livrée aux environs de la Mecque, où Mohammed comptant sur le grand nombre de ses combattants, fut mis en déroute par les tribus de Haouazan et de Thakif, bien moins nombreux.

des nations partir de Tanger, ils se sont inquiétés et ils se sont livrés à des désordres impossibles à décrire. Il ne pensait pas que cela arriverait ! Les marchands *juifs* et *européens* se sont sauvés de Tanger, la ville est déserte. Les Djebalas, à ce que m'annonce Bou-Selham, sont aussi en insurrection et en désordre. Ils s'inquiètent peu de ce que veut faire le chrétien avec les musulmans et ils ne veulent pas prendre part à la guerre. Ils n'ont nullement été effrayés des intentions du chrétien. Nous espérions que les *Djebalas* seraient les premiers à prendre part à la guerre sainte, et qu'ils se précipiteraient à l'envi pour obtenir les récompenses promises par Dieu aux guerriers saints ; mais voilà qu'ils agissent comme s'ils ignoraient cette sainte obligation, et cependant ils n'ignorent rien de tout cela. Je vous envoie ces lettres afin que vous soyez au courant des affaires, et que vous sachiez que dans ces temps-ci la religion est difficile. Le Prophète a dit la vérité, en disant que la religion est aussi difficile à suivre qu'elle a été difficile à établir. Faites votre profit de ces faits dont le récit est plus utile que des conseils ; et le silence est préférable souvent aux paroles trop claires. Nous espérons en Dieu, car Dieu a dit : J'éprouverai les guerriers et les patients en leur envoyant de rudes épreuves !

Lettre de l'empereur à son fils Sidi Mohammed.

13 de Redjeb 1260 (28 juillet 1844).

Je vous avais écrit une lettre avant celle-ci pour vous parler des préliminaires de paix survenus entre nous et les Français (que Dieu les accable de misère !). Cette première lettre est partie deux heures seulement avant celle-ci. Je viens de recevoir une dépêche de *el Arbi Ardana*, qui m'annonce que l'infidèle a fait paraître devant Tanger des intentions formelles de guerre. Ainsi restez dans vos instructions précédentes ; tenez-vous bien sur vos gardes, ne vous laissez pas tromper par lui ; continuez à préparer les gens à la guerre sainte, jusqu'à ce que la situation de l'ennemi de la religion se complique (que Dieu vous aide !). Salut.

Lettre de l'empereur à son fils Sidi Mohammed.

13 de Redjeb 1260 (28 juillet 1844).

Je vous avais écrit précédemment pour vous dire l'inquiétude, la peur, le désordre qui avaient éclaté chez les Kabyles du Rif. Aujourd'hui *Ben*

Driss vient de recevoir une lettre de notre serviteur *Bou-Selham*, dans laquelle il lui dit qu'ils se sont relevés de cette terreur, et qu'ils se préparent d'une manière énergique à repousser toute attaque, et d'après cette lettre j'ai compris que la guerre *avait éclaté* entre nous et les Français ennemis de Dieu. Je vous envoie ci-inclus la lettre ci-dessus mentionnée et deux lettres pour Achâache de la part du taleb Erzini et de El-Arbi-bou-Allal; toutes deux vous feront voir que je suis resté au-dessous de la vérité dans ce que je vous disais du peu de foi des musulmans. J'ai envoyé aujourd'hui même votre frère Mouley Seliman pour garder Tanger avec 200 hommes choisis, cavaliers et fantassins. J'ai en même temps ordonné aux deux gouverneurs du gharb d'accompagner votre frère avec tous leurs cavaliers et leurs fantassins des montagnes et des plaines. J'ai en même temps chargé des personnes respectables d'engager les Kabyles des montagnes à s'unir à lui. J'ai reçu votre lettre, vous m'annoncez que tout le monde demande la guerre et l'occasion de se venger : vous me dites que les contingents se sont réunis et que les tribus sont tellement nombreuses que les musulmans en ont ressenti autant de joie que les chrétiens en ont éprouvé de douleur. Vous ajoutez qu'il serait inconvenant de faire retourner cette armée de Taza sans avoir obtenu aucun avantage sur le chrétien ; que votre avis est de continuer avec votre camp au moins jusqu'à *Za*. Vous avez raison, mon fils, partez donc, accompagné de la bénédiction de Dieu. Je ne vois pas de mal à ce que vous arriviez jusqu'à *Aïoun Sidi Mellouk*, si vous le croyez convenable ; car celui qui est sur les lieux est plus à même de juger sagement. Si vous marchez en avant, rassemblez les tribus telles que *Sebdou, Oulad Sidi Cheikh, Le Rif, Guelaja* et autres jusqu'à ce que vous vous fassiez une armée formidable par ses contingents et par ses troupes régulières. Mais n'attaquez pas le chrétien, car la guerre n'est pas encore déclarée. Je vous ferai connaître les moments de faiblesse et les moments de force, les moments d'humilité et les moments d'orgueil, afin que vous puissiez, à votre volonté, revêtir les habillements qui conviennent à chacune de ces heures. Le chrétien nous dit qu'il veut faire la paix, et pourtant il se prépare à faire la guerre avec le plus grand empressement ; mais nous aussi nous faisons nos préparatifs avec plus d'empressement que lui. Nous n'avons retardé jusqu'à ce jour de combattre l'ennemi de Dieu qu'à cause de l'intervention du consul *anglais* qui nous a dit qu'il avait établi avec le Français les conditions de la paix ; ainsi que je vous en ai instruit, le consul nous a assuré que le Français n'arriverait pas à Tanger. Mais si l'ennemi commençait les hostilités avant ou après l'arrivée du consul à Tanger, je vous ferai savoir cette nouvelle par la voie la plus prompte, et je vous permettrai d'attaquer votre ennemi. Vous lancerez alors contre lui les armées des musulmans de tous les côtés, et j'ai lieu de croire que Dieu donnera aux musulmans les chrétiens en pâture; car nous faisons la guerre pour la gloire de Dieu, et ces ennemis du Très-Haut ne combattent que dans la voie du diable. Que le Seigneur vous soit en aide. Salut.

Lettre de l'empereur à son fils Sidi Mohammed.

11 de Redjeb 1260 (31 juillet 1844).

J'ai reçu vos lettres, je les ai comprises, et j'ai appris par elles que vous vous étiez conformé à l'ordre que je vous avais donné de ne pas commencer les hostilités envers l'ennemi de Dieu, le Français, et de temporiser avec lui, attendu qu'il prétend vouloir faire la paix. Ce qui l'a décidé à demander la paix, c'est que votre camp était resté à Taza et, n'ayant mis aucune promptitude pour aller le combattre, il s'est épuisé en dépenses, en marches, contre-marches, changements de bivouacs et dévastations des récoltes des tribus qui se trouvent aux environs de Oudjda. Il a étourdi ces Arabes par une grande quantité de lettres et enfin il a posé son camp près d'Oudjda. Les habitants d'Oudjda et tous les musulmans de ces contrées se sont plaints de ces infractions et de ces désastres. Ils ont demandé la guerre. Mais, vous conformant à mes ordres, vous les en avez empêchés. Ce n'est que lorsque vous avez vu son audace, ses infractions et son manque de respect des limites, que vous vous êtes empressé de marcher en avant avec votre camp, jusque vers *Za* et au delà, afin d'observer ses actions. S'il s'abstient de nouvelles infractions et se retire sur ses limites, c'est ce que nous voulons. Sinon, faites avancer nos armées victorieuses jusque vers Oudjda, chassez les chrétiens de notre territoire de quelque manière que ce soit. J'ai compris dans la plainte que vous m'avez faites sur les affaires des contrées où vous vous trouvez, des choses qui ont rétréci mon cœur, prolongé mes soupirs et éloigné mon repos. Je vous permets de faire avancer votre camp jusqu'à Aïoun Sidi Mellouk, à cause des avantages que vous en espérez. Songez que le Français, ennemi de Dieu, habite ce pays depuis plusieurs années, qu'il s'est habitué à toutes les fatigues et à tous les dangers; les combats ont mille fois éclairé son front de leurs éclairs, et ses oreilles sont accoutumées au bruit de son tonnerre. Il a environ 90,000 hommes, il ne laisse en arrière ni malade, ni aucun de ceux qui voudraient s'exempter du service; il dépense des sommes énormes pour cela; non content de cela, il enrôle encore ceux des autres nations qui veulent venir à lui, il les paie, les habille et les nourrit. De notre côté, mon fils, remarquez depuis combien de temps nous excitons les musulmans, quelles ruses nous avons employées à cet effet, combien d'argent nous avons prodigué. Nous avons entendu le bruit de la meule, et nous n'en avons pas vu sortir un grain de farine. Et pourtant, nous n'avons pu réunir que les troupes qui sont auprès de vous. Vous devez bien connaître les gens de l'Ouest, ils n'ont aucune patience, et ne peuvent sortir de leur pays. Ils ressemblent à des chameaux qui sont atteints par la paresse. Rien ne peut les faire relever, ni excitations, ni mauvais traitement; mais c'est assez, il y en aurait trop à dire, et vous me comprendrez suffisamment. Mais je vous jure que, si j'avais pu assembler les musulmans, je n'aurais pas attendu un instant pour combattre le chrétien. Je vous approuve complètement d'avoir mis de la lenteur et de la réflexion avant d'agir, et d'avoir calculé les suites de vos actions. Je m'attendais à cela de vous. Que Dieu vous fasse la terreur des chrétiens et le rempart des musulmans.

Lettre de l'empereur à son fils Sidi-Mohammed.

17 de Redjeb 1260 (1ᵉʳ août 1844).

Je vous envoie plusieurs lettres qui me sont arrivées de *Tanger* et de *Tétouan*; prenez-en connaissance, afin que vous puissiez juger des intentions de l'infidèle (que Dieu le divise et détruise sa puissance !). Aussitôt qu'il a appris nos rassemblements et nos préparatifs, il s'est précipité avec rage sur nos ports, et il a laissé paraître toute sa haine et toute sa ruse (que Dieu l'entoure de malheurs !). Il a déjà jeté les yeux sur *Tanger* et sur *Souïra* (1), à cause des avantages que retire de ces ports notre gouvernement (que Dieu le consolide !). Et si quelque catastrophe tombe sur ces deux villes, vous n'ignorez pas ce qui arrivera aux habitants de ces contrées. Le Français (que Dieu le divise !) est puissant ; il est fort sur mer (que Dieu brise sa force et retourne sa ruse contre lui-même !). Il faut donc que je reporte toute mon attention vers les faibles et malheureux habitants de Tanger et des autres villes. Il faut en outre que j'entoure les musulmans de ma sollicitude, afin de consolider leur foi et de relever leur courage ; car Dieu nous ordonne de mettre sous notre aile protectrice ceux qui veulent venir à nous, surtout à l'époque où nous vivons, époque où nous voyons le changement opéré dans le cœur des musul-

(1) Mogador.

mans, aussi bien qu'il s'est opéré dans leurs forces et dans leurs moyens de défense. Ils n'ont plus ni armes, ni places fortes, ni rien de ce qui est nécessaire pour repousser l'ennemi, si l'ennemi les attaque. Nous n'avons à avoir de confiance qu'en Dieu, qui nous a promis de faire triompher la religion. Encore si la guerre éclatait sur un seul point, mais le Français est plus que toutes les autres nations chrétiennes trompeur, haineux et rusé (que Dieu l'extermine!). Oh! si j'avais eu dans les musulmans la force et la puissance nécessaires pour soutenir cette guerre, je n'aurais pas fait la moindre concession à mon ennemi. Mais avec qui le combattrais-je? Où devrais-je diriger mes efforts? Nous n'avons d'aide à espérer qu'en Dieu. Il n'y a de force qu'en lui, il est le meilleur de nos alliés. Nous avons obtenu et nous obtiendrons plusieurs résultats avantageux de votre mouvement vers *Oudjda* avec votre armée. D'abord vous tranquillisez les tribus de ces contrées. Dites-leur que je suis prêt à les soutenir, que je ne les abandonnerai jamais. Vous les ramènerez au bien et à la justice. Vous ferez cesser leurs discussions et leurs iniquités. Vous les disposerez à écouter une seule parole. Vous éclairerez enfin ceux qui n'ont pas perdu la vue entièrement. Vous ferez ressortir la force et la gloire de l'islamisme, et si tous les musulmans sont d'accord, s'ils sont tous décidés à sacrifier leurs biens et leur vie pour la guerre sainte et la défense de la religion, ce sera ce qui arrivera de plus nuisible aux chrétiens.

Lettre de l'empereur au caïd El Houssein El Guennaoui.

5 de Redjeb 1260 (20 juillet 1844).

A notre serviteur le caïd El Houssein El Guennaoui, salut. J'ai reçu votre lettre et j'ai compris le contenu. J'ai appris votre bonne conduite dans le combat qui a eu lieu dans la province d'Oudjda, contre l'infidèle. J'ai aussi appris que les Français cherchent à attirer à eux les gens de cette province et qu'ils tâchent de les gagner par la cupidité. J'ai compris vos doléances à ce sujet; mais la religion a eu et aura malheureusement peu de gens qui la suivent. J'ai donné l'ordre à mon fils Sidi Mohamed de s'avancer avec un camp triomphant au nom de Dieu, afin qu'il batte les adorateurs de la croix et qu'il fasse vaincre les musulmans. J'ai appris que vous vous êtes bien conduit dans votre mission et que vous êtes prêt à faire pour elle le sacrifice de votre vie et de votre fortune, cela ne doit pas nous étonner, parce que vous le faites pour l'amour de Dieu; vous êtes en avant comme un rempart. Que Dieu vous aide

NOTES.

Lettre de l'empereur à la djemâa des Aït-Hatta.

5 de Redjeb 1260 (20 juillet 1844).

Il est connu de nous que vous êtes dans le voisinage des chérifs, que vous êtes leurs soutiens et que depuis longtemps vous voulez suivre les intentions de Dieu, qui a ordonné le combat contre les ennemis. J'ai entendu dire que dans le temps, vous avez fait la guerre sainte aux ennemis de la religion et du prophète élu de Dieu et que le mal ne leur est arrivé que par vous. Ce temps-là est revenu : les Français, les ennemis de Dieu, sont dans la province d'Oudjda et ils prétendent que personne ne pourra leur faire face et qu'ils étendront leur autorité sur les gens de ce pays. Aussitôt que vous recevrez cet ordre, préparez-vous en toute hâte avec l'intention de combattre les ennemis de Dieu. Suivez notre fils Sidi Mohammed (que Dieu l'aide !) ; faites ce que vous devez pour Dieu et son prophète ; tachez de faire la paix entre vous et les Aït-Sefelman et allez avec eux rejoindre mon fils. Salut.

Lettre de l'empereur à Sidi Mohammed El Remlich.

12 de Redjeb 1260 (27 juillet 1844).

Vous savez que la guerre sainte avec l'infidèle, ennemi de la religion, est ordonnée par Dieu à tous les musulmans ; vous savez que le Prophète l'a surtout recommandée en s'appuyant sur les préceptes émanés des prophètes de Dieu et sur les passages du Coran. Les mérites de cette guerre sont incalculables. Les tribus des montagnes sont des maisons de bien, de science et de vertu, maintenant comme autrefois. Ils ont toujours été les premiers à se lever pour la guerre sainte, cela est certain. Aujourd'hui l'impie nous a donné des preuves de haine et de trahison. Nous n'avons rien à faire qu'à nous dresser devant lui comme Dieu l'a commandé. Nous vous ordonnons à l'arrivée de cette lettre de prescrire à ceux qui vous écoutent parmi les Kabyles de la montagne de se préparer et de s'armer pour exterminer les gens de l'infidélité et de l'entêtement, afin que la parole de Dieu soit exaltée. Lancez-vous au milieu de ce pays avec notre fils Sidi Mohammed (que Dieu le conserve !). Il est déjà parti du côté de Taza pour avoir des nouvelles de l'infidèle et savoir ce qu'il va faire ; et il fera ce qu'il conviendra. Salut.

FIN DES NOTES.

TABLE DES MATIÈRES.

LIVRE PREMIER.
KAIROUAN ET L'ÉGYPTE.

                                                                                   Pages.

INTRODUCTION.. 1

CHAPITRE PREMIER.

Tunis. — M. de Lagau, consul général. — Je revets le costume musulman. — Bazars et mosquées. — Zaouia de Tedjini. — Fettoua.. 4

CHAPITRE II.

Malte. — Le consul M. de Fabreguettes. — Prosper Mérimée. — Première lettre à mon ami, le capitaine Vergé : Alexandrie, le Caire, les fellah.. 16

CHAPITRE III.

Le Caire. — Fonctionnaires européens au service du vice-roi. — Général Selves (Soliman pacha). — Audience du vice-roi........ 26

CHAPITRE IV.

Deuxième lettre à mon ami le capitaine Vergé : visites aux écoles fondées par le vice-roi, projet de collège arabe à Alger, considérations générales sur le gouvernement du vice-roi et la situation des fellah... 33

CHAPITRE V.

Je revêts de nouveau le costume musulman. — Le cheikh el Tounsi. — Le medjelès de Djémâa el-Ezhar. — La fettoua......... 43

CHAPITRE VI.

Je me décide à me rendre à la Mecque. — Préparatifs. — Sid el Hadj Hassan, beau-frère du cheikh Tounsi. — Ma lettre au général Bugeaud... 51

CHAPITRE VII.

Préparatifs de mon voyage à la Mecque. — Je laisse Isidore. — Départ du Caire. — Rejoins la caravane des Hassan-ben-Ali à Aadjeroud... 56

LIVRE II.

MÉDINE.

CHAPITRE VIII.

Voyage de Kalaât Aadjeroud à Yamboa. — Attaque dirigée contre notre caravane. — Yamboa. — Triste situation des pèlerins algériens.. 61

CHAPITRE IX.

Voyage de Yamboa à Médine. — Description de Médine. — Mosquée du prophète. — Son tombeau............................... 66

CHAPITRE X.

Notice sur les Ouahabites ou Wahabites............................ 75

CHAPITRE XI.

Suite de la description de la mosquée du Prophète. — De son tombeau et des tombes des membres de sa famille................. 79

LIVRE III.

LA MECQUE.

CHAPITRE XII.

Départ de Médine. — Route de Médine à la Mecque. — Irham. — Entrée à la Mecque.. 85

CHAPITRE XIII.

Origine du pélerinage. — La Mosquée. — La Caâba. — Bit Allah. — Les monuments situés autour de la Caâba.................... 89

CHAPITRE XIV.

Suite de la description du temple de la Mecque. — Cérémonies religieuses ordonnées aux pèlerins........................ 97

CHAPITRE XV.

Visite dans l'intérieur de la Caâba. — Exploitation des pèlerins. — Cérémonies obligatoires du pélerinage.................... 104

CHAPITRE XVI.

J'envoie un message au grand chérif à Taïf. — Bazars de la Mecque. — Lieux vénérés aux environs de la Mecque................. 109

CHAPITRE XVII.

Voyage de la Mecque à Taïf. — Présentation au grand chérif. — Sidi Mohammed Ebnou Aoun................................. 117

CHAPITRE XVIII.

Audience privée du grand chérif. — Ses confidences............ 123

CHAPITRE XIX.

La fettoua est sanctionnée par le medjelès de Taïf. — Mes adieux au grand chérif. — Aspect général de Taïf.................... 130

CHAPITRE XX.

Retour à la Mecque, 16 janvier 1842. — Arrivée des caravanes. — Procession. — Campement à Aârafat. — Sermon............. 185

CHAPITRE XXI.

Enlèvement à Aârafat. — Djeddah. — Embarquement sur la mer Rouge.. 145

LIVRE IV.

DE DJEDDAH A ALEXANDRIE.

CHAPITRE XXII.

Pages.

Lettre de Fresnel. — Départ de Djeddah. — Arrivée à Kocéïr. — L'honnête Marocain. — Arrivée à Kenneh 151

CHAPITRE XXIII.

Kenneh. — L'uléma du bazar. — Les touristes européens 158

CHAPITRE XXIV.

Ruines de Thèbes. — Départ de Kenneh 168

CHAPITRE XXV.

Voyage de Kenneh à Alexandrie. — Procès devant le kadhi. — Arrivée à Alexandrie 172

CHAPITRE XXVI.

Je rencontre Isidore. — Embarqué sur le brick italien *Gioan-Batista*. — Le capitaine Schiaffino. — Arrivée à Civita-Vecchia.. 178

LIVRE V.

ROME.

CHAPITRE XXVII.

Voyage de Civita-Vecchia à Rome 192

CHAPITRE XXVIII.

Arrivée à Rome. — Le *Miserere* dans la chapelle del Canoniol. — Mes impressions en visitant Rome. — Giacomo il Napolitano.. 195

CHAPITRE XXIX.

Accueil qui m'est fait à Rome par l'élite de la colonie française... 202

CHAPITRE XXX.

Ma conversion. — Extraits des lettres adressées à ma tante Mme Champagneux.. 204

CHAPITRE XXXI.

Mon projet de me consacrer à l'apostolat. — Présentation au P. Roothan, général des Jésuites. — Visite au cardinal Mezzofanti. — Présentation au pape... 213

CHAPITRE XXXII.

Le général Bugeaud me rappelle en Algérie. — Communication de l'ambassadeur de France. — Décision du pape. — Je quitte Rome.. 219

LIVRE VI.

CAMPAGNES D'AFRIQUE.

CHAPITRE XXXIII.

Départ de Rome. — Arrivée à Alger. — Accueil du gouverneur général, de mon père, de mes camarades et de mes amis musulmans... 227

CHAPITRE XXXIV.

Mes relations avec Todjini. — Organisation de mes émissaires. — Défiance des Arabes. — Lettre à Abd-el-Kader. — Réflexions sur mes récits.. 232

CHAPITRE XXXV.

Investiture de Mahhi-ed-Din, khalifa de Sebaou. — Octobre 1842.. 248

CHAPITRE XXXVI.

Lella Yemna, veuve d'Omar pacha. — Mars 1843................ 252

CHAPITRE XXXVII.

Nouvelle de la prise de la `mala. — Joie du général Bugeaud. — Mariage d'Ameur ben Ferhat. — Le gouverneur général et le duc d'Aumale donnant un grand exemple de leur respect pour la justice musulmane... 260

CHAPITRE XXXVIII.

Mort du général Mustapha ben Ismaïl. — Lettre de Châaban Ould Sidi El Aaribi. — Notice sur Mustapha ben Ismaïl (27 mai 1843). 275

CHAPITRE XXXIX.

Épisode des Beni-Ouragh. — Ouaransenis (juin 1843)........... 286

CHAPITRE XL.

Lettres à ma mère adoptive. — Le général Bugeaud est nommé maréchal. — Je suis nommé chevalier de la Légion d'honneur. — Visite du khalifa Ali au maréchal. — Protection accordée par le maréchal Bugeaud aux ordres religieux. — Ses lettres au sujet des Jésuites... 300

CHAPITRE XLI.

Lettres à mon ami M. M. de L. — 11 septembre 1843. Je retrouve Lella Béïa Bent-El-Hakem, que j'avais dû épouser à Tegdempt en 1839. — 15 octobre 1843. Arrivée à Alger du capitaine Schiaffino, qui m'avait ramené d'Alexandrie à Civitta-Vecchia. — 10 décembre 1843. Mort de mon serviteur Isidore. — Don de mon cheval Salem au haras de Bou-Farik.................... 310

LIVRE VII.

CAMPAGNES D'AFRIQUE.

CHAPITRE XLII.

Courses dans la Mitidja avec MM. de Beaumont et de Corcelles. Avril 1844. — Langage des chefs arabes. — Opinion du khalifa Sidi Ali sur notre domination.................................. 821

CHAPITRE XLIII.

Lettre d'un chef arabe à M. Léon Roches, 1872, faisant suite au chapitre de Beaumont et de Corcelles....................... 830

LIVRE VIII.

CAMPAGNES D'AFRIQUE.

CHAPITRE XLIV.

Lettres à mon cousin le commandant X., attaché au ministère de la guerre. — Janvier 1844. Au sujet des cruautés reprochées à l'armée d'Afrique. — Mars 1844. Opinion du maréchal sur la guerre d'Afrique... 848

CHAPITRE XLV.

Sidi Mohammed-el-Tedjini. — Son attitude vis-à-vis du général Marey-Monge. — Le maréchal comprend ses susceptibilités.... 852

CHAPITRE XLVI.

Campagne avec le colonel Eynard. — Organisation des tribus des hauts plateaux. — Lettre de Durrieu donnant des détails sur Aïn Madhi et Tedjini... 857

CHAPITRE XLVII.

Lettre du capitaine Rivet sur la campagne de la Kabylie. — Rencontre du chaouch de Tlemcen. — Lettre du maréchal. — Je quitte le colonel Eynard. — J'arrive au camp du maréchal...... 864

LIVRE IX.

CAMPAGNE DU MAROC.

CHAPITRE XLVIII.

Pages.

Conférence et combat à Sidi *El-Oussini*. — Négociations et rencontres hostiles. — Arrivée de Mouley Mohammed, fils aîné de l'empereur.. 373

CHAPITRE XLIX.

Lettre d'Abd-el-Kader. — Rencontre avec Bou-Hammidi....... 379

CHAPITRE L.

Intrigues d'Abd-el-Kader auprès de l'entourage du fils de l'empereur. — Effet produit sur la frontière en Algérie par l'arrivée de l'armée marocaine. — Calme du maréchal. — Bombardement de Tanger. — Bataille d'Isly................................ 391

CHAPITRE LI.

Lettres à mon cousin le commandant ***, attaché au ministère de la guerre. — (Koudiat Abd-el-Rhaman, 16 août 1844). — Récit de la bataille d'Isly. — Épisode Morris....................... 396

CHAPITRE LII.

Armistice accordée aux envoyés du prince marocain. — Trouvé la correspondance de l'empereur avec son fils................ 408

CHAPITRE LIII.

Le maréchal, à son retour de sa campagne du Maroc, passe en revue les chefs arabes de la province d'Alger et les invite au palais du Gouvernement.................................... 417

LIVRE X.

MISSION A PARIS ET A TANGER.

CHAPITRE LIV.

Campagne de Dellys. — Je conduis les chefs arabes à Paris..... 428

CHAPITRE LV.

Bruits erronés sur une prétendue rivalité entre le maréchal Bugeaud et le général de Lamoricière. — A propos d'une comparaison établie entre le maréchal Bugeaud et l'Émir............ 436

CHAPITRE LVI.

Jugements portés par deux personnages musulmans sur Abd-el-Kader... 448

CHAPITRE LVII.

Délimitation de la frontière du Maroc........................... 451

Notes... 467

FIN DE LA TABLE DES MATIÈRES.

www.ingramcontent.com/pod-product-compliance
Lightning Source LLC
Chambersburg PA
CBHW050558230426
43670CB00009B/1180